Klippert · Teamentwicklung im Klassenraum

Heinz Klippert

Teamentwicklung im Klassenraum

Übungsbausteine für den Unterricht

5. Auflage

Beltz Verlag · Weinheim und Basel

Heinz Klippert, Jg. 1948, Dr. rer. pol.; Diplom-Ökonom; Lehrerausbildung und Lehrertätigkeit in Hessen; seit 1977 Dozent am Lehrerfortbildungsinstitut der evangelischen Kirchen in Rheinland-Pfalz (EFWI) – mit Sitz in Landau. Zahlreiche Veröffentlichungen zum Arbeitsfeld »Schulentwicklung« sowie zum Methodentraining, Kommunikationstraining und zur Teamentwicklung. Trainer, Berater und Ausbilder in Sachen »Pädagogische Schulentwicklung«.

Alle Rechte, insbesondere das Recht der Vervielfältigung und Verbreitung sowie der Übersetzung, vorbehalten. Kein Teil des Werkes darf in irgendeiner Form (durch Fotokopie, Mikrofilm oder ein anderes Verfahren) ohne schriftliche Genehmigung des Verlages reproduziert oder unter Verwendung elektronischer Systeme verarbeitet, vervielfältigt oder verbreitet werden.

5., unveränderte Auflage 2001

Lektorat: Peter E. Kalb
Gesetzt nach den neuen Rechtschreibregeln

© 1998 Beltz Verlag · Weinheim und Basel
www.beltz.de
Herstellung: Klaus Kaltenberg
Satz: Satz- und Reprotechnik GmbH, Hemsbach
Druck: Druckhaus Beltz, Hemsbach
Umschlaggestaltung: Federico Luci, Köln
Umschlagabbildung: Heinz Kähne, Boppard
Printed in Germany

ISBN 3-407-62427-1

FÜR JANA, VERENA & ANNA

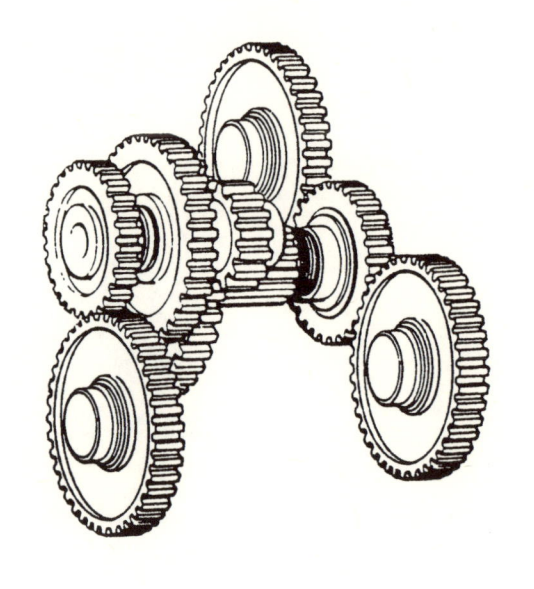

Wer gelernt hat, in Gruppen zu arbeiten,
der hat auch fürs Leben gelernt!

Inhaltsverzeichnis

Vorwort	11
Einleitung	14

I. Teamentwicklung im Klassenraum – Eine Einführung 19

1. Gruppenarbeit im Unterrichtsalltag	22
1.1 Einige richtungsweisende Szenen und Ansätze	22
1.2 Die Kehrseite: Problemanzeigen zur Gruppenarbeit	26
1.3 Viele Lehrkräfte sind pädagogisch falsch programmiert	28
1.4 Gruppenarbeit muss verstärkt geübt und gelernt werden!	31
2. Das Lernen in Gruppen hat viele Vorzüge	34
2.1 Steigende Lerneffizienz	36
2.2 Motivation und Selbstwertgefühl	37
2.3 Intensives soziales Lernen	39
2.4 Vorbereitung auf die Berufswelt	40
2.5 Förderung von Demokratiekompetenz	43
2.6 Entlastungsperspektiven für Lehrkräfte	44
3. Praktische Tips zur Teamarbeit und Teamentwicklung	46
3.1 Die Atmosphäre muss stimmen!	47
3.2 Gruppenbildung nach dem Zufallsprinzip	48
3.3 Lehrerzentrierte Gruppensitzordnung	51
3.4 Klare Rollen- bzw. Funktionsverteilung	53
3.5 Gute Gruppenarbeit braucht einen Fahrplan	55
3.6 Vereinbarung eines Regelkatalogs	57
3.7 Regelmäßige Bilanz- und Reflexionsphasen	60
3.8 Geeignete Problem- und Aufgabenstellungen	62
3.9 Anregungen zur Bewertung der Teamfähigkeit	65
4. Nähere Erläuterungen zum Trainingskonzept	70

II. Trainingsbausteine für die praktische Unterrichtsarbeit 73

Trainingsfeld 1: Die SchülerInnen für Gruppenarbeit motivieren . . 74

B 1: Kennenlern-Karussell 75
B 2: Brainwriting 76
B 3: Assoziationsbegriffe 77
B 4: Thesendiskussion 78
B 5: Stimmungsbarometer 80
B 6: Vier-Ecken-Spiel 81
B 7: Plus-Minus-Spiel 82
B 8: Pro und Kontra Debatte 83
B 9: Fantasiegeschichte 84
B 10: Problemlösungsversuche 86
B 11: Schatzsuche 88
B 12: Fantasiereise 90
B 13: Wandzeitung 92
B 14: Pluspunktsuche 93
B 15: Fragebogenaktion 94
B 16: Argumente bewerten 96
B 17: Argumente-Puzzle 98
B 18: Simulationsspiel 104
B 19: Bewerberauswahl 106
B 20: Interview führen 108
B 21: Leserbrief 110
B 22: Zeitungsartikel 112
B 23: Werbeplakat erstellen 114

Trainingsfeld 2: Gruppenprozesse reflektieren und Regeln
anbahnen 115

B 24: Verlaufsprotokoll 116
B 25: Redewendungen 118
B 26: Videodokumentation 120
B 27: Alltagsszenen 121
B 28: Fallbeschreibung 122
B 29: Rollenspiel 124
B 30: Wochenschau 127
B 31: Feedbackbögen 128
B 32: Entscheidungsspiel 132
B 33: Gruppenbild gestalten 136
B 34: Lernprodukte erstellen 138
B 35: Selbstkritik üben 144

B 36: Kooperativer Turmbau 145
B 37: Überleben auf dem Mond 146
B 38: Legespiele ohne Worte 148
B 39: Konfliktanalysen 150
B 40: Konfliktsimulation 154
B 41: Eine für alle 156
B 42: Besinnungsaufsatz 158

Trainingsfeld 3: Regeln entwickeln und vertiefend klären 159

B 43: Regelplakat erstellen 160
B 44: Gruppenarbeitsfahrplan entwickeln 162
B 45: Präsentationstipps erarbeiten 164
B 46: Sonderfunktionen klären 167
B 47: Brainstorming-Regeln 170
B 48: Feedback-Regeln 172
B 49: Regel-Puzzle 174
B 50: Regelorientiertes Kreuzworträtsel 176
B 51: Regel-Ranking 178
B 52: Wer ist zuständig? 180
B 53: Regelgebundene Gruppenarbeit 182
B 54: Gruppenmitglied gesucht 188
B 55: Gruppenvertrag erstellen 190
B 56: Gruppenverhalten beurteilen 192
B 57: Gruppeninterne Epochalbewertung 194
B 58: Gruppenarbeit mit Regelverstößen 196

Trainingsfeld 4: Grundformen des Gruppenunterrichts
durchspielen 199

B 59: Partnerarbeit 200
B 60: Kooperatives Üben 202
B 61: Kooperative Präsentationen 206
B 62: Gruppen-Brainstorming 212
B 63: Gruppenpuzzle 214
B 64: Gruppenrallye 222
B 65: Gruppenwettbewerb 226
B 66: Gruppenproduktion 228
B 67: Gruppenprojekt 234
B 68: Kooperationsspiele 240

III. Teamentwicklung konkret: Eine Trainingswoche in Klasse 10 243

    1. Einige Vorbemerkungen zum Aufbau und Verlauf der
Trainingswoche 244

    2. Erster Tag: Sensibilisierung der SchülerInnen 252

    3. Zweiter Tag: Interesse an Gruppenarbeit wecken 255

    4. Dritter Tag: Gruppenprozesse reflektieren 258

    5. Vierter Tag: Verhaltensregeln erarbeiten 261

    6. Fünfter Tag: Vereinbarte Regeln festigen 264

IV. Abschließende Hinweise zur Forcierung des Gruppenunterrichts . . 267

    1. Ohne Lehrerkooperation läuft wenig! 268

    2. Teamklausurtage und produktive Konferenzen 271

    3. Teamorientierte Lehreraus- und -fortbildung 274

    4. Zu den Rahmenbedingungen des Teamtrainings 279

    5. Teamentwicklung als Teil des Schulprogramms 282

Literaturverzeichnis 284

Abbildungsnachweise 286

Vorwort

Vor geraumer Zeit habe ich an einem Bewerbungsverfahren im Bankenbereich teilgenommen und sehr hautnah miterlebt, welcher Stellenwert inzwischen der Teamarbeit und der Teamfähigkeit der jungen Leute beigemessen wird. Fünf BewerberInnen waren in die engere Auswahl gekommen und erhielten von den Verantwortlichen des Geldinstituts die Aufgabe, in wechselnden Teams bestimmte Frage- bzw. Problemstellungen zu bearbeiten und dazu in je zwanzig Minuten möglichst überzeugende Stellungnahmen für die (fiktive) Geschäftsleitung vorzubereiten. Jedes Gruppenmitglied musste eine Problemstellung auslosen und dazu die Gesprächsleitung übernehmen. Eine der zur Auswahl stehenden Fragen lautete z. B.: „Sollte Tempo 100 auf allen Autobahnen eingeführt werden?" Nur, wie verhält man sich in einer derartigen Gruppensituation? Was wird vom Gruppenleiter erwartet? Wie soll er das Team ansprechen? Wie müssen die Gruppenmitglieder agieren und interagieren, damit die Gruppenarbeit erfolgreich wird? Unverkennbar war bei allen BewerberInnen, dass sie mit derartigen Gruppenarrangements wenig vertraut waren. Sie waren irritiert und unsicher und agierten insgesamt wenig überzeugend. Die Interaktion verlief durchweg recht zäh. Zwei Gruppenmitglieder wurden überwiegend links liegen gelassen. Die übrigen drei BewerberInnen bemühten sich phasenweise geradezu penetrant, sich gegenüber den anwesenden Bankenvertretern in Szene zu setzen und das eigene Wissen abzuspulen, ohne auf die Belange und das Potenzial der Gruppe Rücksicht zu nehmen. Falsch programmiert, kann man da nur sagen. Nur, die betreffenden BewerberInnen verhielten sich im Prinzip genau so, wie sie sich im Unterricht üblicherweise verhalten mussten, um eine gute Note zu bekommen, nämlich individualistisch und lehrerzentriert. Die vorwurfsvolle Frage der Bankenvertreter in Richtung Schule lautete daher im anschließenden Auswertungsgespräch: „Warum bereitet Ihr die jungen Leute denn nicht frühzeitig auf derartige Teamsituationen vor, damit sie wissen und verinnerlicht haben, wie man sich sensibel und konstruktiv in einer Gruppe verhält?" Kein Zweifel, diese kritische Anfrage ist berechtigt und verlangt nach entsprechenden Konsequenzen in der schulischen Bildungsarbeit.

Szenenwechsel: In der neunten Klasse einer Hauptschule bemüht sich ein sichtlich genervter Lehrer, seinen SchülerInnen etwas über das politische System der Bundesrepublik beizubringen. Er informiert, erläutert, fragt, schreibt das eine oder andere an die Tafel und versucht mehrfach, ein Gespräch in Gang zu bringen. Doch vergebens. Die meisten SchülerInnen sitzen ziemlich teilnahmslos herum. Einige blicken aufmerksam, sind es wahrscheinlich aber gar nicht. Einige andere SchülerInnen in den hinteren Reihen schwätzen miteinander oder versuchen in anderer Weise, den Fortgang des Unterrichts zu stören bzw. aufzuhalten. Mit Pseudofragen oder gelegentlichen provokativen Einwürfen halten einige „Spezialisten" den Lehrer höchst wirksam auf Trab. Der Lehrer erklärt hier und verbessert dort. Er bemüht sich in geradezu bewundernswerter Weise, die SchülerInnen zu motivieren und auch noch die letzten gedankenlosen Fragen geduldig zu beantworten. Er moniert die auftretenden Störungen, droht einige Male Sanktionen an und setzt schließlich zwei der Störer demonstrativ auseinander. Kurzum: Er ist hochgradig gefordert und aktiv und wird durch die vielfältigen Anforderungen und Belastungen, die die SchülerInnen produzieren, nachgerade hin- und hergerissen und in gewisser Weise auch ausgelaugt. Kein Wunder also, dass er sich am Ende der Stunde höchst gestresst fühlt und dies im anschließenden Gespräch auch ganz offen zugibt. Er hat viel gegeben und letztlich doch wenig bewirkt. Dieses Missverhältnis von Aufwand und Ertrag erleben die meisten Lehrkräfte tagtäglich in ihrem Unterricht. Die daraus resultierenden Belastungen und Frustrationen sind enorm. Warum, so frage ich mich während der Unterrichtsstunde immer wieder, lässt der besagte Lehrer die SchülerInnen nicht einfach stärker in Gruppen arbeiten, damit sie sich wechselseitig anspornen, disziplinieren und in fachlicher Hinsicht die nötige Klarheit verschaffen? Was die Schule braucht und was den Lehrkräften in hohem Maße Entlastung und Erfolgserlebnisse verspricht, das ist das kooperative Arbeiten der SchülerInnen in Gruppen. Derartige Helfer- und Erziehungssysteme aufzubauen und mit den SchülerInnen konsequent einzuüben, scheint mir eine der zentralen Aufgaben und Perspektiven der Lehrkräfte. Wie diese Teamentwicklung konkret vonstatten gehen kann, wird in diesem Buch näher ausgeführt und operationalisiert.

Ich möchte mich an dieser Stelle bei all jenen bedanken, die am Entstehen des Buches mit Rat und Tat mitgewirkt haben. Zu danken habe ich den vielen Lehrkräften, die mir im Rahmen meiner Fortbildungstagungen als „Testpersonen" so manche kritische Anfrage gestellt und Anregungen gegeben haben. Danken möchte ich ferner der Leitung und den Lehrkräften des Trifels-Gymnasiums in Annweiler, die mir schon zum zweiten Mal eine Woche lang Raum und Gelegenheit gegeben haben, mein Trainingsprogramm zusammenhängend zu erproben. Und danken möchte ich natürlich auch – und besonders – meiner Frau Doris, die meine publizistische Arbeit seit Jahr und Tag mit viel Verständnis begleitet und unterstützt und die mir immer wieder Anregungen gibt und Mut macht, meine pädagogische „Pionierarbeit" konsequent fortzuführen.

Widmen möchte ich das Buch meinen Töchtern Jana, Verena und Anna, für die Teamarbeit ganz sicher ein zentrales Moment ihres zukünftigen Berufslebens sein wird. Möge das Buch dazu beitragen, dass sie die nötige Teammentalität und -kompetenz entwickeln und in ihren jeweiligen Arbeitsteams die Anregungen und Verstärkungen erfahren, die sie im Privatleben wie im Beruf nach vorne bringen.

Landau, Oktober 1997   *Heinz Klippert*

Einleitung

Über Gruppenarbeit wird in Wirtschaftskreisen in den letzten Jahren viel geschrieben und viel diskutiert. Die Rede ist von teamorientierter Produktion und teamorientierter Ausbildung. Die Zukunft des Standorts Deutschland wird zu Recht aufs Engste verknüpft mit der Qualifikation und Produktivität der Beschäftigten. Da die Halbwertzeit des Wissens rapide abnimmt, die realen Probleme in der Wirtschafts- und Arbeitswelt aber immer komplexer werden, müssen notwendigerweise unterschiedlich ausgebildete und spezialisierte Arbeitskräfte zusammenwirken, damit die konkreten Probleme bzw. Aufgaben vor Ort in konzertierter Weise gelöst werden können. Jeder Einzelne für sich ist immer weniger in der Lage, den gestellten Anforderungen gerecht zu werden. Die Zukunft gehört nach allem, was wir heute wissen und abschätzen können, den Teams. Zumindest gilt das für die postindustriellen Gesellschaften mit ihren hochtechnisierten Produktionsverfahren und -erzeugnissen. Kein Zweifel, dass die Schulen darauf reagieren müssen und entsprechende Teamkompetenzen verstärkt anbahnen und vermitteln müssen.

Allerdings wäre es falsch und fatal zugleich, würde die Bedeutung der Teamarbeit allein auf ökonomische Umstände und Sachzwänge zurückgeführt. Die Forderung nach Gruppenarbeit ist letztlich eine zutiefst pädagogische Forderung, die sich zwingend aus der Option für ganzheitliche Bildungsarbeit und soziales Lernen ergibt, wie sie sie von reformpädagogischer Seite seit Jahrzehnten vertreten wird. Wer die vielfältigen Begabungen der SchülerInnen wirksam fördern und ihrem eigenverantwortlichen Arbeiten und Lernen im Unterricht verstärkt Raum geben möchte, der kommt eigentlich gar nicht umhin, die Gruppenarbeit gezielt zu forcieren. Denn nur auf diese Weise lässt sich die nötige Kommunikation und Kooperation zwischen den SchülerInnen sicherstellen, die gewährleistet, dass sich diese wechselseitig inspirieren und ermutigen, fragen und kontrollieren, unterstützen und vergewissern. Zwar löst Gruppenarbeit ganz sicher nicht alle pädagogischen Probleme, wohl aber ist sie fraglos ein ganz zentraler Ansatz, um die SchülerInnen stärker in die Verantwortung zu nehmen und wesentlich vielseitiger und zeitgemäßer zu qualifizieren, als das mit den traditionellen lehrerzentrierten Methoden möglich ist. Diese Einsicht ist zwar nicht neu, sondern hat bereits in den 60er- und 70er-Jahren zu einem bemerkenswerten Aufschwung des Gruppenunterrichts geführt. Nur wollte seinerzeit die Welt außerhalb der Schule von Teamfähigkeit noch nicht allzu viel wissen. Teamarbeit galt als Domäne linker Pädagogen und war schon von daher in höchstem Maße diskreditiert.

Das ist heute deutlich anders. Wohl zum ersten Mal in der Geschichte der Pädagogik haben wir die Situation, dass für die Intensivierung des Gruppenunterrichts nicht nur progressive Reformpädagogen, sondern auch und zugleich einflussreiche Vertreter der Wirtschaft plädieren. Das erhöht die Chancen immens, dass dem Gruppenunterricht in den Schulen mehr Nachdruck und Anerkennung zuteil wird, als das in der Vergangenheit der Fall war. Zwar verlieren sich die alten Ressentiments allmählich, was viele Lehrkräfte jedoch nach wie vor beunruhigt und skeptisch stimmt, ist das Faktum, dass Gruppenarbeit vielerorts zu wenig konstruktiv und effektiv verläuft. Dass diese Skepsis durchaus berechtigt ist, ist nicht von der Hand zu weisen. Die SchülerInnen sind in punkto Gruppenarbeit zumeist wenig geübt und verhalten sich daher auch entsprechend reserviert und/oder dilettantisch. Sie sitzen zwar in Gruppen zusammen, arbeiten vielfach aber nicht wirklich im Team. Und genau diesem Dilemma soll mit Hilfe des vorliegenden Buches entgegengetreten werden.

Teamarbeit meint nämlich mehr als das landläufige Zusammensitzen an Gruppentischen. Teamarbeit bedeutet auch und vor allem, dass sensibel und regelgebunden zusammengearbeitet und die jeweilige Aufgabe in konzertierter Weise gelöst wird. Teamarbeit heißt, dass die SchülerInnen im besten Sinne des Wortes aufeinander angewiesen sind und sich bei der anstehenden Lernarbeit wechselseitig unterstützen und bestärken. Teamarbeit verlangt aber auch und zugleich, dass in den Gruppen zielstrebig und konstruktiv gearbeitet wird und unnötige Störungen und/oder Trödeleien gruppenintern unterbunden werden. Nötig sind von daher sowohl einschlägige Regelwerke als auch spezielle Regelbeobachter. Und nötig sind ferner regelorientierte Reflexionen und Sanktionen, für die die SchülerInnen verantwortlich zeichnen. Teamarbeit ist also nicht allein durch gruppendynamische Übungen und aufwendige Befindlichkeitsklärungen sicherzustellen, sondern sie braucht auch und vor allem eingespielte Regeln, Abläufe und Interaktionsroutinen.

Die hier zur Debatte stehende Teamentwicklung zielt auf diese Art der Routinebildung. Angestrebt wird eine ebenso sensible wie routinierte Ausgestaltung anstehender Gruppenarbeitsprozesse. Da sich diese Teamkompetenz bei den wenigsten SchülerInnen von selbst einstellt, muss das entsprechende Repertoire im Unterricht möglichst gezielt eingeübt und im Wege des „learning by doing" gefestigt werden. Erfahrungsgemäß lässt sich diese Kompetenzförderung durch das gelegentliche Ansetzen von Gruppenarbeit im Fachunterricht jedoch nicht bewerkstelligen. Dazu bedarf es vielmehr einer möglichst systematischen und intensiven Übungs- und Klärungsarbeit in möglichst vielen Fächern, insbesondere in den Kernfächern. Das Problem ist nur, dass sich für diese Arbeit an unseren Schulen kaum jemand zuständig fühlt. Im Prinzip sind zwar alle ein bisschen verantwortlich, de facto nehmen sich jedoch nur wenige Lehrkräfte die erforderliche Zeit, um Teamentwicklung im Klassenraum zu betreiben. Kein Wunder also, dass die gängige Gruppenarbeit an unseren Schulen meist recht unbefriedigend und ineffektiv verläuft und den Lehrkräften allen Grund zum Klagen gibt. Die meisten SchülerInnen sind erfahrungsgemäß schlicht überfordert und verlieren sich daher nur zu leicht in irgendwelchen Streitereien, Pseudoaktivitäten und/oder Arbeitsvermeidungsstrategien. Wohlgemerkt: Die SchülerInnen sind in aller Regel weder unwillig noch unfähig, konstruktive Gruppenarbeit zu machen; sie müssen es nur lernen und immer wieder bewusst und durchdacht üben. Im vorliegenden Buch werden diesbezüglich zahlreiche Übungsbausteine vorgestellt und erläutert, die sich im Schulalltag bewährt haben und von den zuständigen Lehrkräften wahlweise genutzt und im Unterricht eingesetzt werden können. Die betreffenden Materialien sind dabei durchweg so gestaltet, dass sie für den eigenen Unterricht problemlos kopiert und vervielfältigt werden können. Von Verlagsseite ist diese spezifische Nutzung in der eigenen Klasse erlaubt.

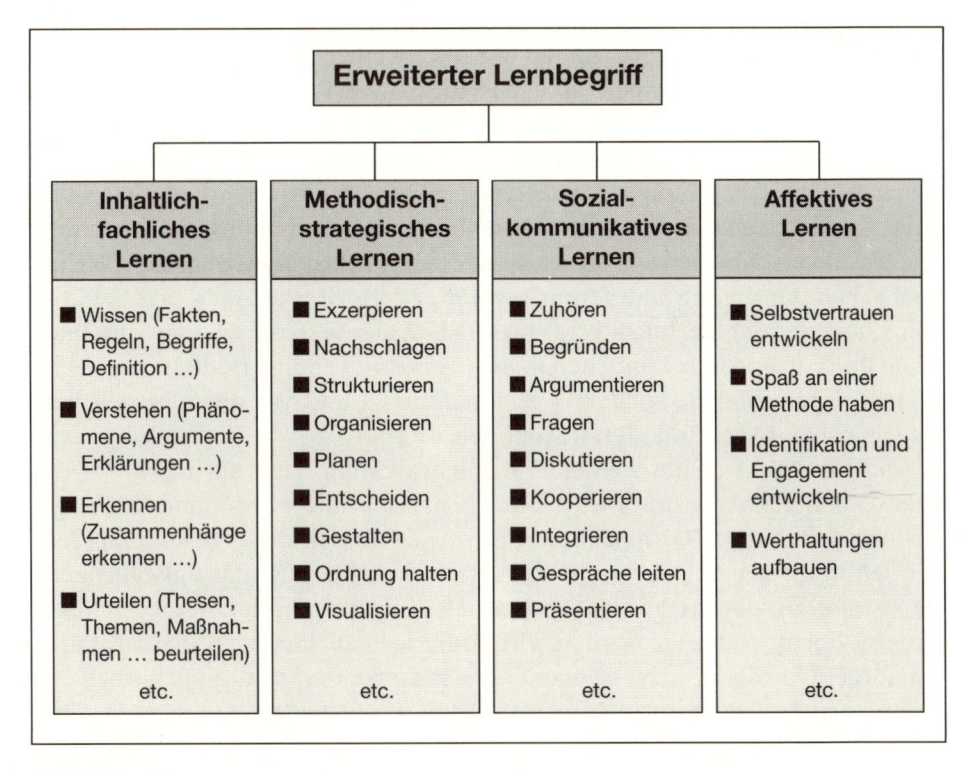

Abbildung 1

Zum Aufbau des Buches im Einzelnen: Im ersten Kapitel wird eine knappe Einführung in die Situation, die Vorzüge und das notwendige Regelwerk des Gruppenunterrichts gegeben. Ausgangspunkt dieser Einführung ist eine kritische Bestandsaufnahme in Sachen Gruppenarbeit. Dabei werden sowohl positive Ansatzpunkte umrissen als auch gängige Defizite und Missverständnisse angesprochen, die Gruppenarbeit bei SchülerInnen wie LehrerInnen so oft in Verruf bringen. Nur wenn diese Schwachpunkte wirksam abgebaut werden, wird Gruppenunterricht in unseren Schulen die nötige Anerkennung finden und in der Breite vorankommen. Welche Vorzüge dem Gruppenunterricht innewohnen, sofern die SchülerInnen sensibel, routiniert und konstruktiv zu kooperieren gewohnt sind, wird im zweiten Abschnitt ausgeführt. In Gruppen zu arbeiten und zu lernen macht nämlich nicht nur mehr Spaß, sondern bewirkt auch und vor allem ein höchst wirksames Lernen auf gleich mehreren Ebenen: auf der inhaltlich-fachlichen Ebene, auf der methodisch-strategischen Ebene, auf der sozial-kommunikativen Ebene und auf der affektiven Ebene (vgl. Abbildung 1). Diese Lernchancen werden im vorliegenden Buch näher skizziert. Im dritten Abschnitt des ersten Kapitels geht es alsdann darum, die wichtigsten organisatorischen Eckpunkte einer erfolgsträchtigen Gruppenarbeit zu umreißen sowie entsprechende praktische Tips zu geben, wie im Unterricht zu verfahren ist, damit die SchülerInnen die nötige Regelungskompetenz und Verhaltenssicherheit entwickeln. Regeln und Routinen sind zwar nicht alles, gleichwohl hängt von ihnen ganz entscheidend ab, ob und inwieweit Gruppenarbeit konstruktiv und effektiv verläuft.

Der eigentliche Hauptteil des Buches ist Kapitel II. In diesem Kapitel wird eine Fülle erprobter und bewährter Übungsarrangements dokumentiert, die zeigen, wie Teamentwicklung im Klassenraum ablaufen kann. Die vorgestellten Übungsbausteine sind zu vier Trainingsetappen gruppiert worden. Die erste Etappe umfasst diverse Übungen, die den SchülerInnen die Bedeutung der Gruppenarbeit vor Augen führen und ihre Bereitschaft stärken sollen, die eigene Teamkompetenz zu verbessern. Im Zentrum der zweiten Trainingsetappe stehen Übungen, die den SchülerInnen in vielfältiger Weise Gelegenheit geben, laufende Gruppenprozesse (selbst-)kritisch zu analysieren und zu reflektieren sowie in der Klasse Verhaltensweisen anzubahnen, die eine konstruktive Gruppenarbeit begünstigen.

Diese Sensibilisierungs- und Qualifizierungsarbeit wird in der dritten Trainingsetappe systematisch fortgeführt und durch einschlägige Übungen zur Regelfindung, Regelvereinbarung und Regelanwendung untermauert. Die betreffenden Übungen zielen sowohl auf das Einüben wichtiger Interaktions-, Feedback-, Brainstorming-, Visualisierungs- und Präsentationsregeln als auch auf das konsequente Durchspielen bewährter Verfahren der Arbeitsorganisation und der Arbeitsverteilung innerhalb der Gruppen. Abgerundet wird dieses Einüben elementarer Gruppenarbeitsregeln durch die praktische Realisierung ausgewählter Grundformen der Gruppenarbeit, wie sie sich in den unterschiedlichsten Fächern einsetzen lassen (Gruppenpuzzle, Gruppenrallye etc.). In dieser letzten Etappe geht es also um die Klärung und Erprobung spezifischer Aufgabenstellungen und Arbeitsarrangements, die sich für Gruppenarbeit besonders eignen. Denn Gruppenarbeit ist keineswegs überall am Platz.

In Kapitel 3 des vorliegenden Buches wird gezeigt und konkretisiert, wie auf der Basis der dokumentierten Übungsbausteine ein einwöchiges Intensivprogramm zur Teamentwicklung gestaltet werden kann. Durchgeführt wurde dieses Wochentraining in der zehnten Jahrgangsstufe eines rheinland-pfälzischen Gymnasiums. Die einzelnen Übungsbausteine, die während der Woche eingesetzt wurden, sind allerdings nicht als fixes Programm, sondern lediglich als Anregung und Vorschlag zu verstehen, wie ein entsprechendes Kompakttraining ausschen kann. Zwar haben sich die dokumentierten Übungsbausteine und -sequenzen in der Praxis durchaus bewährt, Modifikationen sind jedoch jederzeit möglich und je nach Klasse und LehrerIn unter Umständen sogar recht sinnvoll und nahe liegend.

Das vierte und letzte Kapitel des Buches enthält einige abschließende Hinweise zu den organisatorischen, personellen und sonstigen pädagogischen Voraussetzungen des Teamtrainings in der Schule. Diese Hinweise betreffen sowohl die Lehrerkooperation und Lehrerbildung als auch die Schaffung geeigneter Rahmenbedingungen in den Schulen, die die Realisierung effektiver Teamarbeit begünstigen.

I. Teamentwicklung im Klassenraum – Eine Einführung

Gruppenunterricht ist beim besten Willen nichts Neues in unserem Schulwesen. Wie sich aus einschlägigen Veröffentlichungen zur Gruppenpädagogik ersehen lässt, hat der Gruppenunterricht hierzulande eine recht lange Tradition (vgl. E. Meyer 1983; vgl. derselbe 1977; vgl ferner DIFF-Studienbrief 1985). „Im sogenannten Helfersystem der Reformationsschulen war Gruppenunterricht ebenso geläufig wie in den wenig gegliederten Landschulen; von den Philanthropen wurde er ebenso gepflegt wie von den Reformpädagogen." (H. Meyer 1989, S. 238) Ins Zentrum der theoretischen und unterrichtspraktischen Forschung trat der Gruppenunterricht allerdings erst nach dem Zweiten Weltkrieg: zunächst in Gestalt gruppendynamischer Erwägungen, Experimente und Untersuchungen (vgl. Hofstätter 1957; Lewin 1953; Brocher 1967), in den 60er- und 70er-Jahren dann verstärkt unter dem Gesichtspunkt des sozialen Lernens als Grundvoraussetzung individueller, politischer und gesellschaftlicher Emanzipation (vgl. Gutt 1976; Prior 1976; Heursen 1983; Richter 1974).

Das Manko dieser letztgenannten Ansätze war und ist, dass sie die Bedingungen und Möglichkeiten des sozialen Lernens in der Schule völlig überschätzt haben und aufgrund ihrer starken sozialpsychologischen und gruppendynamischen Ausrichtung stets in der Gefahr standen, dem sozialen Lernen einen ebenso exotischen wie therapeutischen Stempel aufzudrücken. Ein verselbstständigtes soziales Lernen hatte und hat in der Schule aber nur sehr begrenzt seinen Platz und seine Chancen. Die Schule ist in erster Linie eine Einrichtung zur Vermittlung fachlicher Kompetenzen im weitesten Sinne des Wortes. Entsprechend sind die LehrerInnen ausgebildet, und entsprechend sind auch die Einstellungen und Erwartungen der SchülerInnen und ihrer Eltern. Die meisten Lehrkräfte haben de facto weder die Zeit noch die Kompetenz, sich auf intensivere gruppendynamische und sozialtherapeutische Übungen und Prozesse einzulassen, zumal diese häufig recht brisant sind und leicht zu Sprengsätzen in der Klasse werden können. Von daher empfiehlt sich ein äußerst behutsamer Umgang mit derartigen Methoden und Ansätzen. Soziales Lernen ja, aber doch in erster Linie so, dass auf relativ sachrationale Weise grundlegende Spielregeln und Strategien für ein gedeihliches Zusammenarbeiten im (Fach-) Unterricht entwickelt und eingeübt werden. Das ist zumindest die Leitmaxime in diesem Buch.

Der Vorteil dieses eher pragmatischen Teamentwicklungsansatzes ist der, dass sich die „Durchschnittslehrkraft" erfahrungsgemäß recht schnell in der Lage sieht und bereit findet, diesen Weg mitzugehen. Von daher bestehen gute Chancen, dass der Gruppenunterricht auf diese Weise aus seinem „Kümmerdasein" (H. Meyer) herauskommt und die schulische Arbeit in der Breite prägt und voranbringt. Dass ein derartiger Auf- und Durchbruch der Gruppenarbeit dringend notwendig ist, lässt sich unter anderem aus dem abgebildeten Schaubild ersehen (vgl. Abbildung 2). Zur Lesart dieser Abbildung: Die viel gepriesene und -geforderte Intensivierung des eigenverantwortlichen Arbeitens und Lernens der SchülerInnen (EVA) ist ohne flankierende Methodenschulung schlechterdings aussichtslos. Methodentraining, Kommunikationstraining und die hier zur Debatte stehende Teamentwicklung müssen zwingend hinzukommen, wenn „EVA" und die im Dachgeschoss angeführten „Schlüsselqualifikationen" erfolgreich realisiert werden sollen. Das ist in der Vergangenheit zu wenig bedacht worden. Dieses Versäumnis gilt es zu beheben. Anregungen und Hilfen dazu finden sich sowohl im vorliegenden Buch als auch in den beiden bereits erschienenen Büchern zum Methodentraining (Klippert 1994) und zum Kommunikationstraining (Klippert 1995). Näheres zum dahinter stehenden Schulentwicklungsansatz findet sich außerdem bei Klippert 1997a.

Das neue Haus des Lernens
(mögliches Schulprogramm)

Innovationszentrierte Schulleiterfortbildung und Elternarbeit
(z.B.: Schulleitertagung zum Thema „Innovationsmanagement")

Veränderung der Lehrpläne, Stundentafeln und der Lehrereinsatzplanung
(Lehrplangestaltung, Blockstunden, hohe Stundenkontingente für Klassenteams etc.)

Umgestaltung des Klassenraums und der Arbeitsbedingungen
(veränderte Sitzordnung, Regale, Pinnwände, einschlägige Arbeitsmittel etc.)

„Schlüssel-
qualifikationen"

Fach-
kompetenz ▽

Methoden-
kompetenz ▽

Sozial-
kompetenz ▽

Persönliche
Kompetenz ▽

Eigenverantwortliches Arbeiten und Lernen

Mögliche Lernarbeiten	**EVA**	Organisationsformen
• Arbeitsblätter bearbeiten		• Freiarbeit
• Lernprodukte herstellen		• Wochenplanarbeit
• Vortragen/ Kommunizieren		• Stationenarbeit
• Erkunden und Befragen etc.		• Projektarbeit etc.

Methoden-training	**Kommunikations-training**	**Team-entwicklung**

Innovationszentrierte Lehrerkooperation: Klassenteams, Fachteams etc.
(unterstützend: Teamstunden/gemeinsame Springstunden, Teamklausurtage etc.)

Abbildung 2

1. Gruppenarbeit im Unterrichtsalltag

Wie bereits angedeutet, ist es um die Gruppenarbeit in unseren Schulen keineswegs zum Besten bestellt. Vorbehalte und Frustrationen gibt es sowohl auf Lehrerseite wie auch auf Schülerseite. Das zeigen die nachfolgenden Ausführungen. Allerdings gibt es durchaus auch positive Beispiele, wie sich aus den drei Szenen im ersten Abschnitt ersehen lässt. Teamarbeit muss eben gelernt und immer wieder konsequent geübt und organisiert werden.

1.1 Einige richtungsweisende Szenen und Ansätze

In der 6. Klasse einer Realschule geht es im Biologieunterricht um das Thema „Bienen". Die Lehrerin hat auf der Basis des entsprechenden „Was-ist-Was-Büchleins" fünf unterschiedliche Info-Seiten zusammengestellt und mehrfach in verschiedenen Farben kopiert. Die Klasse wird zu Unterrichtsbeginn durch Verlosen unterschiedlicher Symbole in fünf Gruppen aufgeteilt, die je eine bestimmte Info-Seite zur Lektüre und weiteren Bearbeitung erhalten. Die Mitglieder dieser fünf „Stammgruppen" bekommen nun die Aufgabe, zu ihrem jeweiligen Spezialgebiet einen kleinen Vortrag vorzubereiten und sich entsprechende Spickzettel zu machen, um auf dieser Grundlage später einigen Mitschülern, die sich auf andere Info-Seiten spezialisiert haben, gezielt zu berichten. Alsdann werden – wiederum durch Los – fünf „Expertengruppen" gebildet, die sich aus Vertretern der fünf Stammgruppen zusammensetzen. Die versammelten Experten halten sich nun wechselseitig ihre Kurzvorträge und beantworten die auftretenden Fragen. Nötigenfalls wird die Lehrerin als Chefexpertin in Sachen Bienen zu Rate gezogen. Auf diese Weise wird schrittweise das fünfseitige Informationsmosaik zusammengesetzt und von den SchülerInnen aktiv erschlossen. Doch damit nicht genug. In einer nächsten Arbeitsetappe erhalten alle Expertengruppen die zusätzliche Aufgabe, unter Berücksichtigung des vorliegenden Informationsmaterials ein größeres Plakat zum Thema Bienen zu gestalten und die wichtigsten Grundinformationen möglichst übersichtlich und einprägsam zu veranschaulichen. Ferner soll – wie die Lehrerin erklärt – jedes Gruppenmitglied am Ende der Visualisierungsphase in der Lage sein, anhand des erstellten Plakates einen etwa drei- bis fünfminütigen freien Vortrag zum Thema zu halten. Wer nämlich das jeweilige Gruppenplakat präsentieren wird, soll per Los entschieden werden. Diese Vorgaben erhöhen ganz offensichtlich die Verbindlichkeit und die Ernsthaftigkeit, mit der die Gruppenmitglieder zusammenarbeiten und zu einem gemeinsamen Produkt zu kommen versuchen. Eine weitere Maßnahme zur Sicherstellung konstruktiver Gruppenarbeit: An der Wand des Klassenraums hängt ein großes Plakat mit insgesamt 7 wichtigen Gruppenarbeitsregeln, die von den SchülerInnen irgendwann erarbeitet und vereinbart worden sind. Außerdem gibt es in jeder Gruppe einen so genannten „Regelbeobachter", der bei Bedarf dafür sorgt, dass die gemeinsam festgelegten Regeln auch eingehalten werden. Die SchülerInnen sind mit diesen Eigenheiten der Gruppenarbeit ganz offenbar schon ziemlich vertraut. Zumindest zeigen sie im Arbeitsprozess eine bemerkenswerte Bereitschaft, Verantwortung zu übernehmen und zielstrebig auf ein gutes Ergebnis hinzuarbeiten. Sie arbeiten ebenso diszipliniert wie routiniert zusammen. Die Vorträge, die Plakate und die abschließenden Plakat-Präsentationen können sich sehen lassen. Die Lehrerin ist sichtlich zufrieden. Sie hat als Klassenlehrerin – zusammen mit zwei weiteren Lehrkräften – einiges an Zeit und Energie in die Teamentwicklung in der Klasse investiert. Nun erntet sie die Früchte.

Szenenwechsel: Im Religionsunterricht einer 9. Hauptschulklasse steht seit vierzehn Tagen das Thema „Islam" auf dem Programm. Um den bisherigen Lernstoff aufzufrischen und zu festigen, gibt der Lehrer den SchülerInnen die Aufgabe, das Stoffgebiet anhand der vorliegenden Materialien und Hefteinträge in mehreren Gruppen gezielt zu wiederholen und so abzuklären, dass jedes Gruppenmitglied möglichst gut Bescheid weiß, denn anschließend sollen – zeitversetzt – zwei Übungstests geschrieben werden. Die Besonderheit dieser Übungstests: Es kommt weniger auf die individuellen Leistungsergebnisse an, sondern primär darauf, dass die jeweiligen Gruppenmitglieder in der Summe einen möglichst hohen Punktwert erreichen und sich zwischen Übungsphase 1 und Übungsphase 2 verbessern. Das soll das Zusammengehörigkeitsgefühl und die Intensität der Zusammenarbeit steigern. Zur Gruppenbildung: Die Gruppenbildung erfolgt mit Hilfe ausgewählter Spielkarten (Asse, Könige, Damen, Buben, Joker). Um sicherzustellen, dass in jeder Gruppe mindestens ein fachliches „Zugpferd" sitzt, verlost der Lehrer zunächst fünf unterschiedliche Spielkarten an fünf SchülerInnen, die ihm aus dem bisherigen Unterricht als relativ interessiert und leistungsstark bekannt sind. Die restlichen Spielkarten werden alsdann unter den übrigen SchülerInnen verlost. Die Aufgabe der Gruppen ist es nun, sich in einer ersten Übungssequenz anhand der besagten Unterlagen möglichst gründlich zu informieren und zu besprechen, um beim anschließenden Übungstest gut abzuschneiden. Der Übungstest selbst besteht aus 10 Schlüsselfragen, die der Lehrer vorbereitet und als Arbeitsblatt kopiert hat. Die Bearbeitung der Testfragen erfolgt wie üblich individuell. Zur Ermittlung der

Gruppenpunktwerte werden anschließend die ausgefüllten Testblätter der Gruppenmitglieder zusammengeheftet und an jeweils eine andere Gruppe zur Auswertung gegeben. Die richtigen Lösungen gibt der Lehrer mittels Lösungsblatt vor; für jede richtig beantwortete Frage gibt es einen bestimmten Punktwert. Am Ende der Bewertungsprozedur werden die fünf Gruppen entsprechend ihrer Gesamtpunktzahl in eine Rangfolge gebracht, die in der Klasse veröffentlicht wird. Nun folgt eine zweite Übungsphase, die den Gruppen Gelegenheit gibt, den Defiziten der Gruppenmitglieder genauer nachzuspüren und durch gezielte Nachfragen, Gespräche und Informationsbeschaffung für mehr Klarheit zu sorgen. Dann folgt ein zweiter Übungstest mit abermals 10 neuen Schlüsselfragen. Der Reiz des zweiten Übungstests: Wenn es die Gruppenmitglieder schaffen, aufgrund des zwischengeschalteten „Nachhilfeunterrichts" besser als beim ersten Mal abzuschneiden, dann bestehen gute Chancen, beim erneuten Ranking nach oben zu kommen und als Gruppe einen Achtungserfolg zu erzielen. Wie sehr dieser „Wettbewerb" die Motivation und die Zusammenarbeit in den Gruppen förderte, konnte in der besagten Hospitationsklasse beobachtet und bestaunt werden. Unverkennbar war auch hier, dass der Lehrer eine Menge Vorarbeit geleistet hatte – eine Vorarbeit allerdings, die sich für ihn sehr unmittelbar auszahlte, denn er erlebte in der skizzierten Stunde nicht nur einen relativ angenehmen, sondern auch einen recht effektiven Lernprozess der SchülerInnen.

Erneuter Szenenwechsel: Schauplatz ist diesmal das 1. Lehrjahr einer berufsbildenden Schule – Berufsgruppe: Fachhandelspacker. Die SchülerInnen haben vielfach nicht einmal den Hauptschulabschluss und zeigen dennoch nach rund einem halben Jahr relativ konsequenter Teamentwicklung ein bemerkenswert diszipliniertes und zielstrebiges Gruppenarbeitsverhalten. Zur Grundorganisation: Die Klasse ist in fünf Gruppen aufgeteilt. Jede Gruppe repräsentiert die Führungscrew einer Filiale eines fiktiven Großhandelsunternehmens. In jeder Filiale gibt es unterschiedliche Funktionsträger, u. a. den Filialleiter (Gesprächsleiter) und den Personalchef (Regelbeobachter). Außerdem existiert ein gemeinsam verabschiedeter Verhaltenskodex/Personalbewertungsbogen, auf den sich der jeweilige Personalchef berufen kann, falls einer der Mitarbeiter unbotmäßiges Verhalten an den Tag legen sollte. Wie sehr dieses Regelsystem greift, zeigt das folgende Geschehen in einer der Filialen während der Hospitationsphase. In der betreffenden Gruppe fehlt zu Beginn des Unterrichtsvormittags ein Schüler. Da jeder Schultag in der besagten Fachhandelspacker-Klasse mit einer relativ anspruchsvollen Arbeitsplanung auf der Basis vorgegebener Rahmenaufgaben und Materialien beginnt, muss die betreffende Gruppe zunächst ohne diesen Mitarbeiter disponieren. Das fällt insofern ziemlich schwer, als eine der Teilaufgaben recht komplex ist und eigentlich zwei Arbeitskräfte verlangt hätte, die aber nicht zur Verfügung stehen. Dieser Engpass sorgt bereits für einigen Unmut in der Gruppe, zumal der besagte Schüler – wie die

Gruppenmitglieder im Gespräch zu erkennen geben – schon zweimal zu spät zum Unterricht erschienen ist und jedes Mal die ganze Arbeitsplanung und -organisation der Gruppe durcheinander gebracht hat. Und so ist es auch diesmal. Mit nahezu einstündiger Verspätung erscheint der besagte Schüler und hockt sich mit großer Unschuldsmiene auf seinen Stuhl. Doch dann beginnt ein Prozess „geschwisterlicher Erziehung", der ebenso bemerkenswert wie wirksam ist und ganz fraglos für die Lernrelevanz der Gruppenarbeit spricht. Zunächst äußert sich der Filialleiter mit den Worten: „Kannst du bitte mal sagen, warum du schon wieder zu spät kommst?" Die eher verlegene Erklärung des Angesprochenen: „Die U-Bahn hat Verspätung gehabt." Daraufhin ein anderes Gruppenmitglied: „Du musst dir beim nächsten Mal was anderes überlegen. Ich bin nämlich mit der gleichen Linie gefahren. Und die hatte heute Morgen keine Verspätung." Missfallensbekundungen von verschiedenen Seiten. Dann der zornige Zwischenruf einer Schülerin: „Ich finde das einfach unmöglich, dass du uns wieder mal hängen lässt und wir das dann wieder ausbaden müssen, wenn wir am Ende mit unserer Arbeit nicht fertig werden und die Kritik der Lehrkräfte einstecken müssen." Dann der Personalchef mit einer entschiedenen Geste: „Also Leute, ich finde, es hat keinen Zweck, dass wir noch lange rummosern, sonst verlieren wir noch mehr Zeit." Und zum „Angeklagten" gewandt: „Ich hoffe, du erinnerst dich noch an unseren Regelkatalog und die darin festgelegten Maßnahmen. Wie du weißt, haben wir dir wegen grober Regelverstöße schon zwei Ermahnungen ausgesprochen. Ich finde, jetzt ist die erste Abmahnung fällig, weil du dich nun schon zum x-ten Mal unsozial und unfair uns gegenüber verhalten hast." Zur Gruppe gewandt die Frage: „Wer ist gegen die Abmahnung?" Als kein Einspruch kommt, wird die Abmahnung ins Protokollbuch der Gruppe eingetragen. Und damit ist eine gefährliche Stufe für den betreffenden Regelverletzer erreicht. Leistet er sich nämlich irgendwann noch einen zweiten gravierenden Regelverstoß, den die Gruppenmitglieder als fahrlässig und unsozial einstufen, muss er mit einer zweiten Abmahnung rechnen. Und das hat laut Regelkatalog dann automatisch zur Folge, dass er aus seiner Gruppe entlassen wird und sich bei einer anderen Filiale/Gruppe ganz offiziell bewerben und einem Vorstellungsgespräch unterziehen muss. Dieses Prozedere haben die SchülerInnen zu Beginn ihrer Berufsschulzeit erarbeitet und im besagten Personalbewertungsbogen festgeschrieben. Wie gesagt, die Entlassung ist erst die letzte Stufe eines recht moderaten Sanktionsverfahrens, wenn mehrere vorgelagerte Tadel und Gespräche nicht greifen sollten. Dass die Perspektive der Entlassung in erzieherischer Hinsicht höchst wirksam ist, zeigt die Tatsache, dass es in der besagten Fachhandelspacker-Klasse im ersten Halbjahr nicht eine einzige Entlassung gegeben hat. Die drohende Bewerbungs- und Vorstellungsprozedur schreckt offenbar doch wesentlich stärker ab, als das gängige Lamentieren der LehrerInnen. Den an konstruktiver Gruppenarbeit interessierten Lehrer- wie SchülerInnen kann das nur recht sein.

Gewiss, nicht alle Gruppenarbeiten verlaufen so relativ reibungslos, wie das in den skizzierten Beispielen der Fall war. Auch bei bester Vorbereitung und Organisation kann es selbstverständlich zu Friktionen und Problemen kommen. Was die skizzierten Gruppenarbeitsverläufe jedoch zeigen ist, dass es sich auf jeden Fall lohnt, in die Teamentwicklung zu investieren und möglichst verbindliche Regelungen und Organisationsformen einzuführen und einzuüben.

1.2 Die Kehrseite: Problemanzeigen zur Gruppenarbeit

Im Unterrichtsalltag dominieren die eher unzulänglichen Gruppenarbeitsprozesse. Da arbeitet einer für alle; da wird mehr gegen- als miteinander geredet und gearbeitet, da arbeitet jeder, was er will, aber keiner was er soll (vgl. Abbildung 3); da trödeln die SchülerInnen herum und kommen zu keinem rechten Ergebnis; da lässt das Zeitmanagement zu wünschen übrig, und die Arbeitsorganisation klappt ebenfalls nicht so, wie sie soll; da kommen stille Schüler zu kurz oder werden womöglich ganz untergebuttert; da ist die Präsentation langweilig und schlecht organisiert; da mangelt es den SchülerInnen an Motivation und Einsicht, dass Gruppenarbeit etwas Sinnvolles ist; da wird Gruppenarbeit vielfach als Zeitvergeudung angesehen und nur widerwillig mitgemacht oder gar ganz boykottiert; da werden SchülerInnen einfach links liegen gelassen und vom Arbeitsprozess abgeschnitten; da wird die Lautstärke überzogen und die Arbeit der Mitschüler gestört; da wird oberflächlich herumpalavert und der fachliche Tiefgang vermieden; da gibt es Trittbrettfahrer, die sich im Schatten der Gruppe jedweder Arbeit entziehen; da werden Konflikte produziert, die sich hernach kaum noch kanalisieren lassen; da stimmen die Rahmenbedingungen nicht und erschweren für Lehrer- wie SchülerInnen eine halbwegs effektive Gruppenarbeit ... So oder ähnlich lauteten die Vorbehalte und Kritikpunkte, die Lehrkräfte im Rahmen der vom Verfasser betreuten Lehrerfortbildungstagungen gegenüber der Gruppenarbeit vorbrachten.

Berechtigt sind viele dieser Vorbehalte durchaus. Denn vieles, was in unseren Schulen an Gruppenarbeit läuft, ist alles andere als reibungslos. Die Erfahrungen mit Gruppenarbeit geben den meisten Lehrkräften ganz offenkundig allen Anlass dazu, skeptisch zu sein und Gruppenarbeit eher zu meiden, denn zu forcieren. Genährt wird diese Skepsis nicht nur durch die skizzierten Unzulänglichkeiten auf Schülerseite, sondern auch und nicht zuletzt dadurch, dass Gruppenunterricht unter den bestehenden Bedingungen an unseren Schulen in aller Regel nur recht mühsam zu realisieren ist. 45-Minuten-Takt, Stoffdruck, hohe Schülerzahl, zu kleine Klassenräume, fehlendes Arbeitsmaterial, lehrerzentrierte Sitzordnung, einseitig kognitive Leistungsberurteilung, fehlende Pinnwände, unsolidarische KollegInnen sowie die unzureichende Lehrerausbildung wurden in den angesprochenen Lehrerfortbildungstagungen als schulor-

Abbildung 3

ganisatorische und didaktische Restriktionen genannt, die einer praktikablen und wirksamen Gruppenarbeit an unseren Schulen entgegenstehen.

Auch diese Einwände und Klagen haben ihre Berechtigung. Die Rahmenbedingungen der Gruppenarbeit sind in den meisten Schulen ziemlich ungünstig. Das gilt für die organisatorischen Rahmenbedingungen genauso wie für die gruppenspezifischen Kompetenzen von Schüler- und LehrerInnen. Kein Wunder also, dass Gruppenarbeit im bundesdeutschen Schulalltag eher out als in ist. Das Gros der Lehrkräfte setzt Gruppenarbeit nachgewiesenermaßen eher selten oder gar nicht ein. „Gruppenunterricht ist", wie Hilbert Meyer schreibt, „bei der großen Mehrzahl der Lehrerinnen und auch der SchülerInnen unbeliebt. Er wird oft mehr aus pädagogischem Pflichtgefühl denn aus innerer Neigung angesetzt." (H. Meyer 1989, S. 151) Bestätigt wird diese Einschätzung unter anderem durch eine Untersuchung von Rotering-Steinberg und v. Kügelgen. Danach führten fast zwei Drittel der befragten LehrerInnen Gruppenarbeit nur sehr selten durch. Die Hauptgründe für die gezeigte Zurückhaltung: 30 Prozent befürchteten, dass die SchülerInnen beim Gruppenunterricht die Situation ausnutzen, um nichts zu tun; 35 Prozent erwarteten, dass der Geräuschpegel steigt, und 15 Prozent befürchteten zu viel Aufwand der LehrerInnen für die Planung und Durchführung des Gruppenunterrichts (vgl. Rotering-Steinberg 1992, S. 27). Momentaufnahmen – gewiss. Doch die Grundeinstellung der Lehrkräfte gegenüber der Gruppenarbeit hat sich in den letzten Jahren nicht entscheidend verändert.

Gruppenarbeit führt in unseren Schulen nach wie vor ein ziemliches Schattendasein. Wie Hage u. a. in ihrer Studie zum Methodenrepertoire von Lehrern Mitte der achtziger Jahre für die Sekundarstufe I nachgewiesen haben, wird nur in knapp acht Prozent der Unterrichtszeit Gruppenarbeit durchgeführt. Demgegenüber sind rund drei Viertel der Unterrichtszeit mit direktiven, lehrerzentrierten Methoden ausgefüllt (vgl. Hage u. a. 1985, S. 47 und S. 151). Diese Proportionen stimmen einfach nicht! Sie haben schon früher den Interessen und Begabungen der SchülerInnen nicht hinreichend Rechnung getragen. Und sie sind in einer Zeit, in der die Teamfähigkeit immer stärker verlangt und betont wird, geradezu obsolet und unverantwortlich geworden.

1.3 Viele Lehrkräfte sind pädagogisch falsch programmiert

Schuld am skizzierten Schattendasein des Gruppenunterrichts sind allerdings nicht nur die SchülerInnen und die widrigen Rahmenbedingungen im Schulalltag, sondern auch und nicht zuletzt die Lehrkräfte selbst, die aufgrund ihrer Vor- und Ausbildung dem Gruppenunterricht häufig recht indifferent gegenüber stehen. Sie tun sich aufgrund ihres traditionell lehrerzentrierten Rollenverständnisses vielfach recht schwer, den Gruppenunterricht wirksam zu fordern und zu fördern. Belehrungsdrang, überzogener Perfektionismus und ein zumeist sehr einseitiger Lernbegriff stehen dieser Sozialform deutlich entgegen. Zwei Beispiele sollen dieses deutlich machen.

Erstes Beispiel: Der Lehrer einer achten Klasse ist bekannt dafür, dass er Gruppenarbeit gut und variantenreich organisieren kann und seine SchülerInnen in puncto Gruppenarbeit auch immer wieder bemerkenswert fordert. Das zeigt sich auch in der Hospitationsstunde, in der die Ursachen der Französischen Revolution erarbeitet werden sollen. Der Lehrer bittet die SchülerInnen, sich in den bekannten Zufallsgruppen zusammenzufinden und anhand des Schulbuchs und einer zusätzlichen Broschüre die wichtigsten Ursachen der Französischen Revolution herauszuarbeiten und auf großformatigen Plakaten möglichst übersichtlich und anschaulich darzustellen. Hinzu kommt: Jeder Schüler soll am Ende der Erarbeitungsphase grundsätzlich in der Lage sein, anhand des Plakats einen kleinen Vortrag zur Genese der Französischen Revolution zu halten sowie etwaige Nachfragen von Schüler- wie von Lehrerseite zu beantworten. Die Zeitvorgabe für das gesamte Prozedere: drei Unterrichtsstunden, verteilt auf zwei Wochen. So weit, so gut. Die SchülerInnen akzeptieren den recht anspruchsvollen Arbeitsauftrag ohne größeres Murren und machen sich nach und nach daran, die betreffenden Medien auf den Tisch zu packen und darin nach Informationen zur Französischen Revolution zu suchen. Doch dann beginnt ein fataler Prozess, der den Fortgang der Gruppenarbeit abrupt unterbindet und eindeutig dem Lehrer anzulasten ist. Verunsichert durch einige lust- und ratlos dreinschauende SchülerInnen lässt sich der Lehrer nämlich dazu verleiten, schon nach kurzer Zeit zur ersten Gruppe hinzugehen, um zu helfen und zu beraten – ganz so, wie er es im Rahmen der Ausbildung gelernt hatte und tun musste, um eine gute Beurteilung zu bekommen. Nur, dieses Reaktionsmuster führt in der besagten Gruppe dazu, dass die SchülerInnen ihre gerade anlaufende Nachschlagetätigkeit umgehend einstellen und dem Lehrer ebenso gedankenlose wie verfängliche Fragen stellen. Die erste klassische Frage: „Was sollen wir denn eigentlich genau machen?" Als der Lehrer den Arbeitsauftrag eingehend wiederholt und präzisiert hat, bringt ein zweiter Schüler einen ebenso wirksamen Hilferuf ein: „Ja, aber wo finden wir denn die ganzen Informationen zur Französischen Revolution?" Die Folge dieses Impulses ist, dass der Lehrer im Schulbuch ebenso emsig wie zielstrebig nachzuschlagen beginnt und den SchülerInnen die eigentlich von ihnen geforderte Selektionsarbeit abnimmt. Und dann der vorläufige Höhepunkt der Lehrerbeschäftigung: „Ursachen?", so der gedankenverlorene Einwurf eines Schülers, „Können Sie uns mal ein Beispiel nennen, was Sie damit meinen?" Diese letztere Anfrage löst einen mehrminütigen Lehrervortrag aus und lässt den Lehrer sichtlich aufblühen. Nur, zur Förderung der Gruppenarbeit trägt das alles wenig bei.

Im Gegenteil, der Lehrer unterbindet mit seiner aufdringlichen Beratung und Belehrung sowohl das Selbstmanagement als auch die Zusammenarbeit der SchülerInnen. Seine Helfermentalität verleitet ihn dazu, die SchülerInnen einmal mehr über Gebühr zu bevormunden und die Verantwortung und Initiative höchst nachhaltig an sich zu ziehen. Diese Ablenkung von der Gruppenarbeit ist nicht nur bei der ersten Gruppe zu beobachten, sondern auch bei den übrigen Schülergruppen. Diese registrieren nämlich sehr schnell, wie der Lehrer heute seinen „Beratungsgang" gestaltet und wann er wohl zu ihnen kommen wird. Also warten sie ab, bis er da ist, um ihn dann ebenfalls ins Kreuzverhör zu nehmen und möglichst autorisierte Antworten und Hilfen zu bekommen. Zwischenzeitlich erzählen und besprechen sie irgendwas, nur nicht unbedingt das, was in puncto Französische Revolution gefragt ist. Der schwarze Peter liegt für sie auf jeden Fall beim Lehrer; dieser muss eben helfen und für die nötige Klarheit sorgen. Zumindest ist das die Erwartung und Einstellung vieler Schüler, Eltern, Lehrerausbilder, Schulleiter und Schulräte. Die Angst der Lehrkräfte sitzt daher entsprechend tief, dass sie als schlechte Pädagogen angesehen werden könnten, wenn sie nicht offensiv und vorausschauend helfen und beraten. Die folgende Anfrage einer Lehrerin macht das deutlich: „Was sollen denn die SchülerInnen von mir denken", so ihr Einwurf, „wenn ich mich zurückziehe und die gewünschte Hilfe verweigere?" Und eine Kollegin setzte diesen Gedankengang ebenso irritiert mit den Worten fort: „Ja, und was ist, wenn die SchülerInnen das zu Hause erzählen!?" Zugegeben, berechtigt und verständlich sind diese Sorgen und Anfragen durchaus. Nur, die fatale Folge der skizzierten Bevormundung und Entmündigung ist, dass die betreffenden SchülerInnen nicht nur bequem und unselbstständig werden, sondern sie werden auch nicht zu der hier zur Debatte stehenden Gruppenarbeit angehalten. Wer Gruppenarbeit will, der muss den SchülerInnen zwingend Selbstverantwor-

Abbildung 4 (aus: H. Meyer, 1989, S. 268)

tung, Mitverantwortung und Zusammenarbeit zumuten und abfordern und sich dementsprechend zurücknehmen. Hilbert Meyer mag in der abgebildeten Karikatur mit der provokativen Frühstücksszene zwar überzeichnen (vgl. Abbildung 4), aber einen richtigen und wichtigen Impuls gibt er damit auf alle Fälle.

Um ein fragwürdiges Rollenverständnis geht es auch im zweiten Beispiel, das diesmal zwar die betriebliche Ausbildung betrifft, genauso gut aber auch im schulischen Bereich angesiedelt sein könnte. Zum Geschehen: In einem großen deutschen Automobilunternehmen hat eine Gruppe junger Auszubildender des zweiten Lehrjahres die Aufgabe, eine Besuchergruppe über das innerbetriebliche Ausbildungssystem zu informieren. Dazu wurden mehrere Schautafeln vorbereitet, die recht übersichtlich und ansprechend gestaltet waren. In puncto Visualisierungstechnik war die Gruppe ganz offensichtlich geübt. Doch bei der Präsentation der Schautafeln offenbarte sie unverkennbare Schwächen. Statt einer kooperativen Präsentation mit verteilten Rollen, riss eines der Gruppenmitglieder die ganze Angelegenheit an sich. Die junge Dame erläuterte die drei Schautafeln fast im Alleingang, obwohl die übrigen Gruppenmitglieder mehrfach anzeigten, dass sie auch etwas sagen wollten. Die gleiche Dominanz legte die Auszubildende während der anschließenden Aussprache an den Tag. Sie übernahm sehr schnell die Gesprächsleitung, gab fast alle Antworten und zeigte insgesamt wenig Neigung, die Mitstreiter ins Gespräch zu bringen und das vorhandene Potenzial der Gruppe zu nutzen und so zur Mitarbeit zu motivieren. Ein eklatanter Verstoß gegen die Spielregeln einer guten Gruppenarbeit! Zwar argumentierte die betreffende Auszubildende durchweg recht clever und überzeugend, aber mit sensibler und kompetenter Teamarbeit hatte das Ganze reichlich wenig zu tun. Doch wie reagierte der Ausbilder darauf? Wie sich im anschließenden Gespräch beim Kantinenessen zeigte, war er sich der skizzierten Problematik gar nicht so recht bewusst. Angesprochen auf den Präsentationsverlauf, gab er recht unverblümt zu erkennen, dass die Gruppe ihre Sache doch recht gut gemacht und es gut verstanden habe, das Ausbildungskonzept des Betriebes transparent zu machen und die Nachfragen der Besucher überzeugend zu beantworten. Zwar habe die eine Auszubildende sehr viel übernommen und die Gruppenmitglieder manchmal gar nicht richtig zu Wort kommen lassen, aber das halte sich alles in allem doch ziemlich im Rahmen. Die gezeigte Präsentation näher zu problematisieren und zum Anlass für ein gezieltes Teamtraining zu nehmen, dafür sah der zuständige Ausbilder auf jeden Fall keinen Anlass. Die Sache war in Ordnung, der Stoff präsentiert, alles andere schien ihm eher sekundär. Diese auf den Stoff fixierte Einstellung und Erwartung findet sich keineswegs nur in der Ausbildung, sondern auch und nicht minder in den Schulen. Sie verstellt erfahrungsgemäß vielen Lehrkräften den Blick für die Wichtigkeit konsequenter Kooperation und für den diesbezüglich bestehenden Lern- und Übungsbedarf. Eine Anfrage und Herausforderung für die Lehrerbildung!

1.4 Gruppenarbeit muss verstärkt geübt und gelernt werden!

Den SchülerInnen kann man die in den beiden letzten Abschnitten skizzierten Defizite am wenigsten anlasten. Denn sie verhalten sich im Prinzip so, wie sie es gelernt haben, nämlich individualistisch, egoistisch, gelegentlich auch egozentrisch und überwiegend darauf bedacht, mit möglichst wenig Aufwand über die Runden zu kommen und dementsprechend den Lehrer dazu zu bringen, möglichst präzise zu sagen und festzuhalten, was er hören und bei der nächsten Lernkontrolle haben möchte. Erziehung zur Selbstständigkeit ist das ebenso wenig wie Erziehung zur Teamfähigkeit. Von daher ist es dringend an der Zeit, die Weichen neu zu stellen und über die mangelnde Teamfähigkeit der SchülerInnen nicht nur zu klagen, sondern durch gezielte Übungen, Reflexionen und Regelklärungen darauf hinzuwirken, dass die SchülerInnen die nötige Teamkompetenz lernen. Gruppentische zu stellen und die SchülerInnen gelegentlich in Gruppen zusammenzusetzen und arbeiten zu lassen reicht dazu auf jeden

Fall nicht aus. Dieser äußere Rahmen ist bestenfalls eine notwendige, nicht aber eine hinreichende Bedingung für konstruktiven Gruppenunterricht und funktionierende Teamarbeit. Teamarbeit ist, wie in der Einleitung bereits angedeutet wurde, wesentlich mehr als das übliche Zusammensitzen an Gruppentischen. Teamarbeit verlangt auch und vor allem die Fähigkeit und Bereitschaft zur wirksamen Zusammenarbeit. Sie verlangt, dass die SchülerInnen mit den Zielen, den Abläufen und den Regelwerken der Gruppenarbeit vertraut sind und zudem die Einsicht besitzen, dass das Zusammenarbeiten in Gruppen sinnvoll, notwendig und für den eigenen Lern- und Berufserfolg auch vorteilhaft ist. Näheres zu den Vorteilen und Chancen der Teamarbeit wird im nächsten Kapitel ausgeführt.

Dass Teamfähigkeit eine der zentralen Schlüsselqualifikationen unserer Tage ist, ist mittlerweile nicht mehr strittig. Dass Teamfähigkeit überdies eine Grundvoraussetzung des Offenen Unterrichts ist, der in den letzten Jahren so nachdrücklich propagiert und in den Schulen eingeführt wird, beginnen immer mehr Lehrkräfte zu begreifen und zum Anlass zu nehmen, nach entsprechenden Trainingsmaßnahmen zu suchen. Freiarbeit, Wochenplanarbeit, Stationenarbeit, Projektarbeit, Planspiele, Rollenspiele und andere Formen des eigenverantwortlichen Arbeitens und Lernens sind nämlich letztlich nur dann erfolgreich zu verwirklichen, wenn die SchülerInnen gelernt haben, in Kleingruppen zusammenzuarbeiten und sich wechselseitig zu helfen und zu unterstützen, zu kontrollieren und zu kritisieren, zu visualisieren und zu präsentieren, zu moderieren und zu diskutieren. Andernfalls sind viele schwache, ängstliche und/oder unselbstständige SchülerInnen beinahe zwangsläufig zum Scheitern verurteilt. Die Gefahr ist einfach zu groß, dass sie überfordert werden und von daher dazu neigen, entweder aufzugeben oder aber den Unterricht zu stören. Da beides gleichermaßen fatal ist, gilt es, in die Teamentwicklung zu investieren und die nötigen Grundeinstellungen und -fertigkeiten auf Schülerseite konsequent zu fördern. Welche Förderungs- bzw. Trainingsmaßnahmen diesbezüglich infrage kommen und sich im Unterrichtsalltag bewährt haben, zeigt Kapitel II.

Grundsätzlich hat es sich in der praktischen Übungsarbeit als sinnvoll und notwendig herausgestellt, zwischen „Sockeltraining" und vertiefender „Methodenpflege" zu unterscheiden. Kennzeichnend für das Sockeltraining ist, dass den SchülerInnen in einem speziellen Crashkurs die wichtigsten Grundelemente guter Teamarbeit vermittelt und einsichtig gemacht werden. Nähere Aufschlüsse über den Aufbau und den Ablauf eines derartigen Sockeltrainings gibt das 4-Stufen-Modell in Abbildung 14 auf Seite 71 dieses Buches. Der Crashkurs alleine genügt jedoch nicht, um auf Schülerseite die nötigen Gewissheiten und Routinen entstehen zu lassen. Hinzukommen muss zwingend das regelmäßige Wiederholen und Festigen der eingeführten Regeln und Handlungsschemata, damit die SchülerInnen die angestrebte Souveränität – sprich Teamkompetenz – erwerben. Diese langfristige Übungs- und Wiederholungsarbeit wird hier als „Methodenpflege" verstanden. Sie ist Sache möglichst vieler Lehrkräfte in der je zu trainierenden Klasse. Für das Sockeltraining hingegen sind pro Klasse in der Regel nur zwei bis drei KernlehrerInnen verantwortlich, die mit hohem Stundendeputat phasenweise exklusives Teamtraining betreiben. Näheres dazu findet sich in Kapitel III.

Damit jedoch keine Missverständnisse entstehen: Gruppenarbeit soll hier keinesfalls zur universellen Sozialform hochstilisiert werden, die in jeder Stunde und in jedem Fach ihren Platz hat. Nein, der hier vertretene Anspruch ist viel bescheidener. Wenn es gelänge, durch einigermaßen konsequente Teamentwicklung und Teampflege den Anteil der Gruppenarbeit von bisher rund 8 Prozent (s. oben) auf vielleicht 30 Prozent zu steigern, dann wäre bereits sehr viel erreicht, was die Schule im Blick auf das „Neue Haus des Lernens" (vgl. Abbildung 2 auf Seite 21) ein gutes Stück voranbrächte. Der Anteil des lehrerzentrierten, darbietenden Unterrichts wäre dann zwar noch immer recht groß, aber in einem gewissen Umfang wird es diesen Unterricht auch immer geben müssen, denn Vorträge, Demonstrationen, Erläuterungen und sonstige Denk- und Gesprächsanstöße der Lehrerseite haben selbstverständlich auch unter den veränderten Vorzeichen ihren Platz – nur eben nicht mehr in der äußerst dominanten Form, in der sie den bisherigen Unterricht beherrschen. Voraussetzung für diese Akzentverschiebung ist allerdings – wie angedeutet – eine verstärkte teamzentrierte Qualifizierung der SchülerInnen, wie sie in diesem Buch vorgeschlagen und ansatzweise operationalisiert wird.

2. Das Lernen in Gruppen hat viele Vorzüge

Fragt man LehrerInnen nach den Vorzügen der Gruppenarbeit, so werden erstaunlich viele Positiva und Chancen genannt. Das zumindest zeigte sich im Rahmen verschiedener Lehrerfortbildungsveranstaltungen. Gruppenarbeit – so der Tenor – mache den SchülerInnen einfach mehr Spaß, sei lebendiger und kurzweiliger; sie fördere Kreativität und Flexibilität; sie stärke das Verantwortungsgefühl der SchülerInnen, befriedige ihr Kommunikationsbedürfnis und vermittle ihnen mehr Sicherheit und Selbstbewusstsein. Gruppenarbeit gebe den SchülerInnen Gelegenheit, ihr Lernen selbst in die Hand zu nehmen, Arbeitsabläufe und Arbeitstempi zu bestimmen und so zukunftsträchtige „Schlüsselqualifikationen" zu erwerben. Gruppenarbeit komme aber auch der fachlichen Klärung und Durchdringung des Lernstoffes zugute; sie gewährleiste eine relativ angstfreie Atmosphäre und mache es den SchülerInnen insgesamt leichter, bestehende Probleme und Verständnisschwierigkeiten anzusprechen und sich im aktiven Dialog in der Gruppe zu vergewissern und fundiertere Kenntnisse und Einsichten zu verschaffen sowie diese aufgrund der aktiven Auseinandersetzung auch längerfristig im Gedächtnis zu behalten. Ähnlich positive Aspekte und Chancen stellt Hilbert Meyer bei seinem Vergleich von Gruppenarbeit und Frontalunterricht heraus (vgl. Abbildung 5).

Die paradoxe Kehrseite dieser Befragungsergebnisse war und ist, dass die gleichen Lehrkräfte, die so viele Vorzüge und Chancen der Gruppenarbeit zu benennen wussten, in ihrer alltäglichen Unterrichtsarbeit nach eigenem Bekunden überwiegend selten oder nie Gruppenarbeit machten. Diese Diskrepanz zwischen theoretischer Einsicht und praktischer Handlungsbereitschaft ist symptomatisch und ernüchternd zugleich. Ursächlich dafür sind sicherlich die in den Abschnitten I.2 und I.3 skizzierten Probleme und Unzulänglichkeiten. Doch eine derart konsequente Zurückhaltung in Sachen Gruppenarbeit ist dadurch gewiss nicht gerechtfertigt. Gruppenarbeit hat ihre Chancen! Das ist durch zahlreiche wissenschaftliche Untersuchungen nachgewiesen, auf die im Weiteren noch eingegangen werden wird. Sie dient erwiesenermaßen nicht nur der Kompetenzerweiterung der SchülerInnen, sondern reflektiert auch und zugleich das gewandelte Sozialisationsfeld, in dem die Kinder heute aufwachsen.

Vergleich: Gruppenarbeit – Frontalunterricht
● Im Gruppenunterricht können sich mehr SchülerInnen *aktiv* am Unterrichtsprozeß beteiligen als im Frontalunterricht.
● Sie können sich, falls sie nicht durch ein ungünstiges soziales Klima daran gehindert werden, *ohne Scheu äußern* und erst einmal „ins Unreine" reden.
● Sie können ein *Zusammengehörigkeitsgefühl* in der Gruppe entwickeln und festigen.
● Sie können, falls die Arbeitsaufträge entsprechend gestaltet und die Lernvoraussetzungen gegeben sind, relativ *selbständig* arbeiten.
● Sie können *Lernumwege* und *Seitenpfade* betreten, die im Frontalunterricht aus Zeit- und Kompetenzgründen zumeist blockiert werden.
● Sie können ihre *Neugierde* ausleben; sie können neue, von der Lehrerin nicht vorhergesehene Aspekte des Themas einbringen und bearbeiten.
● Gruppenunterricht erlaubt es der Lehrerin, ihre SchülerInnen genauer, mit mehr Muße und in anderen Rollen als im Frontalunterricht zu *beobachten*.
● Gruppenunterricht erfordert allerdings, kurzfristig gesehen, zumeist *mehr Zeit* als Frontalunterricht. Die SchülerInnen brauchen länger, um einen Sach-, Sinn- oder Problemzusammenhang in eigener Regie zu erarbeiten. Langfristig zahlt sich dieser Mehraufwand jedoch durch wachsende *Methodenkompetenzen* aus.

Abbildung 5 (aus: H. Meyer, 1989, S. 245)

Zusammenfassend lässt sich zum Letzteren sagen: Gruppenarbeit ...

... reagiert auf den vorherrschenden Trend zur Einkind-Familie und gibt den SchülerInnen Gelegenheit zum kompensatorischen sozialen Lernen in Gruppen;

... trägt den elementaren Kommunikations- und Kooperationsbedürfnissen der SchülerInnen Rechnung und vermittelt ihnen tendenziell mehr Sicherheit und Geborgenheit im sozialen Miteinander;

... korrespondiert mit den veränderten Bedingungen und Anforderungen in der modernen Berufs- und Arbeitswelt und bahnt den Erwerb zukunftsträchtiger Schlüsselqualifikationen an;

... erleichtert den LehrerInnen die alltägliche Differenzierungsarbeit durch den allmählichen Aufbau funktionierender Helfersysteme und gewährleistet damit, dass die SchülerInnen in leistungsheterogenen Gruppen an ein und derselben Aufgabe arbeiten können und nicht mehrere Aufgabenniveaus (-pakete) zeitaufwendig vorbereitet werden müssen;

... reflektiert die demokratiefeindlichen Tendenzen in der modernen Jugendszene und ist ein nicht zu unterschätzender Beitrag zur Gewaltprophylaxe in unserer Gesellschaft.

Grundsätzlich sind die Chancen der Gruppenarbeit umso größer, je geübter die SchülerInnen sind und je häufiger Gruppenunterricht praktiziert wird. In beiden Punkten kann im Schulalltag noch kräftig zugelegt werden, damit die positiven Seiten des Gruppenunterrichts wirksam zur Geltung kommen. In den nachfolgenden Abschnitten werden die angedeuteten Vorzüge der Gruppenarbeit näher entfaltet und unter Einbeziehung wissenschaftlicher Befunde erläutert.

2.1 Steigende Lerneffizienz

Versteht man unter Lernen den Erwerb fachlicher, methodischer, sozialer und affektiver Kompetenzen (vgl. Abbildung 1 auf Seite 16), dann ist Gruppenarbeit per se effizient, weil sie als einzige Sozialform alle diese Kompetenzen fordert und fördern hilft. Im Rahmen von Einzelarbeit oder im Frontalunterricht hingegen werden soziale Kompetenzen kaum, affektive und methodische Kompetenzen nur sehr eingeschränkt vermittelt. So gesehen ist Gruppenarbeit schon aufgrund ihrer Breitenwirkung legitimiert und für die schulische Bildungsarbeit unverzichtbar. Doch auch in fachlich-kognitiver Hinsicht kann sich die Leistungsfähigkeit der Gruppenarbeit fraglos sehen lassen – vorausgesetzt, die Zusammenarbeit der SchülerInnen funktioniert und ihre Arbeitsdisziplin stimmt. Zwar kann Gruppenarbeit ganz gewiss nicht die Einzelarbeit/Stillarbeit ersetzen, wohl aber ist sie eine entscheidende Ergänzung und Abrundung des gängigen individuellen Arbeitens und Lernens. Gerade wenn es darum geht, Probleme zu lösen, Ideen zu entwickeln, Unsicherheiten zu überwinden, Fehler zu minimieren, Lernstoff zu festigen und/oder komplexe fachliche Aufgaben zu lösen, ist Gruppenarbeit unschlagbar. Zu ihren Besonderheiten gehört nämlich, dass sich die SchülerInnen in einem relativ geschützten Raum befinden und sich von daher ohne Ängste und Skrupel wechselseitig fragen, besprechen, inspirieren und sukzessive vergewissern können – eine Situation, die im lehrerzentrierten Klassenunterricht völlig fehlt. Durch dieses aktive Lernen und Kommunizieren in Gruppen wird das Begreifen und Behalten des Lernstoffes ebenso gefördert wie die fachliche Klärung und Kompetenzentwicklung. Wer aktiv lernt und sich im Gespräch mit anderen vergewissert, der behält empirischen Untersuchungen zufolge rund 70–90 Prozent des betreffenden Lernstoffes, während bei der verbalen Lehrerdarbietung nur rund 20 Prozent bei den SchülerInnen ankommen (vgl. Witzenbacher 1985, S. 17). Aktive Klärungsprozesse in Kleingruppen sind also ein höchst wirksames Mittel, um das fachliche Lernen zu effektivieren und die fachliche Souveränität der SchülerInnen zu steigern.

Nachgewiesen wurde die Überlegenheit des Gruppenunterrichts gegenüber Einzelarbeit und Frontalunterricht in diversen Untersuchungen (vgl. Bel-Born u. a. 1976; Bödicker 1975; Dietrich 1969; Knapp 1975). In einer knappen Zusammenfassung heißt es dazu in einem Studienbrief des Deutschen Instituts für Fernstudien: „Widersprüchliche Einfälle und Meinungen der Gruppenmitglieder regen zur intensiven Auseinandersetzung mit dem Lerngegenstand an. Die Möglichkeit, sich bei Schwierigkeiten gegenseitig zu unterstützen, fördert die Einsicht in Lösungsprozesse. Schließlich können durch die Beobachtung der anderen in der Gruppe deren Lernstrategien übernommen werden, d.h., kooperatives Lernen fördert das oft vergeblich angestrebte ›Lernen des Lernens‹." (DIFF 1985, S. 7) An gleicher Stelle wird ferner eine Befragung von Gymnasiasten angeführt, nach deren Einschätzung das Arbeiten in Gruppen deshalb einen größeren Lernerfolg garantiere, weil man mit anderen zusammen leichter arbeiten könne, und weil man sich mit verschiedenen Meinungen auseinander setzen müsse. Die Gruppe also als Herausforderung und helfende Instanz. Auch Wolfgang Klafki betont, dass Kleingruppenarbeit bei einer erheblichen Anzahl von Lernaufgaben, wie sie in der Schule anstünden, wirkungsvoller sei als der übliche Klassenunterricht. Damit spielt er vor allem auf die Dimension des Übens, Sicherns, Anwendens von Erkenntnissen und Kenntnissen, Fähigkeiten und Fertigkeiten an (vgl. Klafki 1992, S. 9).

Vieles spricht dafür, dass durch eine Intensivierung des Arbeitens und Übens in Gruppen so manchem Lern- und Leistungsversagen in der Schule vorgebeugt werden kann, das ansonsten durch kostspielige Nachhilfemaßnahmen ausgebügelt werden muss. Wie sehr der bundesdeutsche Nachhilfemarkt nach wie vor expandiert, lässt sich aus aktuellen Untersuchungen und Statistiken ersehen. Danach erhält rund ein Fünftel der bundesdeutschen Kinder Nachhilfeunterricht in kommerzieller Form. Die Eltern geben dafür pro Woche mindestens 30 Millionen DM aus (vgl. Neuss-Grevenbroicher Zeitung vom 11.7.1996). Eine verstärkte Gruppenarbeit in der Schule könnte dieser Nachhilfeinflation gewiss entgegenwirken und den betreffenden SchülerInnen zugleich dazu verhelfen, dass sie im Unterricht besser mitkommen. Vorteilhaft wäre diese Teamorientierung freilich nicht nur für die schwächeren und/oder ängstlicheren unter den SchülerInnen, sondern auch für die cleveren Schnelldenker und -lerner. Diese profitieren von der Gruppenarbeit nämlich insofern, als sie in ihrer Expertenrolle das vorhandene Wissen wirksam festigen und zugleich wichtige methodische, kommunikative und affektive Fähigkeiten erwerben können. So gesehen ergeben sich Effizienzvorteile letztlich für alle SchülerInnen.

2.2 Motivation und Selbstwertgefühl

Vorausgesetzt, das Arbeiten und Lernen in einer Gruppe verläuft einigermaßen harmonisch, hat das in aller Regel positive Folgen sowohl für die Motivation als auch für das Selbstwertgefühl der betreffenden Gruppenmitglieder. Denn irgendwie braucht jeder Mensch einen sozialen Referenzrahmen, von dem er Wohlbefinden, Anerkennung, Unterstützung, Bestätigung und in gewisser Weise auch Geborgenheit ableitet. Die Lerngruppe im Unterricht ist ein solches Referenzsystem. Sie ist Betätigungsfeld und Feedbackinstanz in einem. Sie ermöglicht soziale Einbettung und soziale Verankerung. Wie der Sozialpsychologe Allport bereits in den zwanziger Jahren dieses Jahrhunderts nachgewiesen hat, wirkt sich allein schon das räumliche Zusammensein vorteilhaft auf die Leistungsbereitschaft der betreffenden Menschen aus. Menschen, die sich vorher gar nicht kannten, erzielten in einem gemeinsamen Raum selbst bei Einzelarbeit bessere Arbeitsergebnisse als bei räumlicher Trennung (vgl. die Ausführungen zu F. H. Allport bei Rosenkranz 1990, S. 172). Für Kleingruppen gilt diese stimulierende Wirkung des sozialen Kontextes selbstverständlich umso mehr. Ausgelöst wird sie vor allem dadurch, dass in Gruppen ein mehr oder weniger ausgeprägter motivationsfördernder Sog entsteht, d. h., die jeweiligen Mitstreiter in der Gruppe erwarten etwas von einem. Sie interessieren sich für einen und erwarten eine gewisse solidarische Leistung, einen Beitrag zum Gelingen sowohl des Gruppenprozesses als auch des Gruppenergebnisses. Von daher ergibt sich in der Regel ein motivationssteigernder Effekt (vgl. dazu auch DIFF 1985, S. 27). Gefördert wird die Motivation der Gruppenmitglieder ferner dadurch, dass bei eingeübter Gruppenarbeit auch Bewertungsgesichtspunkte ins Spiel kommen, d. h., die Gruppenmitglieder müssen im Interesse einer guten Note möglichst engagiert und motiviert mit- und zusammenarbeiten, um eine gute Teamkompetenz bescheinigt zu bekommen, die Teil der Gesamtnote ist (vgl. die näheren Ausführungen in Abschnitt I.3.9). Diese Regelung kann unter Umständen zwar auch unschönen Druck verursachen, erweist sich im Allgemeinen aber als ein durchaus akzeptiertes Anreizsystem, das auf Seiten der Gruppenmitglieder intrinsische und extrinische Motivation freisetzt. So gesehen begünstigt die hier anvisierte Gruppenarbeit mit hoher Wahrscheinlichkeit die Motivation der einzelnen Gruppenakteure.

Des Weiteren begünstigt und fördert sie erwiesenermaßen deren Selbstwertgefühl. Arbeitsgruppen haben nämlich eine nicht zu unterschätzende Stützfunktion. Sie vermitteln Sicherheit, Klarheit und stärken damit das Rückgrat der betreffenden Gruppenmitglieder. Dazu heißt es in einer Veröffentlichung des Deutschen Instituts für Fernstudien: „Das Gefühl, sich selbst etwas zuzutrauen und für andere wichtig zu sein, ist in seiner Bedeutung für weite Erlebens- und Verhaltensbereiche kaum zu überschätzen. Von den 14 einschlägigen Untersuchungen, die Slavin (1983) gefunden hat, berichten 11 signifikante Steigerungen des Selbstwertgefühls der kooperativ lernenden Schüler im Gegensatz zu den Kontrollklassen." (DIFF 1985, S. 27) Die übrigen drei Studien zeigten zwar keine bedeutsame Differenz; das lag jedoch in erster Linie an der unzulänglichen Organisation der Gruppenarbeit (vgl. ebenda). Dieser positive Einfluss der Gruppenarbeit auf das Selbstwertgefühl der beteiligten SchülerInnen erklärt sich aus der eingangs angeführten Einbettung, Bestätigung und Bestärkung, die der Einzelne in einigermaßen gut funktionierenden Gruppen erlebt. Das tut gut, vermittelt Wir-Gefühl und Ich-Stärke, Selbstvertrauen und Selbstbewusstsein. Dass diese affektiven Kompetenzen gerade in der Schule von heute ihren Platz haben (müssen), ist aufgrund der veränderten Sozialisationsbedingungen und der gesteigerten Anforderungen in der Wirtschaft ziemlich evident (vgl. auch Abbildung 1 auf Seite 16).

2.3 Intensives soziales Lernen

Die Bedeutung des sozialen Lernens wird seit Jahr und Tag von Pädagogen und Bildungsforschern betont und gerade in den letzten Jahren aufgrund der eklatanten Defizite vieler SchülerInnen verstärkt eingefordert. Doch mit den gängigen Sozialformen der Einzelarbeit und des lehrerzentrierten Klassenunterrichts ist dieses soziale Lernen nicht zu bewerkstelligen. Wer Sozialkompetenz anpeilt und vermitteln will, der muss zwingend auf die Sozialform der Kleingruppenarbeit zurückgreifen – Partnerarbeit eingeschlossen. Denn soziales Lernen verlangt soziales Handeln, verlangt, dass die SchülerInnen möglichst oft Gelegenheit erhalten, sich in der Auseinandersetzung und im Zusammenspiel mit anderen zu üben und das eigene soziale Verhaltensrepertoire bewusst und differenziert weiterzuentwickeln. Derartige Gelegenheiten sind in unseren Schulen bislang eher rar. Die meisten LehrerInnen ziehen – so die Bilanz einiger frisch gebackener Abiturienten in einem Magazin der Wochenzeitung DIE ZEIT – ihren Stoff einfach durch; alles andere interessiere sie nicht. Zur Übernahme von Verantwortung sowie zum Einsatz für Schwächere würden SchülerInnen viel zu wenig angehalten und angeleitet. In der Schule von heute herrsche stattdessen das „reine Lernen" vor, das soziale Lernen käme zu kurz. Gefragt sei in erster Linie der pflegeleichte, angepasste Schüler, der Einzelkämpfer, und weniger das Miteinander in der Gruppe, obwohl doch die meisten Jugendlichen später im Beruf in Gruppen arbeiten müssten (vgl. ZEITPunkte, Heft 2/1996, S. 39). Recht haben die jungen Leute!

Mit der hier anvisierten Intensivierung des Gruppenunterrichts wird diesen Versäumnissen entgegengewirkt und zugleich eine Plattform für ein konsequenteres soziales Lernen geschaffen. In welcher Hinsicht die SchülerInnen dabei ihr Sozialverhalten trainieren und weiterentwickeln können und sollen, zeigen die nachfolgenden Leitziele. Danach sollen die SchülerInnen verstärkt lernen, ...

■ die MitSchülerInnen ernst zu nehmen, freundlich und fair miteinander umzugehen, auf andere einzugehen, sie zu beachten, zu bestärken, zu bestätigen, zur Mitarbeit zu ermutigen sowie das „Wir-Gefühl" in der Gruppe zu fördern;

- auf gute Kommunikation zu achten, aktiv zuzuhören, Blickkontakt zu halten und andere ausreden zu lassen, in Ich-Form zu reden, überlange Monologe zu vermeiden, andere Meinungen und Vorschläge zu tolerieren und Killerphrasen zu vermeiden;
- auftretende Konflikte und Meinungsverschiedenheiten auf friedliche Weise zu lösen, Aggressionen und Gewalthandlungen zu vermeiden, die Perspektive der anderen wahrzunehmen, zu beachten und zu respektieren;
- in Feedbackphasen behutsam zu agieren und zu reagieren, vernichtende/destruktive Kritik zu vermeiden, vorrangig auf positive Rückmeldungen zu setzen und zu achten sowie konstruktives Feedback zu geben, das den Einzelnen wie die Gruppe voranbringt.

Gewiss, leicht fällt diese Art des sozialen Miteinanders den meisten unserer SchülerInnen erfahrungsgemäß nicht. Gleichwohl können sie viele dieser Verhaltensweisen und Einstellungen lernen. Das zeigen sowohl die bisherigen Erfahrungen des Verfassers als auch die aus der Literatur bekannten Befunde zum „prosozialen Lernen". Gruppenarbeit fördert soziales Denken, soziale Einstellungen und soziale Handlungsweisen (vgl. dazu DIFF 1985, S. 27f). Einander zu helfen und zu unterstützen wird durch kooperative Arbeitsformen erwiesenermaßen ebenso gefördert wie das wechselseitige Verständnis und Einfühlungsvermögen der SchülerInnen. Wie im besagten DIFF-Studienbrief unter Verweis auf die Untersuchungen von Bridgeman und Johnson konstatiert wird, fördern kooperative Arbeitsformen ganz eindeutig die Fähigkeit des „Perspektivenwechsels", die ihrerseits als zentrale Bedingung prosozialen Lernens gelten kann. „Die Schüler der Experimentalklassen konnten soziale Situationen besser aus der Sicht anderer Personen auffassen als die Schüler der Kontrollklassen." (ebenda, S. 28) Kein Wunder auch, denn wer nicht zusammenarbeitet, kann auch kein rechtes Einfühlungsvermögen lernen. Und er kann selbstverständlich auch die anderen oben skizzierten sozialen Kompetenzen nur unzureichend entwickeln. So gesehen ist Gruppenarbeit ganz unstrittig eine notwendige und chancenreiche, wenn auch nicht immer ganz hinreichende Bedingung für wirksames soziales Lernen.

2.4 Vorbereitung auf die Berufswelt

Ein zentraler Pluspunkt des Gruppenunterrichts ist ferner, dass er den Erwerb von Teamkompetenz ermöglicht, auf den die Wirtschaft seit Ende der achtziger Jahre so zentral setzt. Die Fähigkeit und Bereitschaft, im Team zu arbeiten und die immer anspruchsvoller werdenden Aufgaben kooperativ zu bewältigen, ist eine der bedeutsamsten „Schlüsselqualifikationen" der Gegenwart und der Zukunft (vgl. auch Abbildung 6). Wo immer man hinsieht, teamorientierte Produktion und teamorientierte Ausbildung sind angesagt und werden allenthalben angebahnt – nicht nur in der Automobilindustrie, sondern auch in vielen anderen Groß- und Mittelbetrieben. „Nicht Eigenbrötler, auch nicht einsame Tüftler sind in der Regel gefragt", so die Erklärung der Industrie- und Handelskammer in Nordrhein-Westfalen, „sondern auf Kooperation, auf den Austausch von Informationen, Erfahrungen, Verbesserungsvorschlägen ausgerichtete Mitarbeiter. Zusammenarbeit im Betrieb ist zwingend. Vor allem die neuen betrieblichen Organisationsformen sind wesentlich auf Kooperation angelegt." (IHK o. J., S. 5) Fachkompetenz sei zwar wichtig, so der ehemalige Präsident der Industrie- und Handelskammer für die Pfalz, entscheidend sei aber, dass der junge Mensch zur Organisation, zur Gruppe, zum Team passt, dass er gelernt hat, in Gruppen zu arbeiten, dass er gelernt hat zuzuhören, dass er gelernt hat, offen zu kommunizieren und zu diskutieren (unveröffentlichtes Redemanuskript vom 1. 7. 1992).

Die wenigen Erfolgsgeschichten, die bundesdeutsche Betriebe in den letzten Jahren geschrieben haben, hatten denn auch zumeist mit der erfolgreichen Umstellung der Produktion auf konsequente Teamarbeit zu tun (vgl. Klein 1995, S. 12 ff.; Lamparter 1995, S. 25 f.; DER SPIEGEL 16/1995, S. 107 ff.). Teamarbeit ist in und verspricht den Betrieben ausgeprägte Produktivitätsfortschritte und zufriedenere Mitarbeiter. „Die selbstbestimmten Teams sollen die Organisation effektiver machen, Mitbeteiligung und Kompetenzgewinn, so die Grundidee, motivieren die Belegschaften. Die Mannschaften werden qualifizierter und beweglicher, weil die Gruppenarbeiter lernen, in ihrem Bereich mehrere Arbeitsplätze zu beherrschen und zusätzliche Aufgaben zu übernehmen. Bürokratische Umwege entfallen, die Gruppen lösen Probleme gleich vor Ort und in eigener Regie. Langwierige und teure Nachbesserungen werden vermieden, weil die ausführenden Teams von Anfang an in die Planung eingebunden werden ... Experten sehen in der Gruppenarbeit enorme Potentiale. ›Wir haben fachlich die besten Arbeitsbelegschaften der Welt, und was tut man damit?‹, fragt Ulrich Jürgens, Forscher am Berliner Wissenschaftszentrum. Nach seiner Ansicht viel zuwenig: In den traditionellen Produktionsstrukturen würden die Fähigkeiten nur in engbegrenzten Bereichen eingesetzt, in den auf Vorgabe und Kontrolle bauenden Hierarchien hätten die Beschäftigten weder Handlungsspielräume noch nennenswerte Möglichkeiten zur Eigeninitiative." (DER SPIEGEL 16/1995, S. 109)

Diesen lähmenden Gegebenheiten soll und muss mit einer verstärkten teamorientierten Arbeitsorganisation entgegengewirkt werden. Die Zauberformel heißt „Lean Production" und „Lean Management". Beide Konzepte zielen auf mehr Eigenständigkeit, Verantwortung und Zusammenarbeit der Mitarbeiter in Gruppen in der Absicht, Hierarchien abzubauen, Kosten zu senken und die Produktivität der Arbeitskräfte zu steigern, um auf diesem Wege im internationalen Wettbewerb besser bestehen zu können. Diese Rationalisierungsdynamik ist gesellschafts- und sozialpolitisch betrachtet zwar beklemmend und höchst zwiespältig, jedoch kommt heute kaum noch ein Jugendlicher, der einen Arbeitsplatz

Teamarbeit steht hoch im Kurs

Auf welche Schlüsselqualifikationen Personalchefs bei jungen Bewerbern am meisten achten (Mehrfachnennungen möglich)

Qualifikationsbezeichnung	%
sind kommunikativ und teamorientiert	96
zeigen hohen Leistungswillen	83
sind auch im privaten Umfeld (Kultur, Sport, Soziales) besonders engagiert	63
sind fähig, Kritik zu üben und anzunehmen	59
können sich sprachlich gut ausdrücken	56
haben in der Schul-/Studienzeit Betriebspraktika absolviert	49
verfügen über Fremdsprachenkenntnisse	44
sind durchsetzungsfähig	38
haben Erfahrung im Umgang mit Computern	22
lassen auch gesellschaftspolitisches Interesse erkennen	21

Abbildung 6

haben möchte, an dem Nachweis seiner Teamfähigkeit vorbei. Teamfähigkeit und Kommunikationsfähigkeit sind mittlerweile zu den Top-Kriterien bei der Auswahl junger Bewerber geworden. Wie Abbildung 6 zeigt, nannten 96 Prozent der 250 befragten Personalchefs großer deutscher Unternehmen die Kompetenz „sind kommunikativ und teamorientiert" als herausragende „Schlüsselqualifikation". Weitere verwandte Kompetenzen wie „sind fähig, Kritik zu üben und anzunehmen" oder „können sich sprachlich gut ausdrücken" wurden mit Quoten von 59 Prozent bzw. 56 Prozent ebenfalls noch recht häufig als zentrale Einstellungskriterien genannt. Demgegenüber rangieren die beiden Kompetenzen „verfügen über Fremdsprachenkenntnisse" und „haben Erfahrungen im Umgang mit Computern" deutlich unter „ferner liefen". Zwar darf man eine solche Momentaufnahme nicht überschätzen, gleichwohl macht sie in ebenso drastischer wie alarmierender Weise deutlich, wie sehr mittlerweile teamspezifische Fähigkeiten über die beruflichen Chancen und Perspektiven junger Leute entscheiden. Eingedenk dieses Umstandes ist es höchste Zeit, dass die Schule verstärkt Teamentwicklung betreibt und die Zusammenarbeit in Gruppen forciert. Die SchülerInnen haben ein Recht darauf!

2.5 Förderung von Demokratiekompetenz

Unser demokratisches Gemeinwesen steht und fällt mit der Bereitschaft und Fähigkeit der Menschen, sich in sozialen Gruppierungen (Bürgerinitiativen, Parteien etc.) engagiert und konstruktiv zu betätigen, Verantwortung zu übernehmen, im Diskurs mit anderen nach Problemlösungen zu suchen, Debatten und Diskussionen sensibel zu führen, Kritik zu äußern und Kritik anzunehmen, Solidarität zu leben und die Würde der Mitmenschen zu respektieren. All dieses muss gelernt und immer wieder geübt werden. Ein auf Individualismus, Belehrung und Unterordnung setzender Unterricht kann diesem Anspruch nicht gerecht werden. Hierzu bedarf es anderer Arbeits- und Sozialformen. Nötig sind Arbeitsweisen, die den SchülerInnen Selbst- und Mitbestimmung, Eigeninitiative und Kreativität, Kommunikation und Kooperation, Diskussion und Reflexion ermöglichen. So gesehen beginnt die Förderung von Demokratiekompetenz in der Schule ganz schlicht und einfach beim aktiven, kommunikativen und kooperativen Arbeiten und Lernen in Gruppen und zielt gleichermaßen auf Sach- wie auf Fachkompetenz, auf Kritikfähigkeit wie auf Urteilsfähigkeit, auf Argumentationsvermögen wie auf Diskussionskompetenz, auf soziale Sensibilität wie auf konstruktive Zusammenarbeit, auf Selbstständigkeit wie auf Selbstbewusstsein, auf Problemlösungskompetenz wie auf Kreativität, auf Eigeninitiative wie auf Verantwortungsbewusstsein (vgl. Klippert 1996 b, S. 277).

Gruppenarbeit, wie sie hier verstanden wird, trägt diesem Anspruch in höchstem Maße Rechnung. Sie fördert den Erwerb von Demokratiekompetenz sowohl auf der individuellen als auch auf der kollektiven Ebene. Sie eröffnet Lern-, Arbeits- und Interaktionsprozesse, die die Vermittlung der oben angeführten demokratiespezifischen Qualifikationen entscheidend begünstigen. Und sie genügt damit auch und nicht zuletzt der von Wolfgang Klafki zu Recht erhobenen Forderung, dass Bildung in der Demokratie vor allem drei Grundfähigkeiten zu vermitteln habe: die Fähigkeit zur Selbstbestimmung, die Fähigkeit zur Mitbestimmung und die Fähigkeit zur Solidarität (vgl. Klafki 1992, S. 7; vgl. dazu auch die Trias „Selbständigkeit – Selbstbestimmung – Selbstverantwortung" bei Wolfgang Schulz 1990, S. 34 ff.). „Demokratisch ist eine Schule", wie Klafki weiter schreibt, „die die Aneignung von Erkenntnissen, Kenntnissen, Fähigkeiten und Fertigkeiten in ihrem jeweiligen Sachgehalt mit sozialem Lernen verbindet, d.h. mit dem Erlernen von Beziehungsformen zwischen Menschen, also Formen des Miteinander-Kommunizierens, des Austausches von Informationen, Erkenntnissen und Verfahrensweisen, aber auch von Gefühlen und Einstellungen, des Aushandelns von Regeln, des Kooperierens bei der Bewältigung gemeinsamer Aufgaben, des Streitens über unterschiedliche Grundeinstellungen, Sichtweisen, Interpretationen, der Suche nach Lösungen für auftretende Spannungen und Konflikte." (Klafki 1992, S. 7)

Dieses letztgenannte Konfliktmanagement ist gerade in einer Zeit, in der die Gewaltbereitschaft Jugendlicher innerhalb wie außerhalb der Schule erschreckende Ausmaße angenommen hat, wichtig und zutiefst lernrelevant. Gewalt ist der Totengräber der Demokratie. Von daher sind Maßnahmen zur Gewaltprophylaxe ein geradezu unerlässlicher Beitrag zur Stabilisierung des demokratischen Gemeinwesens sowie zur Förderung der hier in Rede stehenden Demokratiekompetenz. Dass friedliche Konfliktaustragung in den meisten Klassen nicht von selbst zustande kommt, sondern konsequent geübt und gelernt werden muss, ist mittlerweile ein offenes Geheimnis und wird inzwischen auch von immer mehr Pädagogen als ernst zu nehmende Aufgabe der Schule akzeptiert (vgl. Walker 1995). Nur müssen dieser Erkenntnis erst noch die nötigen Taten folgen. Die hier anvisierte Teamentwicklung ist ein wichtiger und chancenreicher Schritt in diese Richtung.

2.6 Entlastungsperspektiven für Lehrkräfte

Forcierter und fundierter Gruppenunterricht bringt keineswegs nur Vorteile für die SchülerInnen, sondern auch und nicht zuletzt für die betreffenden Lehrkräfte. Zwar ist die Vorbereitung und Organisation des Gruppenunterrichts vor allem in der Anfangsphase, wenn es noch an geeigneten Materialien, Aufgaben und Moderationsroutinen mangelt, vielfach aufwendiger als das herkömmliche Darbieten und Durchziehen des Lernstoffs. Diese vorübergehende Mehrbelastung wird erfahrungsgemäß jedoch schon bald kompensiert und überkompensiert durch die psychische und physische Entlastung, die die betreffenden LehrerInnen im Unterricht selbst erfahren. Ziel und Chance der hier anvisierten Teamentwicklung ist nämlich, dass sich die jeweilige Klasse mit einer gewissen Übung zunehmend bereitfindet und in der Lage sieht, die bestehenden Aufgaben und die auftretenden Probleme weitgehend in eigener Regie zu lösen. Das gilt sowohl für die fachliche als auch für die erzieherische Ebene.

Ist es bisher in der Regel nämlich so, dass die SchülerInnen ihre Lehrkräfte durch vielfältige Erwartungen, Fragen, Seitengespräche und sonstige Störungen während der Stunden hochgradig beanspruchen, belasten und auch nerven, so verbindet sich mit der besagten Teamentwicklung die reelle Chance, dass die SchülerInnen in ihren Gruppen mehr und mehr zur Selbstregulierung ihrer Arbeit und der dabei auftretenden Probleme und Friktionen befähigt und angehalten werden. Das erfordert selbstverständlich Übung und eine möglichst verbindliche Regelklärung und -vereinbarung. Zu üben und zu regeln sind sowohl die organisatorischen Abläufe und Zuständigkeiten während der Gruppenarbeit als auch die zugehörigen Unterstützungs- und Sanktionsformen, die zur Sicherstellung eines konstruktiven Arbeitsprozesses benötigt werden. So gesehen zielt Teamentwicklung auf zweierlei: auf funktionierende Helfersysteme ebenso wie auf wirksame Erziehungssysteme. Intendiert ist, dass sich die SchülerInnen auf der Basis vereinbarter Regelwerke sowohl in fachlicher Hinsicht helfen, besprechen, befragen und die nötige Klärung vornehmen, als auch in erzieherischer Hinsicht wechselseitig kritisieren und disziplinieren, damit ein gedeihliches Arbeiten möglich und gewährleistet ist. Das jeweilige Team hat also sowohl eine Nachhilfe- als auch eine Erziehungsfunktion.

Voraussetzung für das Funktionieren dieser Nachhilfe- und Erziehungsarbeit, die die SchülerInnen gruppenintern leisten sollen, ist freilich das Vorhandensein entsprechender Einstellungen und Verhaltensweisen. Diese anzubahnen und zu festigen ist Sache der hier in Rede stehenden Teamentwicklung. Die daraus sich ergebenden Entlastungsperspektiven für die betreffenden Lehrkräfte sind enorm. Denn je klarer die Arbeits- und Verhaltensregeln für Gruppenarbeit festgelegt und internalisiert und je besser die SchülerInnen für den Umgang mit Störungen und Störern sensibilisiert und qualifiziert sind, umso effektiver wird Gruppenarbeit und umso entlastender wird der entsprechende Unterricht für die zuständigen Lehrkräfte. Wenn es also gelingt – und das ist erklärtes Ziel der Teamentwicklung –, den SchülerInnen Selbstverantwortung und Mitverantwortung so zu vermitteln, dass sie nicht mehr wegen jeder Kleinigkeit zum Lehrer rennen, sondern in der Gruppe in eigener Regie versuchen, die Sache zu klären und die nötige Arbeitsdisziplin sicherzustellen, dann wird Unterricht im wahrsten Sinne des Wortes erträglicher und befriedigender – für die LehrerInnen wie für die SchülerInnen. Zwar mag es für manche Leser recht utopisch klingen, dass eine solche Selbstregulierungskompetenz in einem überschaubaren Zeitraum aufzubauen ist, aber es geht, sofern nur konsequent genug in die besagte Teamentwicklung investiert wird. Belege dafür finden sich nicht zuletzt in den früheren Zwergschulen, in denen die Schüler mehrerer Jahrgangsstufen in vertikalen und horizontalen Gruppen so vernetzt waren, dass sie weitgehend ohne LehrerIn zurechtkamen. Auch in einer Reihe von Reformschulen und -klassen unserer Tage zeigen sich bemerkenswerte Ansätze und Erfolge. Nur muss eben die Teamentwicklung intensiviert und der Gruppenunterricht forciert werden. Die „Renditechancen" stehen günstig. Wer frühzeitig und konsequent genug in den Aufbau der skizzierten Helfer- und Erziehungssysteme investiert, der kann über Jahre hinweg davon profitieren und den eigenen Kraft- und Nervenaufwand wohltuend verringern.

3. Praktische Tipps zur Teamarbeit und Teamentwicklung

Die zuletzt angesprochene Helfer- und Erzieherkompetenz der SchülerInnen ist zugleich das Hauptmerkmal, das die angestrebte Teamarbeit vom bloßen Zusammensitzen und Nebeneinanderherarbeiten in Gruppen abhebt. Teamarbeit zielt auf Teamfähigkeit. Und Teamfähigkeit meint – in Anlehnung an Herbert Susteck – „die individuelle Bereitschaft und Fähigkeit zur effektiven und solidarischen Kooperation in kleinen Lern- bzw. Arbeitsgruppen von 3–6 Teilnehmern" (Susteck 1992, S. 417). Die daraus von vielen Gruppenpädagogen in der Vergangenheit gezogene Schlussfolgerung, dass zur Vermittlung dieser Teamfähigkeit ganz vorrangig gruppendynamische Übungen und Trainings anzusetzen seien, wird hier allerdings nur mit deutlicher Einschränkung geteilt. Themenzentrierte Interaktionsspiele ja, aber nicht Selbsterfahrung mit psychologisch-therapeutischer Ausrichtung! Die Grenze zwischen Gruppendynamik und heiklen Formen der Selbsterfahrung ist nämlich fließend. Und die auf diese Weise eventuell ins Haus stehenden psychischen und sozialen Prozesse sind für die meisten konventionell ausgebildeten Lehrkräfte eine schlichte Überforderung. Die Gefahr ist daher, dass die losgetretenen Prozesse, Emotionen und Verletzungen sich verselbstständigen und/oder in dilettantischer Weise zum Anlass genommen werden, um einen kleinen „Psychokurs" zu veranstalten. Derart risikoreiche Gratwanderungen sind nicht die Sache des hier vorgestellten Teamentwicklungsprogramms. Zwar kann man nie ganz ausschließen, dass unerwartete Emotionen hochkommen und latente Konflikte virulent werden, nur vorsätzlich provozieren sollte man sie nicht – zumindest so lange nicht, so lange einem die nötige Ausbildung fehlt. Schulklassen sind schließlich keine Spielwiesen für Hobbypsychologen!

Daher setzen die in diesem Buch vorgestellten Teamentwicklungsstrategien ganz bewusst auf relativ unverfängliche Übungen, Reflexionen und Klärungen im primär kognitiven Bereich. Dementsprechend stehen in den nachfolgenden Abschnitten auch vorrangig teambezogene Organisationsfragen und Regelwerke im Vordergrund, die eine ebenso straffe wie routinierte Gruppenarbeit der SchülerInnen sicherstellen sollen. Selbstverständlich schließt dieses auch Klärungen und Regelungen mit ein, die speziell das Interaktionsverhalten der SchülerInnen betreffen. Dieses Interaktionsverhalten möglichst sensibel und

konstruktiv zu gestalten und den SchülerInnen entsprechende „Spielregeln"
einsichtig zu machen, das gehört schließlich auch zum hier in Rede stehenden
Teamentwicklungskonzept. Allerdings geht es dabei – wie erwähnt – ganz vorrangig um kognitive bzw. sachrationale Klärungen und Festlegungen, die erfahrungsgemäß keinen größeren gruppendynamischen Sprengstoff beinhalten.
Derartige Regelwerke bieten zwar noch keine Gewähr dafür, dass die anvisierte Teamkompetenz auch erreicht wird, da es selbstverständlich emotionale und
psychosoziale Blockierungen geben kann, die mit den angesprochenen Regelklärungen und Regelvereinbarungen nicht zu beheben sind. Gleichwohl zeigen
die bisherigen Erfahrungen und Versuche des Verfassers, dass mit einer konsequenten Regel- und Routinebildung in organisatorischer wie in interaktiver
Hinsicht ein höchst wirksamer Zugewinn an Teamkompetenz und -effizienz zu
erreichen ist.

3.1 Die Atmosphäre muss stimmen!

Eine erste Grundregel, die für die Teamentwicklung wichtig ist, betrifft das At-
mosphärische. Wenn Gruppenarbeit angenommen und engagiert mitgetragen
werden soll, dann müssen die Rahmenbedingungen so sein, dass sich die SchülerInnen einigermaßen wohl fühlen. Das gilt zwar letztlich für jedwede Art von
Unterricht, ist aber gerade für Gruppenarbeit insofern von besonderer Bedeutung, weil diese in hohem Maße auf die intrinsische Motivation der SchülerInnen angewiesen ist, die durch eine positive Grundstimmung erheblich begünstigt wird. Diese Grundstimmung hängt einmal natürlich davon ab, wie gut die
SchülerInnen in den einzelnen Gruppen miteinander auskommen und wie sehr
sie sich in der Gemeinschaft insgesamt akzeptiert und ermutigt fühlen. Durch
entsprechende Kennenlern- und sonstige (harmlose) Interaktionsspiele kann
diesbezüglich erfahrungsgemäß eine ganze Menge erreicht werden, was dazu
beiträgt, dass in der Klasse bzw. den Gruppen eine größere Vertrautheit entsteht. Wichtig ist, dass diese Integrationsarbeit besonders in der Anfangsphase
geleistet wird, wenn die SchülerInnen sich noch wenig kennen und daher auf
der Suche nach sozialer Orientierung und Einbettung sind. Im Rahmen der
Teamentwicklung und der damit verbundenen Übungen und Reflexionen steht
diese Integrationsarbeit ohnedies auf dem Programm. Auch ein gemeinsames
Essen in einem geeigneten Raum innerhalb oder außerhalb der Schule kann
erfahrungsgemäß eine Menge zur Verbesserung der Atmosphäre und des sozialen Miteinanders in den Gruppen beitragen.

Zur guten Atmosphäre tragen jedoch noch andere Bedingungen und Maßnahmen bei, die mehr den äußeren Rahmen betreffen. Das beginnt bei der Sitzordnung (vgl. dazu den nachfolgenden Abschnitt 3.3) und reicht über die Zeitvorgaben für die einzelnen Gruppenarbeiten bis hin zur äußeren Gestaltung

des Klassenraumes. Zunächst zum Zeitrahmen: Gute Gruppenarbeit verlangt zwingend, dass den SchülerInnen ausreichend Zeit für die Erledigung ihrer Aufgaben bleibt. Andernfalls kommen die erforderlichen „Gärungs- und Klärungsprozesse" nicht hinreichend zustande. Zwar soll keinesfalls grenzenlos Zeit gegeben werden, da die SchülerInnen selbstverständlich auch Zeitmanagement und straffe Arbeitsgestaltung lernen sollen. Aber mit den chronisch knappen Zeitvorgaben, die die meisten Lehrkräfte im Zeichen des 45-Minuten-Taktes machen, ist es häufig nicht getan. Gruppenarbeit braucht ihre Zeit, damit die SchülerInnen Fuß fassen und ihre vorhandenen Potenziale aktivieren können. Hektik und Zeitdruck sind schon immer die Feinde des Gedankens und der Erkenntnisgewinnung gewesen. Das gilt auch und besonders für Gruppenarbeit. So gesehen ist nicht nur der 45-Minuten-Takt infrage zu stellen und stärker auf Doppelstunden und größere Zeitblöcke zu setzen; es ist auch bei den einzelnen aufgabenbezogenen Zeitvorgaben darauf zu achten, dass die SchülerInnen nicht über Gebühr unter Zeitdruck geraten, sondern ihr jeweiliges Werk mit einer gewissen Muße und Gelassenheit verrichten können.

Zur guten Atmosphäre in den Arbeitsgruppen trägt aber noch etwas Weiteres bei, nämlich die Lernumgebung. Dazu zählt die ansprechende Gestaltung des Klassenraumes genauso wie die Ausstellung und Würdigung der jeweiligen Gruppenprodukte. Pinnflächen, Blumenstöcke, Regale, Nachschlagewerke, ansprechende Arbeitsmittel und anregend gestaltete Außenwände wirken sich in aller Regel ausgesprochen positiv auf die Lern- und Arbeitsatmosphäre aus. Auch separate Sitzecken im Klassenraum und/oder in Nebenräumen, wie sie in manchen Schulen existieren, sind fraglos hilfreich und motivierend. Allerdings gebietet es der Realismus, diesbezüglich nicht zu viel zu erwarten, da die Ausstattung der Schulen bekanntlich eher schlechter als besser wird. Was im Schulalltag jedoch immer geht und für die meisten Gruppenmitglieder auch ungemein wichtig ist, ist die oben genannte Präsentation und Würdigung der Gruppenprodukte im Sinne einer permanenten Wechselausstellung. Inmitten einer derartigen Lernumgebung lässt sich eben besser arbeiten.

3.2 Gruppenbildung nach dem Zufallsprinzip

Die Gruppenbildung kann grundsätzlich auf dreierlei Weise geschehen. Erstens: Die jeweilige Lehrkraft setzt die Gruppe aufgrund eigener Kriterien zusammen. Zweitens: Die SchülerInnen finden sich nach eigenem Gusto in Gruppen zusammen. Oder drittens: Die Gruppen werden nach dem Zufallsprinzip gebildet. Die erste Variante ist deshalb wenig praktikabel, weil die zuständige Lehrkraft nicht nur nachvollziehbare Kriterien braucht, sondern sich durch die direkte Einwirkung bei vielen SchülerInnen auch noch unbeliebt macht und sich dem Verdacht aussetzt, unredlich manipulieren zu wollen. Die zweite Variante wird von zahlreichen Vertretern der Gruppenpädagogik zwar empfohlen, weil sie den individuellen Sympathien und Neigungen der SchülerInnen Raum gibt und langfristig stabile „Freundschaftsgruppen" mit einer hohen sozialen Kohäsion schafft. Doch gerade diese Kohäsion wird sehr oft und sehr schnell zum Problem. Denn wenn die Gruppenmitglieder zu sehr miteinander vertraut sind, neigen sie erfahrungsgemäß dazu, sich abzukapseln und gegenüber den anderen SchülerInnen bzw. Gruppen in problematischer Weise abzugrenzen. Das schafft nicht nur Friktionen und Konflikte, sondern lähmt häufig auch die Leistungsfähigkeit und -bereitschaft einzelner Gruppen. Sei es, dass diese als „Randgruppen" zu schwach besetzt sind, sei es, dass sich in ihnen die Störer und/oder Desinteressierten geballt zusammenfinden, oder sei es auch, dass die zugehörigen Gruppenmitglieder zu gleichförmig denken und deshalb fruchtlos „im eigenen Saft schmoren". Hinzu kommt als weiteres Problem, dass bei der sympathiegebundenen Gruppenbildung häufig zwei oder drei SchülerInnen übrig bleiben, „die niemand haben will und die dann in einem peinlichen Bittgang von der Lehrerin in bereits gebildete Gruppen geschubst werden" (H. Meyer 1989, S. 259).

Vieles spricht dafür, die Gruppen nach dem Zufallsprinzip zu bilden. Denn dieses Prinzip (Losverfahren etc.) sorgt nicht nur dafür, dass die Gruppen leistungs- und verhaltensmäßig heterogen strukturiert sind, sondern es hat auch den Vorteil, dass es bei den SchülerInnen relativ problemlos ankommt. Der Zufall wird im Allgemeinen recht klaglos akzeptiert, wie die bisherigen Erfahrungen zeigen, nicht hingegen die direkte Lehrerintervention. Diese Akzeptanz ist dann, wenn die zufallsbedingte Gruppenzusammensetzung nur für einen überschaubaren Zeitraum gilt, umso größer. Deshalb empfiehlt es sich auch, die Gruppen in der Anfangsphase der Teamentwicklung in relativ kurzen Zeitabständen mit Hilfe unterschiedlicher Zufallsgeneratoren immer wieder neu zu mischen – unter Umständen sogar von einer Gruppenarbeitsphase zur anderen. Dieser anfängliche rasche Wechsel hat den Vorteil, dass sich die SchülerInnen einer Klasse ziemlich schnell kennen lernen und in den verschiedensten Arbeitszusammenhängen miteinander arbeiten müssen. Die damit verbundene Chance ist, dass sich die betreffenden SchülerInnen nicht nur kennen, sondern vielleicht auch schätzen lernen und etwaige bestehende Vorurteile überwinden.

Angesicht der in den meisten Klassen vorhandenen Abgrenzungs- und Ausgrenzungstendenzen ist eine derartige Strategie der konsequenten Kontaktvermittlung höchst wichtig und erfahrungsgemäß auch recht lohnend. Zwar hat dieses Verfahren den Nachteil, dass die jeweiligen Gruppenmitglieder bereits nach kurzer Zeit wieder auseinander gerissen werden, aber dieser Nachteil muss bis zu einem gewissen Grad in Kauf genommen werden. Schließlich geht es in der Schule ja auch nicht darum, dass die jeweiligen Gruppenmitglieder im formellen Unterrichtsgeschehen intensivere Freundschaftsbeziehungen entwickeln müssen – diese entwickeln sich ohnedies viel besser im informellen

Bereich auf dem Pausenhof, in Freistunden oder bei privaten Treffen –, sondern es kommt im Schulalltag vorrangig darauf an, dass sich die Mitglieder einer Klasse möglichst vielseitig kennen und gescheit miteinander arbeiten lernen. Dieser eher nüchterne Anspruch bewahrt Schüler- wie LehrerInnen vor drohender Überforderung. Damit jedoch der soziale Verbund in den einzelnen Arbeitsgruppen nicht zu lose und zu oberflächlich bleibt, wird nach der anfänglichen raschen Rotation, für die hier plädiert wird, im weiteren Verlauf der Teamentwicklung auf mehr Kontinuität in den Gruppen gesetzt. Bewährt hat es sich dabei, die per Zufall gebildeten Gruppen jeweils etwa sechs bis acht Wochen zusammenzulassen, damit eine größere Vertrautheit und ein reflektierteres Miteinander entstehen. Dann jedoch ist dringend ein Wechsel angezeigt, weil ansonsten die Gefahr groß wird, dass die oben skizzierten „Lähmungserscheinungen" in den Gruppen wie in der Klasse insgesamt Platz greifen.

Die neuerliche Gruppenzusammensetzung erfolgt wiederum nach dem Zufallsprinzip. Sei es, dass Spielkarten, Tierbilder, themenzentrierte Puzzles, verschiedenfarbige Bonbons, bestimmte Ziffern oder ausgewählte Symbole verlost werden, oder sei es auch, dass entsprechend der angepeilten Gruppenzahl mehrfach z. B. bis 4, 5 oder 6 gezählt wird. Auf jeden Fall ergeben sich auf diese Weise relativ gemischte Gruppen, die sowohl von ihrer Fachkompetenz wie von ihrem Sozialverhalten her unterschiedlich disponiert und qualifiziert sind, sodass sich die intendierten Helfer- und Erzieherkompetenzen mehr oder weniger wirksam einstellen. Allerdings garantiert der Zufall keineswegs in jedem Fall, dass in jeder Gruppe die nötigen Experten sitzen. Von daher kann unter Umständen dadurch nachgeholfen werden, dass unter einigen als besonders leistungsstark bekannten SchülerInnen ausgewählte Symbole, Puzzleteile o. Ä. so verlost werden, dass in jeder Stammgruppe zumindest ein ausgewiesener Experte ist. Plädiert wird hier also für die Einrichtung „heterogener Leistungsgruppen", da „homogene Leistungsgruppen" – wie erwähnt – den Nachteil haben, dass sie das Leistungsgefälle in der Klasse immer weiter vergrößern und außerdem den LehrerInnen das Dilemma bescheren, dass diese für ein und dieselbe Unterrichtsstunde gleich mehrere Aufgabenpakete auf unterschiedlichen Niveaus vorbereiten müssen. Letzteres mag in Ausnahmefällen zwar mal möglich und auch sinnvoll sein, im Regelfall empfiehlt es sich jedoch, auf Integration, d. h. auf leistungsheterogene Gruppen und verbindliche Helfersysteme zu setzen.

Zur Gruppengröße: Wie viele SchülerInnen in einer Gruppe zusammengelost werden sollten, das hängt unter anderem davon ab, welche Klassenstärke vorliegt, wie die räumlichen Gegebenheiten sind und – nicht zuletzt – wie lang die Tische sind, die zu Gruppenarbeitsplätzen zusammengestellt werden sollen. Und natürlich ist die Gruppengröße und -zusammensetzung – wie Hilbert Meyer zu Recht schreibt – auch von den Zielen und Inhalten des Unterrichts abhängig. „Für die Durchführung eines SchülerInnenexperiments sind manchmal bereits

drei SchülerInnen eine zu viel; bei der Erkundung eines Waldlauf-Parcours können sieben oder acht SchülerInnen gut zusammenarbeiten; bei der Erarbeitung
und Diskussion von Texten und Thesen sind sieben oder acht zumeist schon zu
viele. In der Mehrzahl aller Fälle ist eine Gruppengröße von vier bis fünf SchülerInnen optimal." (H. Meyer 1989, S. 259) Für diesen letztgenannten Richtwert
spricht, dass er ein dichtes Zusammensitzen und ein entsprechend intensives und
leises Zusammenarbeiten und Kommunizieren gewährleistet. Allerdings sind
angesichts der großen Klassen, die mittlerweile vorherrschen, auch 6er-Gruppen
noch tolerierbar. Mehr sollten es jedoch nicht sein.

3.3 Lehrerzentrierte Gruppensitzordnung

Eines der Hauptprobleme bei der Ein- und Durchführung von Gruppenunterricht ist das lästige Umräumen der Tische und Stühle, damit aus der gängigen
Frontalsitzordnung eine passable Gruppensitzordnung wird. Wenn diese Um-
räumerei zu Beginn der Stunde in die eine und am Ende der Stunde in die
andere Richtung erfolgen muss, dann ist das Interesse der LehrerInnen an
Gruppenarbeit verständlicherweise schnell erschöpft. Deshalb ist es nötig, eine
Sitzordnung in der Klasse zu realisieren, die ohne größere Möbelschieberei sowohl den am Frontalunterricht festhaltenden Lehrkräften als auch den auf
Gruppenunterricht setzenden LehrerInnen gerecht wird. Da sich beide Organisationsformen in der Praxis zumeist gar nicht so streng voneinander trennen
lassen, sondern flexibel ineinander fließen, ist ein Mittelweg zu suchen, der hier
als „lehrerzentrierte Gruppensitzordnung" bezeichnet wird. Denn eine exklusi-
ve Gruppensitzordnung, die einem Großteil der SchülerInnen den Blick zum
Lehrer und zur Tafel verstellt, ist schon deshalb wenig sinnvoll, weil der Gruppenunterricht im Regelfall immer wieder durch frontale Phasen unterbrochen
wird, in denen lehrer- oder auch schülerseitig Erläuterungen und Präsentationen eingebracht werden. Von daher müssen die SchülerInnen auch im Falle der
Gruppensitzordnung Blickkontakt nach vorne zur Lehrerzone hin haben. Eine
solche lehrerzentrierte Gruppensitzordnung ist in Abbildung 7 dargestellt. Die
Vorteile dieser Sitzordnung liegen gleich auf mehreren Ebenen:

- Die Sitzordnung ist flexibel und leicht zu stellen: Die Tische stehen über Eck,
  haben eine klare Anordnung und sind in den gängigen Klassenräumen in
  aller Regel gut zu stellen. Ferner ist es im Falle einer längeren Gruppenarbeitsphase rasch und geräuschlos möglich, durch 90°-Drehung eines Tisches
  eine richtige „Gruppenplattform" herzurichten, die sich genauso problem-
  und geräuschlos wieder rückgängig machen lässt.
- Die Sitzordnung gewährt Blickkontakt zur Lehrerzone hin: Die Sitzpositio-
  nen der SchülerInnen sind so, dass sie im Falle eines lehrerzentrierten Ein-

schubs oder einer im Tafelbereich erfolgenden Präsentation einzelner MitschülerInnen guten Blickkontakt nach vorne haben, ohne dass Möbelrücken erforderlich ist. Die an den Außenwänden sitzenden SchülerInnen müssen sich zwar seitlich drehen, was ergonomisch gewiss nicht günstig ist, aber sie können ja durch gelegentliche Wechsel der Sitzplätze die einseitige Beanspruchung mindern.

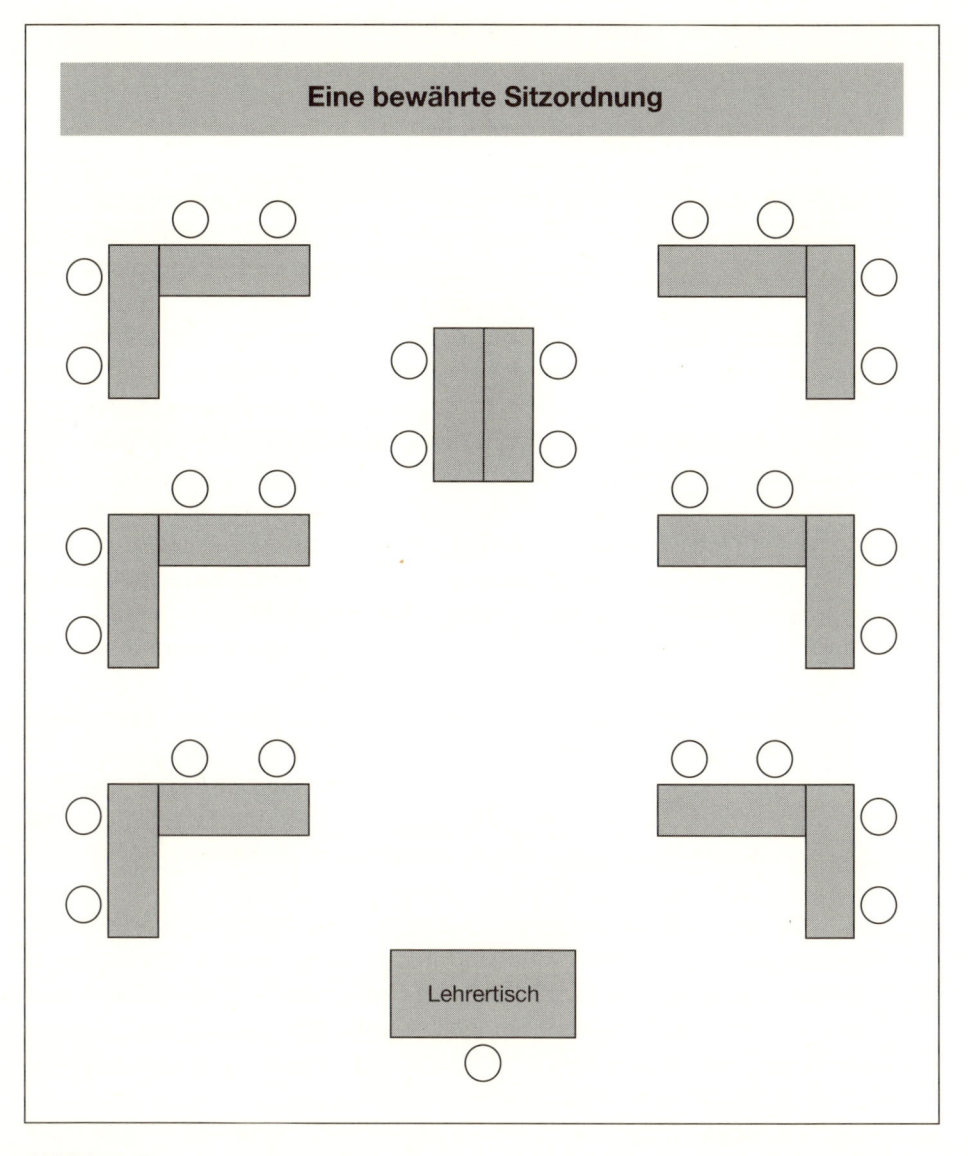

Abbildung 7

■ Die SchülerInnen sind sich hinreichend nahe: Die räumliche Distanz zwischen den einzelnen Gruppenmitgliedern ist so, dass sie sich gut sehen und auch gut hören können, sofern sich der Arbeitslärm in der Klasse im Rahmen hält. Der Abstand zu den Nachbargruppen ist zwar nicht groß, aber die SchülerInnen sind erfahrungsgemäß daran gewöhnt, mit Nebengeräuschen zu leben und selektiv zuzuhören.

■ Die Sitzordnung begünstigt das rasche Stellen eines Stuhlkreises: Mit ein wenig Übung und logistischer Planung ist es leicht möglich, eine größere Innenzone freizuräumen, die für einen Stuhlkreis oder z. B. auch für Partnergespräche im Doppelkreis (vgl. Klippert 1995, S. 89) genutzt werden kann. Dazu werden alle Tische von den jeweiligen Tischpartnern an die nächstgelegene Außenwand geräumt und nötigenfalls in zwei Etagen gestapelt. Wichtig ist hierbei, dass jeder gegebenenfalls genau weiß, wo er anzupacken hat und wo der eigene Tisch hingehört. Mit ein wenig Übung ist diese Umräumaktion in 20–30 Sekunden ziemlich geräuschlos zu bewerkstelligen, sodass mit geringem Aufwand eine günstige Kommunikationssituation hergestellt werden kann.

Die skizzierte Sitzordnung hat sich zweifellos bewährt. Sie hat in den betreffenden Erprobungsschulen nicht nur eine recht breite Resonanz und Akzeptanz in der Lehrerschaft gefunden, sondern ist auch in beträchtlichem Maße praktisch umgesetzt worden. Erstaunlich dabei war und ist, wie schnell sich auf diesem Weg die Fronten zwischen Gruppenarbeitsgegnern und Gruppenarbeitsbefürwortern auflösten und ein grundsätzlicher Konsens dahingehend erzielt werden konnte, es doch einmal zu versuchen. Dem Ausbau der Gruppenarbeit hat's fraglos genutzt.

3.4 Klare Rollen- bzw. Funktionsverteilung

Die verbreitete Ineffizienz der Gruppenarbeit hat ganz zentral damit zu tun, dass im Prinzip alle Gruppenmitglieder für alles zuständig sind, letztlich aber niemand so genau weiß, wofür er nun eigentlich konkret verantwortlich ist und was er im Einzelnen zu tun bzw. zu beachten hat, damit die Gruppenarbeit wirksam vorangeht. Deshalb sieht es de facto häufig so aus, dass irgendjemand aus Ungeduld, aus Gewohnheit, aus Ehrgeiz oder aus schlichter Verzweiflung das Heft in die Hand nimmt und das Gruppengeschehen zu steuern versucht. Diese aus der Not geborenen Führungsstrukturen haben oft zur Folge, dass ein oder zwei SchülerInnen arbeiten und die anderen mehr oder weniger untätig herumsitzen oder gar offen zu stören beginnen. Selbst wenn alle Gruppenmitglieder bereit sind, mitzuarbeiten und eine gewisse Linie in den Arbeitsprozess zu bringen, sind chaotische Arbeitsverläufe keineswegs ausgeschlossen, wie die

Erfahrung immer wieder zeigt. Jeder macht vielleicht irgendwas, nur was!? Oft drehen sich die Akteure im Kreis, kommen vom „Hölzchen aufs Stöckchen", reden aneinander vorbei, blockieren sich wechselseitig, achten nicht auf die Zeit, schweifen vom Thema ab, kommen zu keinem rechten Ergebnis und können sich am Ende nicht einigen, wer was in welcher Weise präsentiert. Über chaotische Abläufe dieser oder ähnlicher Art wissen viele Lehrkräfte zu berichten, die sich mit Gruppenarbeit versucht haben. Selbst wenn ein Gruppenleiter bestimmt wird, ist das zumeist noch keine Gewähr für konstruktive Gruppenarbeit, weil er auf zu vieles gleichzeitig achten müsste und deshalb vielfach überfordert ist.

Um dieser Überforderung vorzubeugen und zugleich eine einigermaßen zielstrebige Gruppenarbeit sicherzustellen, empfiehlt es sich, verschiedene Teilfunktionen bzw. -verantwortlichkeiten auszugrenzen und auf unterschiedliche Gruppenmitglieder zu verteilen. Welche übergeordneten Funktionen das sein können, zeigt Abbildung 8. Gerade in der Anfangsphase der Teamentwicklung ist es wichtig, bei komplexeren Gruppenarbeiten eine strikte Zuständigkeitsregelung vorzunehmen, damit zum einen niemand überfordert ist und zum ande-

Übergeordnete Funktionen in der Gruppe (Protokollblatt)					
Gruppen- arbeits- phase	Funktionsbezeichnung				
	Gesprächs- leiter/in	Fahrplan- überwacher/in	Regel- beobachter/in	Zeit- manager/in	Präsentator/in
GA 1					
GA 2					
GA 3					
GA 4					
GA 5					
GA 6					
GA 7					
GA 8					
Die Gruppenmitglieder werden alphabetisch von links nach rechts eingetragen und mit den entsprechenden Funktionen betraut. In der zweiten Gruppensitzung rücken alle Gruppenmitglieder einen Platz nach rechts usw. Sie durchlaufen nach und nach also alle Funktionen. Etwa alle sechs bis acht Wochen sollten neue Gruppen gebildet werden (vgl. die Ausführungen in Abschnitt 3.2)					

Abbildung 8

ren jeder das Gefühl bekommt, in der Gruppe gebraucht zu werden und Mitverantwortung zu tragen. Dieses Eingebundensein verpflichtet und erzieht. Zum konkreten Prozedere: Zu Beginn der jeweiligen Gruppenarbeitsphase – angenommene Zeitdauer: 20 Minuten plus X – tragen die Gruppenmitglieder in das abgebildete Protokollblatt ein, wer heute welche der angeführten Spezialaufgaben übernimmt. Was ist zu tun? Der Gesprächsleiter erteilt das Wort, fasst mal zusammen, gibt Impulse etc.; der Fahrplanüberwacher achtet darauf, dass die in einem gesonderten Fahrplan festgelegten Arbeitsschritte (Näheres dazu in Abschnitt 3.5) bedacht und befolgt werden; der Regelbeobachter wacht über die Einhaltung der vereinbarten Interaktionsregeln, die als Plakat im Klassenraum visualisiert sind (Näheres dazu in Abschnitt 3.6); der Zeitmanager hat die spezielle Aufgabe, gelegentlich auf die Uhr zu schauen und die Einhaltung des Zeitplans bzw. der Zeitvorgaben zu überwachen und nötigenfalls anzumahnen; und der Präsentator ist derjenige, der gegebenenfalls das Gruppenergebnis vorstellt, sofern von Lehrerseite keine andere Regelung getroffen wird. Denn grundsätzlich kann der/die PräsentatorIn natürlich auch per Los ermittelt werden (wer das Ass zieht, darf präsentieren). Der Hintergedanke dabei: Die Aussicht, potenziell präsentieren zu müssen, veranlasst die SchülerInnen in aller Regel, relativ aufmerksam mitzuarbeiten und sich um ein halbwegs tragfähiges Verständnis in der Sache zu bemühen. So gesehen werden die Gruppenmitglieder zu einer ebenso verbindlichen wie intensiven Sachauseinandersetzung und -klärung angehalten, damit am Ende jeder einigermaßen Bescheid weiß und die Gruppe gegebenenfalls würdig vertreten kann (Näheres zur Leistungsbeurteilung im gruppenzentrierten Unterricht findet sich in Abschnitt 3.9). Zusammenfassend gilt: Der abgebildete Protokollbogen ist nicht nur ein Instrument zur Regelung übergeordneter Teamzuständigkeiten, sondern er begünstigt auch und zugleich eine gesteigerte Arbeitsdisziplin und ein zunehmendes Verantwortungsgefühl auf Seiten der SchülerInnen, da jede/r im Wechsel jede Funktion übernimmt und auf diese Weise sowohl Mitverantwortung als auch (Selbst-)Kritikfähigkeit und Selbstbewusstsein lernt.

3.5 Gute Gruppenarbeit braucht einen Fahrplan

Zu den Grundvoraussetzungen effektiver Gruppenarbeit gehört ein planvolles, zielstrebiges und reflektiertes Vorgehen. Daran aber mangelt es in der Praxis nur zu oft, weil die SchülerInnen mit der Ablaufstruktur der Gruppenarbeit wenig oder gar nicht vertraut sind. Gruppenarbeit ist eine „Makromethode" (vgl. Klippert 1994, S. 28) und besitzt als solche eine relativ klare innere Logik. Nur muss diese Logik den SchülerInnen bekannt und geläufig sein, sollen sie einigermaßen zielstrebig und diszipliniert ans Werk gehen. Sie müssen sowohl einen Überblick über die wichtigsten Arbeitsschritte haben, als auch darin geübt sein, diesen Arbeitsfahrplan im Auge zu behalten und möglichst konsequent zu realisieren. Welche Etappen und Teilaufgaben dabei zu bedenken sind, geht aus Abbildung 9 hervor.

Die abgebildete Checkliste gliedert den Gruppenarbeitsprozess in drei Etappen, die wiederum in einzelne Arbeitsschritte bzw. -aspekte aufgeschlüsselt sind. Voraussetzung für die Anwendung dieses Arbeitsfahrplans ist, dass eine vergleichsweise komplexe Gruppenarbeit ansteht, die eine differenziertere Arbeitsplanung und -organisation notwendig macht. Denn bei einer engen Aufgabenstellung mit präzisen Vorgaben von Lehrerseite ist eine derartige Systematik in

---

Fahrplan für die Gruppenarbeit
(Checkliste)

Im Verlauf einer Gruppenarbeit ist vieles zu beachten und zu erledigen. Die folgende Checkliste gibt euch einen Überblick über die wichtigsten Arbeitsschritte und -prinzipien. Der jeweilige Checklistenführer muss darauf achten, dass die einzelnen Punkte bedacht und verwirklicht werden. Bei ernsten Abweichungen/ Verstößen muss er seine Gruppe darauf hinweisen und auf den richtigen Weg zurückbringen. In den rechten Spalten kann der Checklistenführer für die jeweilige Gruppenarbeit von oben nach unten gehend ankreuzen, welche Punkte erledigt bzw. eingehalten wurden.

▶ Funktionen verteilen (s. Protokollblatt)	○○○○○○○○○○	Planungs- phase
▶ Aufgabenstellung klären	○○○○○○○○○○	
▶ Vorgehensweise absprechen	○○○○○○○○○○	
▶ Zeitbedarf schätzen und Zeitplan erstellen	○○○○○○○○○○	
▶ Die Arbeit zügig erledigen	○○○○○○○○○○	Durchführungs- phase
▶ Einander helfen und beraten	○○○○○○○○○○	
▶ Intensiv an der Sache arbeiten	○○○○○○○○○○	
▶ Gelegentlich den Arbeitsstand überprüfen	○○○○○○○○○○	
▶ Rechtzeitig die Präsentation vorbereiten	○○○○○○○○○○	
▶ Die Arbeitsergebnisse (kritisch) bewerten	○○○○○○○○○○	Auswertungs- phase
▶ Die Zusammenarbeit (kritisch) überdenken	○○○○○○○○○○	
▶ Vorsätze für nächste Gruppenarbeit fassen	○○○○○○○○○○	

Abbildung 9

aller Regel nicht erforderlich. Liegt also eine komplexere, Selbstorganisation verlangende Gruppenarbeitsaufgabe vor, so greift der skizzierte Fahrplan. Der muss den SchülerInnen grundsätzlich vertraut sein und dem jeweiligen Fahrplanüberwacher (vgl. Abb. 8) in Kopie vorliegen, damit sich dieser bei seiner „Überwachungsarbeit" darauf stützen kann. Zu den einzelnen Arbeitsetappen: In der ersten Phase der Gruppenarbeit geht es darum, durch die angeführten Klärungs- und Planungsschritte eine möglichst durchdachte Arbeitsvorbereitung sicherzustellen. Diese Planungs- und Organisationsarbeit wird von den SchülerInnen nur zu oft vernachlässigt, sodass vielfach unnötige Zeit- und Reibungsverluste im Gruppenprozess auftreten. Die zweite Phase – die Durchführungsphase – bedarf ebenfalls der planvollen Gestaltung. Einige Gesichtspunkte, die dabei zu beachten sind, sind in der Checkliste angeführt. Die dritte Phase schließlich dient vorrangig der (selbst-)kritischen Erörterung und Bewertung sowohl der Arbeitsergebnisse als auch der gruppeninternen Kooperation und Kommunikation. Hierzu werden unter Umständen die in Abschnitt 3.8 dokumentierten Feedbackbögen eingesetzt, die den SchülerInnen Anregungen geben, worauf sie bei ihren Bilanzierungs- und Bewertungsversuchen zu achten haben. Zuständig für die Überwachung und Einhaltung des skizzierten Arbeitsfahrplans ist der bereits angesprochene „Fahrplanüberwacher" (vgl. Abbildung 8). Dieses betreffende Gruppenmitglied hat sowohl die Legitimation als auch die Aufgabe, bei Bedarf an die einzelnen Arbeitsschritte zu erinnern.

Eine wichtige Voraussetzung für den erfolgreichen Verlauf der Gruppenarbeit ist ferner der gruppeninterne Wechsel von Stillarbeit, Partnerarbeit und klärenden Gesprächen in der Gesamtgruppe. In der Regel ist es nämlich nicht sinnvoll, dass sofort in der Gesamtgruppe agiert und interagiert wird, da dieses nicht nur zu einem hohen Lärmpegel führt, sondern auch dazu, dass einige Gruppenmitglieder von anderen Schnelldenkern und -rednern in der Gruppe überfahren werden. Vielmehr empfiehlt es sich, dass zu Beginn einer Gruppenarbeit zunächst jedem Gruppenmitglied eine individuelle Lese-, Besinnungs- und/oder Arbeitsphase zugestanden wird, ehe dann das Miteinander beginnt. Dieses Miteinander erstreckt sich in einer ersten Etappe auf das Zusammenarbeiten in Tandems, da sich die nebeneinander sitzenden Tischpartner relativ leise verständigen können. Und erst in einer zweiten Etappe wird dann die Gesamtgruppe aktiv, um die unterschiedlichen Beiträge und Ideen der Gruppenmitglieder zu nutzen. Das senkt den Lärmpegel und erhöht die Arbeitsintensität.

3.6 Vereinbarung eines Regelkatalogs

Sollen die gängigen Defizite und Störungen im interaktiven Bereich wirksam abgebaut werden, dann bedarf es klarer und allseits akzeptierter Verhaltensregeln, die präzise angeben, wie das gewünschte Kooperations- und Kommunikationsverhalten der SchülerInnen aussehen soll. Verhaltensregeln aufzustellen bietet zwar noch keine Gewähr dafür, dass diese auch eingehalten werden, aber ein solcher Schritt eröffnet auf jeden Fall die Chance und die Perspektive, dass die SchülerInnen in ihren Gruppen sensibler miteinander umgehen lernen. Wichtig ist dabei, dass die betreffenden Regeln nicht einfach von Lehrerseite vorgegeben werden, sondern dass sie im Unterricht von und mit den SchülerInnen gemeinsam entwickelt, auf einem größeren Plakat zusammenfassend visualisiert und schließlich an geeigneter Stelle im Klassenraum ausgehängt werden. Auf diese Weise entsteht ein demokratisch legitimierter Verhaltenskodex, der erfahrungsgemäß gute Chancen hat, von den SchülerInnen akzeptiert und beachtet zu werden.

Wie ein solcher Regelkatalog aussehen kann, zeigt das abgebildete 10-Punkte-Programm (vgl. Abbildung 10). Der Schwerpunkt ist dabei bewusst auf das Sozial- und Interaktionsverhalten gelegt, damit sich der dafür zuständige Regelbeobachter nicht zu sehr mit dem Fahrplanüberwacher und dem Zeitnehmer in die Quere kommt. Im weiteren Sinne sind nämlich alle drei Funktionsträger Regelbeobachter. Während der Zeitnehmer die Beachtung der Zeitvorgaben und -absprachen überwacht, überwachen der Fahrplanüberwacher die Einhaltung des skizzierten Ablaufplans und der Regelbeobachter i.e.S. eben die Befolgung der vereinbarten Interaktions- und Arbeitsregeln. Diese Arbeitsteilung ist Voraussetzung und Gewähr dafür, dass keiner der genannten Funktionsträger überfordert und über Gebühr von der Sachauseinandersetzung abgehalten wird. Und sie erhöht gleichzeitig die Chance, dass wirksam aufgepasst und interveniert wird, sollte die Gruppenarbeit Gefahr laufen, in unfruchtbares Fahrwasser abzugleiten. Je mehr Aufpasser nämlich in den Gruppen sitzen, umso besser. Das ist zumindest die Grundphilosophie im hier vorliegenden Buch.

Dass sich durch die skizzierten Regelungen und Verantwortlichkeiten beträchtliche erzieherische Effekte erzielen lassen, hat sich in den Erprobungsklassen in der Vergangenheit immer wieder gezeigt. Allein der Umstand, dass jedes Gruppenmitglied mal Regelbeobachter wird und das Sozial- und Interaktionsverhalten der Mitstreiter kritisch beäugen und hier und da auch monieren muss, bewirkt nicht selten gerade bei den schlimmsten „Rabauken" ganz erstaunliche Wandlungen. Sie nehmen nämlich oft ebenso schnell wie geschickt die Rolle des „Oberpolizisten" ein. Doch wenn sie von dieser Warte aus das Verhalten einzelner MitschülerInnen kritisieren, dann bedeutet das nicht nur ein Stück Sensibilisierung, sondern sie müssen bei nächster Gelegenheit ebenso gut damit rechnen, in ähnlicher Weise kontrolliert und kritisiert zu werden. Das bewirkt nicht selten vorauseilenden Gehorsam. Dem kontruktiven Verlauf der Gruppenarbeit kann das nur zuträglich sein.

58

Regelkatalog

Gute Gruppenarbeit verlangt, dass ...

- einer dem anderen hilft und Mut macht

- andere Meinungen toleriert/akzeptiert werden

- zugehört und aufeinander eingegangen wird

- persönliche Angriffe und Beleidigungen vermieden werden

- kein Gruppenmitglied links liegen gelassen wird

- jeder mitmacht und sein Bestes gibt

- das Thema/die Aufgabe beachtet wird

- zielstrebig gearbeitet und diskutiert wird

- auftretende Probleme offen angesprochen werden

- jeder die aufgestellten Regeln beachtet

Abbildung 10

3.7 Regelmäßige Bilanz- und Reflexionsphasen

Wie in den letzten Abschnitten bereits angedeutet, erfordert das Einüben und allmähliche Internalisieren der beschriebenen Regelwerke, dass immer mal wieder Reflexionsphasen angesetzt werden, die intensives (selbst-)kritisches Nachdenken und Besprechen des abgelaufenen Arbeits- und Interaktionsprozesses gewährleisten. Am Ende komplexerer Gruppenarbeiten ist eine solche Reflexions- und Bewertungsphase – wie Abbildung 9 auf Seite 56 zeigt – ohnedies vorgesehen. Das gilt insbesondere für die Kernphase der Teamentwicklung, d. h. für die ersten drei, vier Monate. Danach ist es erfahrungsgemäß nicht mehr so notwendig, mit einer derartigen Konsequenz und Ausführlichkeit auf die jeweiligen Gruppenprozesse und -ergebnisse zu schauen, sondern es genügt, wenn dann und wann – bei Bedarf – intensiver bilanziert und reflektiert wird. Ein solcher Bedarf liegt z. B. dann vor, wenn gravierende Defizite bzw. Regelverstöße auftreten oder wenn die von Zeit zu Zeit fällige „Mitarbeiterbewertung" ansteht. Näheres zur letzteren Bewertungsaufgabe findet sich im übernächsten Abschnitt 3.9.

Wie die besagten Reflexionsphasen angeregt und ausgestaltet werden können, zeigt das abgebildete Raster (vgl. Abbildung 11). Entsprechend den in den Abschnitten 3.5 und 3.6 dargelegten „Spielregeln" werden die SchülerInnen angehalten, den abgelaufenen Gruppenarbeitsprozess zu bilanzieren, und zwar aus drei Perspektiven: der ICH-Perspektive, der WIR-Perspektive und der AUFGABEN-Perspektive. Diese Grundstruktur korrespondiert mit dem bekannten TZI-Dreieck, das von Ruth Cohn und ihren Epigonen als Grundmuster zur Analyse und Reflexion von Gruppenprozessen entwickelt wurde (vgl. Cohn 1975; vgl. ferner die Aufsatzsammlungen zur Themenzentrierten Interaktion von Betz u. a. 1988 sowie Aschaffenburg u. a. 1987). Verfahren wird mit dem abgebildeten Bilanzbogen so, dass die Gruppenmitglieder die vorgegebenen Aussagen zunächst individuell ankreuzen und dann ihre Einschätzungen gegenüber den Mitstreitern in der Gruppe offen legen und mit diesen besprechen. Ziel dabei ist, sowohl die Wahrnehmungsfähigkeit als auch die (Selbst-)Kritikfähigkeit der SchülerInnen ein Stück weit zu trainieren und damit ihr Regelbewusstsein wie ihre Teamkompetenz gezielt zu vertiefen.

Selbstverständlich können die fälligen Reflexionsphasen auch mit simpleren Instrumenten und Impulsen in die Wege geleitet werden. Ein einfaches Blitzlicht z. B., das mit der Leitfrage „Wie habt ihr die abgelaufene Gruppenarbeit erlebt?" ausgelöst wird, kommt ebenso infrage, wie das „besinnliche" Beschriften und Besprechen eines Feedbackplakats mit den Rubriken „Mir hat gefallen …", „Mich hat gestört …", „Ich wünsche mir für die nächste Gruppenarbeit …". Auch ein einfaches Stimmungsbild durch Ankreuzen auf einer Skala von 0 (sehr unzufrieden) bis 100 (sehr zufrieden) kann ein geeigneter Reflexions- und Gesprächsanlass sein. Nähere Erläuterungen und Kopiervorlagen dazu finden sich in B 31 auf den Seiten 128 ff.

Bilanz der Gruppenarbeit

Kreuze bitte auf den einzelnen „Bewertungsstrahlen" an, inwieweit du der jeweiligen Aussage zur abgelaufenen Gruppenarbeit zustimmst. Je weiter links dein Kreuzchen, umso größer ist deine Unzufriedenheit, je weiter rechts, umso größer deine Zufriedenheit mit der Gruppenarbeit. Scheue dich nicht, offen und kritisch deine Meinung zu sagen, damit ihr anschließend in der Gruppe das Positive wie das Negative auf den Tisch bekommt und miteinander besprechen könnt!

stimmt

überhaupt nicht — voll- kommen

Ich

... habe mich in der Gruppe wohl gefühlt

... fühlte mich beachtet und ernst genommen

... habe gut und interessiert mitgearbeitet

... habe während der Gruppenarbeit viel gelernt

... bin mit unserem Arbeitsergebnis sehr zufrieden

Wir

... haben keinen links liegen lassen

... sind fair und höflich miteinander umgegangen

... haben einander geholfen und Mut gemacht

... haben zugehört und jeden ausreden lassen

... haben zielstrebig gearbeitet und diskutiert

... haben bestehende Probleme offen angesprochen

Die Aufgabe

... wurde nie aus den Augen verloren

... wurde eingehend besprochen und bearbeitet

... wurde straff und durchdacht erledigt

... war reizvoll und hat für alle was gebracht

... wurde von Lehrerseite gut vorbereitet

Abbildung 11

3.8 Geeignete Problem- und Aufgabenstellungen

Ein Grundfehler, der im Unterrichtsalltag immer wieder gemacht wird, ist das unzureichende Durchdenken der jeweiligen Gruppenaufgabe. Wenn die SchülerInnen zusammensitzen und eine Aufgabe erhalten, die sich problemlos oder vielleicht sogar zügiger und Erfolg versprechender in Einzel- oder Partnerarbeit bearbeiten lässt, dann ist Gruppenarbeit weder notwendig noch sinnvoll. Zahlreiche Übungsphasen zum Beispiel, „… die von manchen Lehrerinnen in Form von Gruppenarbeit inszeniert werden, sind häufig verkappte Partner- oder Einzelarbeiten!" (H. Meyer 1989, S. 257). Und deshalb sollten sie, wie Hilbert Meyer zu Recht moniert, auch besser so genannt werden, damit keine falschen Vorstellungen über Gruppenunterricht geweckt werden. Doch welche Aufgaben eignen sich für ein gedeihliches und verbindliches Arbeiten in Gruppen?

Grundsätzlich gilt, dass Aufgaben und Arbeitsarrangements zu finden bzw. zu entwickeln sind, die Integrationskraft besitzen, d. h., sie müssen so beschaffen sein, dass die jeweiligen Gruppenmitglieder nur im Wege der Kooperation und Kommunikation zum geforderten Ergebnis kommen können. Dieses Aufeinanderangewiesensein kennzeichnet gute Gruppenarbeitsaufgaben. Ohne Anspruch auf Vollständigkeit und exakte Trennschärfe werden im Folgenden sieben Aufgabentypen unterschieden und vorgestellt, die sich in der Unterrichtspraxis als kooperationsfördernd und -fordernd bewährt haben. Ausführlichere Beispiele und Materialien dazu finden sich in Kapitel II, Abschnitt 4.

- *Kontroll- und Beratungsaufgaben:* Darunter werden solche Aufgaben verstanden, die den SchülerInnen vorrangig in Übungsphasen übertragen werden und mit der Anweisung verbunden sind, sich in Partner- oder Kleingruppenformation wechselseitig zu kontrollieren und zu beraten, um möglichst alle Fehler bzw. Verständnisschwierigkeiten zu beseitigen. Durch gezielte Überprüfung einzelner SchülerInnen im Plenum kann die Notwendigkeit der gruppeninternen Zusammenarbeit und Beratung noch unterstrichen und forciert werden.
- *Fachlich diffizile Aufgaben:* Diese Aufgaben zeichnen sich dadurch aus, dass sie von der Sache her recht kompliziert sind und die meisten SchülerInnen möglicherweise zum Aufgeben veranlassen. Ihre Bearbeitung setzt daher leistungsheterogene Gruppen voraus, deren Mitglieder sich wechselseitig helfen, befragen, Mut machen und allmählich den nötigen Durchblick verschaffen. Das spornt an und unterstreicht den Wert der Gruppenarbeit. Hierbei profitieren die stärkeren SchülerInnen von ihrer vielseitigen Nachhilfe- und Klärungstätigkeit, die sie als „Experten" leisten müssen; und die schwächeren SchülerInnen sind Nutznießer der relativ angstfreien, verständnisvollen, kleinschrittigen Lernarbeit in der Gruppe. Durch das Auslosen des Gruppensprechers bzw. Präsentators kann die Verbindlichkeit der Zusammenar-

beit in den Gruppen noch gesteigert werden, da jede Gruppe ein Interesse daran haben muss, alle Gruppenmitglieder so vorzubereiten, dass sie im Falle einer Präsentation möglichst gut aussehen (dieses Interesse wächst noch, wenn die Präsentation zu einer Einheitsnote führt, die allen Gruppenmitgliedern zugewiesen wird).

■ *Komplexe Aufgaben:* Damit sind Aufgaben gemeint, die ziemlich vielschichtig sind und relativ viele Informationen und Materialien umfassen, die im Grunde genommen nur arbeitsteilig in Gruppen ausgewertet werden können. In Einzel- oder Partnerarbeit ist das nicht zu schaffen. Komplexe Aufgaben dieser Art können sowohl differenzierte Projektaufgaben sein (vgl. Abbildung 12) als auch anspruchsvollere Produktionsaufgaben im ganz normalen Fachunterricht (Plakate, Reportagen, Lernspiele, Wandzeitungen, Übungstests etc. erstellen).

■ *Brainstorming-Aufgaben:* Diese Aufgaben zeichnen sich dadurch aus, dass ihre Bewältigung Kreativität und Ideenreichtum verlangt, über die in der Regel nur Gruppen hinreichend verfügen. Überall dort, wo Probleme zu lösen, Vorhaben zu planen (z. B. eine Klassenfahrt) oder zu anderen Zwecken möglichst vielfältige Ideen, Vermutungen, Fragen, Vorschläge etc. zusammenzutragen sind, ist Gruppenarbeit unverzichtbar. Das gedankliche Ping-Pong-Spiel, das üblicherweise in einer Gruppe abläuft, ist durch Einzel- oder Partnerarbeit nur sehr begrenzt zu erreichen. Die Kreativität der Gruppe ist in aller Regel größer als die eines jeden Einzelnen. Auf diesem Wege wird nicht zuletzt sichergestellt, dass Fehler/Missverständnisse minimiert und die jeweiligen Ergebnisse/Problemlösungen optimiert werden.

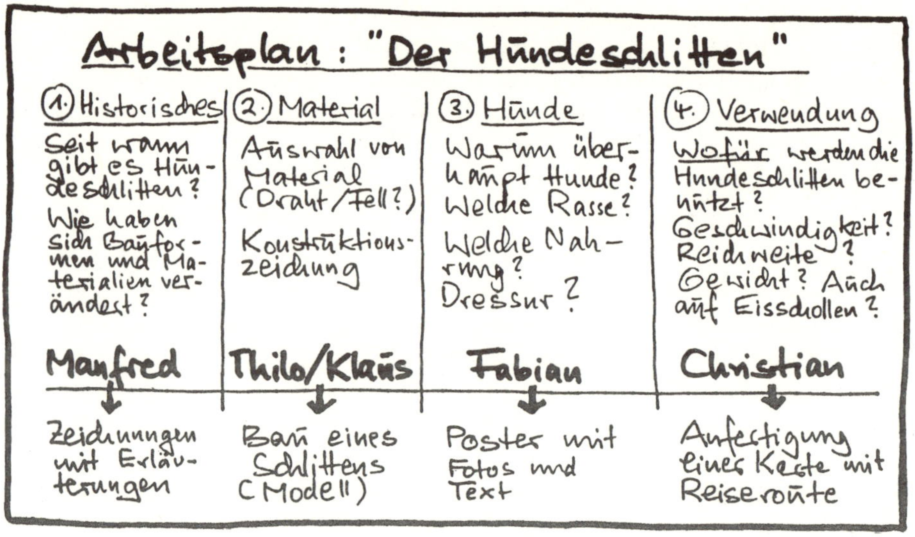

Abbildung 12 (aus: H. Meyer, 1989, S. 267)

- *Wettbewerbsaufgaben:* Das sind solche Aufgaben, die auf der Fach- und Sachebene einen gewissen Wettbewerb zwischen mehreren Gruppen entzünden und dadurch in jeder einzelnen Gruppe eine ebenso enge wie zielstrebige Zusammenarbeit induzieren. Solche Gruppenwettbewerbe können in Übungsphasen, in denen z. B. die anderen Gruppen punktemäßig zu übertreffen sind, ebenso eingesetzt werden, wie im Rahmen von Planspielen und sonstigen Konkurrenzspielen. Auch dort, wo unterschiedliche Gruppenergebnisse in arbeitsgleicher Gruppenarbeit erstellt und am Ende von einer Jury oder von der gesamten Klasse bewertet und eventuell auch prämiert werden, ergeben sich derartige Wettbewerbssituationen, die positiv auf die Zusammenarbeit und das Wir-Gefühl in den Gruppen zurückwirken. Dieser Integrationseffekt kann dadurch noch gesteigert werden, dass die Präsentatoren ausgelost werden, von deren Darbietung und Sachkompetenz die Bewertung der Gruppenergebnisse mit abhängt.
- *Puzzle-Aufgaben:* Kennzeichnend für diese Aufgabenart ist, dass die Mitglieder einer Gruppe über unterschiedliche Spezialinformationen bzw. -kenntnisse verfügen, die sie als Experten an die anderen Gruppenmitglieder so weitervermitteln müssen, dass ein möglichst aufschlussreiches Informationsmosaik entsteht, das am Ende alle beherrschen sollten. Da auf dieser Basis in der Regel gezielt weitergearbeitet wird und eventuell auch einzelne SchülerInnen per Los zur Präsentation des Gelernten veranlasst werden können, entsteht ein zusätzlicher „Gruppendruck", der die Zusammenarbeit begünstigt.
- *Gruppenzentrierte Rollenspiele:* Viele Plan-, Entscheidungs- und sonstige Rollenspiele sind so konzipiert, dass nicht Einzelpersonen, sondern Gruppen agieren und interagieren müssen. Gruppenarbeit ist also von daher ganz zwingend integraler Bestandteil dieser spielerischen Lernformen. Zusätzlich angeregt und intensiviert wird die betreffende Gruppenarbeit durch den bereits erwähnten Wettbewerbsmechanismus, der diesen Rollenspielen zumeist innewohnt.

Bei der Charakterisierung geeigneter Gruppenaufgaben ist allerdings noch eine weitere Unterscheidung zu treffen und zu würdigen, die in der Unterrichtspraxis nicht nur eine erhebliche Rolle spielt, sondern auch für manche Verwirrung sorgt. Die Unterscheidung nämlich zwischen „themengleicher" und „themendifferenzierter" Gruppenarbeit (vgl. E. Meyer 1975, S. 108ff.). Grundsätzlich lässt sich aufgrund der bisherigen Erfahrungen und Beobachtungen sagen, dass themendifferenzierter Gruppenunterricht vor allem in methodisch wenig geschulten Klassen eher mit Vorsicht zu genießen ist, da jede Gruppe einen anderen Auftrag zu bearbeiten hat und daher die abschließende wechselseitige Vermittlung und Sicherung der unterschiedlichen Ergebnisse/Erkenntnisse vielfach ein ernstes Problem ist – zumindest so lange, so lange die SchülerInnen die Feinheiten einer wirksamen Präsentation und Rhetorik noch nicht hinreichend beherrschen (vgl. dazu B 45 in Kapitel II). Zwar muss Teamentwicklung mittel- und längerfristig ganz sicher darauf zielen, der themendifferenzierten Gruppenarbeit zunehmend Raum zu geben, da sie unter zeit- und arbeitsökonomischen Gesichtspunkten fraglos einiges für sich hat. Jedoch spricht vieles dafür, unter den gegebenen Bedingungen an unseren Schulen überwiegend auf themengleiche Gruppenarbeit zu setzen, da diese für Schüler- wie für LehrerInnen überschaubarer und leichter zu handhaben ist. Mit zunehmender Übung kann und sollte selbstverständlich das themendifferenzierte Vorgehen mehr und mehr Gewicht erhalten.

3.9 Anregungen zur Bewertung der Teamfähigkeit

Wenn Teamfähigkeit als Lernziel angesteuert wird und von den SchülerInnen entsprechend ernst genommen werden soll, dann muss sie über kurz oder lang auch bewertet werden. Andernfalls wird der ganze Anspruch infrage gestellt. Dass eine Bewertung möglich ist, liegt nach dem bisher Gesagten auf der Hand. Wenn nämlich Teamentwicklung betrieben und die Schülerschaft mit den grundlegenden Regeln guter Gruppenarbeit vertraut gemacht wird, dann sind nicht nur die Regeln klar, sondern die SchülerInnen wissen auch, worauf es ankommt, wenn sie in puncto Teamfähigkeit eine gute Note haben möchten. Voraussetzung einer konsequenten Bewertung ist allerdings die unterstellte Regelklärung sowie das Einüben entsprechender Kooperations- und Kommunikationsstrategien.

Von daher ist klar, dass die Bewertung der Teamarbeit nicht bereits im Anfangsstadium der Teamentwicklung auf dem Programm stehen kann, sondern erst in einer fortgeschrittenen Entwicklungsphase am Platze ist, wenn die SchülerInnen mit den geltenden Ansprüchen und Verfahrensweisen einigermaßen vertraut sind. Welche Ansprüche und Verfahrensweisen das sind, ist in den vorstehenden Abschnitten 3.4 bis 3.6 deutlich gemacht worden. Sowohl der Gruppenarbeitsfahrplan (vgl. Abbildung 9 auf Seite 56) als auch der Katalog der vereinbarten Verhaltensregeln (vgl. Abbildung 10 auf Seite 59) sollten im Klassenraum aushängen und möglichst anschaulich und großformatig auf Plakaten visualisiert sein. Auch die Eltern sollten rechtzeitig darüber informiert werden, dass Teamentwicklung betrieben und die Teamfähigkeit der SchülerInnen mittelfristig auch bewertet wird. Worauf es bei dieser Bewertung ankommt und wie sie im Unterrichtsalltag in praktikabler Weise bewerkstelligt werden kann, zeigt Abbildung 13. Das vorgestellte Bewertungsraster setzt erstens auf die kriteriumorientierte Selbstbewertung der einzelnen SchülerInnen (Sb), zweitens auf die wechselseitige Bewertung der Gruppenmitglieder (Fb) sowie drittens auf die systematische Beobachtung und Bewertung durch den Lehrer bzw. die Lehrerin (LB). Zunächst zum Prozedere auf Seiten der LehrerInnen:

Die jeweils zuständige Lehrkraft beobachtet auf der Basis des geltenden Bewertungsbogens (vgl. Abbildung 13) das Arbeits- und Interaktionsverhalten der Gruppenmitglieder über einen Zeitraum von ca. sechs bis acht Wochen. Dieser Zeitraum ergibt sich aufgrund der in Abschnitt 3.2 ausgesprochenen Empfehlung, die Gruppen etwa alle sechs bis acht Wochen im Losverfahren neu zu mischen. Da es erfahrungsgemäß jedoch unmöglich ist, alle SchülerInnen zur gleichen Zeit sensibel zu beobachten, empfiehlt sich die Konzentration der Beobachtungtätigkeit auf je eine Schülergruppe für je eine Woche. Dieses Verfahren bedeutet ja nicht, dass das Arbeits- und Interaktionsverhalten der anderen Gruppen während der übrigen Wochen außer Acht bleibt; gravierende Positiva oder Negativa werden selbstverständlich auch während dieser „Schonzeiten" beiläufig registriert. Nur muss die jeweilige Lehrkraft nicht allen Schülergruppen die gleiche Aufmerksamkeit schenken. Und das entlastet nicht nur, sondern sichert auch und zugleich eine intensivere und gezieltere Wahrnehmung der Stärken und Schwächen der je im Blickfeld stehenden Gruppenmitglieder. Wichtig noch: Welche Gruppe wann schwerpunktmäßig beobachtet wird, entscheidet der/die LehrerIn nach eigenem Gusto; die SchülerInnen werden darüber nicht informirt, damit sie gar nicht erst in Versuchung kommen, nur eine Woche lang „geschöntes Verhalten" zu zeigen.

Angesagt ist also sowohl eine klare Kriteriumsorientierung der Beobachtungtätigkeit als auch eine systematische Reduzierung und Fokussierung des Beobachtungsfeldes der betreffenden Lehrkräfte, um der drohenden Überforderung vorzubeugen. Angesagt ist des Weiteren aber auch eine gewisse Häufigkeit und Regelmäßigkeit der Gruppenarbeit, damit überhaupt aussagekräftige Beobachtungen und Bewertungen des Teamverhaltens der SchülerInnen möglich werden. Von daher sind ein- oder zweistündige Fächer natürlich benachteiligt, obgleich selbstverständlich auch dort Teamarbeit realisiert und in Ansätzen bewertet werden kann.

Am Ende der Beobachungsepoche von sechs bis acht Wochen wird Bilanz gezogen, d.h., die jeweilige Lehrkraft bündelt die unterschiedlichen Beobachtungen/Eindrücke, die sich zwischenzeitlich zu den einzelnen SchülerInnen angesammelt haben und trägt in das abgebildete Bewertungsraster unter der Rubrik „LB" entsprechende „Vornoten" von 0 bis 4 ein. Nähere Erläuterungen dazu finden sich im unteren Teil von Abbildung 13. Diese Bilanz wird nach Möglichkeit während einer laufenden Gruppenarbeit im Unterricht gezogen, damit zum einen die SchülerInnen ihrem Lehrer bzw. ihrer Lehrerin sehr direkt vor Augen stehen und deren Erinnerungsvermögen stimulieren, und damit zum anderen kein unnötiger häuslicher Zeitaufwand betrieben werden muss. Natürlich sind nach sechs bis acht Wochen keinesfalls zu allen Bewertungsrubriken/Kriterien fundierte Einschätzungen möglich; unter Umständen stehen bei

Raster zur Bewertung der Teamfähigkeit

Verhalten in der Gruppe	Namen der Gruppenmitglieder																				
	Sb	Fb	Ø	LB	Sb	Fb	Ø	LB	Sb	Fb	Ø	LB	Sb	Fb	Ø	LB	Sb	Fb	Ø	LB
hilft anderen geduldig und geschickt																				
bringt mit seinen Ideen und Vorschlägen die Gruppe voran																				
achtet darauf, dass zügig angefangen und gearbeitet wird																				
bemüht sich sehr, dass alle in der Gruppe mitarbeiten																				
kann gut zuhören und auf andere eingehen																				
ist sachkundig und kann gut argumentieren																				
arbeitet in der Gruppe aktiv und interessiert mit																				
versteht es, bei Konflikten geschickt zu vermitteln																				
spricht „Missstände" in der Gruppe offen an																				
toleriert andere Meinungen und Vorschläge																				

▼ Dieser Bewertungsbogen gibt dir die Gelegenheit zur Selbstbewertung = Sb sowie zur Fremdbewertung deiner Gruppenmitglieder = Fb. Außerdem enthält er eine Spalte „Ø", in die ihr später die Bewertungen eintragt, auf die ihr euch in der Gruppe verständigt habt. Die vierte Spalte bleibt frei; in diese trägt am Ende euer Lehrer seine Bewertungen ein.
▼ Bei der Bewertung steht dir eine Skala von 0 bis 4 zur Verfügung. „0" bedeutet, dass die betreffende Fähigkeit überhaupt nicht vorhanden ist, „1" heißt, sie ist etwas vorhanden, „2" heißt, sie ist einigermaßen ausgeprägt vorhanden, „3", sie ist ziemlich ausgeprägt vorhanden, und „4", sie ist sehr ausgeprägt vorhanden.
▼ Trage nun in alphabetischer Reihenfolge von links nach rechts die Vornamen aller Gruppenmitglieder ein, und bewerte dann zunächst dein eigenes Verhalten, und trage die gewählten Bewertungsziffern in die „Sb-Spalte" unter deinem Vornamen ein! Überlege dir dabei genau, inwieweit du das jeweilige Verhalten in den letzten Wochen gezeigt hast, und bewerte dich mit einer der Ziffern 0, 1, 2, 3 oder 4.
▼ Bewerte dann in gleicher Weise alle anderen Mitglieder deiner Gruppe und trage deine Bewertungsziffern in die „Fb-Spalte" unter deren Vornamen ein! Später werden auch die anderen Gruppenmitglieder ihre „Fb-Punkte" bekanntgegeben.
▼ Nehmt euch nun in der Gruppe das erste Gruppenmitglied vor. Tauscht zu jeder Verhaltensweise eure Bewertungsvorschläge aus, tragt sie in das Raster ein, und einigt euch am Ende auf eine „Ø-Bewertung" zwischen 0 und 4 Punkten. Dann nehmt ihr euch das zweite Gruppenmitglied vor usw.
▼ Einen sauber ausgefüllten Bewertungsbogen gebt ihr schließlich an euren Lehrer. Dieser ist auf eure Mithilfe bei der Bewertung der Teamfähigkeit angewiesen. Sollten seine Bewertungen in einzelnen Punkten deutlich von euren Bewertungsvorschlägen abweichen, so wird er sicher auf euch zukommen und eure Argumente erfragen.

Abbildung 13

einigen SchülerInnen mehr Fragezeichen als Ziffern, da keine rechten Eindrücke vorliegen. Allerdings muss dieses Fehlen signifikanter Beobachtungen keinesfalls immer an den betreffen SchülerInnen liegen, sondern kann durchaus auch mit der selektiven Wahrnehmung der Lehrkraft zusammenhängen.

Um dieser drohenden Einseitigkeit und Fehlerhaftigkeit der Lehrerbeobachtung entgegenzuwirken, werden ganz gezielt und ganz bewusst die SchülerInnen als „Hilfsbeobachter" in die Bewertungsprozedur mit einbezogen. Das sieht konkret so aus, dass am Ende der jeweiligen Beobachungsepoche alle SchülerInnen in einer eigens dafür bereitgestellten Unterrichtsstunde aufgefordert werden, unter Verwendung des abgebildeten Beurteilungsbogens zunächst sich selbst und dann die eigenen Gruppenmitglieder zu beurteilen (vgl. Abbildung 13). Anschließend werden die vorliegenden Einschätzungen Person für Person offen gelegt und bei Vorliegen gravierender Differenzen zwischen Selbst- und Fremdeinschätzung klärende Gespräche geführt und konsensfähige Mittelwerte gesucht. Am Ende muss die Gruppe für jedes Gruppenmitglied einen einvernehmlichen Bewertungsvorschlag zwischen 0 und 4 machen und in die betreffende „ø-Spalte" des vorliegenden Bewertungsbogens eintragen. Die ausgefüllten Bewertungsbögen werden alsdann an die zuständige Lehrkraft weitergereicht, die die Vorbewertungen der SchülerInnen zum Anlass nehmen kann, um die eigenen Einschätzungen zu überprüfen und bei gravierenden Abweichungen oder sonstigen Besonderheiten das Gespräch mit der jeweiligen Gruppe zu suchen.

Auf diese Weise entstehen zwar keine objektiven Urteile im strengen Sinne des Wortes, wohl aber wird die Teamfähigkeit der SchülerInnen durch das differenzierte Verfahren recht gründlich sondiert. Die Beurteilungen, die dabei herauskommen, sind selbstverständlich umso fundierter, je länger und je häufiger Gruppenarbeit läuft und je mehr Eindrücke von den betreffenden SchülerInnen vorliegen. Da nach dem vorgeschlagenen Verfahren in jedem Schulhalbjahr mindestens zweimal Bilanz in der skizzierten Weise gezogen wird, werden die Missverständnisse und Fehler letztendlich minimiert. Die Befürchtung vieler Lehrkräfte, dass sich die SchülerInnen womöglich unreflektiert und viel zu gut bewerten, kann nach den bisherigen Erfahrungen absolut nicht bestätigt werden. Die SchülerInnen bemühen sich in aller Regel sehr ernsthaft darum, ein fundiertes Urteil zu finden und sind dabei eher kritischer als ihre LehrerInnen. Durch den Bewertungsbogen sowie durch die unterstellte Teamentwicklung ist zudem sichergestellt, dass die SchülerInnen zu einer recht reflektierten Urteilsbildung in der Lage sind. Und der Zeitaufwand? Die durch die skizzierte Bewertungsprozedur erforderliche Zeit ist gleich aus drei Gründen sinnvoll angelegt: Zum Einen räumt sie den SchülerInnen ein Stück Mitwirkung ein und trägt damit zur Vertrauensbildung und zur Konzeptverinnerlichung in der Klasse bei, zum Zweiten stützt und erleichtert sie die Bewertungsarbeit der LehrerInnen in der beschriebenen Weise, und zum Dritten bietet sie den SchülerInnen die äußerst lernrelevante Gelegenheit, sich in puncto Selbst- und Fremdbewertung zu üben.

Die Beurteilung der Teamkompetenz der SchülerInnen ist allerdings nicht nur von ihrem individuellen Arbeits- und Interaktionsverhalten abhängig, sondern auch und nicht zuletzt von den Gruppenergebnissen und -präsentationen, die es in Ansätzen ebenfalls zu bewerten gilt. Nach dem hier vertretenen Konzept erhalten die Gruppen aufgrund der Gestaltung und Präsentation ihrer Ergebnisse hin und wieder Einheitsnoten, die allen Gruppenmitgliedern zugewiesen werden. Von daher besteht für alle Gruppenmitglieder die Verpflichtung, nicht nur selbst engagiert mitzuarbeiten, sondern auch auf die Mitarbeit der Gruppenmitglieder zu achten und nötigenfalls dafür zu sorgen, dass diese aufpassen und das Gruppenergebnis verständnisvoll mit vorbereiten. Die Einheitsnote für die Ergebnispräsentation hat also primär erzieherische Funktion. Wenn eine Gruppe kein gutes Ergebnis zustande bringt und präsentieren kann, dann sind für dieses „Versagen" grundsätzlich alle mitverantwortlich. Die Einheitsnote soll diese Gesamtverantwortung unterstreichen. Damit jedoch die bemühten und engagierten Gruppenmitglieder nicht über Gebühr „bestraft" werden, haben die präsentationsabhängigen Einheitsnoten nur relativ schwaches Gewicht. Die „Teamnoten" der SchülerInnen beruhen ganz vorrangig auf der mit Hilfe des abgebildeten Rasters gewonnenen Bewertung.

Die endgültige Beurteilung der Teamkompetenz der SchülerInnen am Schluss des Schul(halb)jahres sieht so aus, dass die zuständige Lehrkraft auf der Basis der ausgefüllten Bewertungsbögen für jede Schülerin und jeden Schüler einen Trend innerhalb der besagten Bewertungsskala von 0 bis 4 ermittelt und diesen in eine entsprechende Note umwandelt (0 = Note 5, 1 = Note 4 usw.). Die so ermittelten Noten gehen anteilig in die jeweilige Fachnote ein, da zur Fachkompetenz i.w.S. immer auch die fachspezifische Teamkompetenz gehört. Vorausgesetzt, die Teamentwicklung hat den hier anvisierten Stellenwert, dann kann die Teamkompetenz der SchülerInnen durchaus mit einem Gewichtungsfaktor von 20 Prozent in die Gesamtnote einfließen. Die tatsächliche Gewichtung ist letztlich jedoch Sache der zuständigen Lehrkräfte.

Selbstverständlich ist es auch möglich, das Teamverhalten der SchülerInnen in einer eigenen Rubrik im Zeugnis knapp zu beschreiben bzw. zu kommentieren oder auch eine gesonderte Kopfnote „Teamkompetenz" zu erteilen, die analog zur Verhaltensnote von den LehrerInnen der verschiedensten Fächer als Querschnittsnote gebildet wird. Allerdings haben diese beiden Varianten den Nachteil, dass zum einen auf Schülerseite der Eindruck geweckt wird, Fachkompetenz sei doch eine ganz eigene Sache und Teamkompetenz demgegenüber völlig nebensächlich, und dass zum anderen die fachspezifischen Teamleistungen der SchülerInnen kaum noch zu rekonstruieren und zu erkennen sind. Wegen dieser Nachteile wird hier für die oben angesprochene Einbindung der Teamkompetenz in die Fachnote plädiert.

4. Nähere Erläuterungen zum Trainingskonzept

Die bisherigen Ansatzpunkte zur Teamentwicklung sind ohne entsprechendes Training im Unterricht selbstverständlich nur Makulatur. Teamfähigkeit verlangt das ebenso gezielte wie kleinschrittige Einüben elementarer Teamkompetenzen. Da diese Sensibilisierungs- und Qualifizierungsarbeit erfahrungsgemäß nicht beiläufig im Fachunterricht zu leisten ist, da dieser in aller Regel viel zu sehr vom Stoff dominiert wird und Lehrer- wie SchülerInnen den Blick für die teamspezifischen Lernziele und Erfordernisse verstellt, ist das Teamtraining phasenweise zu separieren, d. h., es ist aus dem regulären Fachunterricht auszukoppeln und phasenweise als eigener Lerngegenstand zu behandeln. Dieses so genannte „Sockeltraining" kann als einwöchiger Kompaktkurs mit ausschließlich teamzentrierten Übungen, Reflexionen und Klärungen organisiert sein oder auch als Querschnittprogramm einiger KernlehrerInnen in der betreffenden Klasse realisiert werden. Wichtig ist nur, dass die SchülerInnen während dieser teamzentrierten Unterrichtssequenz ebenso intensiv wie vielfältig Gelegenheit erhalten, sich mit den grundlegenden Regeln und Verfahrensweise guter Gruppenarbeit vertraut zu machen. Natürlich muss diese Intensivphase der Teamentwicklung nicht losgelöst von fachlichen Inhalten erfolgen, sondern kann sehr wohl fach- und themenspezifisch eingebunden sein. Allerdings kann der jeweilige Fach- und Themenbezug relativ variabel gestaltet werden, da der eigentliche Knotenpunkt des Lernens die Teamentwicklung ist.

Kennzeichnend für die hier in Rede stehende Teamentwicklung ist also die Unterscheidung zwischen „Sockeltraining" und darauf aufbauender „Teampflege". Die in Kapitel II dokumentierten Trainingsbausteine sind sowohl für das Sockeltraining als auch für die gelegentliche Teampflege im Fachunterricht zu verwenden. Das abgebildete 4-Stufen-Modell (vgl. Abbildung 14) zielt als Ordnungsmuster allerdings ganz vorrangig auf das besagte Sockeltraining, das in der Regel am Anfang der Teamentwicklung in einer Klasse steht. Wann in einer Schule mit der Teamentwicklung tatsächlich angefangen wird, das müssen die je zuständigen Lehrkräfte entscheiden. Grundsätzlich empfiehlt es sich natürlich, die Teamentwicklung so früh wie möglich anlaufen zu lassen, damit die SchülerInnen bereits in der Eingangsklasse mit den wichtigsten Spielregeln und Verfahrensweisen guter Gruppenarbeit einigermaßen vertraut gemacht wer-

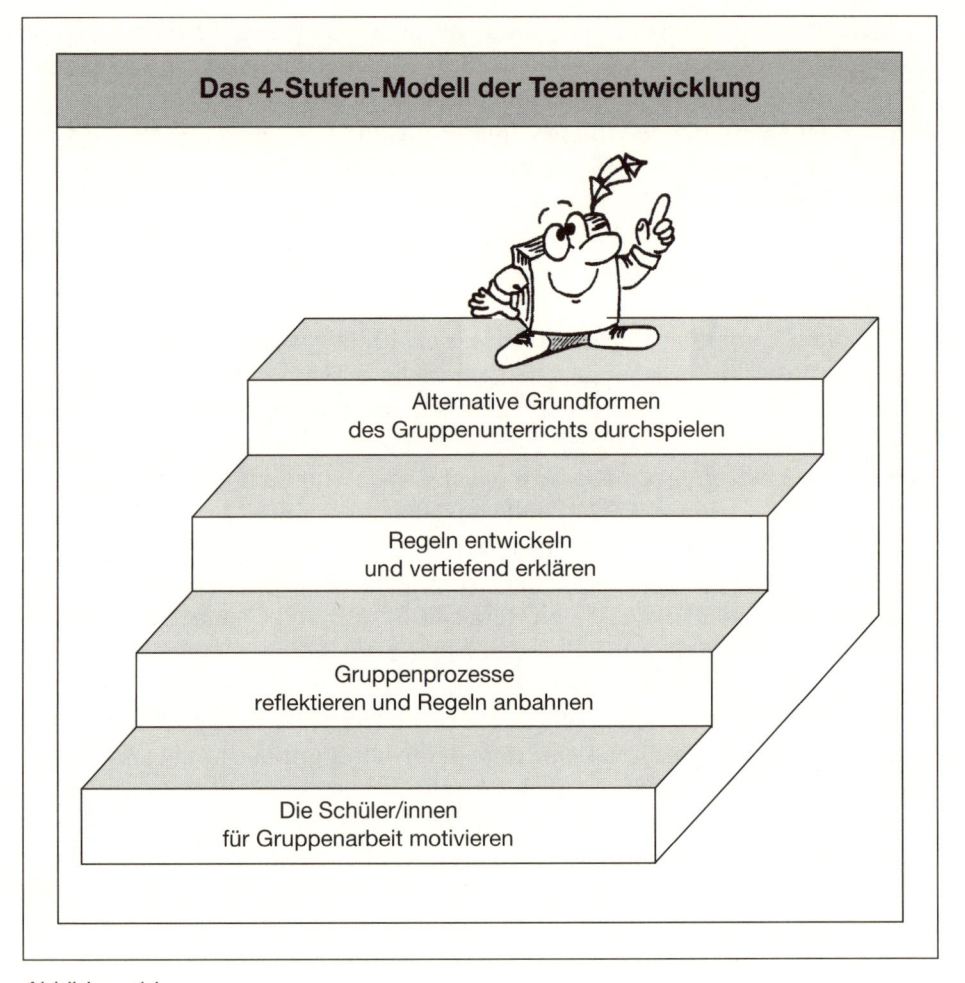

Abbildung 14

den. Freilich sind Kompakttrainings der genannten Art auch in höheren Klassen sinnvoll, unter Umständen sogar unerlässlich, damit die nötigen Teamkompetenzen sichergestellt werden. Der Vorteil des besagten Kompakt- bzw. Sockeltrainings ist der, dass sich Lehrer- wie SchülerInnen einmal für eine gewisse Zeit ganz auf teamspezifische Fragen, Probleme sowie Regel- und Strategieklärungen konzentrieren können, ohne dass die gängigen Klingelzeichen, Lehrplanvorgaben sowie Fächer- und Lehrerwechsel im Wege stehen.

Selbstverständlich gewährleistet ein derartiges Sockeltraining noch keine längerfristige Teamkompetenz der SchülerInnen. Zur längerfristigen Fundierung der Teamfähigkeit ist es vielmehr erforderlich, die vereinbarten und ansatzweise eingeübten Regeln und Verfahrensweisen immer wieder mal aufzufrischen und zu festigen, und zwar in möglichst vielen Fächern. Diese „Teampflege" ist unerlässlich, wenn die SchülerInnen die skizzierten Grundelemente guter Gruppenarbeit nachhaltig verinnerlichen sollen. Fehlen derartige auffrischende/vertiefende Übungen und Reflexionen, so geht das im Zuge des Sockeltrainings erworbene Repertoire sehr schnell wieder verloren. Von daher ist es zwingend notwendig, dass sich einige Lehrkräfte in jeder Klasse dieser Teampflege annehmen und dafür Sorge tragen, dass die eingeführten Regeln und Verfahrensweisen einigermaßen regelmäßig aufgefrischt und weiterentwickelt werden.

Um diese Verbindlichkeit sowohl des Sockeltrainings als auch der darauf aufbauenden Teampflege sicherzustellen, empfiehlt es sich, unter den LehrerInnen der jeweiligen Klasse zwei bis drei Personen ausfindig zu machen, die sich die konsequente Teamentwicklung zur Aufgabe machen. Diese „KernlehrerInnen" sollten in der betreffenden Klasse möglichst viele Stunde unterrichten (Richtwert: 15–20 Stunden pro Woche) und von daher auch hinreichend Zeit und Gelegenheit haben, die SchülerInnen in Sachen Teamarbeit eingehend zu fordern, zu fördern und in gewisser Weise auch zu prägen. Die Bildung derartiger Lehrerteams auf Klassenebene ist eine Herausforderung und Chance für jedes Kollegium und jede Schulleitung. Sie sollte bei der alljährlichen Lehrereinsatzplanung auf alle Fälle Priorität bekommen, sofern sich interessierte Lehrkräfte finden, die in der einen oder anderen Klasse konzertierte Teamentwicklung betreiben möchten. Wenn diese Lehrkräfte derartige „Lerninseln" eingeräumt bekommen und mit hohem Studendeputat nutzen, dann ist das Voraussetzung und Gewähr dafür, dass es in Sachen Teamentwicklung vorangeht und auf Lehrer- wie auf Schülerseite die nötigen Routinen entstehen können.

Kennzeichnend für das hier anvisierte Trainingskonzept ist indes noch ein Weiteres, nämlich das ausgeprägte „learning by doing" der SchülerInnen während der einzelnen Trainingssequenzen (vgl. Abbildung 14). Egal, ob die SchülerInnen für die Bedeutung und die Vorzüge der Gruppenarbeit sensibilisiert werden sollen (Stufe 1), ob sie zur Reflexion und Problematisierung alltäglicher Gruppenprozesse angehalten und angeleitet werden sollen (Stufe 2), ob es im Klassenverband elementare Teamregeln zu entwickeln und einzuüben gilt (Stufe 3) oder ob es darum geht, einige gängige Grundformen des Gruppenunterrichts durchzuspielen und die SchülerInnen mit unterschiedlichen Ablaufmustern der Gruppenarbeit vertraut zu machen (Stufe 4) – stets ist „learning by doing" angesagt. Das heißt, die SchülerInnen agieren in vielfältiger Weise. Sie planen und organisieren, sie argumentieren und diskutieren, sie schreiben und gestalten, sie reflektieren und kritisieren, sie visualisieren und präsentieren, sie entscheiden und bewerten etc. Dieses aktive, spielerische Lernen ist nicht nur eine wesentliche Stütze der Schülermotivation, sondern gewährleistet auch und nicht zuletzt die nötigen Gärungs- und Klärungsprozesse, ohne die eine nachhaltige Teamkompetenz auf Schülerseite letztlich nicht zu erreichen ist.

72

II. Trainingsbausteine für die praktische Unterrichtsarbeit

Die Trainingsbausteine in diesem Kapitel sind Wahlangebote, d. h., sie können von interessierten Lehrkräften wahlweise im Unterricht eingesetzt und zur Förderung der Teamfähigkeit und -bereitschaft der SchülerInnen genutzt werden. Geordnet sind die dokumentierten Trainingsbausteine entsprechend dem vorgestellten 4-Stufen-Programm (vgl. Abbildung 14 auf Seite 72). Im ersten Abschnitt werden diverse Übungsarrangements und -materialien dokumentiert, die auf Schülerseite die Einsicht und Überzeugung fördern sollen, dass Teamfähigkeit etwas Wichtiges und Lebensbedeutsames ist. Die Übungsbausteine im zweiten Abschnitt haben die Funktion, die SchülerInnen für Gruppenprozesse zu sensibilisieren und ein gewisses Regelbewusstsein anzubahnen. Mit den Übungsbausteinen im dritten Abschnitt verbindet sich die Zielsetzung, ganz konkrete Verhaltens- und Organisationsregeln für die Gruppenarbeit zu entwickeln und ansatzweise einzuüben, die mit dem korrespondieren, was an Regelwerken im letzten Kapitel expliziert worden ist. Im vierten Abschnitt schließlich werden verschiedene komplexere Übungsarrangements dokumentiert, die den SchülerInnen Einblick in einige grundlegende Organisationsmuster des Gruppenunterrichts gewähren, wie sie sich im alltäglichen Unterricht in den unterschiedlichsten Fächern realisieren lassen.

Trainingsfeld 1: Die SchülerInnen für Gruppenarbeit motivieren

Die hier anvisierte Teamentwicklung steht und fällt mit der Überzeugung der SchülerInnen, dass Gruppenarbeit etwas Wichtiges ist und dass sie diesbezüglich an sich arbeiten müssen. Fehlt diese Überzeugung und Bereitschaft, so bleibt die Teamentwicklung vordergründig und relativ wirkungslos. In den meisten Klassen ist es eher so, dass Gruppenarbeit mit erheblicher Skepsis gesehen oder gar ganz abgelehnt wird, weil die damit verbundenen Arbeiten und Anstrengungen als ziemlich unnötig und sinnlos gelten. Von daher mangelt es in vielen Klassen an der nötigen Aufgeschlossenheit gegenüber der Gruppenarbeit. Diese bestehenden Ressentiments gilt es zunächst einmal abzubauen, damit die weitergehenden Übungen zur Sensibilisierung und Qualifizierung der SchülerInnen für die konstruktive Ausgestaltung alltäglicher Gruppenarbeitsprozesse überhaupt Chancen haben, angenommen und erfolgreich umgesetzt zu werden. So gesehen ist die Schaffung einer positiven Grundeinstellung gegenüber der Gruppenarbeit eine unverzichtbare Voraussetzung dafür, dass die ins Auge gefasste Teamentwicklung wirkungsvoll vorankommen kann. Mit anderen Worten: Den SchülerInnen muss die Relevanz der Teamentwicklung unmittelbar einsichtig und das Arbeiten in Gruppen ein ganz persönliches Anliegen sein. Diese Überzeugung aufzubauen und den SchülerInnen sehr konkret einsichtig und erfahrbar zu machen, dass Teamfähigkeit für sie wichtig und zukunftsträchtig ist, das ist das Ziel der nachfolgend dokumentierten Übungsbausteine. Sie sind durchweg so konzipiert, dass die SchülerInnen zum „learning by doing" angeregt und angehalten werden.

Dabei wird ganz vorrangig bei den persönlichen Erfahrungen, Sichtweisen, Problemanzeigen und Ideen der SchülerInnen angesetzt, die in vielfältiger Weise aktiviert und reflektiert werden. Gelernt wird also in erster Linie voneinander und miteinander. Die methodischen Arrangements reichen vom Brainwriting über Thesendiskussion, Interview, Debatte und Simulationsspiel bis hin zum Schreiben von Briefen und zum Erstellen eines Werbeplakats. Natürlich muss ausgewählt werden. Und selbstverständlich ist es auch möglich und unter Umständen sogar zwingend nötig, die vorgestellten Übungsarrangements und -materialien zu modifizieren (z. B. für die Grundschule).

B 1　　　　　Kennenlern-Karussell

AUFGABENSTELLUNG: Die SchülerInnen erhalten die Aufgabe, sich zu den nachfolgend angeführten Gesprächsimpulsen Gedanken und Notizen zu machen, um sich später in unterschiedlichen Gesprächszirkeln näher dazu äußern zu können. Auf diese Weise kommen sie miteinander ins Gespräch, lernen sich besser kennen und wachsen als Gemeinschaft ein Stück weit zusammen. Empfehlenswert ist ein solches Arrangement vor allem in der Startphase einer Klasse. Selbstverständlich sind neben den angeführten Gesprächsimpulsen auch noch andere Impulsformulierungen denkbar, die dazu beitragen, dass die SchülerInnen der jeweiligen Klasse besser miteinander vertraut werden.

Mögliche Gesprächsimpulse

☞　Was mich im Unterricht am meisten stört …

☞　Was mir an unserer Schule gut gefällt …

☞　Was ich mir von meinen Mitschülern in der Klasse wünsche …

☞　Wie ich mir einen interessanten Unterricht vorstelle …

ABLAUF DER ÜBUNG: Die SchülerInnen erhalten ein Blatt mit den vier Gesprächsimpulsen, von denen zum Zwecke der späteren Gruppenbildung je einer angekreuzt ist. Sie machen sich zu den vier Impulsen kurze Notizen. Dann gehen sie in die Ecke des Klassenraumes, in der der angekreuzte Gesprächsimpuls in Plakatform aushängt und tauschen ihre diesbezüglichen Ansichten aus. Alle SchülerInnen sollten sich äußern. Die Gesprächsdauer pro Station beträgt 3–5 Minuten. Nach Ablauf dieser Zeit gibt die Lehrperson ein Signal, und die Gruppen wandern im Uhrzeigersinn zur nächsten Gesprächsstation usw. Sind alle Gesprächsstationen durchlaufen, versammeln sich die SchülerInnen gruppenweise in einem großen Stuhl- bzw. Stehkreis. Die Mitglieder der ersten Gruppe äußern sich nach und nach zu dem auf ihren Zetteln angekreuzten Gesprächsimpuls. Dann sind die Mitglieder der zweiten Gruppe an der Reihe usw. Zum Schluss erfolgt ein kurzes Feedback.

| **B 2** | **Brainwriting** |

AUFGABENSTELLUNG: Die SchülerInnen erhalten in Gruppen die Aufgabe, in einem „stummen Schreibgespräch" Gedankensplitter zum Thema Gruppenarbeit zusammenzutragen. Dazu steht jeder Gruppe ein größeres Plakat (ca. 120 cm × 150 cm) zur Verfügung, in dessen Mitte der Schreibimpuls steht: „Gruppenarbeit ist für mich … und für dich?" Die SchülerInnen schreiben wortlos das auf, was ihnen in den Sinn kommt bzw. was durch die schriftlichen Bemerkungen der Gruppenmitglieder ausgelöst wird. Auf diese Weise werden zurückliegende Erfahrungen mobilisiert und korrespondierende Einschätzungen transparent und diskutierbar gemacht. Ausrufezeichen, Fragezeichen und sonstige Symbole und Untermalungen sind genauso zulässig wie Wörter und ganze Sätze. Der Zeitbedarf für das Schreibgespräch beträgt 10–15 Minuten.

ABLAUF DER ÜBUNG: Die Klasse wird in mehrere Gruppen mit je 6–8 SchülerInnen aufgeteilt – am besten durch Losen oder Abzählen. Die Gruppenmitglieder stehen im Kreis um ihr Plakat herum und schreiben nach und nach das auf, was ihnen wichtig erscheint (vgl. das abgebildete Beispiel). Jedes Gruppenmitglied hat einen dickeren Filzstift zur Hand und kann sich somit flexibel an dem Schreibgespräch beteiligen. Nach ca. 10 Minuten wird die Schreibarbeit abgebrochen und im Gruppengespräch reflektiert und ausgewertet. Das gilt sowohl für den Ablauf des Schreibgesprächs als auch für das entstandene Gesamtbild mit den unterschiedlichen Assoziationen und Einschätzungen der SchülerInnen. Die Reflexionsphase dauert ca. 10–15 Minuten. Danach werden die Plakate im Klassenraum ausgehängt, im Rundgang von allen eingesehen und exemplarisch vorgestellt sowie bei Bedarf näher besprochen.

B 3 Assoziationsbegriffe

AUFGABENSTELLUNG: Die SchülerInnen erhalten die Aufgabe, zum Thema Gruppenarbeit je drei Begriffe zu notieren, die ihnen spontan einfallen. Diese Begriffe werden auf einen Schmierzettel geschrieben und später wahlweise im Plenum vorgestellt und erläutert. Auf diese Weise entsteht ein Mosaik mit unterschiedlichen Erfahrungswerten und Gedankensplittern, die Aufschluss darüber geben, wie die versammelten SchülerInnen die alltägliche Gruppenarbeit bis dato sehen bzw. erlebt haben. Das bringt nicht nur die Reflexion über Gruppenarbeit in Gang, sondern trägt auch und zugleich dazu bei, dass die SchülerInnen für die gängigen Probleme und Chancen des Gruppenunterrichts sensibler werden.

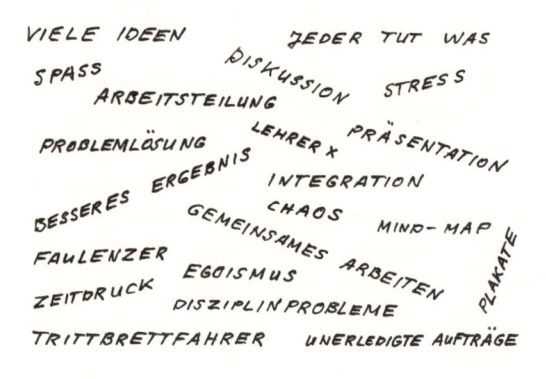

ABLAUF DER ÜBUNG: In einer kurzen Besinnungsphase notiert sich jede/r SchülerIn drei Begriffe, die etwas Signifikantes über den alltäglichen Gruppenunterricht aussagen. Sodann erläutern sich zunächst die nebeneinander sitzenden SchülerInnen zu dritt in einer Art „Warming-Up-Phase" die ausgewählten Begriffe und schildern ihre korrespondierenden Erfahrungen und Beobachtungen. Diese erste Verständigung wird in einer zweiten Phase in der Weise fortgeführt, dass sich die SchülerInnen in einen großen Kreis setzen und nach und nach je einen ihrer Begriffe vorstellen, bis schließlich alle einmal an der Reihe gewesen sind. Rückfragen der Zuhörer sind erlaubt, Diskussionen jedoch nicht. Die vorgestellten Begriffe werden von der zuständigen Lehrkraft direkt auf kleinen Kärtchen notiert und an geeigneter Stelle im Klassenraum als Blickfang angeheftet (vgl. die obige Begriffspalette einer 10. Klasse). Abschließend wird die zusammengetragene Begriffslandschaft von Lehrer- wie von Schülerseite kommentiert und diskutiert.

B 4   Thesendiskussion

AUFGABENSTELLUNG: Die SchülerInnen erhalten das nebenstehend abgebildete Arbeitsblatt und haben die Aufgabe, die vorgegebenen Thesen eingedenk ihrer bisherigen Erfahrungen zu bewerten und die vorgenommenen Bewertungen stichwortartig zu begründen. Auf diese Weise setzen sie sich mit gängigen „Killerthesen" auseinander, die immer wieder gegenüber der Gruppenarbeit vorgebracht werden und sicherlich auch in der Klasse einige Fürsprecher haben. Durch die ausgelösten Kontroversen werden die alltäglichen Probleme und Chancen des Gruppenunterrichts ansatzweise transparent gemacht.

ABLAUF DER ÜBUNG: Die SchülerInnen erhalten das nebenstehende Arbeitsblatt in Kopie und kreuzen zu jeder These an, ob sie dieser eher zustimmen oder eher ablehnend gegenüberstehen. Je größer der Pluswert, umso größer die Zustimmung, je größer der Minuswert, umso größer die Ablehnung. Außerdem müssen die SchülerInnen zu jeder Bewertung eine kurze Begründung im unteren Teil des Arbeitsblattes formulieren. Anschließend machen sie ihre Bewertungen auf einem großen Plakat kenntlich, das von Lehrerseite analog zum nebenstehenden Thesenraster vorzubereiten ist. Auf diese Weise entsteht ein anschaulicher Meinungsspiegel, der die divergierenden Einschätzungen und Einstellungen in der Klasse sichtbar werden lässt. Diese Divergenzen werden in einem dritten Arbeitsschritt näher beleuchtet und besprochen. Das kann einmal so geschehen, dass im Plenum zu jeder These die „Extremisten" argumentieren müssen, sodass das bestehende Meinungsspektrum offengelegt und der Diskussion zugänglich gemacht wird. Das kann zum anderen aber auch in der Weise erfolgen, dass die vier Thesen in unterschiedlichen Gruppen diskutiert und thesenzentrierte Stellungnahmen fürs Plenum vorbereitet werden. Abschließend tragen die per Los ermittelten Gruppensprecher ihr jeweiliges Statement in der Klasse vor. Eine dritte Möglichkeit der Auswertung besteht darin, dass zur einen oder anderen ausgewählten These eine „Fishbowl-Diskussion" veranstaltet wird, d.h., je zwei Befürworter und zwei Gegner der These führen eine Art Stellvertreterdebatte (Podiumsdiskussion) im Zentrum der Klasse. Geleitet wird diese Debatte in der Regel von der zuständigen Lehrkraft, die das Diskussionsgeschehen z.B. so inszenieren kann, als handele es sich dabei um eine Studiodebatte im Fernsehen. Das bewirkt erfahrungsgemäß einen Zuwachs an Motivation und Ernsthaftigkeit auf Schülerseite. Ergänzende/kommentierende Anmerkungen von Seiten der Lehrerin bzw. des Lehrers können sich anschließen.

Was hältst Du von diesen Thesen?

	Thesen	+3	+2	+1	-1	-2	-3
1	Gruppenarbeit kostet einfach zu viel Zeit und bringt zu wenig!						
2	Die Zukunft gehört dem Einzelkämpfer und nicht dem Gruppenmenschen!						
3	Die starken Schüler/innen profitieren von der Gruppenarbeit kaum!						
4	Gruppenarbeit überfordert die meisten Schüler/innen!						

Kreuze in der oben stehenden Tabelle an, ob du der jeweiligen These eher zustimmst oder ob du sie eher ablehnst.
Du kannst dabei zwischen unterschiedlichen Graden der Zustimmung bzw. Ablehnung wählen. +3 heißt volle Zustimmung; -3 heißt volle Ablehnung. Bei eingeschränkter Zustimmung kreuze +2 bzw. +1 an, bei eingeschränkter Ablehnung -2 bzw. -1.
Überlege dir zu deinen Kreuzen kurze Begründungen.

Begründungen:

1 _____

2 _____

3 _____

4 _____

B 5 — Stimmungsbarometer

AUFGABENSTELLUNG: Die SchülerInnen erhalten die Aufgabe, die zurückliegenden Gruppenarbeiten Revue passieren zu lassen und diesbezüglich eine Einschätzung auf einer Skala von „sehr zufrieden" bis „sehr unzufrieden" vorzunehmen. Dazu steht ihnen das abgebildete Stimmungsbarometer zur Verfügung, das von Lehrerseite vorbereitet und auf ein größeres Plakat übertragen werden muss. Die SchülerInnen markieren ihre Einschätzungen auf dem Plakat und erläutern anschließend die eigenen Erfahrungen und Begründungen in unterschiedlichen Gesprächszirkeln.

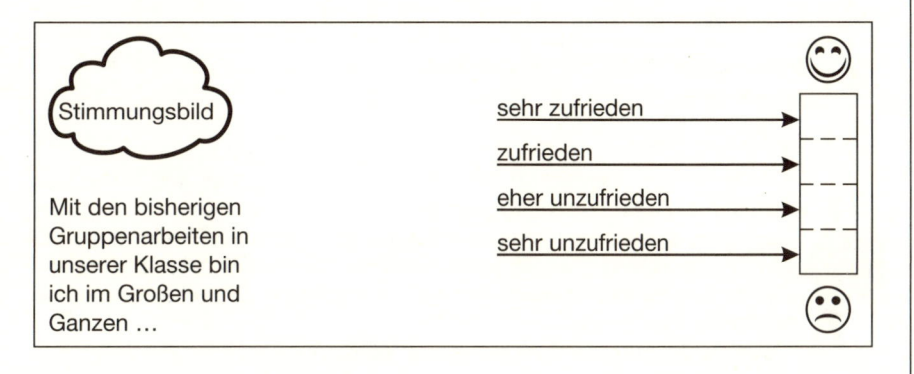

ABLAUF DER ÜBUNG: Die zuständige Lehrkraft hängt das Plakat an zentraler Stelle im Klassenraum aus und bittet die SchülerInnen, einmal kurz über die zurückliegenden Gruppenarbeiten nachzudenken und sodann eine Beurteilung innerhalb der vorgegebenen Skala zu versuchen. Nach einer kurzen Besinnungsphase erhält jede Schülerin und jeder Schüler einen roten Klebepunkt und macht damit die eigene Einschätzung auf dem Stimmungsbarometer kenntlich (statt der Klebepunkte können selbstverständlich auch Punkte oder Kreuzchen mit einem dickeren Filzstift angebracht werden). Anschließend tauschen sich die SchülerInnen zunächst paarweise und dann in Zufallsgruppen mit je 5–6 Mitgliedern darüber aus, welche Erfahrungen sie bislang in Sachen Gruppenarbeit gesammelt haben und welche Überlegungen und Eindrücke hinter ihren Markierungen auf dem Plakat stehen. Darüber hinaus erhält jede Gruppe die Aufgabe, ein kurzes Statement zur alltäglichen Gruppenarbeit vorzubereiten. Die vorbereiteten Statements werden abschließend von ausgelosten Gruppensprechern im Plenum vorgetragen und bei Bedarf näher besprochen und/oder von Lehrerseite kommentiert.

B 6   Vier-Ecken-Spiel

AUFGABENSTELLUNG: Die SchülerInnen erhalten die Aufgabe, durch die Wahl einer bestimmten mit einem Kennwort versehenen Ecke des Klassenraumes zu signalisieren, wie sie den bisher praktizierten Gruppenunterricht einschätzen. Sie haben dabei die Auswahl zwischen den vier Bewertungsstufen „bringt viel", „bringt einiges", „bringt eher wenig" und „bringt sehr wenig". In jeder Ecke des Klassenraumes hängt ein entsprechendes Schild. Je nachdem, welche Erfahrungen und Einstellungen die SchülerInnen mitbringen, gehen sie in die eine oder andere Ecke und tauschen sich aus. Auf diese Weise nimmt das vorhandene Stimmungsbild Gestalt an.

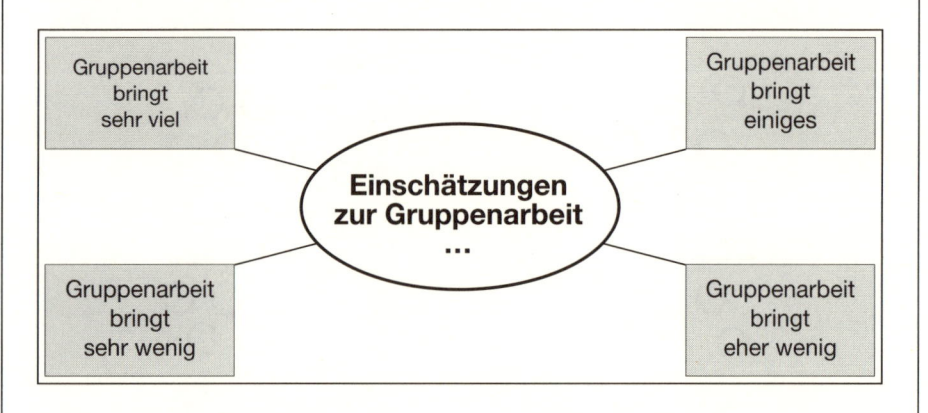

ABLAUF DER ÜBUNG: Die Lehrkraft hängt die vier Pappschilder mit den genannten Beschriftungen in den vier Ecken des Klassenraumes auf und gibt den SchülerInnen kurz Zeit, über die bisherigen Gruppenarbeitsphasen nachzudenken und sich für die eine oder andere Ecke zu entscheiden. Sodann gehen die SchülerInnen in die gewählte Ecke und besprechen mit den dort versammelten Gleichgesinnten die bisherigen Erfahrungen und Beanstandungen. Anschließend werden mit Hilfe von Farbpunkten oder Spielkarten so genannte „Querschnittsgruppen" gebildet, in denen Vertreter aller vier Ecken präsent sind. Diese diskutieren ihre unterschiedlichen Sichtweisen und bereiten eingehende Stellungnahmen zum Thema Gruppenarbeit vor. Diese Stellungnahmen werden abschließend im Plenum vorgetragen und nötigenfalls von Lehrerseite kommentiert und durch weitere Aspekte ergänzt. Kontroverse Einschätzungen werden bei Bedarf im Klassenverband diskutiert und problematisiert.

B 7   Plus-Minus-Spiel

AUFGABENSTELLUNG: Die SchülerInnen erhalten die Aufgabe, ihrer Einstellung zur Gruppenarbeit durch Einnehmen einer bestimmten Position im Klassenraum Ausdruck zu verleihen. Zur Auswahl stehen die beiden Positionsfelder Plus und Minus. Wer der Gruppenarbeit eher skeptisch gegenübersteht, geht auf die Minus-Seite des Raumes, wer sie eher positiv sieht, wählt die gegenüberliegende Plus-Seite. Durch diese Positionierung werden die SchülerInnen nicht nur veranlasst, über die Bedeutung der Gruppenarbeit näher nachzudenken, sondern sie erfahren auch und zugleich, wie die MitschülerInnen eingestellt sind und kommen mit diesen bezüglich der Gruppenarbeit ins Gespräch.

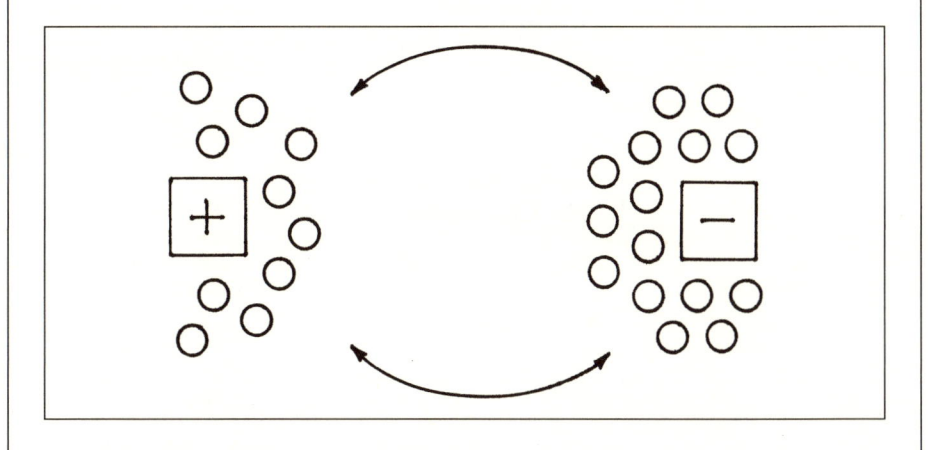

ABLAUF DER ÜBUNG: Die Lehrkraft erläutert die Übung und macht deutlich, wo sich im Klassenraum die Plus- und wo sich die Minus-Seite befindet. Nach einer kurzen Besinnungsphase gehen die SchülerInnen wahlweise auf die eine oder andere Seite des Klassenraumes. Mittelpositionen (Enthaltungen) sind nicht erlaubt, da eine eindeutige Trendmeldung sowohl möglich als auch nötig ist, damit die angepeilten Kontroversen in Gang kommen. Sobald sich die SchülerInnen aufgestellt haben, werden die beiden gegenüberstehenden Gruppen wie folgt gemischt: Die SchülerInnen auf jeder Seite zählen mehrfach bis 4. Dann gehen alle Einser zusammen, alle Zweier usw. In den so entstehenden Mischgruppen werden die unterschiedlichen· Erfahrungen und Sichtweisen in Sachen Gruppenarbeit ausgetauscht und diskutiert. Abschließend gibt jede Gruppe ein kurzes Statement zu den Problemen und Vorzügen der Gruppenarbeit ab.

| **B 8** | **Pro-und-Kontra-Debatte** |

AUFGABENSTELLUNG: Die SchülerInnen erhalten die Aufgabe, in mehreren Zufallsgruppen Pro- oder Kontra-Argumente zu sondieren und im Rahmen einer anschließenden Debatte vorzutragen und zu diskutieren. Dadurch werden sie veranlasst, die alltägliche Gruppenarbeit kritisch zu reflektieren, unterschiedliche Sichtweisen anzuhören sowie den eigenen Standpunkt in Sachen Gruppenarbeit (selbst-)kritisch zu überprüfen und zu festigen. Denn wirklich überzeugter Gruppenarbeits-Befürworter kann letztlich nur werden, wer nicht nur die Vorzüge der Gruppenarbeit kennt, sondern auch um ihre Probleme weiß und sich bei den erstbesten Schwierigkeiten nicht gleich verunsichern lässt.

ABLAUF DER ÜBUNG: Zunächst werden mit Hilfe des Losverfahrens vier gleich große Gruppen gebildet, von denen zwei die Pro- und zwei die Kontra-Argumente sammeln müssen. Es kann also durchaus sein, dass SchülerInnen, die in Wirklichkeit Pro-Gruppenarbeit eingestellt sind, in der Vorbereitungsphase die Kontra-Seite beleuchten müssen und umgekehrt. Nach 10–15 Minuten Vorbereitungszeit entsendet jede Gruppe einen Vertreter aufs Podium, sodass sich während der Debatte je zwei Fürsprecher und zwei Gegner des Gruppenunterrichts gegenübersitzen und ihre unterschiedlichen Argumente austauschen. Unterstützt werden sie durch ausgewählte Assistenten in der zweiten Reihe. Die Moderation kann sowohl von Schülerseite als auch von Lehrerseite geleistet werden. Die Zuhörer schreiben die vorgetragenen Argumente stichwortartig mit. Am Ende werden die betreffenden Pro- und Kontra-Argumente an der Tafel gesammelt und von Lehrerseite bei Bedarf kommentiert.

B 9 — Fantasiegeschichte

AUFGABENSTELLUNG: Die SchülerInnen erhalten die Aufgabe, anhand der beiden abgebildeten Fotos eine Fantasiegeschichte zu schreiben, die vom Wohl und Wehe der Zusammenarbeit in der Klasse handelt. Dabei können sie wählen, ob sie das untere oder das obere Foto zum Schreibanlass nehmen möchten. Während das obere Foto die verbreiteten Abgrenzungsbemühungen und Egoismen in den Klassen in den Blick bringt, zeigt das untere Foto einen bemerkenswerten Kooperationsversuch zweier SchülerInnen. Beide Fotos fordern zum Nachdenken und zur Besinnung heraus. Durch die Auswahl eines der Fotos sowie durch das Schreiben einer korrespondierenden Fantasiegeschichte werden die SchülerInnen veranlasst, sich über die alltägliche Partner- und Gruppenarbeit Gedanken zu machen sowie ihre Erfahrungen und Assoziationen zum Thema „Zusammenarbeit in der Klasse" zu aktivieren.

ABLAUF DER ÜBUNG: Die Lehrkraft teilt den SchülerInnen die beiden Fotos in Kopie aus und bittet sie, eines der beiden Fotos auszuwählen, sich in die Situation des einen oder anderen Kindes hineinzuversetzen und aus dessen Blickwinkel heraus eine Fantasiegeschichte zum Thema „Zusammenarbeit in der Klasse" zu schreiben. Damit die SchülerInnen erste Ideen entwickeln und etwaige Schreibhemmungen abbauen können, erhalten sie Gelegenheit zum kurzen Gedankenaustausch mit Partnern, die das gleiche Foto ausgewählt haben. Für die Schreibphase selbst wird 15–20 Minuten Zeit gelassen. Alsdann verlesen die SchülerInnen ihre Fantasiegeschichten zunächst in Nachbarschaftsgruppen/Zufallsgruppen mit je 4–5 Mitgliedern. Danach entscheidet das Los, wer im Plenum vorlesen darf. Zuerst werden zwei SchülerInnen aus der Gruppe derer ausgelost, die das obere Foto zum Schreibanlass genommen haben. Die beiden Geschichten werden vorgelesen und gegebenenfalls besprochen. Dann kommen zwei weitere ausgeloste SchülerInnen zum unteren Foto mit ihren Fantasiegeschichten zu Wort. Auch daran kann sich bei Bedarf ein vertiefender Gedanken- und Erfahrungsaustausch anschließen. Zum Schluss kommentiert die Lehrperson die beiden Fotos und unterstreicht den Wert und die Vorzüge der im unteren Foto angedeuteten Kooperation und Kommunikation. Die SchülerInnen können eigene Fragen und Anregungen einbringen und sich auf diesem Wege in Sachen Partner- und Gruppenarbeit gezielt vergewissern.

B 10 Problemlösungsversuche

AUFGABENSTELLUNG: Die SchülerInnen erhalten die Aufgabe, die alltäglichen Probleme und Defizite des Gruppenunterrichts offen anzusprechen und gezielt einzugrenzen. Doch nicht nur das: Sie erhalten auch und zugleich Gelegenheit, sich praktische Möglichkeiten und Maßnahmen zu überlegen, wie den bestehenden Problemen vielleicht abgeholfen werden kann. Denn wenn auf Schülerseite eine dauerhaft positive Grundeinstellung gegenüber dem Gruppenunterricht angebahnt werden soll, dann bedarf es dazu zwingend der Gewissheit und der Perspektive, dass sich die gängigen Unzulänglichkeiten des Gruppenunterrichts beheben lassen. Durch den Versuch, die SchülerInnen zum konstruktiven Problemlösungsdenken zu veranlassen, wird ihrer latenten Skepsis entgegengewirkt und eine positive Einstellung gegenüber der Gruppenarbeit gefördert.

ABLAUF DER ÜBUNG: Das Problemlösungstraining beginnt damit, dass die SchülerInnen in einer mehrstufigen Besinnungsphase einige alltägliche Probleme des Gruppenunterrichts eingrenzen. Das geschieht im „Schneeballverfahren", d.h., jede Schülerin und jeder Schüler notiert in einem ersten Schritt drei Problemanzeigen, dann werden Nachbarschafts-Trios gebildet, die sich auf je vier Problemanzeigen verständigen, und schließlich werden je zwei bis drei Trios zusammengefasst, die je fünf Problemanzeigen herausarbeiten. Die so gewonnenen Problemanzeigen werden stichwortartig auf Kärtchen geschrieben und anschließend an der Tafel visualisiert und so geordnet, dass mehrere Problemknoten (Cluster) entstehen. Diese Problemknoten werden von den SchülerInnen im nächsten Schritt durch Anbringen von Klebepunkten/Kreuzchen gewichtet, sodass sich eine Rangordnung ergibt. Die vier Problemknoten mit der höchsten Gewichtung werden anschließend von 1 bis 4 durchnummeriert und den vier Schülergruppen zugewiesen, die beim Abzählen die entsprechenden Ziffern 1, 2, 3 oder 4 gezählt haben. Aufgabe dieser Schülergruppen ist es nun, ihr jeweiliges Problemfeld möglichst exakt zu definieren und je drei korrespondierende Problemlösungsansätze zu ermitteln und diese auf spezifischen Problemlösungspfeilen zu notieren. Diese Problemlösungspfeile werden abschließend den betreffenden Kernproblemen zugeordnet, an der Tafel visualisiert und von den zuständigen Gruppenmitgliedern erläutert. So entsteht nach und nach eine anschauliche Problemlösungslandschaft, die Mut macht und Perspektiven eröffnet (siehe die nebenstehenden Ergebnisse einer zehnten Klasse).

Problemanzeigen und -lösungsvorschläge einer 10. Klasse

Vorangegangene GA analysieren, Fehler vermeiden

SCHLECHTE ARBEITS-ORGANI-SATION

Genaue Planung, zügig anfangen

Arbeit und Verantwortung genau absprechen

Konzentriert (be-)arbeiten

Gute Vorbereitung von Lehrer- und Schülerseite

ZEIT-DRUCK

Arbeit gut organisieren

Schulung der Teammitglieder

FALSCHE ARBEITS-EINSTEL-LUNG

Verantwortung übernehmen, den Mitschülern helfen

Persönliche Konflikte vermeiden

Das Beste aus dem Thema machen

Mitsprache bei der Themenauswahl

UNINTE-RESSANTE THEMEN

Eventuell das Thema wechseln

B 11　　　　　Schatzsuche

AUFGABENSTELLUNG: Die SchülerInnen erhalten die Aufgabe, zurückliegende Gruppenarbeiten Revue passieren zu lassen und eine (halbwegs) gelungene Gruppenarbeitssequenz zu rekonstruieren und knapp zu beschreiben. Dabei kann auf das abgebildete Impulsblatt zurückgegriffen werden. Erfahrungsgemäß erinnern die meisten SchülerInnen sehr schnell den einen oder anderen „Lichtblick", der die positive, motivierende Seite der Gruppenarbeit erkennbar werden lässt. Indem sie sich diese Positiverlebnisse bewusst machen, ein zurückliegendes „Highlight" kurz beschreiben und den MitschülerInnen weitererzählen, wird ihre Motivation in Sachen Gruppenarbeit zumindest im Ansatz gefördert.

ABLAUF DER ÜBUNG: Die SchülerInnen erhalten das nebenstehende Impulsblatt in Kopie und beschreiben nach einer kurzen Besinnungsphase in knapper Form eine zurückliegende Gruppenarbeitssequenz, die sie positiv in Erinnerung haben. Voraussetzung hierbei ist, dass sie im Unterricht des Öfteren Gruppenarbeit erlebt haben, auf die sie als Erfahrungsbasis zurückgreifen können. Nach dieser individuellen Besinnungs- und Schreibphase werden mittels Losverfahren mehrere Zufallsgruppen gebildet, in denen sich die SchülerInnen zunächst wechselseitig berichten, um dann eine als besonders positiv und richtungsweisend erlebte Gruppenarbeit auszuwählen, die es später im Plenum zu präsentieren gilt. Anschließend stellen alle Gruppen ihre Positivbeispiele vor, beschreiben den Ablauf der jeweiligen Gruppenarbeit, umreißen das Arbeits- und Interaktionsverhalten der Gruppenmitglieder und würdigen die erzielten Gruppenergebnisse. Ergänzende Kommentare der Lehrperson runden das Bild ab.

Beschreibe stichwortartig eine Gruppenarbeitsphase aus der letzten Zeit, die du interessant fandst!

| **B 12** | **Fantasiereise** |

AUFGABENSTELLUNG: Die SchülerInnen erhalten die Aufgabe, dem nebenstehenden Text, der von der zuständigen Lehrperson vorgelesen wird, aufmerksam zuzuhören und die geschilderte Gruppenarbeit möglichst intensiv in sich aufzunehmen und im anschließenden Gespräch zu würdigen. Da in dem Text ganz bewusst eine recht harmonische, gut organisierte und konstruktiv verlaufende Gruppenarbeit beschrieben wird, stehen die Chancen gut, dass den SchülerInnen ein wenig Appetit auf ein derartiges Lehr-/Lerngeschehen gemacht wird. Auch wenn ihr tatsächlicher Unterricht noch anders aussehen sollte, so erhalten sie durch die Schilderung doch eine gewisse Vorstellung davon, wie reizvoll und ergiebig Gruppenarbeit sein kann, sofern die Gruppenmitglieder nur einigermaßen geschickt und verständnisvoll zusammenarbeiten.

ABLAUF DER ÜBUNG: Die SchülerInnen werden aufgefordert, sich entspannt hinzusetzen, eventuell auch die Augen zu schließen, auf jeden Fall aber konzentriert zuzuhören, wenn die angekündigte Geschichte aus dem Unterrichtsalltag vorgelesen wird. Am besten, die SchülerInnen sitzen im Stuhlkreis oder auch im Schneidersitz auf dem Fußboden des Klassenraumes, damit sie sich im späteren Gespräch gut anschauen können. Dann beginnt die Lehrperson langsam und in einem möglichst beruhigenden und eingängigen Tonfall vorzulesen. Dann und wann werden Pausen gelassen, um den SchülerInnen Gelegenheit zu geben innezuhalten, die Schilderung nachwirken zu lassen und eventuell auch mit der eigenen Fantasie weiterzumarschieren. Für die Lehrperson empfiehlt es sich, im Text geeignete Pausenzeichen zu machen und/oder die bestehenden Absätze im Text als solche zu sehen und zu nutzen.
Ist der Text im Ganzen verlesen, so wird zunächst noch etwa eine Minute gewartet, ehe die SchülerInnen aufgefordert werden, sich zum vorgetragenen Gruppenarbeitsgeschehen zu äußern. Unter Umständen kann dieser Gesprächsphase auch eine kurze Reflexion in Zweier- oder Dreier-Gruppen vorgeschaltet werden, damit auch die stillen/phlegmatischen SchülerInnen in die Gänge kommen und eine breitere Beteiligung erreicht wird. Wichtig ist, dass in der besagten Gesprächsphase möglichst viele SchülerInnen zu Wort kommen und die beschriebene Gruppenarbeit kommentieren. Auch die Lehrperson sollte ihre Gedanken und Anmerkungen in werbender Art einbringen, um den SchülerInnen Appetit auf guten Gruppenunterricht zu machen und sie dafür zu gewinnen, sich bereitwillig/er auf Gruppenarbeit und Teamentwicklung einzulassen.

Ein Unterricht, der Spaß macht

Wir befinden uns in der Pestalozzischule irgendwo in Deutschland. Wir besuchen heute die Klasse 5 a, in der gerade das Thema „Haustiere" auf dem Plan steht. Wir öffnen die Tür und betreten den Klassenraum.

Der Klassenraum ist hell und freundlich gestaltet. Überall an den Wänden hängen Plakate mit irgendwelchen Arbeitsergebnissen der Schüler. Auf einem dieser Plakate sind 7 wichtige Regeln für die gute Gruppenarbeit festgehalten. Und in der Tat wird in dieser Klasse Gruppenarbeit gemacht. Die SchülerInnen und Schüler sitzen an insgesamt fünf Gruppentischen zu fünft oder zu sechst zusammen. Jede Gruppe hat die Aufgabe, ein bestimmtes Haustier näher unter die Lupe zu nehmen und dazu sowohl ein Plakat als auch einen kleinen Test zu erstellen.

In den Gruppen herrscht geschäftiges Treiben. Da wird gelesen und unterstrichen, geschnippelt und aufgeklebt, geschrieben und gemalt, gefragt und diskutiert. Die SchülerInnen und Schüler sind munter bei der Sache. Von Langeweile und Desinteresse keine Spur. Auch die wechselseitige Hilfe klappt recht gut.

Die Lehrerin sitzt bei der Gruppe hinten ganz rechts und gibt den Gruppenmitgliedern einige Tipps. Die anderen Gruppen arbeiten alleine. In jeder Gruppe gibt es eine Schülerin oder einen Schüler mit einem „R-Schild" auf dem Oberarm. „R" steht für Regelbeobachter. Die betreffenden Gruppenmitglieder passen auf, dass die vereinbarten Regeln eingehalten werden.

Wir gehen nun näher an eine der fünf Gruppen heran. Diese beschäftigt sich mit dem Thema „Meerschweinchen". Die Gruppenmitglieder beraten gerade, wie sie das vorliegende Informationsmaterial auswerten und das vorgesehene Plakat gestalten wollen. Meike ist die Gesprächsleiterin und sorgt sehr geschickt dafür, dass das Gespräch zügig vorankommt. Torsten erklärt sich bereit, einen kurzen Text darüber zu schreiben, wie sich Meerschweinchen ernähren. Christina gibt ihm noch einige Tipps und schlägt der Gruppe dann vor, dass sie selbst das Verhalten der Meerschweinchen näher unter die Lupe nehmen will. Sie bittet die Gruppenmitglieder um Vorschläge und Materialhinweise. Tanja hat einen kleinen Zeitungsausschnitt aus dem Tierfreund mitgebracht, den sie Christina zur Verfügung stellt. Tanja selbst möchte eine Zeichnung erstellen und beschriften. Selbst Ingo, der anfänglich ziemlich lustlos herumsitzt, wird mit freundlichen, aber klaren Worten an seine Pflichten in der Gruppe erinnert und mit einer Teilaufgabe betraut.

Die Gruppe vereinbart, nach 30 Minuten fertig zu sein und mit dem Gestalten und Verzieren des Plakats zu beginnen. Heike wird als Zeitverantwortliche bestimmt, die die Gruppenmitglieder rechtzeitig daran zu erinnern hat, wenn die 30 Minuten zu Ende gehen. Irgendwie läuft alles wie am Schnürchen.

Wir verlassen den Klassenraum wieder. Beim Gang über den Flur hören wir aus den meisten Klassenzimmern nur eine Stimme: die des Lehrers. Und was machen wohl die Schüler?

B 13   Wandzeitung

AUFGABENSTELLUNG: Die SchülerInnen erhalten die Aufgabe, auf dem Hintergrund ihrer bisherigen Gruppenarbeitserfahrungen Positiva, Negativa und Wünschenswertes zur Gruppenarbeit zusammenzutragen. Aus der abgebildeten Wandzeitung lässt sich ersehen, welche Leitimpulse vorgegeben werden. Indem die SchülerInnen punktuell auflisten, was ihnen an der Gruppenarbeit gefällt, was sie stört und was sie sich für die Zukunft wünschen, steigern sie nicht nur ihr Problembewusstsein, sondern sie entwickeln auch ein tiefer gehendes Verständnis für die Vorteile und Chancen des Gruppenunterrichts. Dieses Bewusstmachen der Pluspunkte der Gruppenarbeit begünstigt ihre Motivation in Sachen Teamarbeit und Teamentwicklung.

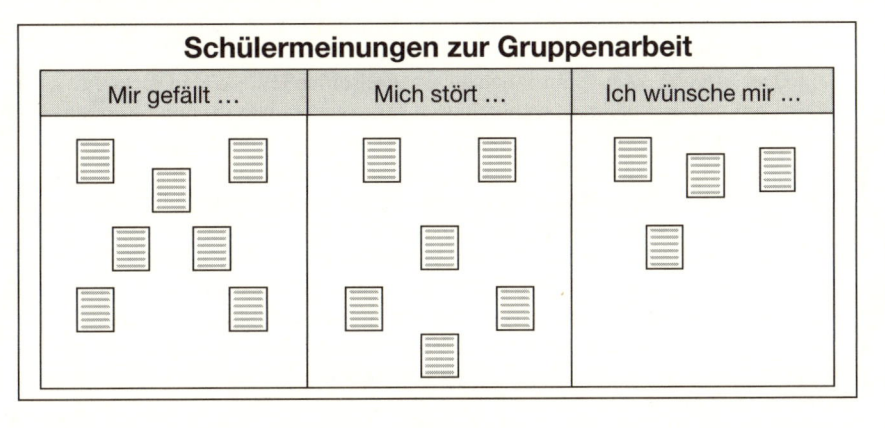

ABLAUF DER ÜBUNG: Die Lehrkraft bereitet die abgebildete Wandzeitung in Großformat vor und stellt jeder Schülerin und jedem Schüler drei gelbe, drei rote und drei grüne Zettel im DIN-A7-Format zur Verfügung. Die gelben Zettel gehören zur Rubrik „Mir gefällt …", die roten zur Rubrik „Mich stört …" und die grünen zur Rubrik „Ich wünsche mir …". Die SchülerInnen beschriften in einer fünf- bis zehnminütigen Besinnungsphase das eine oder andere Kärtchen und besprechen dann zunächst in 3er-Gruppen die notierten Aspekte. Anschließend ruft die Lehrperson die Spalte „Mir gefällt …" auf, und die SchülerInnen stellen ihre unterschiedlichen Positivbefunde vor und heften ihre Zettel in die betreffende Spalte der Wandzeitung. Das gleiche Prozedere wiederholt sich zu den Spalten „Mich stört …" sowie „Ich wünsche mir …". Zum Abschluss werden die zusammengetragenen Befunde von Lehrer- wie von Schülerseite kommentiert.

B 14 — Pluspunktsuche

AUFGABENSTELLUNG: Die SchülerInnen erhalten die Aufgabe, die wichtigsten Pluspunkte der Gruppenarbeit zusammenzutragen, zu visualisieren und möglichst überzeugend zu kommentieren. Diese dezidierte Ausrichtung des Denkens auf die Vorzüge der Gruppenarbeit hat die Funktion, der verbreiteten Miesmacherei entgegenzuwirken und den SchülerInnen in der Summe klar werden zu lassen, dass Gruppenarbeit durchaus ein lohnendes und reizvolles Unterfangen ist. Den SchülerInnen werden also nicht irgendwelche Argumente vorgegeben, sondern sie eruieren die diversen Vorzüge des Gruppenunterrichts selbst und mobilisieren auf diese Weise ihre positiven Erfahrungen und Sichtweisen in Sachen Gruppenarbeit.

ABLAUF DER ÜBUNG: In einer kurzen Besinnungsphase notiert sich jede Schülerin und jeder Schüler zwei Pluspunkte der Gruppenarbeit. Dann verständigen sich je drei nebeneinander sitzende SchülerInnen auf insgesamt drei Pluspunkte, hinter denen sie gemeinsam stehen können. Anschließend gehen je zwei „Trios" zusammen und arbeiten als 6er-Gruppe vier signifikante Vorzüge der Gruppenarbeit heraus. Die so gewonnenen Pluspunkte werden schlagwortartig auf separate Kärtchen geschrieben und anschließend im Plenum präsentiert. Die Präsentation der vorbereiteten Kärtchen erfolgt so, dass die einzelnen Gruppen im Wechsel je eines ihrer Kärtchen an die Tafel heften und den jeweiligen Pluspunkt kurz erläutern und begründen. Gleiche oder ähnliche Formulierungen werden dicht nebeneinander oder auch übereinander geheftet, sodass augenfällige Cluster entstehen. Auf diese Weise kristallisiert sich nach und nach eine richtige Clusterlandschaft heraus, die die Vorzüge der Gruppenarbeit prägnant verdeutlicht.

B 15 — Fragebogenaktion

AUFGABENSTELLUNG: Die SchülerInnen erhalten die Aufgabe, den nebenstehenden Fragebogen auszufüllen und zu den vorgegebenen Aussagen anzukreuzen, inwieweit sie diesen zustimmen oder eher ablehnend gegenüberstehen. Die Bewertungsskala reicht von voller Zustimmung (+3) bis zur völligen Ablehnung (–3). Durch die Befragung sollen sowohl die Vorerfahrungen der SchülerInnen in Sachen Gruppenarbeit transparent gemacht als auch ihre Voreinstellungen offen gelegt und diskutierbar gemacht werden, die sie gegenüber dem Gruppenunterricht haben. Durch die Auswertung und Besprechung der unterschiedlichen Einschätzungen werden Impulse gesetzt und fragwürdige Vorurteile aufgebrochen, die dem Projekt „Teamentwicklung" entgegenstehen.

ABLAUF DER ÜBUNG: Die SchülerInnen erhalten den Fragebogen in Kopie. Die Lehrperson erläutert zunächst die Zielsetzung und das Prozedere der Befragungsaktion und bittet dann die SchülerInnen, zu jeder der angeführten Aussage eine Bewertung auf der sechsstufigen Skala vorzunehmen. Je größer der Pluswert, der angekreuzt wird, umso größer ist die Zustimmung zur jeweiligen Schüleraussage; je größer der Minuswert, desto ausgeprägter ist die Ablehnung. Anschließend werden mittels Los- oder Abzählverfahren mehrere Zufallsgruppen mit je fünf bis sechs SchülerInnen gebildet, die die einzelnen Aussagen durchgehen, die vorgenommenen Bewertungen vergleichen und die bestehenden Meinungsverschiedenheiten besprechen. Außerdem haben die Gruppenmitglieder zu jeder Aussage einen von allen akzeptierten Mittelwert zu bestimmen und gemeinsam zu überlegen, wie sich dieser gegenüber der Klasse begründen lässt. Dann stellen die einzelnen Schülergruppen im Wechsel ihre Einschätzungen zu den einzelnen Aussagen im Plenum vor und geben die nötigen Erläuterungen dazu. Jeder Präsentation folgt eine kurze Diskussion, die den zuhörenden Gruppen/SchülerInnen Gelegenheit gibt, abweichende Einschätzungen einzubringen und möglichst pointiert zu begründen. Auch die Lehrperson kann mitdiskutieren, eigene Sichtweisen und Erfahrungen einbringen, einzelne Schülerstatements problematisieren sowie gegebenenfalls wissenschaftliche Befunde ansprechen, die die Lernwirksamkeit der Gruppenarbeit unterstreichen. Zum Abschluss dieser Reflexionsphase kann den SchülerInnen die Aufgabe gegeben werden, unter Beachtung der Befragungsergebnisse und der geführten Diskussion einen Artikel für die Schülerzeitung zu schreiben.

Fragebogen

Schüleraussagen	stimmt genau					stimmt nicht
	+3	+2	+1	-1	-2	-3
Ich arbeite am liebsten alleine; da habe ich weniger Stress und Ärger und lerne sogar noch mehr!	☐	☐	☐	☐	☐	☐
Die meisten SchülerInnen sind völlig unfähig zur Gruppenarbeit. Deshalb sollte man am besten die Finger davonlassen!	☐	☐	☐	☐	☐	☐
Gruppenarbeit hat nur dann Sinn, wenn man mit Leuten zusammenarbeitet, die man mag und die leistungsmäßig gleich gut sind!	☐	☐	☐	☐	☐	☐
Gruppenarbeit führt meist dazu, dass ein oder zwei Leute arbeiten und die anderen die Hände in den Schoß legen!	☐	☐	☐	☐	☐	☐
Bei der Gruppenarbeit lernt man in aller Regel deutlich weniger als im herkömmlichen Klassenunterricht, in dem der Lehrer den Ton angibt!	☐	☐	☐	☐	☐	☐
Typisch für Gruppenarbeit ist, dass vor lauter Streitereien und Konflikten kein richtiges Arbeiten zustande kommt!	☐	☐	☐	☐	☐	☐
Gruppenarbeit ist vielleicht angenehm für die Schwachen; den Leistungsträgern dagegen bringt sie wenig oder gar nichts!	☐	☐	☐	☐	☐	☐
Gruppenarbeit dient vielen Lehrkräften dazu, die SchülerInnen irgendwie zu beschäftigen und sich selbst ein bequemes Leben zu machen!	☐	☐	☐	☐	☐	☐
Wenn wir in der Vergangenheit mal Gruppenarbeit gemacht haben, dann war das meist recht chaotisch und frustrierend!	☐	☐	☐	☐	☐	☐
Wenn ich die Wahl hätte, alleine oder in der Gruppe zu arbeiten, würde ich mich auf jeden Fall für die Einzelarbeit entscheiden!	☐	☐	☐	☐	☐	☐

B 16 — Argumente bewerten

AUFGABENSTELLUNG: Die SchülerInnen erhalten die Aufgabe, aus der nebenstehenden Argumente-Liste je 5 Punkte herauszufiltern, die besonders für Gruppenarbeit sprechen. Durch diesen Auswahlentscheidungsprozess werden die SchülerInnen genötigt, die fünfzehn angeführten Gründe näher unter die Lupe zu nehmen und sich über die eigenen Interessen und Prioritätensetzungen eingehender klar zu werden. Da sie überdies die Aufgabe haben, zunächst in Kleingruppen und dann im Plenum eine „Hitliste" der Argumente zu erstellen, werden vertiefende Reflexionen und Diskussionen in Gang gesetzt, die unter dem Strich bewirken, dass sich die SchülerInnen die Pluspunkte der Gruppenarbeit recht differenziert bewusst machen.

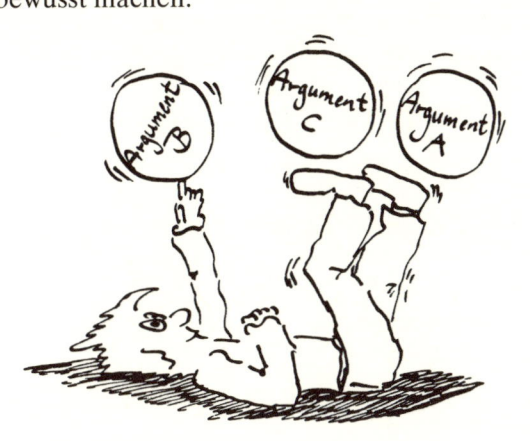

ABLAUF DER ÜBUNG: Die SchülerInnen erhalten das nebenstehende Arbeitsblatt in Kopie und kreuzen zunächst mit Bleistift die fünf Punkte an, die ihnen als Positiva der Gruppenarbeit besonders wichtig erscheinen. Anschließend verteilen sie die Rangziffern 1–5 auf die fünf angekreuzten Positiva und tragen die Ziffern mit Filzstift oder Kugelschreiber in die betreffenden Kästchen ein. Sodann werden mehrere Zufallsgruppen mit je fünf bis sechs Mitgliedern gebildet, die die einzelnen Argumente durchgehen und die zugeteilten Bewertungsziffern der Gruppenmitglieder addieren. Die so ermittelten Summen werden in die vorgegebenen Kreise eingetragen. Bei Bedarf wird nachgefragt und diskutiert. Abschließend werden die Bewertungsziffern der einzelnen Gruppen im Plenum veröffentlicht, erneut addiert sowie von der Lehrperson auf eine dem Arbeitsblatt entsprechende Folie übertragen, sodass eine „Hitliste" der Argumente für die Gesamtklasse entsteht.

Arbeitsblatt

Das Befriedigende und Motivierende an der Gruppenarbeit ist, dass man …

☐ ○   mit anderen zusammen was macht

☐ ○   anderen Schülern helfen kann

☐ ○   mit seinen Problemen nicht alleine ist

☐ ○   in aktiver und lebendiger Weise lernt

☐ ○   sich die Zeit besser einteilen kann

☐ ○   den Arbeitsablauf mitbestimmen kann

☐ ○   mehr Verantwortung bekommt

☐ ○   mehr Ideen hat, als wenn man alleine ist

☐ ○   für das Berufsleben was lernt

☐ ○   mehr gefordert wird als im Frontalunterricht

☐ ○   andere fragen und sich mit ihnen besprechen kann

☐ ○   sich sicherer fühlt als bei Einzelarbeit

☐ ○   seine Interessen und Fähigkeiten einbringen kann

☐ ○   von den Mitschülern beachtet und gebraucht wird

☐ ○   mehr Spaß und Erfolg beim Lernen hat

☞ Überlege, welche fünf Punkte dir am wichtigsten sind! Ordne diesen Argumenten die Rangziffern 1–5 zu, und trage diese Ziffern in die betreffenden Kästchen ein!

☞ Tauscht anschließend in Gruppen eure Bewertungen aus und addiert zu jedem Argument die zugewiesenen Ziffern! Tragt die so ermittelten Summen in die vorgegebenen Kreise ein, und diskutiert die zutage tretenden Meinungsverschiedenheiten!

B 17 — Argumente-Puzzle

AUFGABENSTELLUNG: Die SchülerInnen erhalten die Aufgabe, die nachfolgend dokumentierten Info-Bausteine arbeitsteilig zu lesen, die wichtigsten Argumente aus dem jeweiligen Informationsmaterial herauszuarbeiten und auf einem kleinen Spickzettel übersichtlich zusammenzustellen. Dann werden mehrere Mischgruppen gebildet, die die unterschiedlichen Gründe, die für eine verstärkte Gruppenarbeit sprechen, austauschen und diskutieren. Zugunsten der Gruppenarbeit wird in den fünf Info-Bausteinen ins Feld geführt, dass sie (1) das soziale Lernen fördert, (b) den Erwerb von Demokratiekompetenz begünstigt, (c) eine intensivere Erarbeitung des Lernstoffs sicherstellt, (d) zur Steigerung der Motivation und des Selbstwertgefühls beiträgt sowie (e) ein Stück Vorbereitung auf die spätere Arbeits- und Berufswelt ist.

ABLAUF DER ÜBUNG: Die Klasse wird in fünf Stammgruppen aufgeteilt – am besten nach dem Zufallsprinzip. Jede dieser Stammgruppen lost einen der fünf Info-Bausteine und erhält die entsprechende Info-Seite in mehrfacher Ausfertigung und in unterschiedlichen Farben, d.h., jedes Info-Blatt gibt es z.B. in den Farben blau, grün, rot, weiß und gelb, damit sich später leichter Mischgruppen/Farbgruppen bilden lassen. Die Mitglieder der einzelnen Stammgruppen gehen nun daran, ihren jeweiligen Info-Baustein durchzuarbeiten, wichtige Stellen zu markieren sowie etwaige Unklarheiten zu besprechen. Ferner bereiten sie sich darauf vor, später in einer anderen Gruppe einen kleinen Vortrag zu ihrem Begründungsstrang halten zu müssen. Dementsprechend verständigen sie sich auf die wichtigsten Punkte, die im Vortrag angesprochen werden sollen und erstellen – jeder für sich – einen kleinen Spickzettel. Dann gehen alle SchülerInnen in so genannten Querschnittsgruppen zusammen, d.h., alle, die gleichfarbige Info-Blätter haben, bilden eine neue Gruppe. In diesen Querschnittsgrupppen sind also Vertreter aller fünf Stammgruppen beieinander, die ihre unterschiedlichen Begründungsstränge zu referieren haben. Sie tragen im Wechsel ihre Argumente vor und geben die nötigen Erläuterungen dazu. Für die fünf Vorträge inklusive Aussprache sind etwa 15–20 Minuten anzusetzen, also rund drei bis vier Minuten pro Argumentationsstrang. Abgeschlossen wird das Argumentationstraining damit, dass aus jeder ursprünglichen Stammgruppe ein per Los ermittelter Vertreter nochmals im Plenum vorträgt. Ergänzende Kommentare der Lehrperson runden das Bild ab.

Gruppenarbeit fördert eine intensivere Erarbeitung des Lernstoffs

Durch das aktive Lernen und Diskutieren in Gruppen wird das Begreifen und Behalten des Lernstoffs intensiv gefördert. Wer aktiv lernt und sich im Gespräch mit anderen den nötigen Durchblick verschafft, der behält – wie empirische Untersuchungen zeigen – etwa 70–90 Prozent des betreffenden Lernstoffs. Wenn dagegen der Lehrer den Lernstoff vorträgt, dann bleiben nur etwa 20 Prozent des Lernstoffs hängen. Außerdem wächst durch die aktive Auseinandersetzung die fachliche Souveränität und Kreativität. Gerade wenn es darum geht, Probleme zu lösen, Ideen zu entwickeln, eigene Unsicherheiten zu überwinden, Fehler auszuräumen und anspruchsvolle fachliche Aufgaben zu lösen, dann ist Gruppenarbeit unschlagbar. Ihr Vorteil ist nämlich, dass sich die SchülerInnen im Schutz der Gruppe ziemlich angstfrei äußern, fragen und besprechen können, ohne dass der Lehrer das mitbekommt und sich einmischt. Im Klassenverband ist das ganz anders. Da besteht die Gefahr, dass viele SchülerInnen gar nicht erst fragen und einfach aufgeben. Wenn dann am Ende der nötige fachliche Durchblick fehlt, ist das nicht verwunderlich. Vieles spricht dafür, dass durch vermehrtes Arbeiten in Gruppen so manches Lernversagen vermieden werden kann, das ansonsten durch kostspielige Nachhilfemaßnahmen ausgebügelt werden muss. Vorteilhaft ist der Gruppenunterricht allerdings nicht nur für die „schwächeren" SchülerInnen, sondern auch für die cleveren Schnelldenker und -lerner. Denn diese festigen durch ihre Erklärungen und Erläuterungen in der Gruppe den durchgenommenen Lernstoff. Und sie üben außerdem wichtige Methoden des selbstständigen Arbeitens, des guten Zuhörens, des genauen Erklärens. Sie lernen, fachliche Fragen und Probleme rasch zu erfassen und präzise zu beantworten. Das alles stärkt selbstverständlich auch das Verantwortungsbewusstsein.

Gruppenarbeit stärkt die Motivation und das Selbstwertgefühl

Vorausgesetzt, die Zusammenarbeit in der Gruppe klappt recht gut, ist das durchweg positiv für die Motivation und das Selbstwertgefühl der einzelnen Gruppenmitglieder. Denn irgendwie braucht jeder Mensch ein soziales Umfeld in der Klasse, von dem er Wohlbefinden, Anerkennung, Unterstützung, Bestätigung und in gewisser Weise auch Geborgenheit ableiten kann. Die Lerngruppe im Unterricht ist ein solcher kleiner Zirkel, der den Einzelnen stützt und stärkt. Sie trägt in aller Regel dazu bei, dass ein motivationsfördernder Sog dadurch entsteht, dass Erwartungen nicht nur von Lehrerseite gestellt werden, sondern vor allem die Gruppenmitglieder selbst es sind, die sich wechselseitig anspornen und zur Mitarbeit anhalten. Das motiviert erfahrungsgemäß viel stärker, als wenn der Lehrer den üblichen Druck macht. Zur Motivationssteigerung trägt ferner bei, dass gute Mit- und Zusammenarbeit in der Gruppe auch bewertet wird und zu einer besseren Note führt. Des Weiteren fördert die Gruppenarbeit erwiesenermaßen auch das Selbstwertgefühl der SchülerInnen. Denn die Gruppe vermittelt Sicherheit und mehr fachliche Klarheit und stärkt damit das Rückgrat der betreffenden Gruppenmitglieder. Wie in einer neueren Studie berichtet wird, hätten SchülerInnen in der Gruppe das Gefühl, für andere wichtig zu sein und trauten sich deshalb mehr zu. Nach Aussage des amerikanischen Forschers SLAVIN ist eindeutig erwiesen, dass kooperativ lernende SchülerInnen ihr Selbstwertgefühl erheblich rascher steigern können als SchülerInnen, die im herkömmlichen Klassenunterricht alleine arbeiten müssen. Da Selbstwertgefühl und Selbstmotivation entscheidende Voraussetzungen für beruflichen wie privaten Erfolg sind, spricht eigentlich alles dafür, den Gruppenunterricht kräftig auszubauen und die Teamfähigkeit stärker zu betonen.

Gruppenarbeit gibt Raum
für vielseitiges soziales Lernen

Die Bedeutung des sozialen Lernens ist unstrittig. Wer im privaten Bereich wie im öffentlichen und beruflichen Leben zurechtkommen will, der muss gelernt haben, mit anderen Menschen gut auszukommen und zusammenzuarbeiten. Daher müssen im Unterricht verstärkt soziale Fähigkeiten und Einstellungen eingeübt werden. Im Rahmen des herkömmlichen Klassenunterrichts mit seiner Betonung der Einzelarbeit ist das allerdings nicht zu schaffen. Nötig ist vielmehr eine vermehrte Kleingruppenarbeit – Partnerarbeit eingeschlossen. Gerade in einer Zeit, in der die meisten Kinder in Ein-Kind-Familien aufwachsen und außerdem durch die Medien vom sozialen Miteinander abgehalten werden, ist das Einüben sozialer Verhaltensweisen und Einstellungen in der Schule besonders wichtig. Hinzu kommen grundlegende Veränderungen in der Berufs- und Arbeitswelt, die ebenfalls die Dringlichkeit des sozialen Lernens in der Schule unterstreichen. Wer sich heute als Egoist und Einzelkämpfer versteht, dem fehlen die wichtigsten Voraussetzungen für die erfolgreiche Lebensbewältigung. Diese Einsicht ist zwar nicht neu, aber in der Schule hat sie bisher viel zu wenig Berücksichtigung gefunden. Das bestätigt auch eine Schülerbefragung. Die Lehrer zögen ihren Stoff einfach durch, so meinten die befragten SchülerInnen ziemlich übereinstimmend. Zu sozialer Verantwortung und sozialem Miteinander werde viel zu wenig angehalten und angeleitet. Gefragt sei in erster Linie der pflegeleichte, angepasste Schüler, der Einzelkämpfer, und weniger das Zusammenarbeiten in der Gruppe. Dabei gibt es in sozialer Hinsicht so vieles zu lernen. Die MitschülerInnen ernst zu nehmen, freundlich und fair miteinander umzugehen, auf andere einzugehen, zu helfen und Mut zu machen, aufmerksam zuzuhören, auf gute Gespräche zu achten, auftretende Konflikte friedlich zu regeln … Dieses und manches andere mehr ist im Gruppenunterricht zu lernen.

Gruppenarbeit fördert das Erlernen demokratischer Tugenden

Unser demokratisches Gemeinwesen steht und fällt letztlich mit der Fähigkeit der Menschen, in sozialen Gruppierungen und Gremien der verschiedensten Art engagiert mitzuarbeiten. Sie müssen gelernt haben, Verantwortung zu übernehmen, im Gespräch mit anderen nach Problemlösungen zu suchen, Debatten und Diskussionen zu führen. Sie müssen ferner bereit und geübt sein, Kritik zu äußern und Kritik anzunehmen. Und sie müssen in der Lage sein, andere Menschen zu schätzen und mit ihnen vorurteilslos zusammenzuarbeiten. All dies muss gelernt und immer wieder geübt werden, nicht zuletzt in der Schule bzw. im Unterricht. Nötig sind daher Arbeitsweisen, die den SchülerInnen Gelegenheit geben, in Gruppen zu arbeiten und die eigene Kommunikations- und Kooperationsbereitschaft weiterzuentwickeln. Die Demokratie ist ohne derartige Lernangebote und ohne die damit einhergehende Vermittlung kooperativer Fähigkeiten letztlich nicht lebensfähig. Der Ausbau des Gruppenunterrichts in der Schule ist mithin eine unerlässliche Voraussetzung dafür, dass Mitwirkung und Mitbestimmung gelernt und die entsprechenden demokratischen Tugenden und Einstellungen eingeübt werden. Demokratiefähigkeit meint aber noch ein Weiteres, nämlich die Fähigkeit und Bereitschaft, Konflikte bzw. Meinungsverschiedenheiten friedlich beizulegen und nicht etwa mit Gewalt zu reagieren. Gewalt ist der Totengräber der Demokratie! Gerade in der heutigen Zeit, in der die Gewaltbereitschaft unter Jugendlichen erschreckende Ausmaße angenommen hat, sind Wege und Strategien zur friedlichen Konfliktregelung ungemein wichtig. Von daher sind bereits in der Schule möglichst vielfältige Gelegenheiten zu schaffen, die friedliche Beilegung von Konflikten/Meinungsverschiedenheiten zu üben. Der Gruppenunterricht ist diesbezüglich ein ebenso notwendiges wie Erfolg versprechendes Lernfeld.

Gruppenarbeit macht fit für die Berufs- und Arbeitswelt

Ein zentraler Pluspunkt des Gruppenunterrichts ist, dass er das Einüben von Teamfähigkeit ermöglicht, auf die mittlerweile immer mehr Betriebe entscheidenden Wert legen. Die Fähigkeit und Bereitschaft, im Team zu arbeiten und gemeinsam anstehende Aufgaben zu erledigen, wird in allen möglichen Veröffentlichungen der Wirtschaft als „Schlüsselqualifikation" ersten Ranges erwähnt. Wo immer man hinsieht, überall ist von teamorientierter Produktion und teamorientierter Ausbildung die Rede – nicht nur in der Automobilindustrie, sondern auch in vielen anderen Groß- und Mittelbetrieben. Nicht Eigenbrödler seien gefragt, so heißt es in einer Erklärung der Industrie- und Handelskammer in Nordrhein-Westfalen, sondern Mitarbeiter, die bereit und in der Lage sind zu kooperieren, Informationen und Erfahrungen im Team auszutauschen und gemeinsam an Verbesserungen zu arbeiten. Kein Wunder also, dass Teamfähigkeit und Kommunikationsfähigkeit mittlerweile zu den Top-Kriterien bei der Auswahl junger Bewerber geworden sind. Bei einer Befragung des Magazins STERN gaben 96 Prozent der 250 befragten Personalchefs großer deutscher Unternehmen zu erkennen, dass es vor allem darauf ankomme, dass die Bewerber „kommunikativ und teamorientiert" seien. Der Grund für diese ausgeprägte Betonung der Kommunikations- und Teamfähigkeit: Die Betriebe wollen und müssen effektiver arbeiten. Und dazu bedarf es qualifizierter und beweglicher Gruppenarbeiter, die in ihren Teams zügig zu arbeiten und auftretende Probleme zu lösen verstehen. Denn dadurch entfallen bürokratische Umwege durch Einbeziehung von Vorarbeitern, Meistern und Abteilungsleitern. Die Arbeitskräfte sollen möglichst viele Aufgaben selbstständig vor Ort erledigen. Doch das schaffen sie häufig nicht allein, sondern dafür brauchen sie das Team, dessen Mitglieder sich wechselseitig unterstützen, motivieren und auch kontrollieren.

B 18 Simulationsspiel

AUFGABENSTELLUNG: Die SchülerInnen erhalten die Aufgabe, die nebenstehenden Denksportaufgaben teils in Gruppenarbeit und teils in Einzelarbeit zu lösen. Die meisten SchülerInnen sitzen an Gruppentischen zusammen und dürfen sich bei Bedarf leise unterhalten und beraten. Einige andere per Los ermittelte „Einzelkämpfer" sitzen dagegen streng getrennt an Einzeltischen und müssen die anstehenden Aufgaben auf sich alleine gestellt lösen. Der Hintergedanke bei diesem Simulationsspiel ist, die SchülerInnen einmal bewusst erfahren zu lassen, wie hilfreich und entlastend es sein kann, sich in der Gruppe gemeinsam zu vergewissern, und wie einsam und verloren dagegen so mancher „Einzelkämpfer" ist.

Lösungshinweise

Aufgabe 1: 36 Würfel weisen keine lackierte Seite auf.

Aufgabe 2: Die Kiste bewegt sich in Richtung A.

Aufgabe 3: Die Seite A des Besens ist schwerer.

Aufgabe 4: Der Balken bricht an Stelle 4.

Aufgabe 5: Die fehlende Zahl heißt 3.

ABLAUF DER ÜBUNG: Durch Verlosen unterschiedlicher Spielkarten wird geregelt, wer GruppenarbeiterIn und wer EinzelkämpferIn ist. Diejenigen SchülerInnen zum Beispiel, die Asse, Könige, Damen, Buben und Joker ziehen, dürfen in entsprechenden Teams zusammenarbeiten, diejenigen hingegen, die eine „7" ziehen, müssen alleine sitzen und sich als Einzelkämpfer versuchen. Sobald die Sitzordnung geregelt ist, wird das nebenstehende Aufgabenblatt verdeckt an alle SchülerInnen verteilt und auf Kommando umgedreht und bearbeitet. Für die Bearbeitung wird rund zehn Minuten Zeit gelassen. Während sich die Gruppenmitglieder nach einer kurzen Phase des Überlegens und Probierens leise beraten dürfen, müssen die Einzelkämpfer strikt alleine arbeiten. Nach Ablauf der zehn Minuten wird die Arbeit abgebrochen und ein Feedback eingeläutet, bei dem sich zunächst die Einzelkämpfer und dann die Gruppenarbeiter zu ihren Erfahrungen und Empfindungen äußern.

Was ist Erfolg versprechender:
Einzelarbeit oder Teamarbeit?

Im Folgenden findet ihr einige nicht ganz leichte Aufgaben. Versucht sie zu lösen. Ihr habt insgesamt 10 Minuten Zeit. Einige von euch werden alleine arbeiten müssen, die anderen können in Kleingruppen versuchen, zu den richtigen Lösungen zu kommen. Die Kleingruppenmitglieder dürfen sich leise unterhalten, die Einzelarbeiter dürfen dies nicht! Am Ende werden sowohl die Ergebnisse verglichen, als auch die Erfahrungen der einzelnen „Mitspieler" ausgetauscht und besprochen.

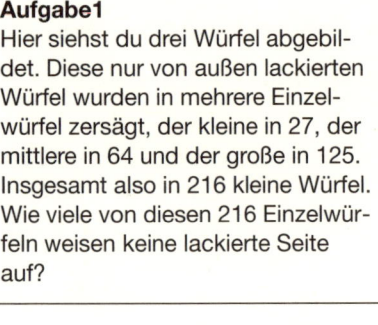

Aufgabe1
Hier siehst du drei Würfel abgebildet. Diese nur von außen lackierten Würfel wurden in mehrere Einzelwürfel zersägt, der kleine in 27, der mittlere in 64 und der große in 125. Insgesamt also in 216 kleine Würfel. Wie viele von diesen 216 Einzelwürfeln weisen keine lackierte Seite auf?

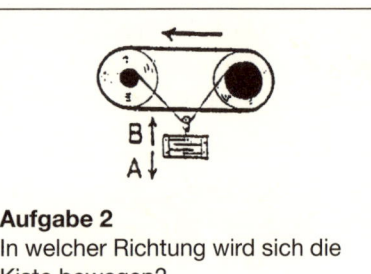

Aufgabe 2
In welcher Richtung wird sich die Kiste bewegen?

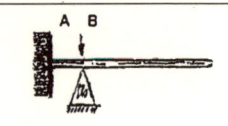

Aufgabe 3
Ein Besen wird auf einer Wippe ausbalanciert, dann an der ausbalancierten Stelle durchgesägt. Beim Auswiegen beider Seiten wird festgestellt, dass eine Seite schwerer ist. Welche Seite ist schwerer?

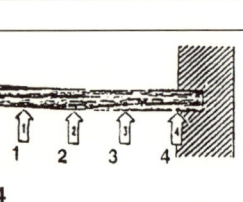

Aufgabe 4
An welcher Stelle wird dieser Balken brechen, wenn man ihn an der äußersten Kante im Punkt F immer stärker belastet?

Aufgabe 5
Setze die fehlende Zahl ein.

B 19   Bewerberauswahl

AUFGABENSTELLUNG: Die SchülerInnen erhalten die Aufgabe, eine themenzentrierte Teambesprechung probeweise durchzuführen, wie sie vor geraumer Zeit bei einem deutschen Kreditinstitut zum Zwecke der Bewerberauswahl abgelaufen ist. Das Thema ergibt sich aus einer gewissen Angebotspalette, die den „BewerberInnen" offeriert wird. Wie die „BewerberInnen" die vorgegebene Teamaufgabe angehen und wie sie sich im Team verhalten, das ist ihnen selbst überlassen. Für jedes Gespräch stehen 15–20 Minuten zur Verfügung. Durch dieses Simulationsspiel soll den SchülerInnen sowohl ihre eigene „Ahnungslosigkeit" als auch die Bedeutung der Teamfähigkeit im modernen Berufs- und Arbeitsalltag bewusst gemacht werden.

 Leitfragen

Sollte Tempo 100 auf allen Autobahnen eingeführt werden?

Sollten die Eltern bei der Berufswahl mitentscheiden?

Schulstress – herbeigeredet oder tatsächlich vorhanden?

Sind wir mit verantwortlich für die Probleme in der Dritten Welt?

Wie wirken sich die neuen Technologien auf die Arbeitswelt aus?

ABLAUF DER ÜBUNG: Zunächst werden vier SchülerInnen rekrutiert, die bereit sind, sich als LehrstellenbewerberInnen zu versuchen. Diesen BewerberInnen werden fünf Kärtchen mit den angeführten Leitfragen zum Losen offeriert. Dann beginnt die Teambesprechung zum ersten Thema. Gesprächsleiter ist die Person, deren Fragestellung behandelt wird. Die übrigen Gruppenmitglieder sind fiktive Mitarbeiter. Ziel des Gesprächs ist es, eine möglichst prägnante Stellungnahme für die Geschäftsleitung vorzubereiten. Dafür stehen 15–20 Minuten zur Verfügung. Während des Gesprächs werden die Gruppenmitglieder anhand des dokumentierten Kriterienkatalogs beobachtet. Die Teambesprechung kann gefilmt werden. In der anschließenden Auswertungsphase äußern sich zunächst die Zuschauer zum Teamverhalten der Akteure, dann die Gruppenmitglieder selbst. Falls Zeit bleibt, können weitere Teambesprechungen zu den anderen Fragestellungen folgen. Zum Abschluss kommentiert die Lehrperson das abgelaufene Geschehen.

Beobachtungsbogen für die Gruppendiskussion

Kontakt	Leichtigkeit im Herstellen und Aufrechterhalten persönlichen Kontakts zu fremden Gruppenmitgliedern.
	Z.B.: Spricht andere Gruppenmitglieder von sich aus an.
	    Hält Blickkontakt während des Gesprächs.
	    Verhält sich freundlich und aufmerksam zu den anderen.
	    Signalisiert Interesse an anderen Gruppenmitgliedern.
	    Berücksichtigt die eigene Wirkung auf andere.	

Aktivität	Frühzeitiges Ergreifen der Initiative, Ausdauer in Diskussionsbeiträgen und Lösungsvorschlägen sowie bereitwillige Übernahme von Aufgaben.
	Z.B.: Meldet sich zuerst als Moderator.
	    Schaltet sich frühzeitig in die Diskussion ein.
	    Meldet sich überdurchschnittlich häufig zu Wort.
	    Bringt Argumente engagiert und nachdrücklich vor.
	    Strukturiert oder beendet die Diskussion, wenn erforderlich.	

Kooperation	Berücksichtigt den Standpunkt und/oder die persönlichen Eigenheiten anderer Diskussionsteilnehmer.
	Z.B.: Anerkennt die Beiträge anderer.
	    Bringt Kritik konstruktiv vor.
	    Macht Kompromissvorschläge.
	    Spricht stumme Teilnehmer an.
	    Kann sich in andere hineinversetzen.	

Stabilität	Reagiert sachlich und ohne Nervosität auf Belastungssituationen wie Zeitdruck, Kritik oder Reden vor der Gruppe.
	Z.B.: Bewältigt größere Aufgabenmenge (z.B. Diskussionsleitung)
	        ohne Nervosität.
	    Reagiert sachlich auf Kritik durch andere Gruppenteilnehmer.
	    Kann ruhig vor der Gruppe sprechen.
	    Lässt sich Enttäuschung nicht übermäßig anmerken.
	    Zeigt keine Gefühlsausbrüche oder übermäßige Irritierbarkeit.	

Argumentation	Wirksames Vertreten des eigenen Standpunkts durch passende Argumente, nachvollziehbare Argumentationsketten und klaren sprachlichen Ausdruck.
	Z.B.: Verwendet anschauliche Beispiele und Analogien.
	    Erläutert seinen Ausgangspunkt, seine Annahmen und Folgerungen.
	    Fasst sich kurz und formuliert prägnant.
	    Bezieht Argumente anderer mit ein.
	    Spricht verständlich und flüssig.	

Bewertung:
Erfüllt die Anforderungen in Bezug auf die jeweilige Beurteilungsdimension:
4 = sehr gut, 3 = gut, 2 = mittel, 1 = kaum, 0 = gar nicht.

B 20 — Interview führen

AUFGABENSTELLUNG: Die SchülerInnen erhalten die Aufgabe, den nebenstehenden Text mit verschiedenen Statements renommierter Wirtschaftsvertreter zu den Anforderungen in der modernen Arbeits- und Berufswelt durchzuarbeiten und die wichtigsten Argumente im Rahmen eines fiktiven Interviews herauszufiltern. Wie das Interview konkret abläuft, zeigen die nachfolgenden Ausführungen und Arbeitshinweise. Durch die Auseinandersetzung mit den dokumentierten Zitaten einmal aus der Sicht eines Journalisten, zum anderen aus der Sicht eines hochrangigen Vertreters der Industrie- und Handelskammer wird die Einsicht der SchülerInnen gefördert, dass Teamkompetenz eine entscheidende Voraussetzung für den eigenen Berufserfolg ist.

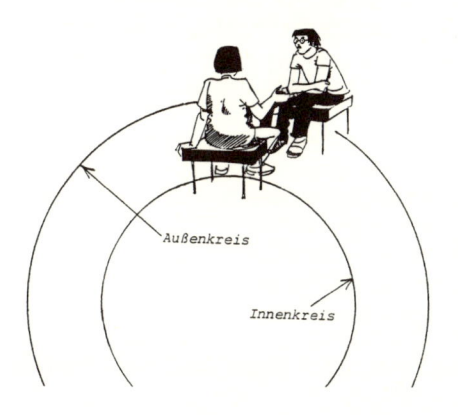

ABLAUF DER ÜBUNG: Die SchülerInnen erhalten den nebenstehenden Text in Kopie. Auf der Hälfte der Kopien steht oben rechts ein I = Interviewer, auf der anderen Hälfte ein W = Wirtschaftsvertreter. Bei den Interviewern handelt es sich um Journalisten bzw. Journalistinnen der Süddeutschen Zeitung namens Pfiffig, bei den Wirtschaftsvertretern um Repräsentanten der Industrie- und Handelskammer namens Dr. Gründlich. Die SchülerInnen bereiten sich aus ihrer jeweiligen Perspektive auf das Interview vor, machen sich Notizen und setzen sich anschließend im Doppelkreis (s. Skizze) so zusammen, dass im Innenkreis alle Interviewer und im Außenkreis alle Wirtschaftsvertreter sitzen. Nun beginnen die Pfiffigs die Dr. Gründlichs zu interviewen und möglichst genau herauszubekommen, was die Wirtschaft vom Gruppenunterricht in der Schule hält und welche Rolle Teamfähigkeit in den Betrieben spielt. Abschließend stellen zwei Journalisten ihre Interviewergebnisse im Plenum vor.

Die Wirtschaft fordert Teamfähigkeit

(einige Stimmen)

„Fachlich sind (die jungen Leute) in Ordnung, aber es hapert mit den sozialen Fähigkeiten … Niemand hat den jungen Leuten beigebracht, im Team zu arbeiten. Viele haben immer nur ich-fixiert gelernt … Deutschland ist durch Einzelkämpfer groß geworden. Heute haben wir eine völlig andere Situation. Die Welt ist hoch komplex geworden, der Wissensstand hat sich vervielfacht. Wir können mit dem besten Ingenieur nur dann noch etwas anfangen, wenn er mit anderen zusammenarbeiten kann. Die Innovationen werden heute in der Regel durch Teams erbracht, die Zeit der großen Erfinder wie Otto, Benz und Diesel ist vorbei … Wir bringen (den jungen Leuten) erst einmal bei zu kommunizieren. Viele Jugendliche halten es für ein Zeichen von Stärke, wenn sie selbst möglichst viel reden. Die müssen erst einmal fragen und zuhören lernen … Die Pädagogen haben richtig erkannt, daß man mit der Wissensexplosion nur fertig wird, wenn sich Schüler und Studenten spezialisieren. Sie haben aber vergessen, daß man mit Spezialwissen allein nichts anfangen kann. Komplexe Probleme können sie heute nur mit anderen gemeinsam lösen." (Peter Haase, Chef der Personalentwicklung bei VW, zitiert nach: DER SPIEGEL 23/1992, S. 53).

„Arbeit in Gruppen oder funktionsübergreifenden Teams nimmt immer mehr zu, der klassische ›Einzelkämpfer‹ im Beruf verschwindet mehr und mehr. Daher wird von jungen Leuten in Zukunft ein hohes Maß an Team- und Kommunikationsfähigkeit erwartet … Wer nicht zu systematischem Denken und Arbeiten fähig ist, verliert an einem Arbeitsplatz, der mit immer komplexerer Technik ausgestattet wird, schnell den Anschluß … Zur Förderung von ›Schlüsselqualifikationen‹ kann vermehrt Gruppenarbeit im Unterricht beitragen. Es muss nicht immer der Lehrer sein, der ›im Allgeingang‹ die Lösung einer Aufgabe oder eine theoretische Ableitung an der Tafel vormacht. Warum macht man nicht öfter den Weg zum Ziel? Warum sollen Schüler nicht häufiger versuchen, sich innerhalb einer Gruppe einem Problem zu nähern, eine Lösungsstrategie zu entwickeln und zu diskutieren?" (Stellungnahme der Firma SIEMENS, in: bildung konkret, Heft 10/1995, S. 8).

„In Unternehmen … wird folgende Erfahrung bestätigt: Wenn sich heute zur Bearbeitung eines Projektes vier Personen zusammensetzen, die menschlich hervorragend harmonieren, teamfähig sind, einander zuhören, offen kommunizieren können, die aber mit dem Problem fachlich nur mittelmäßig vertraut sind, erarbeitet diese Gruppe bessere Lösungen als eine Gruppe aus vier excellenten Fachleuten, unter denen ›die Chemie nicht stimmt‹, die nicht teamfähig, dafür aber profilsüchtig sind. Daraus folgt: Fachkompetenz ist zwar wichtig, entscheidend ist aber, dass der junge Mensch zur Organisation, zur Gruppe, zum Team paßt, daß er gelernt hat, in Gruppen zu arbeiten, daß er gelernt hat zuzuhören, daß er gelernt hat, offen zu kommunizieren und zu diskutieren." (Dr. Axel Wiesenhütter, Präsident der Industrie- und Handelskammer für die Pfalz in einem Vortrag am 1. 7. 1992; entnommen aus einem unveröffentlichten Manuskript.)

B 21 — Leserbrief

AUFGABENSTELLUNG: Die SchülerInnen erhalten die Aufgabe, zum nebenstehenden Kommentar einen (kritischen) Leserbrief zu schreiben und später in kleineren oder größeren Zirkeln vorzulesen. Da der Kommentar die Gruppenarbeit in der Schule wie in den Betrieben ziemlich mies macht und stattdessen dem cleveren Einzelkämpfer das Wort redet, müssen sich die SchülerInnen sehr genau darüber klar werden, was denn eigentlich für die Gruppenarbeit spricht und welche Argumente von daher gegen den Kommentar vorzubringen sind. Durch diese Argumentationsversuche wird sowohl die innere Überzeugung der SchülerInnen als auch ihre Motivation und Bereitschaft gefördert, sich auf Gruppenarbeit engagiert einzulassen.

ABLAUF DER ÜBUNG: Die SchülerInnen erhalten den nebenstehenden Kommentar in Kopie, lesen den Text durch, markieren wichtige Stellen und schreiben anschließend einen gezielten Leserbrief, in dem sie die fragwürdigen Argumente des Kommentators aufdecken und so gut wie möglich widerlegen. Dieses Abfassen des Leserbriefs kann unter Umständen auch als vorbereitende Hausaufgabe geleistet werden. Die Weiterarbeit mit den Leserbriefen sieht so aus, dass mehrere Zufallsgruppen gebildet werden, deren Mitglieder sich die erstellten Leserbriefe wechselseitig vorlesen. Strittige Punkte werden besprochen, offene Fragen gemeinsam geklärt. Darüber hinaus wird in jeder Gruppe einer der Leserbriefe ausgewählt, der den Gruppenmitgliedern besonders gelungen erscheint und im Plenum vorgetragen werden soll. Zwei bis drei Gruppen werden abschließend ausgelost, die ihre ausgewählten Leserbriefe vor der Klasse vortragen. Ergänzende Hinweise der Lehrperson können folgen.

Wer auf Gruppenarbeit setzt, befindet sich auf dem Holzweg!

(Kommentar des Chefredakteurs)

Gruppenarbeit ist in Mode gekommen – in den Betrieben wie in der Schule. Mit Gruppenarbeit soll der Industriestandort Deutschland gesichert und die Riege der deutschen Unternehmen wieder in die Gewinnzone geführt werden. Auch unter Pädagogen breitet sich zunehmend die Vorstellung aus, dass mit Gruppenarbeit viele der bestehenden Lern- und Diziplinprobleme in der Schule zu lösen seien. Dieser Euphorie muss mit einigen nüchternen Einwänden begegnet werden.

Zunächst zum Standort Deutschland: Die deutsche Industrie hat ihre Weltgeltung nicht wegen irgendwelcher Gruppen- oder Kollektivleistungen errungen, sondern deshalb, weil es intelligente Einzelgänger mit Weitblick gegeben hat, die grandiose Erfindungen im „stillen Kämmerlein" gemacht haben. Namen wie Einstein, Reis, Gutenberg oder – im Bereich der Automobilindustrie – Otto, Benz und Daimler seien hier nur stellvertretend genannt. Diese intelligenten Einzelgänger werden auch zukünftig darüber entscheiden, ob Deutschland ein erfolgreicher Industriestandort bleiben wird oder nicht. Die Deutschen kurzschlüssig mit Japanern oder anderen asiatischen Völkern gleichzusetzen, wäre gewiss ein großer Fehler. Die Deutschen waren und bleiben ein Volk von Einzelgängern und Einzelkämpfern. Der Niedergang der Kollektivwirtschaft in der alten DDR ist der beste Beweis dafür.

Von daher grenzt es geradezu an Blindheit, wenn nun im Schulbereich die alten Kollektivvorstellungen wieder belebt werden. Gruppenarbeit im Unterricht mag für die Schüler ein angenehmer Zeitvertreib sein. Aber mit echten Leistungsanforderungen hat das ebenso wenig zu tun wie mit der längst überfälligen Eliteförderung. Deutschland braucht Eliten und wirkliche Leistungsträger! Doch diese werden durch Gruppenarbeit ganz gewiss nicht gefördert. Im Gegenteil, die leistungsfähigen Schüler gehen im Sog der Schwachen und Lernunwilligen unter. Sie sind chronisch unterfordert und verlieren aufgrund dieser Umstände jedwede Motivation. Und sie gehen auf diese Weise gleichzeitig als Hoffnungsträger und Zugpferde für die moderne Industriegesellschaft verloren. Die Republik erstickt im verordneten Kollektivgeist. Bleibt nur zu hoffen, dass die Verantwortlichen in Politik und Wirtschaft rechtzeitig bemerken, dass sie sich mit der Neubelebung des Kollektivgedankens auf dem Holzweg befinden.

 Schreibe zum obigen Zeitungskommentar einen Leserbrief von mindestens einer halben DIN-A4-Seite! Denke dabei an all das, was du zur Bedeutung der Gruppenarbeit bisher erfahren und gelesen hast.

 Anschließend werden die verfassten Leserbriefe in Zufallsgruppen verlesen und – wo nötig – diskutiert. Ausgewählte Leserbriefe müssen am Ende im Plenum vorgelesen werden.

| **B 22** | **Zeitungsartikel** |

AUFGABENSTELLUNG: Die SchülerInnen erhalten die Aufgabe, für die Schülerzeitung oder für die Lokalpresse einen Zeitungsartikel zum Thema „Ist unser Unterricht noch zeitgemäß?" zu schreiben. Als Grundlage dienen ihnen dabei die nebenstehend abgedruckten Verlautbarungen. Unter Umständen können auch weitergehende Recherchen im Nahbereich der Schule angestellt werden. Durch die kritische Auseinandersetzung mit dem alltäglichen Unterrichtsgeschehen wird das Bewusstsein der SchülerInnen dafür geschärft, dass es mittlerweile eminent wichtig ist, dass Jugendliche Schlüsselqualifikationen wie Teamfähigkeit, Kommunikationsfähigkeit und Selbstständigkeit erlernen und beherrschen.

Ist der Unterricht noch zeitgemäß?

Heutige Schulabgänger haben es schwer, in der Wirtschaft Fuß zu fassen, da in der Schule den Schülern das Sozialverhalten nicht nahe gebracht wird; viele Konzerne beklagen sich z.B. über mangelnde Teamfähigkeit.
Treten am Arbeitsplatz Probleme auf, können viele Schüler diese nicht lösen, da ihnen durch fehlende Eigeninitiative, die sie im Unterricht nicht brauchten, Selbstständigkeit und Selbstbewusstsein fehlen. Auch Schüler üben Kritik am überholten Schulsystem, da sie vom Lehrer nicht gefordert werden und ihnen alles vorgekaut wird. Die Schulen fördern immer noch einzelne Schüler (Einzelkämpfer), dabei bleiben Klassengemeinschaft und Teamfähigkeit auf der Strecke. Im Großen und Ganzen kann man sagen, dass die heutigen Unterrichtsmethoden längst überholt sind und den Anforderungen der Berufswelt nicht mehr gerecht werden ... (Auszug aus einem Schülerbeitrag)

ABLAUF DER ÜBUNG: Die SchülerInnen erhalten das nebenstehende Informationsblatt in Kopie und arbeiten dieses zunächst in Einzelarbeit systematisch durch. Sie markieren wichtige Stellen und entwickeln einen einfachen Schreibfahrplan in Gestalt einer Gliederung oder einer Stichwortkette. Sind zusätzliche Recherchen am Ort durchgeführt worden, so sind deren Ergebnisse in den Schreibfahrplan einzuarbeiten. Der zu schreibende Zeitungsartikel sollte einen Umfang von ca. einer DIN-A4-Seite haben. Die erste Schreibetappe sieht so aus, dass die SchülerInnen individuelle Entwürfe anfertigen. Anschließend werden mehrere Kleingruppen (Zufallsgruppen) gebildet, die aus den vorliegenden Entwürfen einen gemeinsamen Zeitungsartikel komponieren. Die so entstehenden Artikel werden abschließend im Plenum vorgelesen und bei Bedarf besprochen. Einer wird am Ende ausgewählt und der Schülerzeitung/Lokalzeitung zur Veröffentlichung angeboten.

Ist der Unterricht noch zeitgemäß?

„Bewerber bzw. Berufsanfänger (aller Schularten) haben häufig Schwierigkeiten, Sachverhalte klar und treffend darzustellen … Die Methoden- und Sachkompetenz wird von schulischer Seite aus total vernachlässigt. Wenn im privaten Bereich kein Ausgleich geschaffen wurde, sind Bewerber in der Regel … für einen kaufmännischen Beruf (aber auch z. T. für einen gewerblich-technischen Beruf) ungeeignet. Das Schulsystem … bzw. Methodik und Didaktik der Lehrkräfte lassen nur im beschränktem Maße problemorientiertes Lernen und Arbeiten zu. Durch die Unterrichtsmethodik wird ausschließlich ein ‚receptives' Verhalten der Schüler entwickelt." (Mercedes Benz)

„Die meisten Lehrer … ziehen ihren Stoff durch, alles andere interessiert sie nicht … Wir werden in der Schule … kaum angeleitet, Verantwortung zu übernehmen und handelnd etwas in eigener Regie durchführen zu dürfen" (Daniel K.) – „Leider herrscht das reine Lernen in der Schule von heute vor, das soziale Lernen kommt zu kurz … Gefragt ist der pflegeleichte, angepaßte Schüler" (Maurice C.).

„In der Schule werden keine Schlüsselqualifikationen vermittelt wie Teamfähigkeit, Selbständigkeit, Kritikfähigkeit, Verantwortungsfähigkeit, also gemeinhin das, was unter Handlungs- und Sozialkompetenz verstanden wird. Ein weiteres Manko der schulischen Ausbildung ist das Fehlen der Vermittlung jeglicher Lerntechniken … Selbständigkeit (scheint) kaum gefragt, ein den Schülern häufig gesagter Satz lautet offenbar: „Zuhören, nicht durch Fragen aufhalten!" (HUK Coburg)

„Selbständig denkende, kreative Mitarbeiterinnen und Mitarbeiter, die bereit sind, Verantwortung zu übernehmen und Probleme anzupacken, werden in der Wirtschaft künftig mehr denn je gefragt sein … Dagegen muß die Vermittlung von bloßem Fakten-Wissen auf Spezialgebieten kritisch beurteilt werden. In einer Zeit, in der sich der Wissensbestand ständig erneuert und Spezialkenntnisse daher immer schneller veralten, ist dies weniger produktiv. Dies gilt für das Schulsystem insgesamt, auch für die Hochschulen." (RWE-Konzern)

„Schülerinnen sind es nicht gewohnt, sich selbständig neues Wissen zu erarbeiten und sind auch kaum in der Lage, ihr vorhandenes Wissen als Problemlösungskompetenz einzusetzen. Darüber hinaus sind die Schülerinnen nur wenig geübt, sich in Gruppen einzubringen … Aus der vorgetragenen Einschätzung ergibt sich die Forderung nach einer Verlagerung der Akzente der allgemeinbildenden Schulen von einem eher vom Aufnehmen kognitiver Inhalte bestimmten Lernen zu verstärkt aktivierenden, die SchülerInnen beteiligende Lernformen." (BHW Bausparkasse AG)

„Es muß nicht immer der Lehrer sein, der ‚im Alleingang' die Lösung einer Aufgabe oder eine theoretische Ableitung an der Tafel vormacht. Warum macht man nicht öfter den Weg zum Ziel? Warum sollen Schüler nicht häufiger versuchen, sich innerhalb einer Gruppe einem Problem zu nähern, eine Lösungsstrategie zu entwickeln und zu diskutieren? Selbstgesteuerte und gruppenvorbereitete Einzelarbeit wären weitere Varianten, die häufiger in der Schule praktiziert werden könnten." (Siemens AG)

(Zitate entnommen aus der Zeitschrift Bildung konkret, Ausgaben 8–9 und 10/1995 sowie 1–2/1996 sowie aus der Zeitschrift ZEIT-Punkte 2/1996, S. 39)

 Stelle dir vor, du bist Journalist der Frankfurter Rundschau und sollst einen kritischen Artikel zur Bildungsarbeit in der Schule schreiben. Dein Artikel sollte einen Umfang von rund einer DIN-A4-Seite haben.

B 23   Werbeplakat erstellen

AUFGABENSTELLUNG: Die SchülerInnen erhalten die Aufgabe, auf dem Hintergrund des bisherigen Arbeits- und Informationsprozesses ein möglichst prägnantes Plakat zur Gruppenarbeit zunächst in Einzelarbeit zu entwerfen und dann in mehreren Arbeitsgruppen fertig zu stellen. Wie sie das jeweilige Plakat gestalten und welche Argumente sie darauf besonders herausstellen, ist ihre Sache. Wichtig ist nur, dass sie sich in puncto Gruppenarbeit nochmals vergewissern, eventuell in den Unterlagen erneut nachlesen sowie die wichtigsten Vorzüge der Gruppenarbeit möglichst überzeugend visualisieren. Dieser Gärungs- und Klärungsprozess fördert einmal mehr die Überzeugung der SchülerInnen, dass Gruppenarbeit wichtig ist.

ABLAUF DER ÜBUNG: Die SchülerInnen überlegen sich zunächst in Einzelarbeit, welche Argumente für Gruppenarbeit sprechen, notieren die wichtigsten Pluspunkte und skizzieren sodann ein mögliches Werbeplakat. Dann werden durch Losen oder Abzählen mehrere Arbeitsgruppen gebildet, die unter Beachtung der vorliegenden Entwürfe einprägsame Gruppenplakate erstellen. Dazu stehen ihnen weiße Grundplakate im Format 80x110 cm, je eine Schachtel mit Wachsmalstiften sowie mehrere verschiedenfarbige dicke Filzstifte zur Verfügung. Bei Bedarf können auch noch Scheren, Klebstoff und andere Arbeitsutensilien bereitgestellt werden. Die Gruppenmitglieder verständigen sich zunächst auf ein konsensfähiges Layout und gestalten dann ihr jeweiliges Plakat. Dabei sollten grafische/zeichnerische Elemente besonders beachtet werden. Abschließend werden die erstellten Plakate im Plenum präsentiert und an geeigneter Stelle im Klassenraum ausgehängt.

Trainingsfeld 2: Gruppenprozesse reflektieren und Regeln anbahnen

Dieser zweite Teil des Übungsprogramms umfasst eine Reihe von Arbeitsarrangements, die den SchülerInnen Gelegenheit geben, einmal bewusst auf den Verlauf von Gruppenprozessen draufzuschauen und das beobachtbare Arbeits- und Interaktionsverhalten der Gruppenmitglieder versuchsweise zu analysieren und zu problematisieren. In der Regel sieht es im Unterricht nämlich so aus, dass die SchülerInnen Gruppenarbeit zwar irgendwie mitmachen und mehr oder weniger erfolgreich zu Ende bringen, eine nähere Reflexion der abgelaufenen Gruppenprozesse jedoch unterbleibt. Die Folge dieses Versäumnisses ist, dass sich die wenigsten SchülerInnen darüber im Klaren sind, was im Rahmen von Gruppenarbeit überhaupt abläuft und wie sie selbst agieren und auf andere Gruppenmitglieder wirken. Von daher schleichen sich manche fragwürdige Gewohnheiten ein, die den Erfolg der Gruppenarbeit beeinträchtigen und immer wieder dazu beitragen, dass Konflikte und sonstige Unstimmigkeiten in den Gruppen entstehen. Diesen Friktionen und Problemen entgegenzuwirken und die SchülerInnen verstärkt dazu zu befähigen, ablaufende Gruppenprozesse besser zu verstehen und konstruktiver mitzugestalten, das ist das Ziel der in diesem Abschnitt dokumentierten Übungen.

Typisch für die nachfolgenden Übungsarrangements ist ihr experimenteller Charakter, d. h., es werden irgendwelche Gruppenarbeitsprozesse initiiert, die die SchülerInnen spontan und gewohnheitsmäßig ausgestalten. Regelvorgaben werden keine gemacht. Vorherrschend ist das „trial and error" mit all seinen Zufälligkeiten und Unzulänglichkeiten. Allerdings schließt sich an jede Übung eine vergleichsweise intensive Reflexionsphase an, die den SchülerInnen Gelegenheit gibt, sich kritisch und selbstkritisch mit den abgelaufenen Gruppenprozessen auseinander zu setzen und die Positiva und Negativa dieser Prozesse näher zu sondieren. Ist eine Videokamera zur Hand, so empfiehlt es sich auf jeden Fall, die eine oder andere Gruppenarbeitssequenz mitzufilmen und anschließend genauer anzuschauen und auszuwerten.

Für die Reflexion der einzelnen Gruppenarbeitsversuche stehen den SchülerInnen unterschiedliche Bilanzbögen zur Verfügung, die bewährte Analyse- und Bewertungskriterien enthalten (vgl. B 31).

B 24 — Verlaufsprotokoll

AUFGABENSTELLUNG: Die SchülerInnen erhalten die Aufgabe, die dokumentierte Gruppenarbeit zum Thema „Tempo 100" kritisch zu sichten, das Verhalten der einzelnen Gruppenmitglieder gezielt zu problematisieren sowie eine kritische Stellungnahme zum Kooperations- und Kommunikationsverhalten in der Gruppe zu schreiben, die später im Plenum vorgetragen werden kann. Diese Auseinandersetzung wird in mehreren Arbeitsgruppen geführt, sodass sich die SchülerInnen wechselseitig anregen sowie darauf verständigen, was in der vorgestellten Gruppe denn so alles schief läuft. Durch die Kritik dieser Gruppe werden sie sensibler dafür, worauf es bei einer guten Gruppenarbeit ankommt und welche Verhaltensweisen von daher angezeigt sind.

ABLAUF DER ÜBUNG: Die SchülerInnen erhalten das nebenstehende Gruppenprotokoll in Kopie, lesen sich die einzelnen Textpassagen durch, markieren wichtige Stellen und schreiben sodann stichwortartig auf, was sie am Verhalten der einzelnen Gruppenmitglieder sowie am Gruppenprozess insgesamt zu beanstanden haben. Anschließend werden durch Losen oder Abzählen mehrere Zufallsgruppen gebildet, in denen die SchülerInnen ihre kritischen Anfragen und Anmerkungen austauschen sowie im Gespräch näher abklären, welches die Hauptdefizite der dokumentierten Gruppenarbeit sind. Dann wird die geforderte Stellungnahme formuliert. Der Zeitansatz für diese Gruppenarbeitsphase beträgt 15–20 Minuten. Abschließend werden zwei Gruppen ausgelost, die ihre Stellungnahmen im Plenum vortragen. Wer Gruppensprecher ist, kann ebenfalls per Los ermittelt werden, damit eine möglichst intensive Mit- und Zusammenarbeit sichergestellt wird. Ergänzende Hinweise der Lehrperson runden das Bild ab.

Mitschrift einer Gesprächssequenz

Sch. A: Was spricht eigentlich für eine Geschwindigkeitsbegrenzung auf Autobahnen? Lasst uns mal schnell was festhalten; wir haben nur noch knapp 10 Minuten.

Sch. B: Wer trägt nachher eigentlich vor? Also, ich auf keinen Fall. Ich war gestern Abend bis 3 Uhr in der Disco. Soll euch übrigens von Freddy grüßen. Die haben einen neuen Diskjockey.

Sch. C: Jetzt halt doch endlich mal deine Rassel. Wenn du schon nichts kapierst, dann halt uns doch wenigstens nicht von der Arbeit ab!

Sch. A: Also los, Argumente! Ich schreibe mit.

Sch. B: Was ist das Thema?

Sch. C: Komm, gib's auf! Also Tempo 100, das halt ich einfach für Unfug. Ich bin für Tempo 130 – höchstens.

Sch. D: Bist Du schon mal 220 gefahren! Ich erst am letzten Wochenende mit meinem Bruder. Das ist ein Gefühl, kann ich dir sagen. Wir sind von Frankfurt nach Darmstadt gebraust, immer links.

Sch. E: Ich bin neulich mit meinem Vater in München gewesen. Hinter Stuttgart – 230 Sachen und mehr.

Sch. A: Ihr seid doch zwei Dummschwätzer; wenig Hirn, aber 200 fahren. Von Ökologie noch nie was gehört – oder?

Sch. C: Komm, nun reg dich nicht auch noch auf. Tempo 130 auf Autobahnen; was spricht dafür, was spricht dagegen?

Sch. A: Nein, es geht nicht speziell um Tempo 130, sondern ganz allgemein um Geschwindigkeitsbegrenzungen auf Autobahnen. Das kann auch 100 oder auch 80 sein, wie z.B. auf dem Autobahnstück durch Karlsruhe.

Sch. E: Wenn die die vielen Kameras nicht hätten, dann würde mit Sicherheit kaum einer 80 fahren.

Sch. B: Mein Vater hat neulich erst 120 DM bezahlt, weil ihn die neue Kamera kurz hinter der Rheinbrücke erwischt hat.

Sch. A: Richtig so! Wenn wir die Umwelt schützen wollen und wenn der Verkehrslärm abnehmen soll – das ist wirklich eine Plage für die Leute –, also ich meine, dann muss die Geschwindigkeit beschränkt werden.

Sch. B: Ich bin für „freie Fahrt für freie Bürger"!

Sch. C: Quatschkopp! (zu A gewandt) Komm, wir machen's alleine. Am besten wir machen eine Tabelle mit zwei Spalten. Links die Pro-Argumente, rechts die Kontra-Argumente.

Sch. A: Also, zu Kontra fällt mir auf Anhieb gar nichts ein. Aber für die Geschwindigkeitsgegrenzung auf Autobahnen weiß ich einiges: weniger Benzinverbrauch, weniger Schadstoffe, weniger Unfälle …

Sch. C: Langsam, so schnell kann ich gar nicht schreiben.

Sch. A: Ach ja, und dann noch weniger Lärm.

Sch. C: Und weniger Staus, weil der Verkehr besser fließt.

Sch. A: Trägst du nachher vor, oder soll ich's machen?

Sch. C: Mach du's lieber.

Sch. A: O.K.

Sch. B: Braucht ihr uns nicht mehr, ihr Streber?

Sch. C: Nein!

B 25 — Redewendungen

AUFGABENSTELLUNG: Die SchülerInnen erhalten die Aufgabe, die im nebenstehenden Arbeitsblatt angeführten Redewendungen daraufhin zu beurteilen, ob sie das jeweils angesprochene Gruppenmitglied eher ermutigen und in den Arbeitsprozess der Gruppe integrieren oder ob sie eher das Gegenteil bewirken. Durch die Reflexion der vorgegebenen Redewendungen werden die SchülerInnen veranlasst, über die Wirkung der Sprache (selbst-)kritisch nachzudenken und ein Gespür dafür zu entwickeln, wie wichtig eine sensible und ermutigende Ansprache der Gruppenmitglieder ist. Indem die einzelnen Bewertungen verglichen und diskutiert werden, wird die Sensibilisierung der SchülerInnen gefördert und ihr Sprachempfinden geschult.

ABLAUF DER ÜBUNG: Die SchülerInnen erhalten das dokumentierte Arbeitsblatt in Kopie und kreuzen in einem ersten Schritt an, wie sie die einzelnen Redewendungen beurteilen. Darüber hinaus notieren sie stichwortartig, welche Überlegungen hinter der jeweiligen Bewertung stehen. Dann werden mehrere Kleingruppen mit je drei bis vier Mitgliedern gebildet, die den angelaufenen Reflexionsprozess fortführen. Die Gruppenmitglieder gehen die einzelnen Redewendungen Schritt für Schritt durch, tauschen ihre Einschätzungen aus, erläutern ihre Bewertungen, intonieren nötigenfalls die eine oder andere Redewendung und diskutieren die verbleibenden Meinungsunterschiede. Abschließend setzen sich die SchülerInnen in einem Stuhlkreis zusammen, tragen im Wechsel die einzelnen Redewendungen vor und begründen ihre jeweilige Bewertung. Strittige Einschätzungen werden diskutiert. Ergänzende Kommentare und Problemanzeigen der Lehrperson schließen sich bei Bedarf an.

Arbeitsblatt

▶ Im Folgenden findest du einige Redewendungen, wie sie im Laufe einer Gruppenarbeit geäußert wurden. Kreuze bitte in jeder Zeile an, ob du die jeweilige Aussage für gesprächsfördernd ermutigend oder für gesprächshemmend entmutigend hältst. Du hast sowohl auf der positiven Seite (+1 bis +3) als auch auf der negativen Seite (–1 bis –3) je drei Abstufungsmöglichkeiten. (+3) heißt sehr gesprächsfördernd ermutigend. (–3) heißt sehr gesprächshemmend/sehr entmutigend. Notiere außerdem eine stichwortartige Begründung zu jeder deiner Einschätzungen!

Redewendungen	+3	+2	+1	–1	–2	–3
Ich finde, wir drehen uns im Kreis						
Klaus, was meinst du dazu						
Das ist doch kein Argument						
Ich gebe zu, du hast Recht						
Kannst du das mal erläutern						
Quatsch doch nicht immer dazwischen						
Das ist eine gute Idee						
Hör doch bitte mal zu						
Bis du mal was kapierst						
Lass Silvia doch mal ausreden						
Ich kapiere das nicht						
Darf ich auch mal was sagen						
Mensch, komm doch mal zur Sache						
Du bist doch ein Blödmann						
Ich bin da ganz anderer Ansicht						
Was meinen denn die anderen dazu						
Denken ist eben Glückssache						
Ich möchte Pia's Aussage unterstützen						
Kannst du mal lauter reden						
Ich möchte mal zusammenfassen						
Ich fühle mich ziemlich übergangen						
Du störst, merk dir das						
Hurra, Tim hat was kapiert						

B 26 — Videodokumentation

AUFGABENSTELLUNG: Die SchülerInnen erhalten die Aufgabe, eine auf Video aufgenommene Gruppenarbeitssequenz sorgfältig zu analysieren und die zu Tage tretenden Positiva und Negativa herauszuarbeiten. Natürlich muss ein geeigneter Videomitschnitt vorliegen. Am besten, es wird in irgendwelchen Klassen versuchsweise mitgefilmt, wenn Gruppenarbeit angesagt ist. Erfahrungsgemäß findet sich sehr schnell eine Sequenz, die auszuwerten und zu problematisieren sich lohnt. Der zeitliche Umfang dieser Sequenz sollte etwa 5–10 Minuten betragen. Vorgeführt und analysiert wird der Mitschnitt in der Regel nicht in der Klasse, in der er aufgenommen wurde, sondern in anderen mit Teamentwicklung befassten Lerngruppen.

ABLAUF DER ÜBUNG: Die Lehrkraft erläutert kurz den Sinn und Zweck der anstehenden Videovorführung sowie die vorgesehene Arbeitsweise. Dann wird die Filmsequenz eingespielt. Die SchülerInnen schreiben während der Videopräsentation stichwortartig auf, was sie an der gezeigten Gruppenarbeit gut finden und was ihnen kritikwürdig erscheint. Dann können sie sich kurz mit ihren Nachbarn besprechen, ehe die Filmsequenz ein zweites Mal eingespielt wird. Die SchülerInnen überprüfen und ergänzen ihre Notizen und setzen sich anschließend in mehreren Zufallsgruppen zusammen, um die gesehene Gruppenarbeit näher zu analysieren und zu problematisieren. Die Ergebnisse dieser gruppeninternen Beratungen werden abschließend im Plenum vorgestellt und bei Bedarf diskutiert. Ergänzende Überlegungen und Anregungen der Lehrperson fließen an dieser Stelle mit ein. Zur Abrundung kann die Filmsequenz nochmals eingespielt werden.

B 27 — Alltagsszenen

AUFGABENSTELLUNG: Die SchülerInnen erhalten die Aufgabe, in mehreren Arbeitsgruppen kleine szenische Spiele vorzubereiten und vor der Klasse vorzuführen, die ausschnitthaft zeigen, wie die alltäglichen Gruppenarbeiten erlebt und welche Vorkommnisse und Verhaltensweisen von Schülerseite als typisch wahrgenommen werden. Erfahrungsgemäß stellen die SchülerInnen bei ihren Vorführungen vor allem auf die Defizite des Gruppenunterrichts ab. Indem sie diese reflektieren und anregend in Szene setzen, erweitern sie nicht nur ihr Problembewusstsein und ihre Selbstkritikfähigkeit, sondern sie geben auch und zugleich wichtige Anstöße für eine kritisch- konstruktive Auseinandersetzung mit dem Thema Gruppenarbeit in der Klasse.

ABLAUF DER ÜBUNG: Die Klasse wird durch Losen oder Abzählen in mehrere Zufallsgruppen aufgeteilt. Die Gruppenmitglieder überlegen und besprechen, was für die alltägliche Gruppenarbeit wohl typisch ist. Sie tauschen ihre Erfahrungen aus und fixieren gelungene und weniger gelungene Situationen und Vorkommnisse. Nach gebührender Aussprache verständigen sie sich auf eine bestimmte Szene, die sie vor der Klasse vorspielen wollen. Dieses szenische Spiel kann sowohl eine Pantomime- oder Standbilddarstellung sein als auch in Form eines kleinen Rollenspiels erfolgen. Wichtig ist nur, dass die Darbietung kurz, anregend und natürlich auch realistisch ist. Nach Abschluss der Vorbereitungs- und Probearbeiten präsentieren die einzelnen Arbeitsgruppen ihre Szenen. An jede Darbietung schließt sich eine kurze Aussprache und Würdigung an. Dabei kommen sowohl die Zuschauer als auch die Akteure selbst zu Wort. Und natürlich ist auch die Lehrkraft gefragt.

B 28 — Fallbeschreibung

AUFGABENSTELLUNG: Die SchülerInnen erhalten die Aufgabe, die nebenstehend beschriebene Gruppenarbeit zum Thema „Arbeitslosigkeit" eingehender zu analysieren, problematische Verhaltensweisen einzelner Gruppenmitglieder herauszuarbeiten sowie eine möglichst pointierte Kritik des Gruppengeschehens zu formulieren. Darüber hinaus sind sie gehalten, einige wegweisende Empfehlungen bzw. Tipps zu erarbeiten, die der besagten Gruppe zu einer erfolgreicheren Zusammenarbeit verhelfen könnten. Beide Aufgabenstellungen tragen dazu bei, dass die SchülerInnen ihre Fähigkeit und Bereitschaft weiterentwickeln, Gruppenprozesse sensibler wahrzunehmen, zu analysieren, zu problematisieren und tendenziell zu optimieren.

Arbeitshinweise

 Was läuft schief in der beschriebenen Gruppenarbeit?
Schreibt auf, was ihr zu beanstanden bzw. zu kritisieren habt!

 Besprecht in Kleingruppen eure Kritikpunkte! Bereitet fürs Plenum eine kritische Stellungnahme vor und präsentiert diese, falls eure Gruppe an die Reihe kommen sollte!

Formuliert anschließend drei Tipps, die ihr der beschriebenen Gruppe geben möchtet, damit deren Zusammenarbeit zukünftig erfolgreicher verläuft! Stellt eure Tipps gegebenenfalls im Plenum vor!

ABLAUF DER ÜBUNG: Die SchülerInnen erhalten den nebenstehenden Text in Kopie, lesen ihn durch, markieren wichtige Stellen und arbeiten die neuralgischen Punkte der beschriebenen Gruppenarbeit heraus. Alsdann tauschen sie sich zunächst zu zweit und dann in Vierer- oder Sechsergruppen darüber aus, was in der beschriebenen Gruppe schief läuft. Ihre Kritikpunkte halten die einzelnen Arbeitsgruppen stichwortartig fest. Dann werden zwei dieser Gruppen ausgelost, deren Sprecher die notierten Kritikpunkte im Plenum vortragen und erläutern. Strittige Punkte werden diskutiert. In einem weiteren Schritt arbeitet jede Gruppe drei Tipps heraus, die der besagten Problemgruppe dazu verhelfen könnten, ihre Zusammenarbeit effektiver zu gestalten. Diese Tipps werden auf gängige Visualisierungskärtchen geschrieben und anschließend im Plenum präsentiert, angeheftet und geclustert. Ergänzende Hinweise der Lehrperson runden das Bild ab.

 # Gruppenarbeit mit Mängeln

In Sozialkunde hat eine Gruppe die Aufgabe, aus einer Broschüre die wichtigsten Ursachen der Arbeitslosigkeit herauszuarbeiten und möglichst anschaulich zu präsentieren. Der Beginn der Arbeit verläuft ziemlich zäh. SVEN erzählt von einem arbeitslosen Mann in seiner Nachbarschaft, der vier Kinder hat und bereits seit mindestens einem Jahr arbeitslos ist, aber die meiste Zeit schwarz auf dem Bau arbeitet.

SASCHA und JENS schauen währenddessen im Hausheft nach, was denn in den letzten Stunden in Sozialkunde so alles gemacht wurde, weil am Ende der heutigen Doppelstunde damit gerechnet werden muss, dass der Lehrer noch eine Hausaufgabenüberprüfung schreiben lässt.

TINA und BEATRICE blättern derweil in der Broschüre zur Arbeitslosigkeit herum und mosern schon bald, weil das doch viel zu viel zu lesen sei. SVEN stört dieses Gemosere, und er reagiert deshalb ziemlich unwirsch mit den Worten: „Also langsam werde ich sauer, dass hier nur rumgemotzt und rumgedöst wird. Manchmal habe ich den Eindruck, ich hab nur Blindgänger um mich." „Das musst du Schleimer gerade sagen", reagiert nun SASCHA ebenfalls verärgert, „Du bist doch der Oberblindgänger und hältst uns mit deinem unqualifizierten Gequatsche die meiste Zeit von der Arbeit ab." TINA vermittelnd: „Kommt, lasst uns was arbeiten und nicht länger rumstreiten. Das bringt sowieso nichts."

TINA schlägt nach diesem hitzigen Wortgefecht vor, doch einfach mal zusammenzutragen, was jeder so über Arbeitslosigkeit weiß und weshalb die Arbeitslosigkeit seit Jahren so hoch ist. SVEN meint, die wachsende Arbeitslosigkeit hätte vor allem was mit den hohen Löhnen in der Bundesrepublik zu tun. Das hätte er kürzlich in der Zeitung gelesen. In Asien und Osteuropa seien die Löhne viel niedriger; deshalb wanderten die deutschen Unternehmen auch aus. Diesen Gedanken greift SASCHA auf und erzählt von den Lebensbedingungen in Manila, wo er mit seinen Eltern zwei Jahre lang gelegt hat. JENS, der bisher noch gar nichts gesagt hat, fragt nach einer Weile sichtlich irritiert: „Hey, sind wir eigentlich noch beim Thema? Wir haben nur noch 20 Minuten Zeit, dann sollen wir was abliefern." Für einen Augenblick herrscht betretenes Schweigen, dann hat BEATRICE als Erste die Sprache wiedergefunden. „Na, wir sollen doch die Gründe nennen, warum Menschen arbeitslos werden." SASCHA fällt's nun auch wieder ein: „Ach ja, in dem Heft hier, da sollen wir doch nachlesen."

Die Aufgabe ist also wieder klar, nur die Zeit ist ziemlich davongelaufen. Deshalb überfliegen TINA und BEATRICE, die beide ziemlich schnell lesen können, einige Textstellen in der Broschüre und finden auch sehr rasch zwei, drei Gründe für die Arbeitslosigkeit, mit denen sie sich zufrieden geben. Diese Gründe diktieren sie SVEN auf einen Zettel, damit dieser anschließend das Gruppenergebnis vorträgt, denn SVEN ist ziemlich gutmütig und macht das eigentlich immer ohne größeres Murren. Außerdem kann er gut und selbstbewusst reden. Für klärende Gespräche in der Gruppe bleibt keine Zeit mehr. Trotzdem zieht sich SVEN später recht gut aus der Affäre. Er trägt die aufgeschriebenen Gründe vor und schafft es sogar aus dem Stand, zwei Nachfragen des Lehrers recht passabel zu beantworten.

| **B 29** | **Rollenspiel** |

AUFGABENSTELLUNG: Die SchülerInnen erhalten die Aufgabe, anhand der dokumentierten Rollenkarten eine Gruppenarbeit zum Thema „Gruppenarbeit" vorzubereiten und anschließend als Simulationsspiel vor der Klasse vorzuspielen. Die Besonderheit dieser Gruppenarbeit ist, dass durch die Rollenvorgaben ein recht problematisches Arbeits- und Interaktionsverhalten der Gruppenmitglieder in Gang gesetzt wird, das den Blick für die alltäglichen Defizite des Gruppenunterrichts schärfen soll. Durch die Vorbereitung, Durchführung und Auswertung des Simulationsspiels erhalten die SchülerInnen Gelegenheit, sich relativ intensiv mit den Chancen und Problemen des Gruppenunterrichts auseinander zu setzen sowie in ebenso lebendiger wie anregender Weise zu erfahren, womit man als Gruppenmitglied so alles rechnen muss.

ABLAUF DER ÜBUNG: Die SchülerInnen werden einführend über das bevorstehende Simulationsspiel und die einzelnen Arbeitsschritte informiert. Alsdann werden durch Losen oder Abzählen sechs Zufallsgruppen gebildet, die je eine der dokumentierten Rollenkarten ziehen und anschließend überlegen, wie die zugeloste Rolle im späteren Simulationsspiel ausgestaltet werden soll und welche Argumente pro oder kontra Gruppenarbeit einzubringen sind. Nach 10–15 Minuten wird die Vorbereitung abgebrochen und das Simulationsspiel kann beginnen. Dazu setzen sich die VertreterInnen der sechs Gruppen an zentraler Stelle des Klassenraumes zu einer fiktiven Arbeitsgruppe zusammen und versuchen unter Beachtung ihrer Rollenkarten (Schilder aufstellen!) eine gemeinsame Stellungnahme zu den Vor- und Nachteilen des Gruppenunterrichts zu erarbeiten. Die übrigen SchülerInnen sind während dieser Spielphase Zuschauer und als solche gehalten, die agierenden Gruppenmitglieder genau zu beobachten und die zu Tage tretenden Verhaltensauffälligkeiten stichwortartig zu notieren. Nach etwa 10 Minuten wird die simulierte Gruppenarbeit abgebrochen und zweiphasig ausgewertet. Die erste Phase sieht so aus, dass die Zuschauer in einem „stummen Schreibgespräch" zu den einzelnen Akteuren das aufschreiben, was ihnen aufgefallen ist. Dazu steht ein großes Plakat mit sechs Rubriken zur Verfügung, denen je ein Rollenname zugeordnet ist. In einer zweiten Phase äußern sich sodann die Akteure selbst zu den notierten Rückmeldungen der Beobachter und lesen alsdann zur allgemeinen Information ihre Rollenbeschreibungen vor. Zum Schluss kommentiert die Lehrperson den abgelaufenen Gruppenprozess.

Tobias

Du siehst Gruppenarbeit eher als „Zeitvergeudung" an. Warum wohl? … Du möchtest lieber straffen Unterricht, damit du genau weißt, was du lernen sollst. Wozu ist denn der Lehrer da?! Der soll doch lieber den fälligen Lernstoff knapp und übersichtlich darbieten, anstatt die Schüler mit Gruppenarbeit zu beschäftigen und sich selbst einen „faulen Lenz" zu machen. Im Übrigen redest du gerne und viel, egal, ob's zum Thema passt oder nicht. Du hältst die anderen gerne von der Arbeit ab.

Silke

Du bist eine gute Schülerin und arbeitest am liebsten allein. Du bist grundsätzlich gegen jede Art von Gruppenarbeit. Warum wohl? … Nach deiner Ansicht soll doch jeder sehen, wie er alleine zurechtkommt. Über Andersdenkende machst du dich gerne lustig. Du bist leicht überheblich und kannst auch ganz schön kratzbürstig/aggressiv werden, wenn dir jemand blöd kommt. Probleme hast du vor allem mit Peter, mit dem du immer wieder aneinander gerätst.

Peter

Du hast gute Erfahrungen mit Gruppenarbeit gemacht. Welche wohl? … Du bist deshalb dafür, dass im Unterricht mehr Gruppenarbeit gemacht wird. Andersdenkenden fährst du schon mal unwirsch über den Mund mit Bemerkungen wie: „Das ist doch Quatsch!", „Keine Ahnung, aber klug rumschwätzen!", oder „du bist doch ein Holzkopf!". Du bist ziemlich ungeduldig und neigst zu aggressivem Verhalten, wenn andere nicht kapieren wollen.

Anke

Du siehst durchaus einige Vorteile in der Gruppenarbeit. Welche wohl? ... Allerdings hast du bisher noch kaum praktische Erfahrungen mit Gruppenarbeit. Deshalb bist du neugierig. Du fragst bei den anderen Gruppenmitgliedern nach. Du sprichst nötigenfalls auch die Schweiger mal an. Du versuchst möglichst viele Argumente in Erfahrung zu bringen, um dir und den anderen den nötigen Durchblick zu verschaffen. Du bemühst dich, das Gespräch zu leiten und die Arbeit voranzubringen.

Heiko

Du warst mit den bisherigen Gruppenarbeiten meist unzufrieden. Warum wohl? ... Von daher stehst du dem Arbeiten in Gruppen eher ablehnend gegenüber. Allerdings ist dir die ganze Debatte über Gruppenarbeit letztlich ziemlich egal. Du hast andere Sorgen. Außerdem hast du heute ziemlich schlechte Laune. Deshalb schweigst du lieber. Sollen doch die anderen „labern" und sich die Köpfe zerbrechen. Du bist sowieso ein Außenseiter.

Katja

Du hast kürzlich ein Buch über die Vorteile der Gruppenarbeit gelesen, die dir größtenteils eingeleuchtet haben. Welche Vorteile sind das wohl? ... Du bist deshalb für Gruppenarbeit. Du versuchst die Diskussion entsprechend zu lenken. Du schreibst die vorgebrachten Argumente auf. Du fasst zusammen, fragst schon mal nach. Du sprichst auch die Schweiger und Desinteressierten an. Du möchtest auf jeden Fall, dass ihr in der vorgegebenen Zeit zu einer klaren Stellungnahme in puncto „Gruppenarbeit" kommt.

B 30 — Wochenschau

AUFGABENSTELLUNG: Die SchülerInnen erhalten die Aufgabe, zu den einzelnen Gruppenarbeiten, die während einer Woche durchgeführt wurden, kurze persönliche Betrachtungen anzustellen und in einer Art Tagebuch das festzuhalten, was positiv und was negativ erlebt wurde. Die Eintragungen können zu Hause erfolgen oder auch während des Unterrichts vorgenommen werden. Am Ende der Woche werden dann die gesammelten Eindrücke und Einschätzungen in einer separaten Reflexionsstunde ausgetauscht, besprochen und auf mögliche Konsequenzen hin abgeklopft. Durch diese Schreib- und Reflexionsarbeit werden die SchülerInnen veranlasst, sich (selbst-)kritisch mit den laufenden Gruppenarbeiten auseinander zu setzen.

Gruppentagebuch	
Gruppenarbeit 1 Wann?............................. Thema?............................	
Gruppenarbeit 2 Wann?............................. Thema?............................	

ABLAUF DER ÜBUNG: Voraussetzung dieser Übung ist, dass den SchülerInnen kleine Schreibblöcke oder sonstige Vorlagen für ihre Eintragungen zur Verfügung stehen (s. Kasten). Ist eine längere Gruppenarbeit gelaufen, so notieren sich die SchülerInnen entweder am Ende der Gruppenarbeit oder aber in einer anderen geeigneten Besinnungsphase ihre persönlichen Eindrücke und Einschätzungen. Diese Eintragungen können durchaus auch zu Hause oder in einer Art Gesamtschau gegen Ende der Woche vorgenommen werden. Wichtig ist nur, dass sich die SchülerInnen irgendwann Zeit nehmen und/oder von Lehrerseite Zeit eingeräumt bekommen, um ihre gruppenzentrierten Gedanken, Erfahrungen und Beanstandungen aufzuschreiben. Ausgetauscht und besprochen werden diese Reflexionsergebnisse in einem Wochenabschlusskreis am Freitag. Da wird berichtet und erzählt, kritisiert und gefragt, und natürlich werden da auch einige Vorsätze für die nächste Woche gefasst.

B 31 — Feedbackbögen

AUFGABENSTELLUNG: Die SchülerInnen erhalten die Aufgabe, eine komplexere Gruppenarbeit, die gerade abgeschlossen wurde, gezielt zu überdenken und zu problematisieren. Dazu kann auf die abgedruckten Bilanzbögen zurückgegriffen werden, die von den Gruppenmitgliedern zunächst individuell ausgefüllt werden, ehe in den einzelnen Arbeitsgruppen und/oder im größeren Stuhlkreis die persönlichen Eindrücke ausgetauscht und die angezeigten neuralgischen Punkte besprochen werden. Durch diese gezielte Reflexion und Aussprache erweitern die SchülerInnen nicht nur ihr Problembewusstsein, sondern sie steigern auch und zugleich ihre Bereitschaft, sich (selbst-)kritisch mit dem Gruppengeschehen auseinander zu setzen.

ABLAUF DER ÜBUNG: Die SchülerInnen erhalten das jeweilige Leitmaterial, das in Gruppen mit dem Ziel zu bearbeiten ist, spezifische Entscheidungs- und Produktionsaufgaben zu lösen. Wie diese Entscheidungs- und Produktionsaufgaben aussehen können, zeigen u.a. die nachfolgenden Übungsbausteine B 32 bis B 34. Die betreffenden Aufgaben können sowohl fachspezifischer Art sein als auch fachübergreifende Themen betreffen. Wichtig ist nur, dass bei der anstehenden Auswertung neben dem Arbeitsergebnis auch und vor allem das Arbeits- und Interaktionsverhalten der Gruppenmitglieder unter die Lupe genommen wird. Zur Analyse des abgelaufenen Gruppengeschehens wird wahlweise einer der drei dokumentierten Bilanzbögen herangezogen. Die SchülerInnen füllen diesen Bogen individuell aus und vergleichen und besprechen alsdann mit ihren Gruppenmitgliedern die notierten Einschätzungen. Zum Schluss erfolgt ein kurzes Blitzlicht im Plenum.

Bilanzbogen I

 Kreuze bitte in den vorgesehenen Spalten der nachfolgenden Tabelle an, wie zufrieden oder unzufrieden du mit deiner Gruppe bist! Je weiter links dein Kreuzchen, umso größer deine Unzufriedenheit, je weiter rechts, desto größer deine Zufriedenheit.

 Gib in den rechten Feldern jeweils deine Gründe stichwortartig an, die dich zu deiner Beurteilung veranlasst haben! Was hat dich gestört, bzw. was hast du gut gefunden?

 Vergleicht und besprecht anschließend in der Gruppe die vorliegenden Einschätzungen! Überlegt gemeinsam, was ihr beim nächsten Mal anders/besser machen wollt.

Mit diesen Gruppenleistungen bin ich …	Zufriedenheitsgrad				kurze Begründung …
	– –	–	+	+ +	
Mit der Zusammenarbeit in der Gruppe bin ich …					
Mit unserer Vorgehensweise bin ich …					
Mit der Mitarbeit der Gruppenmitglieder bin ich …					
Mit den Umgangsformen in der Gruppe bin ich…					
Mit dem Arbeitsergebnis bin ich …					

Bilanzbogen II

 Kreuze in der nachfolgenden Tabelle an, inwieweit das jeweils angegebene Verhalten in deiner Gruppe gezeigt wurde!

 Trage in der rechten Spalte zum jeweiligen Verhalten stichwortartig ein, was du gegebenenfalls zu beanstanden bzw. zu kritisieren hast!

 Vergleicht und besprecht anschließend in der Gruppe die vorliegenden Einschätzungen und Beanstandungen! Überlegt gemeinsam, was ihr beim nächsten Mal anders/besser machen wollt.

Inwieweit wurde das nachfolgende Verhalten gezeigt?	ja	teils/ teils	nein	deine Beanstandungen/ deine Kritik ...
Hat sich jeder in der Gruppe bemüht mitzumachen?				
Konnte jeder seine Gedanken einbringen?				
Wurde jeder beachtet und ernst genommen?				
Haben alle Gruppenmitglieder aufmerksam zugehört?				
Wurde in der Gruppe gefragt und aufeinander eingegangen?				
Wurde fair und freundlich miteinander diskutiert?				
Wurde zügig und zielstrebig gearbeitet?				
Bist du mit dem Ergebnis der Gruppenarbeit zufrieden?				

Bilanzbogen III

 Kreuze bitte auf den einzelnen „Bewertungs-Strahlen" an, inwieweit du der jeweiligen Aussage zur abgelaufenen Gruppenarbeit zustimmst. Je weiter links dein Kreuzchen, umso größer ist deine Unzufriedenheit, je weiter rechts, umso größer deine Zufriedenheit mit der Gruppenarbeit. Scheue dich nicht, offen und kritisch deine Meinung zu sagen, damit ihr anschließend in der Gruppe das Positive wie das Negative auf den Tisch bekommt und miteinander besprechen könnt!

─────── stimmt ───────

überhaupt nicht   vollkommen

Ich

... habe mich in der Gruppe wohl gefühlt

... fühlte mich beachtet und ernst genommen

... habe gut und interessiert mitgearbeitet

... habe während der Gruppenarbeit viel gelernt

... bin mit unserem Arbeitsergebnis sehr zufrieden

Wir

... haben keinen links liegen lassen

... sind fair und höflich miteinander umgegangen

... haben einander geholfen und Mut gemacht

... haben zugehört und jeden ausreden lassen

... haben zielstrebig gearbeitet und diskutiert

... haben bestehende Probleme offen angesprochen

Die Aufgabe

... wurde nie aus den Augen verloren

... wurde eingehend besprochen und bearbeitet

... wurde straff und durchdacht erledigt

... war reizvoll und hat für alle was gebracht

... wurde von Lehrerseite gut vorbereitet

B 32 — Entscheidungsspiel

AUFGABENSTELLUNG: Die SchülerInnen erhalten die Aufgabe, zunächst alleine und dann in Gruppen ein zentrales Problem einzugrenzen, das sie im alltäglichen Unterricht als besonders belastend erleben. Dazu müssen sie auf die abgebildeten Impulszeichnungen zurückgreifen, die allesamt gewisse Problemlagen des aktuellen Unterrichts verdeutlichen. Indem die SchülerInnen zuerst individuell und dann in Zufallsgruppen eine dieser Impulszeichnungen auswählen und ihre zugehörigen Assoziationen austauschen, üben sie sich nicht nur in puncto Unterrichtskritik, sondern auch und zugleich darin, kooperativ Aufgaben zu lösen sowie den abgelaufenen Gruppenprozess mit Hilfe eines Bilanzbogens (s. B 31) gezielt zu reflektieren.

ABLAUF DER ÜBUNG: Die SchülerInnen erhalten die drei abgedruckten Arbeitsblätter in Kopie (eventuell verkleinert), reflektieren anhand der einzelnen Grafiken und Illustrationen das alltägliche Unterrichtsgeschehen und legen sich nach ca. drei Minuten auf eine dieser Impulszeichnungen fest und machen sich zum korrespondierenden Unterrichtsproblem einige Notizen. Dann werden mehrere Zufallsgruppen gebildet, deren Mitglieder sich die ausgewählten Impulszeichnungen wechselseitig vorstellen und die korrespondierenden Problemanzeigen erläutern. Anschließend verständigen sie sich im Diskurs auf eine als besonders signifikant eingestufte Impulszeichnung/Problemanzeige und stellen diese schließlich im Plenum vor. Nun setzt die Reflexion des Gruppenprozesses ein. Dazu stellt die Lehrperson einen der in B 31 dokumentierten Bilanzbögen zur Verfügung. Die SchülerInnen füllen den Bogen aus und geben ihren Gruppenmitgliedern gezieltes Feedback.

Th. Knieper

STAUBER

Heidemann

133

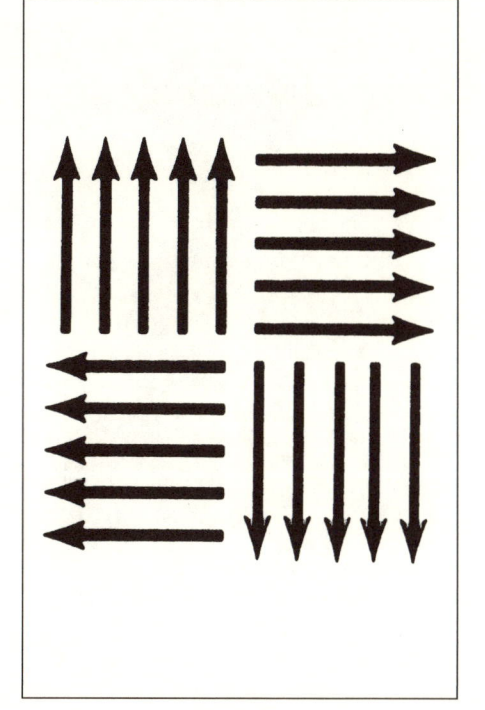

B 33 — Gruppenbild gestalten

AUFGABENSTELLUNG: Die SchülerInnen erhalten die Aufgabe, zu einem bestimmten Thema assoziativ zu zeichnen, d. h., die eigenen Gedanken und Bilder, die zu diesem Thema in den Kopf kommen, aspekthaft zu skizzieren. Die betreffenden Themen können sowohl fachlicher Art sein als auch fachunabhängig gewählt werden. Das hier in Rede stehende Thema „Unterricht heute" gehört zur letzteren Kategorie. Zum Vorgehen im Einzelnen: Die SchülerInnen zeichnen zum besagten Thema zunächst ihre individuellen Versionen und gehen alsdann in mehreren Arbeitsgruppen daran, auf der Basis ihrer Entwürfe ein gemeinsames Plakat zu komponieren und möglichst anschaulich und pointiert zu gestalten. Dabei muss diskutiert, gefragt, zugehört, argumentiert, vermittelt und auf eine konsensfähige Plakatversion hingearbeitet werden. Kurzum: Es wird konstruktive Gruppenarbeit geübt und anschließend mit Hilfe eines der abgedruckten Bilanzbögen ausgewertet (s. B 31).

ABLAUF DER ÜBUNG: Die Lehrkraft erläutert kurz den Sinn und Zweck der Übung und beschreibt überblickshaft das weitere Vorgehen. Dann beginnt die individuelle Besinnungs- und Zeichenphase zum Thema „Unterricht heute". Die SchülerInnen lassen den Unterrichtsalltag Revue passieren, filtern charakteristische Momente heraus und halten eine für wichtig befundene Facette des alltäglichen Unterrichtsgeschehens in zeichnerischer Form fest. Dabei geht es nicht um Schönzeichnen, sondern lediglich um das skizzenhafte Festhalten persönlicher Assoziationen unter dem Motto: „Wie seht bzw. erlebt ihr den alltäglichen Unterricht?" Diese individuelle Reflexions- und Klärungsphase dauert etwa zehn Minuten. Dann werden durch Losen oder Abzählen mehrere Zufallsgruppen gebildet, denen als Arbeitsmittel je ein großes weißes Plakat im Format 80x100 cm, ein Kästchen mit Wachsmalstiften sowie ein kleines Sortiment verschiedenfarbiger dicker Filzstifte zur Verfügung gestellt werden. Bevor die Gruppenmitglieder mit der Plakatgestaltung beginnen, stellen sie sich wechselseitig zunächst ihre persönlichen Assoziationsskizzen vor, geben die nötigen Erläuterungen dazu, klären etwaige Fragen und besprechen ihre unterschiedlichen Eindrücke und Einschätzungen. Dann entwerfen und gestalten sie gemeinsam ein themenzentriertes Plakat und stellen dieses in einer anschließenden Präsentationsrunde der Klasse vor. Abgeschlossen wird die beschriebene Gruppenarbeit mit einer differenzierten Reflexion des Gruppenprozesses unter Zuhilfenahme eines der abgedruckten Bilanzbögen (zum Prozedere vgl. B 31).

Ein Beispiel
(Plakat einer Schülergruppe)

B 34   Lernprodukte erstellen

AUFGABENSTELLUNG: Die SchülerInnen erhalten die Aufgabe, zu einem bestimmten Sachthema in Gruppen unterschiedliche Informationsmaterialien zu erarbeiten sowie korrespondierende Lernprodukte zu erstellen und am Ende der Gruppenarbeit vor der Klasse zu präsentieren. Wie sie ihre Arbeitsweise organisieren und wie sie die betreffenden Lernprodukte gestalten, das müssen die einzelnen Gruppen intern besprechen und klären. Da gibt es keine näheren Anweisungen. Per Los vorgegeben wird lediglich, welches Lernprodukt zu erstellen ist. Die zur Auswahl stehenden Lernprodukte sind im Kasten aufgeführt. Bei alledem üben sich die SchülerInnen sowohl im Gestalten als auch im Analysieren von Gruppenarbeit.

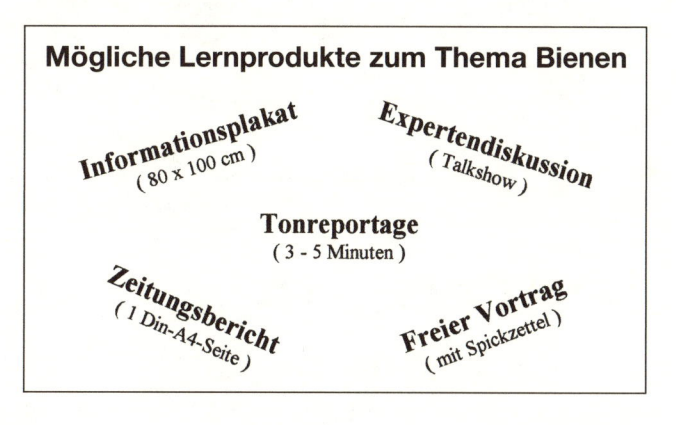

ABLAUF DER ÜBUNG: Die Klasse wird durch Losen oder Abzählen in fünf Arbeitsgruppen aufgeteilt. Jede dieser Arbeitsgruppen zieht alsdann eine Karte, auf der eines der fünf im Angebot befindlichen Lernprodukte steht (s. Kasten). Dann erhalten alle SchülerInnen die dokumentierten Info-Seiten zum Thema Bienen (je nach Altersstufe und Interessenlage kann selbstverständlich auch ein anderes Thema gewählt werden). Ihre Aufgabe ist es nun, diese Grundinformationen zügig auszuwerten und das geloste Lernprodukt so zu gestalten, dass eine möglichst ansprechende und informative Präsentation dabei herauskommt. Für diese Gruppenarbeitsphase werden mindestens 45–60 Minuten angesetzt. Vorherrschend ist das „trial and error". Am Ende erfolgt die Präsentation der einzelnen Lernprodukte sowie die Reflexion und Problematisierung des Gruppengeschehens. Dazu kann auf einen der dokumentierten Bilanzbögen zurückgegriffen werden (s. B 31).

Informationstext zum Thema »Bienen«

In einem einzigen Bienenstock leben etwa 40 000 bis 70 000 Bienen, fast alles Arbeiterinnen. Jede Arbeiterin hat eine bestimmte Aufgabe zu erfüllen. Aufseher, die für Fleiß und Pünktlichkeit sorgen, gibt es nicht. Jede Biene arbeitet emsig und aus eigenem Antrieb. Es gibt eine große Zahl von Arbeiten, die verrichtet werden müssen, und welche Arbeit die einzelne Arbeiterin verrichtet, hängt von ihrem Alter ab.

Wie viele Bienen leben in einem Volk?

Die Königin ist in einem Bienenvolk das einzige weibliche Wesen, das Eier legen kann. Einige hundert Drohnen, die nur im Sommer im Bienenvolk leben, sind die männlichen Tiere. Die große Masse des Volkes aber bilden die Arbeiterinnen. Sie sind eigentlich weibliche Tiere, werden aber nicht geschlechtsreif und können nur ausnahmsweise Eier legen, die aber nicht zum Erhalt eines Volkes beitragen.

Die Anzahl der Waben und ihrer Zellen hängt von der Größe der Bienenwohnung ab. In einem hohlen Baum können die Bienen weniger Waben bauen als in dem geräumigen Kasten, den ihnen der Imker gebaut hat. Der Imker hilft den Bienen oft auch noch mehr: Er baut die glatten Mittelschichten aus Wachs schon vorher ein, sodass die Bienen nur noch Zellen errichten müssen. Im Kasten eines Imkers gibt es mindestens 20 Waben. Auf jeder Seite einer Wabe werden fast 3000 Zellen errichtet – auf einer Wabe insgesamt also 6000. Eine Bienenwohnung hat also wenigstens 120 000 Zellen. Die indische Riesenbiene baut auf einer einzigen, fast ein Meter großen Wabe sogar 70 000 Zellen! Manche Bienen benötigen – vor allem in wärmeren Ländern – keine Höhle. Sie hängen ihre Waben einfach frei an die Äste eines Baumes. Unsere Honigbiene tut das selten – ungeschützt kann sie in unserem Klima nicht überwintern.

Wie viel Räume hat die Bienenwohnung?

Diese drei Arten gibt es in einem Bienenstock: Von links nach rechts: Königin, Drohne, Arbeiterin.

Das Leben der Drohnen

Die Drohnen, also männliche Bienen, haben nur die eine Aufgabe, die jungen Königinnen beim Hochzeitsflug zu befruchten.

Wenn man im Sommer aufmerksam einen Bienenstock beobachtet oder einen Blick auf eine Wabe tun kann, wird man zwischen den fleißigen Arbeiterinnen merkwürdig große Bienen entdecken.

Welche Aufgabe hat eine Drohne?

Ihr dicker Kopf scheint nur aus riesigen Facettenaugen zu bestehen. Ihr Körper ist länger und breiter, und ihre Flügel sind größer. Träge klettern sie auf der Wabe umher und scheinen sich dann und wann von Arbeiterinnen Honig zu erbetteln. Bereitwillig erhalten sie ihn auch, denn tatsächlich müssten sie verhungern, wenn sie nicht gefüttert würden, weil sie selbst kaum Nahrung aufnehmen können. Wozu mag nun eine Biene nützlich sein, die weder sammelt noch selbst fressen kann, ja nicht einmal einen Stachel zum Stechen besitzt?

Tatsächlich haben auch diese Bienen eine wichtige Aufgabe. Es sind Drohnen, also männliche Bienen, von denen es im großen Volk nur einige Hundert gibt. Die Aufgabe der Drohne beginnt, wenn eine neue Königin geboren wird. Wir wissen bereits, dass die Königin gewöhnlich die einzige Biene ist, die Eier legen kann.

Wenn aber aus Eiern wieder Arbeiterinnen und Königinnen entstehen sollen, müssen sie befruchtet werden. (Nur Drohneneier werden nicht befruchtet, und doch entstehen aus ihnen Drohnen.) Zur Befruchtung der Eier benötigt die Königin Samenzellen, und die bekommt sie auf ihrem Hochzeitsflug von den ihr folgenden Drohnen. Eine Königin wird nur einmal von Drohnen mit Samen versorgt. Sie bewahrt sie in einer Tasche in ihrem Hinterleib auf, und sie reichen für ihr ganzes Leben.

Drohnen bleiben aber nicht nur im Stock. Sie fliegen umher und sammeln sich an bestimmten Plätzen, um Königinnen aufzulauern, die sich auf den Hochzeitsflug begeben. Drohnen können auch fremde Bienenstöcke betreten, ohne dass sie die Wachen am Flugloch daran hindern. Sie sind – wenigstens im Sommer – überall willkommen. Erst wenn das Futter im Herbst knapp wird, werden sie nicht mehr von den Arbeiterinnen gefüttert. Sie verhungern oder werden gar von den Arbeiterinnen erstochen und aus dem Bau geschleppt. Denn nun sind sie nutzlos, und nutzlose Fresser kann ein Bienenvolk im Winter nicht gebrauchen.

Neben 60000 bis 70000 Arbeiterinnen leben in jedem Bienenstock etwa 1000 Drohnen. Sie arbeiten im Stock nicht mit und erbetteln sich ihre Nahrung von den Arbeiterinnen.

Die Königin

Königinnen unterscheiden sich schon äußerlich von ihren Geschwistern, den Arbeiterinnen, die keine Eier legen, sondern die Arbeiten im Stock verrichten.

Wie sieht die Königin aus?

Die Königin ist etwa um ein Drittel größer als eine Arbeiterin. Sie hat einen langen Hinterleib, in welchem in den Eierstöcken die vielen Eier entstehen, die sie im Laufe ihres Lebens ablegt. Ihr fehlen die Werkzeuge, die die Arbeiterinnen für ihre Tätigkeiten besitzen: die Wachsdrüsen, die Kämme und Körbchen zum Sammeln des Pollens und die Futterdrüsen zur Ernährung der Brut. Ihre Hauptaufgabe ist das Eierlegen. Sie sondert aber auch wichtige Botenstoffe ab, die den Hormonen ähnlichen „Pheromone", die die Tätigkeiten im Volk regeln und koordinieren. Eine Königin legt vom Frühjahr bis in den Herbst ununterbrochen Eier ab und kann in der Hauptentwicklungszeit des Volkes bis zu 3000 Eier pro Tag produziert – vom Gewicht her mehr, als sie selbst wiegt!

Bei der Beschreibung der Drohnen hatten wir schon gesagt, dass die Aufgabe der Drohnen vor allem die Begattung, das heißt die Versorgung der Königin mit Samen, ist. Die junge, jetzt allein im Stock lebende Königin, besitzt ja noch keinen Samen, könnte ihre Eier also bei der Ablage nicht befruchten. Es entstünden nur Drohnen. Um sich mit Samen zu versorgen, muss sie einen Hochzeitsflug unternehmen. Zuerst übt sie ein wenig vor dem Flugloch. Dann fliegt sie an einem

Was ist der Hochzeitsflug?

schönen Sonnentag davon, bald verfolgt von den suchenden Drohnen. Nach der Begattung, bei der die Drohne stirbt, kehrt die junge Königin in ihre Wohnung zurück. Erst wenn sie als alte Königin einen Schwarm um sich sammelt, verlässt sie diese wieder.

Eine Königin kann drei bis vier Jahre alt werden und könnte während dieser ganzen Zeit in der gleichen Wohnung mit ihrem sich stets verjüngenden Volk leben. Das geschieht aber nur, wenn der Imker eingreift. Normalerweise werden neue Königinnen geboren. Allgemein gilt, dass ein Volk, dessen Königin stirbt, sich aus Arbeitermaden eine neue Königin heranziehen kann, solange die Zellen, in denen diese Arbeitermaden liegen, noch nicht „gedeckelt", verschlossen, sind. Man spricht dann von „stiller Umweiselung", von der stillen Aufzucht einer neuen Königin, die auch „Weisel" genannt wird.

Wie werden neue Königinnen herangezogen?

Gibt es keine offene Zelle mehr im Stock, kann auch keine neue Königin herangezogen werden, weil die Arbeiterinnen der Made nicht mehr das spezielle Königinnenfutter, das Gelee Royal, reichen können, durch das eine Made zur Königin wird. Auch der Umbau der Arbeiterzelle zu einer Weiselzelle, die größer als die der Arbeiterinnen sein muss, ist nicht mehr möglich. Das Volk ist dann zum Aussterben verurteilt, selbst wenn – was oft geschieht – Arbeiterinnen anfangen, Eier zu legen! Aus diesen Eiern werden aber nur Drohnen – weil die Arbeiterinnen ja keinen Hochzeitsflug machten und von Drohnen begattet wurden.

Was geschieht beim Blütenbesuch

Wenn wir eine Biene in einer Blüte sehen, denken wir stets zuerst an den Honig. Aber die Biene verrichtet dabei noch einen ganz anderen Dienst, der vor allem den Pflanzen nützt, aber auch von uns Menschen sehr geschätzt wird. Wie soeben beschrieben, sammelt die Biene Blütenstaub, den sie vor allem als Eiweißnahrung für ihre Brut benötigt. Nun gelingt es der Biene aber nicht, die vielen Millionen winziger Pollenkörper (Blütenstaubkörner) im Körbchen zu sammeln. Einige bleiben irgendwo am Körper hängen und werden beim Besuch der nächsten Blüte auf deren klebriger Narbe abgestreift. Nun sind ja der Blütenstaub die männlichen Keime der Pflanzen, und unter der Narbe, im Fruchtknoten, liegt die Samenanlage mit der Eizelle der Pflanze. Erst durch die Übertragung des Pollenkorns auf die Narbe kann der männliche Keim zur Eizelle gelangen und eine Befruchtung vollziehen, die zur Bildung von Samenkörnern und Früchten führt. Ohne Bienen gäbe es vermutlich viel weniger Äpfel, Kirschen und andere Früchte. Die Pflanzen locken die Bienen mit Blüten und Nektar an, damit der Pollen zur Narbe gebracht wird.

Dabei entwickelt die Biene noch eine andere wichtige Eigenschaft. Man sagt, die Biene ist „blütenstetig"; das heißt, dass sie möglichst lange die Pollen und den Nektar von der gleichen Pflanze, der gleichen Blütenart, sammelt. Besucht sie zum Beispiel Apfelblüten, fliegt sie im Apfelbaum von Blüte zu Blüte und kümmert sich nicht um die Blüten des Löwenzahns auf der Wiese. Das Gleiche geschieht, wenn sie sich

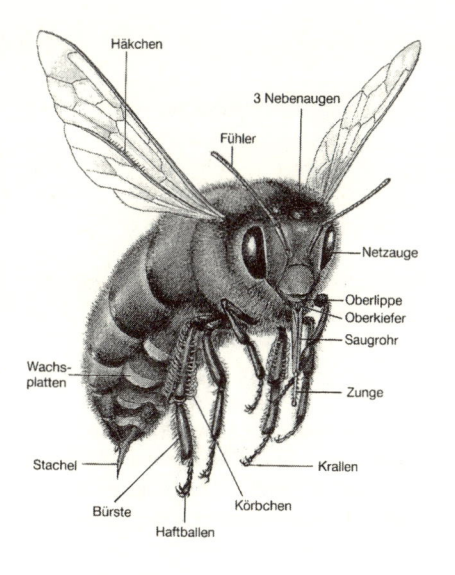

auf Löwenzahn oder Rosen „eingeflogen" hat. So gelangt gewöhnlich der richtige Pollen auf die dazugehörige Blüte.

An den Vorderbeinen besitzt die Biene einen Kamm zum Säubern der Fühler und der Augen. Ein weiterer Borstenkamm an den Hinterbeinen dient dem Zusammenfegen des Blütenstaubs, der dann in ein auf der Außenseite der Hinterbeine liegendes, von langen Haaren umgebenes Körbchen gepackt und dort transportiert wird. Wenn man Bienen am Flugloch beobachtet, wird man sehen, wie viele Bienen mit bunten „Höschen" an den Hinterbeinen – das sind die Blütenstaubkörnchen im Körbchen – nach Hause kommen. Häufig badet die Biene regelrecht im Blütenstaub, bis der ganze Körper bedeckt ist. Mit dem Kamm wird er dann zusammengefegt und mit den Fersenspornen in das Körbchen geschoben.

Wie macht die Biene den Honig?

Die meisten Menschen glauben, dass das, was die Biene aus der Blüte saugt, gleich der Honig ist. Das aber stimmt nicht, denn wir unterscheiden ja zwischen Nektar, den die Blüten absondern, und Honig, den wir aus den Waben der Bienen holen. Der Honig wird erst von der Biene hergestellt. Nachdem sie den Nektar in der Blüte aufgesaugt hat, gelangt er zunächst nicht in den Magen, sondern in den an die Speiseröhre anschließenden „Honigmagen". In diesem wird der zuckerhaltige Pflanzensaft, der Nektar, durch Zusatz bestimmter Drüsensäfte in sehr dünnflüssigen Honig verarbeitet. In dieser Form übergibt die Flugbiene den Honig an eine Innendienst-Biene, die ihn verfüttert oder in einer Zelle einer Honigwabe ablagert. In dieser Form ist er aber nicht lagerfähig. Dazu muss er erst noch eingedickt werden. Auch dies machen die Stockbienen.

Dicht gedrängt sitzen sie auf der Honigwabe und schlagen heftig mit den Flügeln. Dabei wird ein warmer Luftstrom erzeugt, der über die Zellen streicht und das Wasser im dünnen Honig verdunsten lässt. Eine bis zum Rand gefüllte Zelle kann nach dem Fächeln am nächsten Tag nur noch drei viertel voll sein.

Heute gibt es in der Bundesrepublik etwa 1,2 Millionen Bienenvölker, die jährlich rund 15 Millionen kg Honig erzeugen. Mit etwa 60 Millionen kg Honigbedarf pro Jahr, also 1 kg pro Kopf, ist die Bundesrepublik der größte Honigverbraucher der Welt.

So entsteht der dickflüssige, reife Honig, der lange lagern kann. Jedes Pfund Honig ist das Werk vieler Bienen, und um ein einziges Pfund Honig zu erzeugen, müssen die Bienen 35 000 Flüge unternehmen.

Wie lange leben Bienen?

Nach den vielen Aufgaben, die eine Jungbiene während ihrer Innendienstzeit übernimmt, ist sie nun also vom 20. Lebenstag an zur Sammlerin geworden. Sie trägt unermüdlich Nektar, Wasser und Pollen zum Stock und muss dabei eine gewaltige Flugleistung erbringen. 200mal in der Sekunde schwirren ihre durch Häkchen miteinander verankerten Flügelpaare auf und ab. Schon nach wenigen Tagen beginnen die Flügel an den Rändern auszufasern, und bald sind sie so zerfetzt, dass die Biene ihre Tracht nicht mehr tragen kann. Sie fällt zu Boden und versucht krabbelnd nach Hause zu kommen. Etwa sechs Wochen nach ihrem ersten Flug stirbt sie.

Dass Wespen und Bienen stechen können, wisst ihr alle. Die Biene tut dies wie die Wespe mit einem Stachelapparat am Körperende. Einen Stachelapparat besitzen nur die Arbeiterinnen und die Königin. Der männlichen Biene, der Drohne, fehlt er.

Im Gegensatz zum Wespenstachel hat der Bienenstachel Widerhaken, die in der weichen Haut von Säugetieren, also auch der Menschen, stecken bleiben. Wenn die Biene ihren Stachel aus der Stichwunde herausziehen will, reisst sie ihn sich mit der dazugehörigen Giftdrüse aus dem Leib und stirbt schnell. Insekten kann sie dagegen stechen, ohne zu sterben; denn aus deren Chitinpanzer kann sie ihren Stachel mühelos herausziehen.

B 35	**Selbstkritik üben**

AUFGABENSTELLUNG: Die SchülerInnen erhalten die Aufgabe, im Anschluss an eine längere Gruppenarbeitsphase ganz gezielt das eigene Verhalten unter die Lupe zu nehmen und differenziert Selbstkritik zu üben. Die Gruppenarbeit kann sowohl einem fachspezifischen Thema gewidmet sein als auch eine der vorstehend dokumentierten Übungen B 32 bis B 34 zum Gegenstand haben. Ausgangspunkt und Grundlage der selbstkritischen Auseinandersetzung kann das nachfolgend skizzierte Bewertungsraster sein, das alle SchülerInnen ausfüllen.

Möglicher Bewertungsbogen

 Kreuze im Folgenden an, wie du dein Verhalten in der Gruppe beurteilst. (++) heißt „sehr positiv; (– –) heißt sehr dürftig/fragwürdig. In der letzten Zeile kannst du außerdem ein zusätzliches Kriterium eintragen, das dir wichtig erscheint.

Verhalten	++	+	–	– –
Meine Mitarbeit				
Mein Einfühlungsvermögen				
Meine Hilfsbereitschaft				
Meine Zielstrebigkeit				
Meine Kompromissbereitschaft				
Mein Lernerfolg				

ABLAUF DER ÜBUNG: Die SchülerInnen führen die vorgesehene Gruppenarbeit durch und agieren und interagieren in der gewohnten Weise. Dabei verhalten sie sich natürlich nicht nur positiv und konstruktiv. Um ihren persönlichen Marotten und Defiziten auf die Spur zu kommen, erhalten die SchülerInnen nach Abschluss der Gruppenarbeit den skizzierten Bewertungsbogen in Kopie und füllen diesen in einer kurzen Stillarbeitsphase aus. Anschließend legen sie in ihrer Gruppe offen, wo sie zum jeweiligen Verhaltensmerkmal ihr Kreuzchen gemacht haben und stellen sich den (kritischen) Anfragen und Kommentaren der Gruppenmitglieder. Dabei werden durchaus fruchtbare Kontroversen ausgelöst. Am Ende muss jedes Gruppenmitglied zwei bis drei persönliche Vorsätze für zukünftige Gruppenarbeitsphasen formulieren.

B 36 — Kooperativer Turmbau

AUFGABENSTELLUNG: Die SchülerInnen erhalten die Aufgabe, in mehreren Arbeitsgruppen mit Hilfe bestimmter Materialien und Arbeitsmittel in knapper Zeit je einen möglichst hohen und formschönen Turm zu bauen. Dabei stehen jeder Gruppe 10 Blatt normales DIN-A4-Papier, eine Schere sowie ein klebestarker Klebstift zur Verfügung. Die Gruppenmitglieder dürfen miteinander sprechen und sich wechselseitig helfen. Die Auswertung der Turmbauübung erfolgt so, dass zunächst in jeder Gruppe bilanziert und diskutiert wird, was abgelaufen ist (siehe die Leitfragen im Kasten). Dann werden die wichtigsten Erfahrungen und Problemanzeigen im Plenum zusammengetragen und besprochen.

Leitfragen für die Auswertung

☑ Welche Gefühle sind während der Übung hochgekommen?

☑ Wie hat die Zusammenarbeit in der Gruppe geklappt?

☑ War das Vorgehen sinnvoll und Erfolg versprechend?

☑ War das Verhalten der Gruppenmitglieder o.k.?

☑ Was lässt sich aus dem Experiment für zukünftige Gruppenarbeit lernen?

ABLAUF DER ÜBUNG: Die Klasse wird durch Losen oder Abzählen in mehrere Gruppen mit je fünf bis sechs Mitgliedern aufgeteilt. Jede Gruppe erhält die oben genannten Materialien. Alsdann erläutert die Lehrperson die Spielregeln und die Zielsetzung der Übung. Dann geht es los. Die Bauzeit beträgt zehn Minuten. Während dieser Zeit versuchen alle Gruppen in mehr oder weniger planvoller Weise einen möglichst hohen und formschönen Turm zu bauen. Dieser Prozess kann zu Dokumentationszwecken mitgefilmt werden. Anschließend werden die entstandenen Papiertürme besichtigt und der gelungenste Turm ausgewählt. Nun beginnt die Auswertung. Zunächst erfolgt ein gruppeninternes Feedback in Anlehnung an die dokumentierten Leitfragen. Dann wird ein großer Stuhlkreis im Plenum gebildet und gemeinsam rekonstruiert und reflektiert, was in den Gruppen abgelaufen ist. Falls ein Videomitschnitt vorliegt, kann dieser eingesetzt werden.

B 37 — Überleben auf dem Mond

AUFGABENSTELLUNG: Die SchülerInnen erhalten die Aufgabe, sich in die Situation einer auf dem Mond notgelandeten Astronautencrew hineinzuversetzen, die entscheiden muss, welche fünf Gegenstände sie mitnehmen will, um den Weg zum 200 Meilen entfernt stationierten Mutterschiff erfolgreich zu schaffen. Welche Gegenstände zur Auswahl stehen, geht aus dem nebenstehenden Arbeitsblatt hervor. Haben die Schülergruppen ihre Prioritätenliste festgelegt, so wird zunächst gruppenintern reflektiert und problematisiert, wie der Entscheidungsprozess abgelaufen ist und welches Verhalten die einzelnen Gruppenmitglieder gezeigt haben. Dann werden einige Essentials dieser Debatte im Plenum veröffentlicht und besprochen.

Prioritätenliste der NASA-Experten	
Ausgewählte Gegenstände	**Begründung**
Zwei 100-Pfund-Tanks Sauerstoff	Zum Atmen notwendig
Fünf Gallonen Wasser	Ersetzt Flüssigkeitsverlust, der durch Schwitzen entsteht
Stellar-Atlas (Mondkonstellation)	Eines der wichtigsten Hilfsmittel, um Richtungen zu bestimmen
Lebensmittelkonzentrat	Deckt den täglichen Nahrungsbedarf
UKW-Sender/Empfänger (mit Solarzellen)	Notsignal-Sender; vielleicht ist Kontakt mit dem Mutterschiff möglich

ABLAUF DER ÜBUNG: Die Lehrperson erläutert die Übung und teilt das nebenstehende Arbeitsblatt aus. Jede Schülerin und jeder Schüler wählt nach einer kurzen Lese- und Besinnungsphase die fünf Gegenstände aus, die für das Überleben auf dem Mond besonders wichtig erscheinen. Alsdann werden durch Losen oder Abzählen mehrere Zufallsgruppen gebildet, deren Mitglieder sich zunächst über ihre individuellen Prioritätensetzungen informieren, ehe sie sich in der Gruppe auf eine gemeinsame Fünferliste zu verständigen versuchen. Dabei gelten die im Arbeitsblatt angeführten Spielregeln. Die Gruppenvorschläge werden sodann im Plenum vorgestellt, besprochen und anschließend mit der im Kasten dokumentierten Prioritätenliste der NASA-Experten verglichen. Die abschließende Reflexion und Problematisierung des gelaufenen Entscheidungsprozesses erfolgt zunächst in den einzelnen Arbeitsgruppen und dann im Plenum (vgl. dazu auch B 31).

Arbeitsblatt

Ihr müsst euch vorstellen, eure Gruppe bildet die Besatzung eines Weltraumschiffes, das gerade auf dem Mond eine Bruchlandung hingelegt hat. Eigentlich solltet ihr das seit längerem auf dem Mond stationierte Mutterschiff treffen, das sich rund 200 Meilen von eurer Landestelle entfernt auf der hellen (der Sonne zugewandten) Seite des Mondes befindet. Die Bruchlandung hat euer Raumschiff völlig zerstört. Eure Überlebenschance hängt davon ab, ob ihr es schafft, das Mutterschiff zu erreichen. Dazu braucht ihr einige Hilfsmittel. Von eurer Ausrüstung sind ganze 15 Gegenstände heil geblieben, die ihr im Folgenden aufgelistet findet. Einige dieser Gegenstände braucht ihr auf jeden Fall, um die 200 Meilen bis zum Standort des Mutterschiffes zurücklegen zu können. Wählt fünf Gegenstände aus, die euch am wichtigsten erscheinen. Kreuzt in der nachfolgenden Tabelle die betreffenden Gegenstände an: zunächst jeder für sich und dann in der Gruppe. Versucht euch auf einen gemeinsamen Vorschlag zu einigen. Für den Entscheidungsprozess in der Gruppe gelten die folgenden Spielregeln:

1. Die Meinung eines jeden Gruppenmitglieds ist bei der Entscheidung zu berücksichtigen;

2. Die Entscheidung sollte möglichst einstimmig erfolgen, damit auch jeder hinter dem Vorschlag steht;

3. Für die Diskussion und Entscheidungsfindung stehen jeder Gruppe 20 Minuten zur Verfügung.

Zur Auswahl stehende Gegenstände	Persönl. Auswahl	Auswahl der Gruppe
Sich selbst aufblasendes Rettungsfloß		
Streichhölzer		
Lebensmittelkonzentrat		
Fünfzig Fuß Nylonseil		
Fallschirmseide		
Tragbares Heizgerät		
Zwei 0,45 Kal. Pistolen		
Trockenmilch		
Zwei 100-Pfund-Tanks Sauerstoff		
Stellar-Atlas (Mondkonstellation)		
Magnetkompass		
Fünf Gallonen Wasser		
Signalleuchtkugeln		
„Erste-Hilfe"-Koffer mit Injektionsnadeln		
UKW-Sender/Empfänger (mit Solarzellen)		

B 38 — Legespiel ohne Worte

AUFGABENSTELLUNG: Die SchülerInnen erhalten die Aufgabe, in mehreren Tischgruppen aus vorliegenden geometrischen Figuren fünf gleichgroße Quadrate zu bilden. Nähere Hinweise zu den Spielregeln finden sich im nachfolgenden Kasten. Die Besonderheit dieses Legespiels ist, dass die Gruppenmitglieder nicht miteinander sprechen dürfen, sodass die Sprache als Macht- und Lenkungsinstrument wegfällt. Angesagt ist stattdessen das sensible Hinschauen, Mitdenken und Mithelfen in der Gruppe, damit ein gemeinsamer Erfolg erzielt wird. Dieser mehr oder weniger konfliktreiche Interaktions- und Konstruktionsprozess wird abschließend sowohl gruppenintern als auch im Plenum analysiert und besprochen.

Spielregeln

▶ Jedes Gruppenmitglied muss in eigener Regie eines der fünf gleich großen Quadrate zusammenpuzzeln!

▶ Während der Arbeit darf weder miteinander gesprochen noch durch Zeichen etwas signalisiert werden. Regelverstöße werden vom jeweiligen Regelbeobachter erfasst und am Ende mit Zeitzuschlägen von 5 Sekunden je Regelverstoß geahndet.

▶ Jedes Gruppenmitglied darf nur dann Teilstücke von Mitspielern nehmen, wenn diese sie in die Mitte des Tisches gelegt haben!

▶ Kann ein Gruppenmitglied ein Puzzleteil nicht gebrauchen, so muss es dieses in die Mitte des Tisches legen. Dann können sich die Mitspieler bedienen.

ABLAUF DER ÜBUNG: Es werden mehrere Spielgruppen mit je 5 Mitspielern gebildet. Zusätzlich gibt es in jeder Gruppe einen Regelbeobachter. Nun erhalten die Mitglieder einer jeden Gruppe die nebenstehend abgebildeten geometrischen Figuren, die vorbereitend auf Pappe kopiert, zugeschnitten und in Dreiersets zusammengeheftet werden. Jedes Gruppenmitglied hat ein Dreierset vor sich liegen (dieses sollte kein passendes Quadrat ergeben!) und muss nun versuchen, durch Abgeben oder Aufnehmen einzelner Figuren dazu beizutragen, dass fünf gleich große Quadrate entstehen, von denen jedes Gruppenmitglied eines vor sich zusammengepuzzelt hat. Dabei ist streng nach den angeführten Spielregeln zu verfahren. Etwaige Regelverstöße werden von den genannten Beobachtern registriert und mit Zeitzuschlägen geahndet. Gewonnen hat am Ende die Gruppe, die ihre fünf Quadrate in der kürzesten Zeit zusammengepuzzelt hat.

B 39 Konfliktanalysen

AUFGABENSTELLUNG: Die SchülerInnen erhalten die Aufgabe, die nebenstehenden Konfliktsituationen näher zu überdenken, die möglichen Hintergründe und Motive der Akteure zu analysieren sowie Vorschläge zu unterbreiten, wie die betreffenden Konfliktsituationen unter Umständen bereinigt werden können. Diese Auseinandersetzung mit alltäglichen Friktionen und Problemen des Gruppenunterrichts wird zunächst in Einzelarbeit und dann in Gruppengesprächen geführt. Hierbei kann auf die beiden abgedruckten Arbeitsblätter zurückgegriffen werden, die auszufüllen sind und die SchülerInnen zu einer ebenso gezielten wie konstruktiven Reflexion der vorgegebenen Konfliktsituationen veranlassen.

ABLAUF DER ÜBUNG: Die SchülerInnen erhalten die beiden abgedruckten Arbeitsblätter in Kopie und machen sich zu den einzelnen Konfliktszenen knappe Notizen (eventuell vorbereitend zu Hause). Dann werden mehrere Zufallsgruppen gebildet, deren Mitglieder sich wechselseitig über ihre individuellen Deutungen und Problemlösungsvorschläge informieren und die betreffenden Konflikte vertiefend besprechen. Bei strittigen Fragen wird nötigenfalls die Lehrperson zu Rate gezogen. Die gemeinsam gefundenen Erklärungen und Problemlösungsvorschläge werden ebenfalls auf Protokollblättern notiert. In einem nächsten Schritt werden alsdann so genannte „Querschnittsgruppen" gebildet, in denen Vertreter aller Stammgruppen sitzen. Jede dieser Querschnittsgruppen erhält einen Stapel mit den 14 Konfliktkärtchen (Kärtchen auf Pappe kopieren und ausschneiden), die nach und nach aufgedeckt und abwechselnd kommentiert werden.

Alltägliche Konfliktsituationen

Karen weigert sich, in der per Los gebildeten Gruppe mitzuarbeiten

Sandra hat zu nichts Lust und nörgelt an allem und jedem herum

Torsten schwätzt ständig dazwischen und spielt den Gruppenclown

Phillip ist ziemlich aggressiv und macht manchen in der Gruppe richtige Angst

Lena ist leicht beleidigt und zieht sich dann schmollend zurück, was manche ärgert

Bruno und Jan streiten sich häufig herum, weil keiner nachgeben will

Peter hat ein lautes Organ und lässt andere Gruppenmitglieder kaum zu Wort kommen

Jochen ist ein richtiger „Trittbrettfahrer" und regt damit einige in der Gruppe auf

Anja reizt Ina immer wieder mit spitzen und oft auch verletzenden Bemerkungen

Nina ist ziemlich arrogant und wichtigtuerisch und nervt dadurch die anderen

Kerstin ist eine richtige Außenseiterin und lässt das die Gruppe auch spüren

Bernd nimmt andere Gruppenmitglieder gerne auf die Schippe und foppt sie

Christian ist als „Streber" verschrien und deshalb ziemlich unbeliebt

Thomas und Birgit arbeiten gerne zusammen und lassen die Gruppe oft links liegen

Arbeitsblätter zur Konfliktbearbeitung

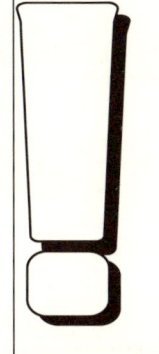 Im Folgenden findest du verschiedene Verhaltensweisen von Gruppenmitgliedern, die sich auf die Gruppenarbeit störend auswirken und Konflikte heraufbeschwören.

▶ Überlege, was die genannten Schüler wohl zu ihren „Störmanövern" veranlasst und trage deine Vermutungen in die betreffende Spalte ein!

▶ Mache außerdem konkrete Vorschläge, wie die angedeuteten „Störungen" behoben bzw. vermindert werden können! (Was können die Störer tun? Was kann die Gruppe tun?). Schreibe deine Vorschläge in die rechte Spalte.

Problematisches Verhalten einzelner Gruppenmitglieder	Mögliche Beweggründe/ Motive für dieses Verhalten?	Wie kann/sollte die „Störung" behoben werden?
Karen weigert sich, in der per Los gebildeten Gruppe mitzuarbeiten		
Torsten schwätzt ständig dazwischen und spielt den Gruppenclown		
Lena ist leicht beleidigt und zieht sich dann schmollend zurück		
Peter hat ein lautes Organ und lässt andere kaum zu Wort kommen		
Anja reizt Ina immer wieder mit spitzen und oft auch verletzenden Bemerkungen		
Kerstin ist eine richtige Außenseiterin und lässt das die Gruppe auch spüren		

Problematisches Verhalten einzelner Gruppenmitglieder	Mögliche Beweggründe/ Motive für dieses Verhalten?	Wie kann/sollte die „Störung" behoben werden?
Christian ist als „Streber" verschrien und deshalb ziemlich unbeliebt		
Sandra hat zu nichts Lust und nörgelt an allem und jedem herum		
Phillip ist ziemlich aggressiv und macht manchen in der Gruppe richtige Angst		
Bruno und Jan streiten sich häufig herum, weil keiner nachgeben will		
Jochen ist ein richtiger „Trittbrettfahrer" und regt damit einige in der Gruppe auf		
Nina ist ziemlich arrogant und wichtigtuerisch und nervt dadurch die anderen		
Bernd nimmt andere Gruppenmitglieder gerne auf die Schippe und foppt sie		
Thomas und Birgit arbeiten gerne zusammen und lassen die Gruppe oft links liegen		

B 40 — Konfliktsimulation

AUFGABENSTELLUNG: Die SchülerInnen erhalten die Aufgabe, eine alltägliche Konfliktsituation, die in einem kurzen szenischen Spiel vorgestellt wird, näher zu besprechen und zu analysieren. Ausgangspunkt und Grundlage des szenischen Spiels sind die nebenstehenden Kurzinformationen zur Situation in der fraglichen Gruppe und zum Verhalten der einzelnen Gruppenmitglieder. Die konkrete Ausgestaltung der Konfliktszene ist Sache der betreffenden SchülerInnen, die bereit sind, in einer Art Stegreifspiel die angedeutete Szene vor- und weiterzuspielen. Die Inszenierung des bestehenden Konflikts fördert erfahrungsgemäß die Motivation und Ernsthaftigkeit, mit der die SchülerInnen an die Konfliktanalyse herangehen.

ABLAUF DER ÜBUNG: Die SchülerInnen erhalten das nebenstehende Informationsblatt in Kopie, lesen dieses durch und überlegen sich, wie der gruppeninterne Kommunikations- und Interaktionsprozess wohl ablaufen könnte. Dann werden drei Mädchen und drei Jungen rekrutiert, die spontan bereit sind, die eine oder andere Person zu spielen und das Gruppengeschehen zu simulieren. Anschließend setzen sich diese Akteure an einem Tisch als Gruppe zusammen und beginnen in Anlehnung an die nebenstehende Situationsbeschreibung zu improvisieren und den schwelenden Konflikt in der Gruppe in Szene zu setzen. Die übrigen SchülerInnen sind währenddessen Zuschauer und Beobachter. Nach einigen Minuten wird die szenische Darbietung abgebrochen und ausgewertet. Zunächst äußern sich die Zuschauer zu ihren Beobachtungen und Empfindungen, dann die Akteure selbst. Zum Schluss werden Vorschläge zur Konfliktlösung gesammelt und diskutiert.

Eine Szene

In einer Arbeitsgruppe gibt es eine
Clique von drei Schülern und Schülerinnen
(Leo, Peter und Eva), die nicht nur recht clever
und ehrgeizig sind, sondern auch dazu neigen, andere
Gruppenmitglieder zu verunsichern sowie durch Worte,
Mimik und Gestik zu zeigen, dass sie etwas Besseres sind.
Sandra und Heiko geht das zunehmend auf die Nerven. Sie
sind zwar nicht die Schnellsten und Engagiertesten und
können auch bei der neuesten Mode nicht mithalten, aber
deshalb lassen sie sich doch nicht hänseln und als „blöd" in
die Ecke stellen! Die Sechste im Bunde, Kerstin, versucht
eher zu vermitteln, damit die Gruppe halbwegs arbeits-
fähig bleibt … Heute nun hat die Gruppe die Aufgabe,
eine Tonreportage zum Thema „Rauchen" zu erstellen. Dazu sollten vorbereitend zu Hause
4 Seiten Material gelesen werden.
Sandra und Heiko haben das
ganz vergessen …

 Wie wird die anlaufende Gruppenarbeit
wohl weitergehen? Versetzt euch in die ein-
zelnen Personen und überlegt, wie sich diese
wohl verhalten werden. Anschließend werden
einige von euch die Szene vorspielen müssen.

Für die Rollenspieler: Spielt die jeweilige Person so,
dass die bestehenden Spannungen deutlich werden
und der schwelende Konflikt anschaulich vor Augen
geführt wird!

B 41   Eine für Alle

AUFGABENSTELLUNG: Die SchülerInnen erhalten die Aufgabe, die nebenstehend geschilderte Präsentation einer Gruppe gezielt zu problematisieren und zu kritisieren. Kennzeichnend für diese Präsentation ist nicht die sensible Kooperation der Gruppenmitglieder, sondern die geradezu rücksichtslose Dominanz einer Gruppenteilnehmerin, die mit ihrem egozentrischen Verhalten dazu beiträgt, dass die übrigen Gruppenmitglieder mehr oder weniger resigniert verstummen und ihre latenten Fähigkeiten erst gar nicht zur Geltung bringen können. Durch die gezielte Analyse und Problematisierung dieser Konstellation werden die SchülerInnen sensibler für die Erfordernisse und Chancen einer rücksichtsvollen Kooperation.

ABLAUF DER ÜBUNG: Den SchülerInnen wird das nebenstehende Arbeitsblatt ausgeteilt. Sie lesen die Beschreibung des Präsentationsablaufs, arbeiten die neuralgischen Punkte heraus und fassen ihre Eindrücke und Einwände in einem kritischen Kommentar zusammen. Anschließend werden durch Losen oder Abzählen mehrere Zufallsgruppen gebildet, deren Mitglieder sich die erstellten Kommentare wechselseitig vorlesen, strittige Punkte diskutieren und in einem gemeinsamen Brainstorming der Frage nachgehen, wie die geschilderte Präsentation hätte besser und wirksamer gestaltet werden können. Die zusammengetragenen Ideen werden stichwortartig festgehalten. Zum Abschluss tragen einige Gruppenvertreter ihre Kritik und ihre Tipps im Plenum vor. Welche Gruppen und welche Sprecher dabei zu ihrem Auftritt kommen, kann per Los entschieden werden. Abgerundet wird die Präsentation durch einige ergänzende Anmerkungen der Lehrperson.

Eine Gruppe stellt ihre Ergebnisse vor

Eine Gruppe von Auszubildenden eines großen deutschen Unternehmens soll Besuchern das betriebliche Ausbildungswesen vorstellen. Dazu haben sie vorbereitend verschiedene Schautafeln erstellt, die sehr anschaulich zeigen, wie die Ausbildung aufgebaut ist, welche Ziele verfolgt und welche Methoden praktiziert werden. Die vorbereiteten Schautafeln sind im Tagungsraum gut einsehbar aufgestellt worden. Die Präsentation kann also beginnen.

Am Referententisch sitzen die fünf Auszubildenden, die für die Information der Besucher verantwortlich sind. Eine junge Dame steht auf, begrüßt die Besucher und gibt einen kurzen Überblick über den Ablauf der Präsentation. Dann geht sie zur ersten Schautafel und erläutert anhand der verschiedenen Kärtchen und Symbole die wichtigsten Leitziele der aktuellen Ausbildung. Ferner macht sie deutlich, welche grundlegenden Veränderungen sich in den letzten Jahren im Bereich der betrieblichen Ausbildung ergeben haben. Dann schreitet sie zur zweiten Stelltafel und gibt am Beispiel der kaufmännischen Ausbildung einen knappen Einblick in die einzelnen Ausbildungsabschnitte und die höchst anspruchsvollen Methoden und Anforderungen, die mittlerweile an der Tagesordnung sind. Sie macht das ebenso charmant wie überzeugend.

Als einer der Besucher eine Zwischenfrage stellt, setzt zunächst eines der am Referententisch sitzenden Gruppenmitglieder zur Beantwortung an, doch nach einigen wenigen Sätzen greift die junge Dame erneut ein, ergänzt und präzisiert die Ausführungen ihres Mitstreiters und sorgt so dafür, dass der Fragesteller zufrieden ist. Zwei weitere Fragen nimmt sie direkt auf, obwohl zwei ihrer Gruppenmitglieder zu erkennen geben, dass sie auch etwas zu sagen haben. Aber sie kommen nicht zu Wort. Kein Zweifel, die junge Dame weiß Bescheid, versteht auch zu reden und macht ihre Sache insgesamt recht souverän. Ihre Mitstreiter in der Gruppe haben das offenbar längst erkannt und lassen ihr daher den Vortritt. Das gilt auch für die beiden restlichen Schautafeln, die es zu erläutern gibt.

In der anschließenden Aussprache setzt sie sich zu ihren Gruppenmitgliedern an den Tisch, erfasst die Wortmeldungen, erteilt das Wort und nimmt zu den meisten Fragen selbst Stellung. Ihre Mitstreiter wirken bei ihren wenigen Wortbeiträgen eher gehemmt und längst nicht so souverän wie die junge Dame. Der Applaus am Ende macht deutlich, dass die Besucher zufrieden sind. Die junge Dame nimmt diese Anerkennung sichtlich erfreut zur Kenntnis. Der Ausbildungsleiter ist ebenfalls sehr angetan. „War doch eine tolle Präsentation", meint er beim Verlassen des Raumes zu den bereits mit Abräumarbeiten beschäftigten Gruppenmitgliedern.

 Analysiere die geschilderte Präsentation! Was findest du gut? Was hast du zu kritisieren?

Schreibe einen kritischen Kommentar/Brief an die Adresse des Ausbildungsleiters! Du wirst deinen Kommentar später vorlesen müssen.

Überlege, was bei der geschilderten Präsentation vielleicht hätte anders und besser gemacht werden können.

B 42   Besinnungsaufsatz

AUFGABENSTELLUNG: Die SchülerInnen erhalten die Aufgabe, einen Besinnungsaufsatz zum Thema „Teamgeist" im Umfang von einer halben DIN-A4-Seite zu schreiben. Dabei müssen sie ihre diversen Einsichten, die sie im Zuge ihrer kritischen Analysen einzelner Gruppenprozesse gesammelt haben, reaktivieren und auf den Punkt bringen. So gesehen ziehen sie Bilanz und umreißen versuchsweise eine gelungene Gruppenarbeit. Durch diese konstruktive Besinnung machen sich die SchülerInnen nicht nur einige Essentials guter Gruppenarbeit bewusst, sondern sie bahnen auf diese Weise auch und zugleich ein reflektiertes Regelbewusstsein an, auf das sie im Rahmen des Gruppenunterrichts ganz entscheidend angewiesen sind.

ABLAUF DER ÜBUNG: Die SchülerInnen schreiben in einer etwa 15-minütigen Stillarbeitsphase ihren Besinnungsaufsatz zum Thema „Teamgeist". Diese Schreibarbeit kann unter Umständen auch vorbereitend zu Hause geleistet werden. Alsdann werden mittels Zufallsverfahren Gesprächspaare gebildet, die sich ihre Aufsätze wechselseitig vorlesen. In einem nächsten Schritt gehen jeweils zwei bis drei Paare zu einer Gruppe zusammen, lesen sich erneut ihre vorbereiteten Aufsätze vor, besprechen strittige Punkte und wählen sodann einen dieser Besinnungsaufsätze für die Darbietung im Plenum aus. In der Plenarphase selbst werden zwei bis drei Gruppen ausgelost, die ihre ausgewählten Aufsätze vortragen und sich der Diskussion stellen. Zur Abrundung dieses Klärungsprozesses werden die wichtigsten Merkmale einer guten Gruppenarbeit schlagwortartig gesammelt und an der Tafel bzw. Pinnwand festgehalten.

Trainingsfeld 3: Regeln entwickeln und vertiefend klären

In diesem dritten Abschnitt werden diverse Übungsarrangements und -materialien dokumentiert, die den SchülerInnen Gelegenheit geben, einige grundlegende Regelwerke zu erarbeiten, die im alltäglichen Gruppenunterricht dringend gebraucht werden, damit das Arbeits- und Interaktionsverhalten der SchülerInnen konstruktiver und effektiver als bisher üblich verläuft. Das Regelbewusstsein der SchülerInnen, das mit den im letzten Abschnitt vorgestellten Übungen sukzessive angebahnt wird, wird im Rahmen der nachfolgenden Übungen also zunehmend auf den Punkt gebracht und durch konkrete Regelsysteme abgesichert. Diese Regelklärung geschieht in der Weise, dass die SchülerInnen auf der Basis vorgegebener Materialien und/oder eigener Erfahrungen einschlägige Regelplakate entwickeln und gestalten, die ziemlich präzise angeben, wodurch sich eine gute Gruppenarbeit auszeichnet und wie sie im Regelfall abläuft. Die betreffenden Regelplakate werden also nicht von Lehrerseite vorgegeben, sondern von den SchülerInnen in einem ebenso lebendigen wie produktiven Arbeitsprozess erstellt. Dieses „learning by doing" hat den Vorzug, dass die SchülerInnen zumindest im Ansatz zu Konstrukteuren ihrer eigenen Regelsysteme werden.

Die zu entwickelnden Regelwerke betreffen vorrangig den Ablauf der Gruppenarbeit, das gewünschte Interaktionsverhalten der Gruppenmitglieder sowie den Modus der Präsentation einzelner Gruppenergebnisse. Die Regeln selbst werden auf großen Plakaten festgehalten und so visualisiert, dass sie sofort ins Auge springen. Auf diese Weise werden die SchülerInnen nicht nur ständig an die vereinbarten Regeln erinnert, sondern sie bekommen auch eine konkrete Handhabe, um bei etwaigen Regelverstößen einzelner Gruppenmitglieder berechtigterweise intervenieren zu können. Ansonsten besteht die Gefahr, dass sie als Kritiker nicht akzeptiert werden, da es weder innerhalb der Gruppe noch innerhalb der Klasse einen Konsens darüber gibt, welche Arbeits- und Verhaltensweisen nun eigentlich Standard und somit erwünscht sind.

Kennzeichnend für die nachfolgenden Übungen ist also einerseits die produktive Herleitung grundlegender Regeln durch die SchülerInnen, zum anderen die vertiefende Reflexion und Anwendung dieser Regelwerke auf der Basis spezifischer Arbeitsmaterialien/-blätter. Durch diese tätigkeitsbetonte Regelkunde können sich die SchülerInnen recht intensiv mit den wichtigsten Grundregeln einer guten Gruppenarbeit vertraut machen.

B 43 — Regelpaket erstellen

AUFGABENSTELLUNG: Die SchülerInnen erhalten die Aufgabe, eingedenk der Defizite und Probleme der alltäglichen Gruppenarbeit einige Verhaltensregeln zu formulieren, die ihnen für einen gedeihlichen Gruppenunterricht wichtig erscheinen. Dabei können sie ggf. auf die Einsichten zurückgreifen, die sie im Kontext der im letzten Abschnitt dokumentierten Übungen gewonnen haben. Da das Regel-Brainstorming mehrstufig verläuft (s. unten), haben die SchülerInnen Gelegenheit, sich sukzessive zu vergewissern und in den anstehenden Gesprächen zu einem recht differenzierten Regelkatalog zu gelangen. Dieser Regelkatalog wird am Ende auf einem großen Plakat anschaulich visualisiert.

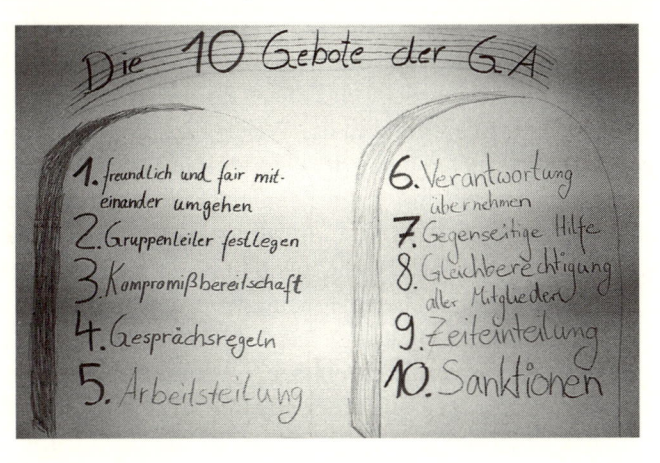

ABLAUF DER ÜBUNG: Die Lehrkraft erläutert das anstehende Brainstormingverfahren, das dreistufig verläuft. Der erste Schritt sieht so aus, dass sich die SchülerInnen in einer individuellen Besinnungsphase je fünf Verhaltensregeln für die Gruppenarbeit notieren, die sie für wichtig halten. Dann werden in einer zweiten Etappe diverse Dreiergruppen gebildet, deren Mitglieder aus den vorliegenden Regelvorschlägen „7 goldene Regeln für die gute Gruppenarbeit" herausfiltern und auf dem nebenstehenden Protokollblatt notieren. Dabei muss natürlich argumentiert, diskutiert und ein Konsens gefunden werden. In einer dritten Etappe schließlich werden je zwei oder drei dieser Kleingruppen zusammengelost. Die so entstehenden Großgruppen erarbeiten und gestalten Plakate mit 10 Grundregeln und präsentieren diese am Ende vor der Klasse. Auf dieser Basis wird ein gemeinsamer Verhaltenskodex vereinbart und im Klassenraum ausgehängt.

Arbeitsblatt für die Kleingruppen

Überlegt euch in eurer Gruppe 7 wichtige Verhaltens- und Arbeitsregeln für die Gruppenarbeit, damit diese möglichst reibungslos und erfolgreich verläuft (denkbare Regel: „Wir fangen zügig mit der Arbeit an").

Jedes Gruppenmitglied trägt die 7 herausgefundenen Regeln in sein eigenes Formblatt ein.

Anschließend werden neue Gruppen gemischt, die auf der Basis der vorliegenden Regelkataloge ein großes Regelplakat mit insgesamt 10 wichtigen Gruppenarbeitsregeln gestalten. Gestaltet euer Gruppenplakat möglichst ansprechend und übersichtlich.

1	
2	
3	
4	
5	
6	
7	

B 44 Gruppenarbeitsfahrplan entwickeln

AUFGABENSTELLUNG: Die SchülerInnen erhalten die Aufgabe, sich auf der Basis verschiedener Impulse und Materialien ein genaueres Bild davon zu machen, wie eine komplexere Gruppenarbeit in groben Zügen abläuft und welche Arbeitsschritte zu beachten sind. Die meisten SchülerInnen neigen nämlich dazu, mehr oder weniger zufällig und konzeptlos zu verfahren, wenn Gruppenarbeit angesagt ist. Durch das reflektierte Erstellen und Visualisieren eines Gruppenarbeitsfahrplans können sie sich die innere Logik und Systematik der Gruppenarbeit eingehend bewusst machen und auf diese Weise ihre Kompetenz steigern, die anstehenden Gruppenarbeitsprozesse zielstrebiger und erfolgreicher zu gestalten, als das gemeinhin üblich ist.

ABLAUF DER ÜBUNG: Die SchülerInnen skizzieren/beschreiben zunächst in einer individuellen Besinnungsphase, wie sie sich den Ablauf einer komplexeren Gruppenarbeit vorstellen und welche Arbeitsschritte und -grundsätze ihnen wichtig erscheinen. Diese Brainstorming-Ergebnisse werden anschließend im Plenum veröffentlicht und besprochen. Dann erhalten die SchülerInnen in einem nächsten Schritt das nebenstehende Arbeitsblatt in Kopie und ordnen die vorgegebenen Arbeitsschritte und -anregungen so ein, dass das skizzierte Ablaufschema vollständig ausgefüllt ist. Sodann werden die individuellen Eintragungen in Zufalls- oder Nachbarschaftsgruppen verglichen und anschließend im Plenum „abgesegnet" (vgl. den Fahrplan auf Seite 56 dieses Buches). Der so entstehende Fahrplan wird schließlich von einer Freiwilligengruppe auf einem großen Plakat anschaulich visualisiert.

Arbeitsblatt

☞ Stelle dir vor, ihr erhaltet in eurer Gruppe vier Seiten mit Informationsmaterial zu den wichtigsten Gremien/Institutionen der Europäischen
Union (Europarat, Kommission, Parlament, Gerichtshof). Dieses Material sollt ihr
durcharbeiten und anschließend die genannten Gremien/Institutionen möglichst
anschaulich im Plenum vorstellen. Diese Gruppenarbeit muss natürlich einigermaßen planvoll verlaufen.

☞ Im Folgenden musst du daher einen Gruppenarbeitsfahrplan erstellen.
Bringe die nachfolgend genannten Arbeitschritte und -anregungen in
eine sinnvolle Reihenfolge und ordne sie den drei Phasen des Ablaufschemas so
zu, dass alle Zeilen belegt sind.

*Intensiv an der Sache arbeiten · Vorgehensweise absprechen · Vorsätze für die
nächste Gruppenarbeit fassen · Die Aufgabenbearbeitung zügig angehen · Die Zusammenarbeit kritisch überdenken · Aufgabenstellung klären · Zeitbedarf schätzen
und Zeitplan erstellen · Einander helfen und beraten · Die Arbeitsergebnisse kritisch
bewerten · Rechtzeitig die Präsentation vorbereiten · Arbeit eventuell aufteilen ·
Gelegentlich den Arbeitsstand überprüfen*

☞ Vergleicht eure Eintragungen in Kleingruppen, diskutiert strittige Punkte
und verständigt euch auf einen Fahrplan, der von allen Gruppenmitgliedern akzeptiert ist. Stellt diesen Fahrplan später gegebenenfalls im Plenum vor.

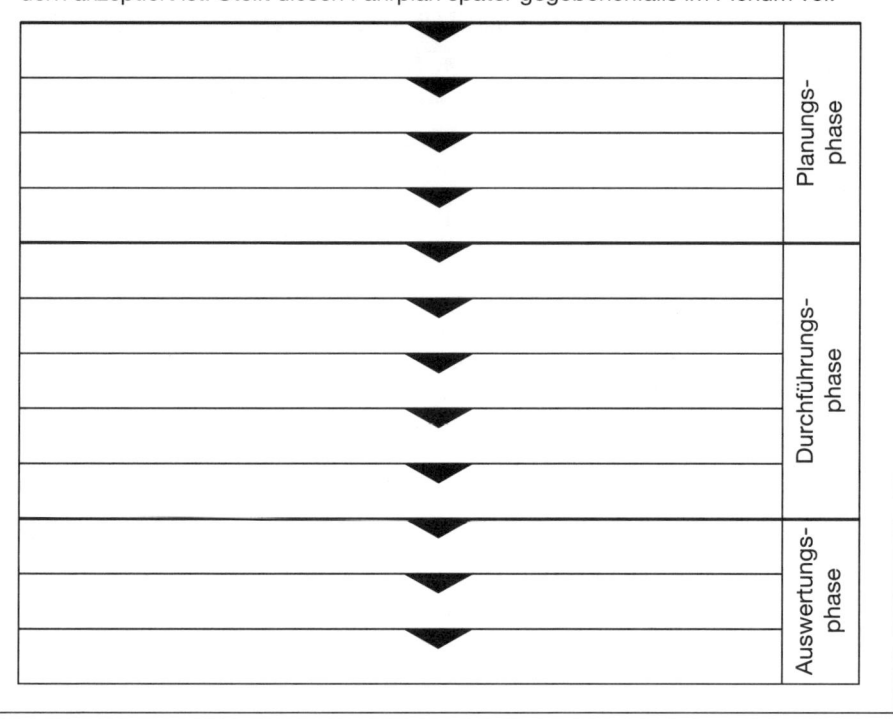

B 45   Präsentationstipps erarbeiten

AUFGABENSTELLUNG: Die SchülerInnen erhalten die Aufgabe, auf der Basis der beiden dokumentierten Arbeitsblätter einige wichtige Tipps und Regeln zu entwickeln, die bei der Präsentation der Gruppenergebnisse zu beachten sind. Anders als in B 41 wird diesmal keine missglückte, sondern eine geglückte Präsentation geschildert, aus der die SchülerInnen wegweisende Anregungen für eigene Präsentationen ableiten können. Die geschilderte Präsentation zeigt, wie die Ergebnisse einer Gruppenarbeit in ebenso intelligenter wie kooperativer Weise vorgestellt werden können. Durch die Arbeit an und mit dem Text können sich die SchülerInnen wichtige Prinzipien einer guten Präsentation bewusst machen.

Mögliche Tipps

Alle Gruppenmitglieder machen mit!
Den Präsentationsablauf erläutern!
Folien, Plakate u.a. zur Veranschaulichung!
Frei reden und Blickkontakt halten!
Die Zuhörer aktivieren (z.B. Arbeitsblätter)!
Lebendig und abwechslungsreich präsentieren!
Zum Fragen und Diskutieren anregen!

ABLAUF DER ÜBUNG: Die SchülerInnen bearbeiten zunächst den nebenstehenden Text: Sie lesen ihn sorgfältig durch und tragen in die Lücken die passenden Begriffe ein. Welche Begriffe infrage kommen, geht aus dem zweiten Arbeitsblatt hervor. Durch das Ausfüllen der Lücken müssen sich die SchülerInnen recht konzentriert mit dem Text auseinander setzen. Diese Auseinandersetzung wird in einem zweiten Arbeitsschritt noch intensiviert, indem sie in Anlehnung an die geschilderte Präsentation sieben goldene Regeln einer guten Präsentation abzuleiten und in das Protokollblatt einzutragen haben. Diese Regelerarbeitung geschieht in Einzel- oder Partnerarbeit. In einem dritten und letzten Schritt werden mehrere Arbeitsgruppen gebildet, die die Aufgabe haben, die abgeleiteten Regeln abzustimmen und je ein großes Regelplakat zu entwickeln. Eines der Plakate wird später als eine Art Mahnplakat im Klassenraum ausgehängt.

Eine tolle Präsentation

Mike, Anne, Claudia, Benny und Christian haben zum Thema „Bienen" einiges erarbeitet, was sie vor der Klasse _____ sollen. Sie haben auf der Rückseite der Tafel einige Leitfragen aufgeschrieben, auf die sie während der Präsentation eingehen wollen. Außerdem haben sie ein schön gestaltetes _____ sowie eine Folie zur Veranschaulichung vorbereitet. Sogar einige Werkzeuge des Imkers haben sie mitgebracht, die sie während der Präsentation vorstellen und _____ möchten. Und natürlich haben sie sich vorher den _____ besorgt und vom Lehrer erklären lassen. Die tollste Idee aber: Sie haben ein _____ mit verschiedenen Fragen und Lückensätzen vorbereitet, die die Zuhörer im Laufe des Vortrags beantworten sollen.

Die Präsentation selbst läuft wie folgt ab: Mike beginnt. Sie schaut freundlich in die _____, bittet kurz um Ruhe und wartet geduldig ab, bis alle aufmerksam sind. Dann erklärt sie kurz den _____ der Präsentation und weist auf die Leitfragen an der _____ hin. Ferner stellt sie die übrigen _____ vor und erläutert, wer zu welchem Punkt was sagen wird. Dabei spricht sie _____ und schaut während ihrer Rede stets die Mitschüler an. Um freie Rede bemühen sich auch die übrigen Gruppenmitglieder, als sie an der Reihe sind. Anne berichtet über die Bienenkönigin, Claudia stellt die _____ (männlichen Bienen) vor, Benny schildert das Leben und Wirken der Arbeitsbienen, und Christian klärt die Klasse darüber auf, was beim Blütenbesuch geschieht und wie der schließlich entstehende _____ zustande kommt. Dann kommt nochmals Mike an die Reihe, um die Arbeit und die Werkzeuge des _____ kurz zu erläutern. Alle Präsentatoren tragen nicht nur frei vor, sondern bemühen sich auch um _____ in Form von Skizzen, _____ Honiggläsern und sonstigen Gegenständen aus der Imker-Zunft.

Nach dem Teilvortrag werden _____ erbeten und so weit wie möglich beantwortet. Die Zuhörer können bereits während der Präsentationen die Kontrollfragen auf dem vorbereiteten Arbeitsblatt _____. Sie erhalten aber auch ganz am Ende noch mal etwas Zeit, um das Arbeitsblatt komplett _____. Und dann der Clou: Die fünf Präsentatoren haben noch ein zusätzliches _____ vorbereitet, in das wichtige Fachbegriffe einzutragen sind, die während der Vorträge angesprochen wurden. Dieses Rätsel ist bis zur nächsten Stunde auszufüllen und dient der häuslichen _____. Kein Zweifel, die Gruppe hat sich eine Menge überlegt und mit ihrer anschaulichen und abwechslungsreichen Darbietung dazu beigetragen, dass die _____ der Zuhörer groß war. Toll sei es gewesen, so der abschließende Kommentar des Lehrers. Auch die Zuhörer spenden kräftig _____.

Arbeitshinweise zum Lückentext

 Trage bitte in die Lücken die folgenden Begriffe so ein, dass sich sinnvolle Sätze ergeben:
Aufmerksamkeit · Fragen · Runde · päsentieren · Beifall · Imkers · Arbeitsblatt · Wiederholung · Veranschaulichung · Overhead-Projektor · Kreuzworträtsel · Schaubildern · erläutern · auszufüllen · Honig · Plakat · beantworten · Drohnen · Ablauf · Gruppenmitglieder · Tafel · frei

 Formuliert in der Gruppe „7 goldene Regeln", die bei der Präsentation des Gruppenergebnisses beachtet werden sollten. Tragt eure Regeln in die nachfolgende Tabelle ein!

Regeln für die gute Präsentation

1	
2	
3	
4	
5	
6	
7	

B 46 — Sonderfunktionen klären

AUFGABENSTELLUNG: Die SchülerInnen erhalten die Aufgabe, die verschiedenen übergreifenden Funktionen, die im Rahmen der Gruppenarbeit eine Rolle spielen, genauer zu überdenken und die korrespondierenden Aufgaben ansatzweise zu beschreiben. Gemeint sind damit die Sonderfunktionen: (a) GesprächsleiterIn, (b) RegelbeobachterIn, (c) FahrplanüberwacherIn, (d) ZeitmanagerIn und (e) PräsentatorIn (vgl. dazu die näheren Ausführungen auf den Seiten 53 ff. dieses Buches). Da diese Funktionen neben der sachlichen Mitarbeit wahrzunehmen sind, empfiehlt sich dringend ihre Verteilung auf unterschiedliche Gruppenmitglieder. Andernfalls besteht die Gefahr der Überforderung und/oder der einseitigen Machtkonzentration.

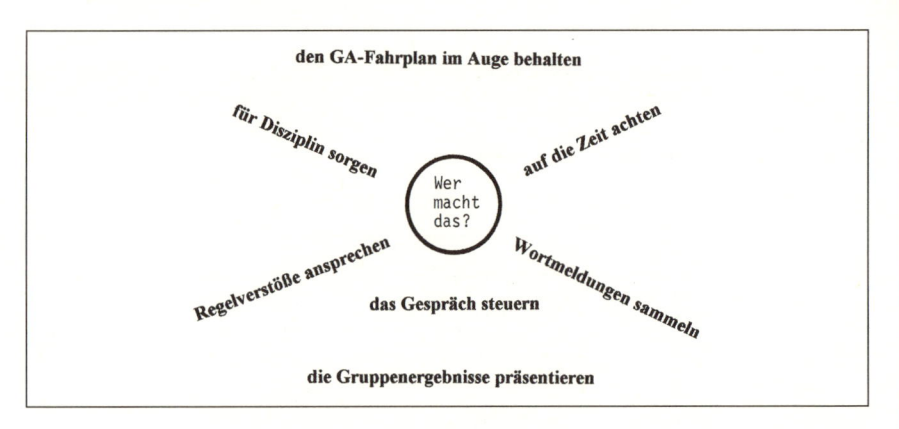

ABLAUF DER ÜBUNG: Die Lehrkraft erläutert einführend den Sinn und Zweck der Übung und nennt die zur Debatte stehenden Sonderfunktionen. Dann erhalten die SchülerInnen die beiden nachfolgenden Arbeitsblätter in Kopie und tragen in Partnerarbeit stichwortartig zusammen, was der jeweilige Funktionsträger wohl zu tun hat. Dabei greifen sie auf eigene Erfahrungen zurück und stellen weitergehende Vermutungen an. Nach zehn bis fünfzehn Minuten werden mehrere Vierer- und Sechsergruppen gebildet, deren Mitglieder ihre Vorstellungen austauschen und besprechen sowie auf der Basis der vorliegenden Notizen möglichst differenzierte Funktionsbeschreibungen erstellen, die anschließend im Plenum vorgestellt werden können. Die Präsentation im Plenum selbst sieht so aus, dass die betreffenden Gruppen im Wechsel je eine der fünf Sonderfunktionen charakterisieren. Ergänzende Gespräche und Hinweise der Lehrperson runden das Bild ab.

Vom Regelbeobachter bis zum Präsentator

Im Folgenden findet ihr einige spezielle Rollen/Funktionen, die in jeder Gruppe irgendjemand übernehmen muss. Am besten ist es natürlich, wenn nicht einer alles macht, sondern die fünf angeführten Funktionen von unterschiedlichen Gruppenmitgliedern wahrgenommen werden. Doch was haben diese Gruppenmitglieder zu tun? Überlegt euch zu jeder Funktion, was das jeweils zuständige Gruppenmitglied wohl zu tun hat, und tragt eure Angaben knapp und bündig in die vorgesehenen Zeilen ein!

Gesprächsleiter/in

Was ist zu tun?

_____

_____

_____

_____

_____

_____

_____

_____

Regelbeobachter/in

Was ist zu tun?

_____

_____

_____

_____

_____

_____

_____

_____

Fahrplanüberwacher/in

Was ist zu tun?

_____
_____
_____
_____
_____
_____
_____

Zeitmanager/in

Was ist zu tun?

_____
_____
_____
_____
_____
_____
_____

Präsentator/in

Was ist zu tun?

_____
_____
_____
_____
_____
_____
_____

B 47   Brainstorming-Regeln

AUFGABENSTELLUNG: Die SchülerInnen erhalten die Aufgabe, aus dem nebenstehenden Informationsmaterial einige Grundregeln für ein gedeihliches Brainstorming in Gruppen abzuleiten. Gemeint sind damit Regeln und Verhaltensvorschriften, die den Ideenreichtum der jeweiligen Gruppe fördern, wenn es darum geht, bestimmte komplexere Fragen zu beantworten oder irgendwelche vorgegebenen Probleme zu lösen. Indem sich die SchülerInnen mit dem Brainstorming-Verfahren auseinander setzen und die korrespondierenden Spielregeln identifizieren, gewinnen sie nicht nur an methodischer Sicherheit, sondern entwickeln auch ihre Fähigkeit und Bereitschaft weiter, kreative Prozesse in der Gruppe sensibel mitzutragen.

Leitfragen für ein Brainstorming

- Wohin soll die nächste Klassenfahrt gehen?
- Wodurch kann der Spritverbrauch in der Bundesrepublik gesenkt werden?
- Wie lässt sich ein bestimmtes Phänomen erklären?
- Wie kann der Schulhof verschönert werden?
- Wie kann das Image der Schule verbessert werden?
- Welche Maßnahmen zur Beschäftigungsförderung sind denkbar?
  etc.

ABLAUF DER ÜBUNG: Die SchülerInnen erhalten das nebenstehende Arbeitsblatt in Kopie, überfliegen den abgedruckten Lückentext und tragen in die Lücken die passenden Begriffe ein. Welche Begriffe zur Auswahl stehen, geht aus dem Arbeitsblatt hervor. Diese Zu- und Einordnungsübung trägt dazu bei, dass sich die SchülerInnen relativ intensiv mit dem Text zur Brainstorming-Methode auseinander setzen. Im nächsten Schritt bringen sie alsdann ihre gesammelten Erkenntnisse auf den Punkt, indem sie aus den fünf vorgegebenen „Schüttelsätzen" fünf Grundregeln für das gruppeninterne Brainstorming zusammensetzen. Diese Regeln werden anschließend im Plenum besprochen und von einer Freiwilligengruppe auf einem größeren Plakat visualisiert, das später im Klassenraum ausgehängt wird. Zum Abschluss führen die SchülerInnen ein regelgebundenes Brainstorming zu einer konkreten Leitfrage durch (mögliche Leitfragen siehe Kasten).

Lückentext zur Brainstorming-Methode

Brainstorming heißt übersetzt „Gedankensturm", d.h., die Gedanken der Gruppenmitglieder _____ in vielfältiger Weise, um Antworten auf eine bestimmte Frage zu finden oder _____ für ein bestimmtes Problem. Kennzeichnend für die Brainstorming-Methode ist also, dass der Gedankenfluss möglichst _____ zugelassen wird, ohne dass gleich widersprochen oder in sonstiger Weise _____ geäußert wird. Die Gedanken und Einfälle der Gruppenmitglieder sollen sich _____ entwickeln und gegenseitig vorwärts treiben können. Ideenbremser sind _____.

Der Ablauf eines Brainstormings sieht in der Regel wie folgt aus: In einer ersten Phase _____ die Gruppenmitglieder ihre Einfälle und Gedanken zum jeweiligen Thema. Eventuell kann eine kurze Besinnungsphase vorgeschaltet werden, in der sich die Gruppenmitglieder _____ machen können. Am Brainstorming sollten sich möglichst _____ beteiligen. Jeder wird angehört, jeder darf _____. Es gibt weder richtig oder falsch noch gibt es gute oder schlechte _____. Alle Gedanken dürfen ungehindert ausgesprochen werden, und seien sie noch so „abwegig". Voraussetzung dafür ist natürlich ein _____ Gruppenklima, das durch _____, Fairness sowie geistige Flexibilität und _____ geprägt ist. Nach wenigen Minuten wird die Ideensamlung abgebrochen und eine _____ schließt sich an, in der die vorgetragenen Einfälle erläutert, geordnet und _____ werden. Grundsätzlich gibt es sehr viele Themen/Fragen/Probleme, bei denen sich die _____ des Brainstormings anbietet.

☞ Trage in die obigen Lücken die nachfolgenden Begriffe so ein, dass sich sinnvolle Sätze ergeben.

Auswertungsphase · ausreden · frei · sprießen · ungebremst · Notizen · Methode · Toleranz · offenes · äußern · alle · Lösungen · bewertet · Ideen · unerwünscht · Kreativität · Kritik

☞ Ordne die folgenden „Schüttelsätze" so, dass sich fünf wichtige Regeln für das Brainstorming ergeben!

grund · verboten · ist · tik · sätzlich · Kri ·

_____

Idee · besser · desto · fantast · Je · erlaubt · ischer · Jede · ist

_____

viel · wickeln · Ideen · möglich · soll · Jeder · so · ent · wie

_____

aufgreifen · anderen · darf · der · entwickeln · und · Ideen · Jeder · weiter · die

_____

Leistung · betrachten · und · ist · Jede · Teams · zu · Idee · als · des

_____

B 48 — Feedback-Regeln

AUFGABENSTELLUNG: Die SchülerInnen erhalten die Aufgabe, sich anhand des nebenstehenden Informationsblattes einen knappen Überblick über die wichtigsten Prinzipien eines guten Feedbacks zu verschaffen. Darüber hinaus können die in B 31 dokumentierten Bilanzbögen herangezogen werden, die relativ differenzierte Analyse- und Feedbackmöglichkeiten eröffnen und mit ihren konkreten Beobachtungs- und Besprechungskriterien dazu beitragen, dass das fällige Feedback Struktur und Linie erhält – und zwar auf der Ich- wie auf der Wir- wie auf der Sachebene. Durch die Erarbeitung des nebenstehendes Textes werden die SchülerInnen sensibler für die Modalitäten eines konstruktiven Feedbacks in der Gruppe.

ABLAUF DER ÜBUNG: Die SchülerInnen erhalten den nebenstehenden Text in Kopie, lesen ihn durch, markieren wichtige Stellen und bereiten sich darauf vor, einen kurzen zusammenfassenden Vortrag zur Feedbackmethode im Doppelkreis zu halten. Dazu können sie sich einen kleinen Spickzettel anfertigen. Dann setzen/stellen sich die SchülerInnen paarweise im Doppelkreis zusammen. Zunächst erläutern alle Innenkreisvertreter die Feedbackmethode; dann rücken sie im Uhrzeigersinn drei Stühle weiter und die neuen Partner im Außenkreis sind nun ihrerseits mit der Vorstellung der besagten Methode an der Reihe. Anschließend werden zwei SchülerInnen ausgelost, die zum Feedbackverfahren im Plenum berichten; die Lehrperson ergänzt. Zum Abschluss erhalten die SchülerInnen Gelegenheit, unter Zuhilfenahme eines der in B 31 dokumentierten Bilanzbögen eine konkrete Feedbackübung zu einer Gruppenarbeit durchzuführen und auszuwerten.

Informationen zur Feedback-Methode

Wenn die Zusammenarbeit in einer Gruppe verbessert werden soll, dann ist es nötig, dass sich die Gruppenmitglieder immer wieder mal darüber unterhalten, was ihnen am Verhalten der anderen in der Gruppe auffällt und welche Verhaltensweisen sie positiv/angenehm und welche sie störend/unangenehm erleben. Das Austauschen derartiger Rückmeldungen nennt man „Feedback". Feedback kann ich *geben*, indem ich den Mitstreitern in der Gruppe mitteile, was ich beobachte und was mir an ihrem Verhalten gefällt oder auch missfällt. Feedback kann ich aber auch *nehmen*, indem ich anderen Gruppenmitgliedern zuhöre, wenn sie mir ihre Beobachtungen und Empfindungen mitteilen, die durch mein Verhalten ausgelöst werden. Wichtig ist bei jeder Art von Feedback, dass persönliche Anschuldigungen und Wertungen möglichst vermieden werden, die das eine oder andere Gruppenmitglied bloßstellen und/oder verletzen könnten. Der Satz zum Beispiel „Du bist arrogant!" ist eher eine Anklage und keine konstruktive Hilfe für den Angesprochenen. Anders sieht es dagegen aus, wenn ich dem Angesprochenen in der „Ich-Form" erzähle, was mir an seiner Mimik, seiner Gestik und seinem Sprechverhalten auffällt, was auf mich arrogant wirkt. Vorsicht ist also geboten! Die folgenden Regeln geben an, worauf beim Feedback zu achten ist.

Regeln für denjenigen, der Feedback gibt

- Beziehe dich auf konkrete Einzelheiten, die du beobachtet hast!
- Gib dein Feedback so bald wie möglich, und spreche nicht Verhalten an, das womöglich schon lange zurückliegt!
- Sei offen und ehrlich und bemühe dich um präzise Beschreibungen!
- Vermeide moralische Bewertungen und allgemeine Deutungen!
- Beschreibe nur deine eigenen Wahrnehmungen und Empfindungen!
- Achte darauf, dass dein Feedback nicht verletzend/zerstörend wirkt!
- Vergiss nicht, positive Wahrnehmungen und Gefühle mitzuteilen!

Regeln für denjenigen, der Feedback erhält

- Höre dem Feedback-Geber aufmerksam zu, und frage gegebenenfalls nach, wenn dir etwas nicht ganz klar ist!
- Vermeide es, gleich in die Verteidigung zu gehen, zu kontern und dich zu rechtfertigen!
- Denke stets daran: Es geht beim Feedback nicht darum, wer Recht hat, sondern nur um persönliche Wahrnehmungen und Mitteilungen!
- Du entscheidest selbst, ob und was du an deinem Verhalten ändern willst!

B 49 — Regel-Puzzle

AUFGABENSTELLUNG: Die SchülerInnen erhalten die Aufgabe, das nebenstehende Arbeitsblatt zu bearbeiten und aus den vorgegebenen Satzteilen insgesamt zehn Regeln zusammenzustellen, deren Einhaltung das A und O einer guten Gruppenarbeit ist. Welche Regeln nach erfolgreicher Puzzletätigkeit herauskommen sollten, ist dem nachfolgenden Kasten zu entnehmen. Indem die SchülerInnen die gesuchten Verhaltensregeln herausarbeiten und diskutieren, festigen sie nicht nur ihre Regelkenntnisse, sondern erweitern auch und zugleich ihre Kompetenz und Bereitschaft, sich entsprechend diesen Regeln zu verhalten.

Lösungshinweise

Die Gruppenmitglieder ...

... helfen und motivieren sich gegenseitig
... arbeiten zügig und achten auf die Zeit
... bringen mit ihren Ideen den Arbeitsprozess voran
... argumentieren fair und sachlich
... hören zu und gehen aufeinander ein
... übernehmen Verantwortung und arbeiten engagiert mit
... bleiben konsequent beim Thema
... sprechen Missstände in der Gruppe offen an
... tolerieren andere Meinungen und Vorschläge
... beachten die aufgestellten Regeln

ABLAUF DER ÜBUNG: Die SchülerInnen erhalten das nebenstehende Arbeitsblatt in Kopie und versuchen aus den vorgegebenen Satzteilen die gesuchten zehn Verhaltensregeln zusammenzusetzen. Dieser Puzzlevorgang geschieht in Einzelarbeit oder eventuell auch in Partnerarbeit. Die ermittelten Verhaltensweisen eines guten Gruppenmitglieds werden in das vorgegebene Raster eingetragen und anschließend in Nachbarschaftsgruppen verglichen und „objektiviert". In Zweifelsfällen kann die Lehrperson zu Rate gezogen werden. In einem weiteren Arbeitsschritt gehen die SchülerInnen alsdann in Gruppen und/oder im Plenum daran, den alltäglichen Gruppenunterricht eingedenk der erarbeiteten Verhaltensregeln kritisch unter die Lupe zu nehmen und die gängigen Regelverstöße zu bilanzieren und in Gesprächen näher zu reflektieren. Auf diesem Hintergrund werden abschließend einige Vorsätze für die zukünftige Gruppenarbeit gefasst.

Arbeitsblatt

Aus den folgenden Satzteilen kannst du insgesamt 10 Regeln zusammensetzen, die angeben, wie sich „gute Gruppenmitglieder" verhalten. Trage die herausgefundenen Regeln in das vorgegebene Regelraster ein! Alle Regeln beginnen mit dem Satzanfang: „Die Gruppenmitglieder …"

die aufgestellten · argumentieren · engagiert mit · den Arbeitsprozess voran · helfen und motivieren · bleiben konsequent · übernehmen Verantwortung und arbeiten · tolerieren · Vorschläge · sich gegenseitig · hören zu und · und sachlich · beim Thema · andere Meinungen und · beachten · arbeiten zügig und · in der Gruppe offen an · bringen mit ihren Ideen · fair · aufeinander ein · Regeln · gehen · sprechen „Missstände" · achten auf die Zeit

---

So sieht es in einer guten Gruppe aus: Die Gruppenmitglieder …

1. _____

2. _____

3. _____

4. _____

5. _____

6. _____

7. _____

8. _____

9. _____

10. _____

Gegen welche drei Regeln wird in eurer Klasse am häufigsten verstoßen? Woran liegt das, und was lässt sich möglicherweise dagegen tun? Diskutiert darüber, und entwickelt möglichst konkrete Vorschläge, was getan werden kann/soll!

B 50   Regelorientiertes Kreuzworträtsel

AUFGABENSTELLUNG: Die SchülerInnen erhalten die Aufgabe, das nebenstehende Kreuzworträtsel zu bearbeiten und die gesuchten Begriffe so einzutragen, dass sich Buchstabendeckung ergibt. Dabei müssen sie über die angesprochenen Gruppenregeln nachdenken und sich gewisse Einzelheiten und Merkmale in Erinnerung rufen. So gesehen werden die erarbeiteten Spielregeln punktuell aufgefrischt und gefestigt. Dabei wird auf die vorliegenden Materialien und Hefteinträge zurückgegriffen.

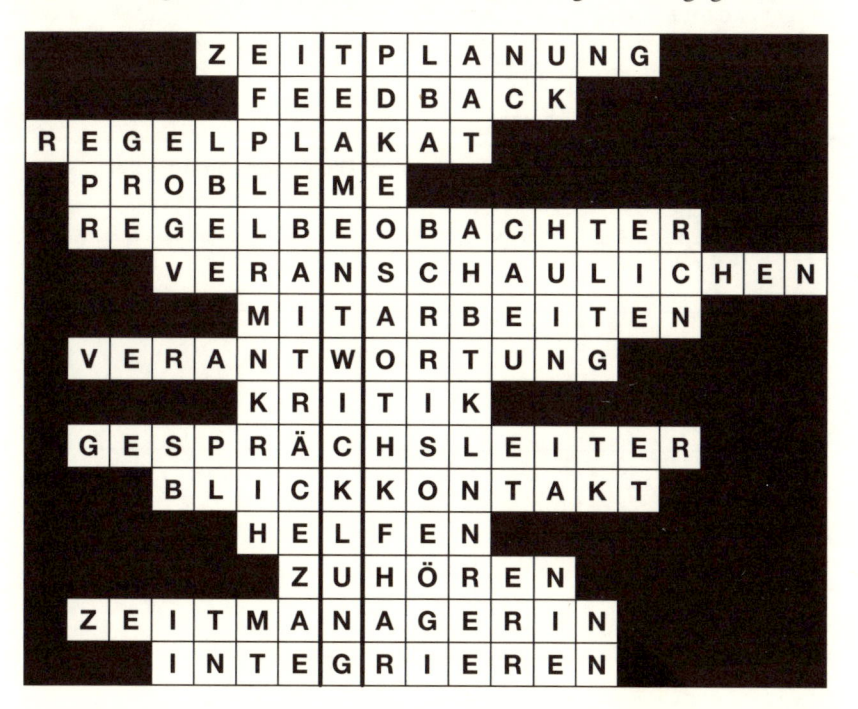

ABLAUF DER ÜBUNG: Die SchülerInnen erhalten das Rätselblatt in Kopie und gehen in Einzel- oder Partnerarbeit daran, die gesuchten Begriffe zu finden. Dabei wird auf die vorliegenden Regelplakate und -vereinbarungen zurückgegriffen. Zur Rätselbearbeitung gehört, dass nicht nur das Lösungswort erschlossen wird, sondern ausnahmslos alle gesuchten Begriffe zu ermitteln und einzutragen sind. Sind alle Kreuzworträtsel ausgefüllt, so werden die eingetragenen Begriffe in Nachbarschaftsgruppen abschließend verglichen und die verbleibenden Fragen besprochen und beantwortet. Wie das ausgefüllte Kreuzworträtsel schließlich auszusehen hat, geht aus der Lösungsversion im obigen Kasten hervor.

Lösungswort

1) Diese Planung steht am Anfang der Gruppenarbeit
2) So nennt man die Rückmeldungen am Ende einer Gruppenarbeit
3) Es erinnert daran, wie es in der Gruppe zugehen sollte
4) Diese sollten in einer Gruppe offen angesprochen werden
5) Wenn zwei sich streiten, dann ist er zuständig
6) Dieses sollte man bei der Präsentation auf jeden Fall tun
7) In einer Gruppe kommt es darauf an, dass alle …
8) Jedes Gruppenmitglied sollte möglichst viel davon übernehmen
9) Sie ist beim Brainstorming grundsätzlich verboten
10) Er erteilt das Wort und fasst gelegentlich mal zusammen
11) Diesen Kontakt sollte man bei der Präsentation herstellen
12) In der Gruppe sollte jeder dem anderen …
13) Im Gruppengespräch darf man nicht nur reden, sondern muss auch …
14) Sie achtet auf die Einhaltung der Zeitvorgaben bzw. -absprachen
15) Bei Außenseitern kommt es darauf an, sie zu …

B 51 Regel-Ranking

AUFGABENSTELLUNG: Die SchülerInnen erhalten die Aufgabe, die nebenstehend dokumentierten Regeln zur guten Gruppenarbeit zu überdenken und eine persönliche Rangordnung zu erstellen, die Aufschluss darüber gibt, welche Regeln für besonders wichtig erachtet werden. Dabei spielt natürlich die Problemlage in der eigenen Klasse eine Rolle, die unter Umständen bestimmte Prioritätensetzungen nahe legt. Indem die SchülerInnen drei aus zehn Regeln auswählen, festigen sie zum einen ihr Regelbewusstsein, zum anderen reflektieren sie die Dringlichkeit dieser Regeln für die eigene Klasse. Diese Klärungsarbeit wird im Rahmen der anschließenden Gespräche in Kleingruppen zusätzlich intensiviert.

ABLAUF DER ÜBUNG: Die SchülerInnen erhalten den dokumentierten Regelkatalog in Kopie und kreuzen in einem ersten Schritt die drei Regeln an, die ihnen individuell am wichtigsten bzw. dringlichsten erscheinen. Außerdem schreiben sie sich zu jeder ausgewählten Regel eine kurze Begründung auf. In einem zweiten Schritt werden alsdann durch Losen oder Abzählen mehrere Zufallsgruppen gebildet, deren Mitglieder sich wechselseitig darüber informieren, welche Regeln sie ausgewählt haben und welche Überlegungen und Begründungen dahinter stehen. Falls unterschiedliche Optionen bzw. Auffassungen vorliegen, werden diese mit dem Ziel der Kompromissfindung diskutiert. Zum Schluss sollte sich jede Gruppe auf einen „Dreiervorschlag" verständigen, hinter dem alle Gruppenmitglieder stehen können. Zwei dieser Vorschläge werden am Ende der Übung im Plenum präsentiert und bei Bedarf näher besprochen.

Gute Gruppenarbeit verlangt, dass ...

- einer dem anderen hilft und Mut macht

- andere Meinungen toleriert/akzeptiert werden

- zugehört und aufeinander eingegangen wird

- persönliche Angriffe und Beleidigungen vermieden werden

- kein Gruppenmitglied links liegen gelassen wird

- jeder mitmacht und sein Bestes gibt

- das Thema/die Aufgabe beachtet wird

- zielstrebig gearbeitet und diskutiert wird

- auftretende Probleme offen angesprochen werden

- jeder die aufgestellten Regeln beachtet

B 52   Wer ist zuständig?

AUFGABENSTELLUNG: Die SchülerInnen erhalten die Aufgabe, die dokumentierten Problemsituationen dahingehend zu überdenken, welcher Funktionsträger in der Gruppe jeweils einzuschreiten hat. Dabei wird von den fünf in B 46 angeführten Sonderfunktionen ausgegangen, nämlich: GesprächsleiterIn, RegelbeobachterIn, ZeitmanagerIn, FahrplanüberwacherIn und PräsentatorIn. Indem die SchülerInnen zunächst in Einzelarbeit eine Zuordnung versuchen und dann in Kleingruppen überlegen, diskutieren und entscheiden, welcher der genannten Funktionsträger jeweils intervenieren muss, schärfen sie ihr Bewusstsein dafür, welche Verantwortlichkeiten und Regelungserfordernisse es in einer gut funktionierenden Gruppe gibt.

ABLAUF DER ÜBUNG: Die SchülerInnen erhalten das nebenstehende Arbeitsblatt in Kopie und geben zu jeder der beschriebenen Gruppensituationen an, welcher Funktionsträger wie zu reagieren hat. Das geschieht in Einzel- oder auch in Partnerarbeit. Die Antworten werden stichwortartig festgehalten. Dann werden durch Losen oder Abzählen mehrere Zufallsgruppen gebildet, deren Mitglieder ihre individuellen Ergebnisse vorstellen und bei Bedarf näher erläutern und diskutieren. Anschließend tragen die Gruppensprecher abwechselnd im Plenum ihre gemeinsam abgestimmten und vereinbarten Voten vor. Die Lehrperson gibt nötigenfalls ergänzende Hinweise und beantwortet die verbliebenen Restfragen. Zum Abschluss kann jeder Gruppe die Gelegenheit gegeben werden, zwei bis drei weitere Problemsituationen knapp zu skizzieren und zwecks Klärung der Zuständigkeiten ins Plenum einzubringen.

Konkrete Problemsituationen

Kurzbeschreibung einiger Problemsituationen in Gruppen	Welcher „Funktionär" muss einschreiten? Wie?
Karen macht einen Vorschlag zur Gestaltung des Gruppenplakats. Lisa fällt ihr ins Wort und meint in vorwurfsvollem Ton, das sei doch utopisch.	
Mirko beschwert sich, weil er sich bereits zweimal zu Wort gemeldet hat und jeweils ein anderes Gruppenmitglied an die Reihe gekommen ist.	
Eine Gruppe hat eine Tabelle zu erstellen. Dafür sind bei der Arbeitsplanung 20 Minuten vorgesehen worden. Nach 25 Minuten ist die Gruppe immer noch nicht fertig, weil Michael immer wieder irgendwelche Einwände hat.	
Eine Gruppe hat ein tolles Plakat vorbereitet. Miriam, die das meiste gemacht hat, will das Plakat unbedingt in der Klasse vorstellen, obwohl sie heute eigentlich die Gesprächsleitung hat.	
Einige Gruppenmitglieder fangen zügig an zu diskutieren, obwohl das Arbeitsmaterial bestenfalls oberflächlich gelesen wurde und einigen in der Gruppe die Arbeitsaufgabe noch gar nicht klar ist.	
Tina, Sven und Thomas haben keine Lust, die abgeschlossene Gruppenarbeit noch lange zu überdenken und mögliche Schwachpunkte herauszuarbeiten. Sie möchte lieber Hausaufgaben machen.	
Simon schweift immer wieder vom Thema ab und stellt irgendwelche Fragen oder erzählt irgendwelche Storys, die kaum jemanden interessieren. Das hält den Fortgang der Gruppenarbeit ziemlich auf.	

B 53 Regelgebundene Gruppenarbeit

AUFGABENSTELLUNG: Die SchülerInnen erhalten die Aufgabe, die abgedruckten Informationsseiten zum Thema „Gruppenarbeit im Betrieb" in unterschiedlichen Arbeitsgruppen regelgebunden auszuwerten und eine möglichst ansprechende Präsentation vorzubereiten, an der zwingend alle Gruppenmitglieder beteiligt sein müssen. Wie der Arbeitsprozess im Einzelnen organisiert wird, wie die erwähnten Sonderfunktionen (Regelbeobachter etc.) verteilt werden und wie die Präsentation am Ende ausschaut, das ist allein Sache der jeweiligen Arbeitsgruppe.

Arbeitshinweise für die Gruppen

☞ Erstellt auf der Basis der vorliegenden Informationen eine möglichst eindrucksvolle Präsentation zum Thema „Gruppenarbeit im Betrieb". Wie Ihr eure Gruppenarbeit gestaltet und wie ihr die Präsentation aufbaut und vortragt, das ist allein eure Sache. Einzige Vorgabe: An der Präsentation müssen alle Gruppenmitglieder aktiv beteiligt sein.

☞ Die Zeitvorgabe beträgt insgesamt 80 Minuten. Bis dahin muss eure Präsentation stehen. Als mögliche Produkte kommen z.B. infrage: ein großes Plakat, eine Tonreportage von ca. fünf Minuten Dauer, eine Talkshow/Live-Debatte oder auch eine Präsentation mit Hilfe von Folien.

☞ Achtet während der Gruppenarbeit auf die Einhaltung der vereinbarten Regeln und schaut, dass ihr die verschiedenen Spezialaufgaben (Regelbeobachter usw.) frühzeitig verteilt, damit jeder ein Stück Mitverantwortung in der Gruppe trägt.

ABLAUF DER ÜBUNG: Die Lehrperson stellt das Thema vor und erläutert das weitere Prozedere. Dann werden durch Losen oder Abzählen mehrere Zufallsgruppen gebildet und die fünf Informationsseiten ausgeteilt, gelesen und gezielt ausgewertet. Für diese Lese-, Planungs- und Produktionsphase stehen insgesamt 70–80 Minuten zur Verfügung. Die Gruppen können ihre Essentials zum Thema „Gruppenarbeit im Betrieb" zum Beispiel in Form eines großen Plakats, einer drei- bis fünfminütigen „Rundfunkreportage" oder einer etwa zehnminütigen Talkshow (Live-Debatte) zur Darstellung bringen. Nach Ablauf der vorgegebenen Zeit werden die erstellten Gruppenprodukte im Plenum präsentiert und die gruppeninternen Arbeits- und Interaktionsprozesse unter Beachtung der vereinbarten Regelwerke analysiert und reflektiert. Dabei kann auf einen der in B 31 dokumentierten Bilanzbögen zurückgegriffen werden.

Gruppenarbeit im Betrieb
– Einige Grundinformationen und Problemanzeigen –

Immer mehr Betriebe setzen auf Gruppenarbeit

Die Gruppenarbeit ist in den Groß- und Mittelbetrieben hierzulande kräftig auf dem Vormarsch. Allerdings erst seit einigen Jahren. Bis dahin herrschte die hochgradige Arbeitsteilung aus der Frühzeit der Industrialisierung vor. Der Arbeiter hatte nur wenige Handgriffe zu verrichten und sonst nichts zu melden. Dahinter stand die Auffassung, dass die Arbeiter nur dann etwas leisten, wenn sie eng kontrolliert und möglichst spezialisiert eingesetzt werden. Dementsprechend wurden die Arbeitskräfte exakt angewiesen, was sie wie zu tun hatten. Ihr Kopf war nicht gefragt.

Jetzt aber sollen die Arbeitnehmer mitreden und in Gruppen ihre Arbeitsabläufe mitbestimmen, um mehr Effizienz und eine bessere Produktqualität zu erreichen. Ausgelöst wurde dieses neue Denken Ende der achtziger Jahre durch die atemberaubenden Erfolge der sehr stark auf Teamarbeit setzenden japanischen Wirtschaft. Die herkömmliche Fertigung erweist sich immer mehr als unflexibel und ungeeignet, um die vielfältigen Sonderwünsche der Kunden zu befriedigen. Des weiteren unterfordern die monotonen Handgriffe am Fließband oder in anderen Bereichen der Akkordfertigung die meisten Arbeitskräfte und sind nicht selten ungesund. Das erhöht nicht nur den Krankenstand und die Lohnfortzahlungskosten, sondern das senkt auch die Motivation der Mitarbeiter. Diese und andere Nachteile verschwinden oder werden doch zumindest geringer, wenn die Verantwortung für ganze Arbeitsvorgänge oder Produkte auf einzelne Gruppen von Arbeitnehmern übertragen wird. Konkret heißt das: Das jeweilige Arbeitsteam – mit einem Gruppensprecher aus seiner Mitte – teilt sich die Arbeit ein, kann Arbeitsabläufe verbessern und ist in hohem Maße für die Qualität der Arbeitsergebnisse verantwortlich. Vorarbeiter, Meister und andere Führungskräfte werden weniger gebraucht; das spart Kosten und trägt dazu bei, dass zeitaufwendige Anfragen und Absprachen „von unten nach oben" seltener nötig sind. Klar ist, dass diese Art der teamorientierten Arbeitsorganisation höhere Anforderungen an den einzelnen Arbeiter stellt als die herkömmliche Akkord- bzw. Fließbandarbeit. Deshalb wird in den Betrieben die teamorientierte Weiterbildung der Mitarbeiter mittlerweile auch recht groß geschrieben.

Teamarbeit im Maschinenbau Bei soviel Prozent der Unternehmen gibt es Gruppenarbeit in Fertigung und Montage	
1991	29
1992	47
1993	66

Quelle: Ruhr-Universität Bochum; ICON Wirtschaftsforschung Nürnberg (Umfrage unter mehr als 1500 Betrieben des westdeutschen Maschinenbaus).
Seit 1993 ist der Prozentwert der Gruppenfertigung noch weiter angestiegen.

Auszüge aus einer Betriebsvereinbarung zur Gruppenarbeit

„Zwischen der Geschäftsleitung und dem … Gesamtbetriebsrat der Adam Opel AG wird folgende Betriebsvereinbarung zur Anwendung der Gruppenarbeit geschlossen.

Präambel: In der Adam Opel AG wird Gruppenarbeit eingeführt, um die Wettbewerbsfähigkeit des Unternehmens zu erhalten und zu steigern sowie den Mitarbeitern/innen verbesserte individuelle Entwicklungsmöglichkeiten im Rahmen ihrer betrieblichen Tätigkeiten anzubieten.

Die Kenntnisse und Erfahrungen der Arbeitnehmer/innen sollen zur Verbesserung der Arbeitsabläufe, der Arbeitsplätze, der Arbeitsumgebung sowie der Arbeitsbedingungen genutzt werden, indem die Arbeitnehmer/innen an der betrieblichen Gestaltung von Arbeitsabläufen beteiligt werden.

Personelle Veränderungen durch Produktivitätsverbesserungen sollen unter anderem zur Verbesserung der Produktqualität und zur Mitarbeiterqualifizierung genutzt werden.

Wesentliche Ziele der Gruppenarbeit sind der kontinuierliche Verbesserungsprozeß (KVP), Steigerung von Flexibilität und Einsatzbereitschaft der Mitarbeiter/innen sowie Erhöhung der Arbeitszufriedenheit und der Motivation.

Wird durch Produktivitätsverbesserung die Gruppengröße reduziert, werden freiwerdende Mitarbeiter/innen an Arbeitsplätzen eingesetzt, die nach Möglichkeit höherwertiger sind …, mindestens jedoch der gegenwärtigen Wertigkeit entsprechen …

Gruppengröße: Gruppen bestehen in der Regel aus 8 bis 15 Mitarbeitern/innen.

Gruppenbereich: Jede Gruppe arbeitet in einem sinnvoll abgrenzbaren Tätigkeitsbereich …

Aufgaben/Ziele der Gruppe: Die Gruppe hat gemeinsame Aufgaben und Ziele, die in Absprache mit dem betrieblichen Vorgesetzten festgelegt werden. Es sind dies u.a.:

- Selbstorganisation bei der internen Aufgabenverteilung, der Pausenregelung, der Schichtübergabe, der Durchführung von Gruppengesprächen, der Verbesserung des Arbeitsschutzes, der Überwindung hoher Arbeitsteilung, der Durchführung der Urlaubsplanung
- Erfüllung des Produktionsprogrammes und der Qualitätsanforderungen
- Ausgleich von Leistungsschwankungen
- Kostengünstige Produktion
- Optimale Maschinen- und Anlagennutzung …
- Kontinuierlicher Verbesserungprozeß (KVP) zur Vereinfachung und Erleichterung der Arbeit und Optimierung der Fertigung …
- Sicherstellung des Informationsflusses (untereinander, zu vor- bzw. nachgeschalteten Bereichen und zum Meister/in)
- Einarbeitung neuer Mitarbeiter/innen durch gegenseitiges Training und entsprechenden Zeitausgleich …
- Förderung des kreativen, innovativen und selbständigen Denkens und Handelns bei den Mitarbeiter/innen
- Mitgestaltung der Arbeitsinhalte, Arbeitsbedingungen, Arbeitsorganisation und Arbeitsumgebung …

Gruppengespräche: Gruppengespräche sind Arbeitsbesprechungen von bis zu einer Stunde und sollen einmal wöchentlich stattfinden. Die Gruppe bestimmt den Zeitpunkt des Gruppengesprächs unter Berücksichtigung der Fertigungssituation und in Abstimmung mit dem Vorgesetzten … Das Gespräch findet möglichst in der normalen Arbeitszeit statt … Die Gruppe ist frei sowohl in der Wahl der Themen … als auch in der Frage, wen sie zu den Gruppengesprächen einlädt. Fach- und Führungskräfte sowie der Betriebsrat werden zur Klärung spezifischer Fragen hinzugezogen. …

Zielerreichung: Die Weiterentwicklung der Gruppe im Hinblick auf ihre Zielerreichung wird durch Eigenkontrolle … durchgeführt und anschaulich dargestellt …

Gruppensprecher/in: Der/die Gruppensprecher/in vertritt die Gruppe nach innen und außen. Er/sie handelt im Auftrag der Gruppe und hat keine Weisungs- und Disziplinarbefugnis. Der/die Gruppensprecher/in wird in freier geheimer Wahl mit einfacher Mehrheit zunächst auf 6 Monate … aus der Mitte der Gruppe gewählt …

Training: Vor Beginn der Gruppenarbeit werden alle Beteiligten auf ihre zukünftigen Aufgaben vorbereitet."
(Zitiert nach: Werkstattbericht Nr. 10 der Gossner Mission, Mainz 1993)

Steigende Leistung – Sinkende Kosten

„Für die Unternehmen bedeutet die Einführung von Gruppenfertigung steigende Produktivität, weil Durchlaufzeiten, Ausschußkosten, Material- und Lagerkosten sinken. Beispiele …

- Boge-GmbH Simmern: Die etwa 400 Mitarbeiter verteilen sich auf 12 Fertigungsinseln. Es gibt nur noch drei Hierarchie-Ebenen. Der Gesamtnutzungsgrad der Produktinseln liegt bei 80 bis 90 Prozent, die Durchlaufzeiten wurden halbiert. Zum Vergleich: Vor dem Umbau zur dezentralen Organisation lag der Gesamtnutzungsgrad einer Vulkanisierungszelle bei 64 Prozent. …
- Opel Eisenach: Der Automobilhersteller schleust alle Mitarbeiter, die in der schlanken Produktion tätig sind, durch ein elfwöchiges Basistraining, das später durch Fachkurse oder Problemlösungsseminare ergänzt wird. Während des Basistrainings lernen die Beschäftigten durch Problemsimulationen und Montageübungen die für das geforderte Gruppenverhalten notwendige Team- und Kommunikationsfähigkeit. … Der Erfolg bestätigt das Teamkonzept: Bei Opel in Eisenach wird ein Auto in 60 Prozent der Zeit gefertigt, die im europäischen Durchschnitt üblich ist."
(Quelle: Klein 1995, S. 13f.)

Daß die ehrgeizigen betriebswirtschaftlichen Ziele erreicht werden können, zeigt sich allenthalben. Bertold Leibinger, Chef des Werkzeugmaschinenherstellers Trumpf, konnte dank Gruppenarbeit seine Kosten um 25 Prozent drücken und sieht Trumpf im internationalen Wettbewerb stärker als vor der Krise Anfang der 90er Jahre. Und auch Erich R. Reinhardt, Chef der Siemens-Medizintechnik in Forchheim, ist stolz auf die Aufholjagd der Forchheimer: Die CT-Leute haben es geschafft, mit weniger Personal fast doppelt so viele Computertomographen zu produzieren. Gruppenarbeit machts möglich!
(Vergl. DIE ZEIT vom 14.4.1995, S. 26)

Zwiespältige Erfahrungen mit Gruppenarbeit

„Der Freude von Unternehmer Leibinger, dass im Geschäftsjahr 1994/95 ... der bisherige Rekordumsatz von 1991/92 übertroffen wird, stellt der Betriebsrat gegenüber, dass ›dieselbe Leistung jetzt mit 200 Leuten weniger‹ erbracht werden muss ... Von zwiespältigen Erfahrungen berichtet auch Werner Mönius, Betriebsratsvorsitzender bei Siemens in Erlangen/Forchheim. Zu Beginn der großen Restrukturierung wurden erst mal 2000 von 9000 Arbeitsplätzen – quer über alle Geschäftsgebiete – abgebaut ... Bei aller schönen Rhetorik steckt ›nicht Menschenfreundlichkeit, sondern Kalkül‹ hinter der Welle von Gruppen- und Teamarbeit, sagt der Augsburger Organisationspsychologe Oswald Neuberger. Die Manager hätten schlicht gemerkt, dass sich die gewünschte Produktivität nicht ›herbeikontrollieren‹ lasse. Das, was Meistern und Abteilungsleitern nicht gelang, schafft jetzt der Druck der Gruppe. ›Jeder kann mal einen schlechten Tag haben, aber wer nicht mitzieht, bekommt das zu spüren‹, erklärt Elektromechaniker Schmitt die Gruppendynamik. ›Man merkt, wenn der Kollege hinter einem auf das Gerät wartet‹, berichtet Kollege Distler. Schließlich wird die Prämie für pünktliche Ablieferung für das gesamte Team ausgelobt ... Der Zeitdruck sei stark gestiegen, und die schnelleren Durchlaufzeiten hätten sich bislang nicht im Geldbeutel niedergeschlagen, kritisiert Elektroniker Hornof. Seine Kollegen nicken ... Betriebsrat Mönius und sein Trumpf-Kollege Duffke wissen um diese Probleme. Sie wissen auch, daß bei der stark steigenden Produktivität immer mehr Aufträge her müssen, damit die verbliebenen Jobs wirklich sicher sind."
(Quelle: DIE ZEIT vom 14.4.1995, S. 26)

„Viele Betriebsräte beklagten ..., daß die Vorgesetzten nicht richtig mitzögen; es werde viel geredet, aber nichts getan ... Oft scheitern Experimente mit Gruppenarbeit an falschen Erwartungen. Viele Manager versprechen sich von der neuen Arbeitsform schnelle Sanierungserfolge. Diese Versuche, da sind sich die Experten einig, sind von vornherein zum Scheitern verurteilt ... Vier bis zehn Jahre dauert es nach der Erfahrung der Experten, bis die Gruppenarbeit ihre Effiziensvorteile entfaltet. Voraussetzung ist allerdings, daß es den Unternehmen gelingt, die vorhandenen Ängste und Widerstände zu überwinden."
(Quelle: DER SPIEGEL 16/1995, S. 112)

Gruppenarbeit schafft eine Menge Verlierer

„Das Modell fordert viel, und es schafft eine Menge Verlierer. Die Hierarchen und Bürokraten müssen von ihren alten Mustern und Verhaltensweisen ablassen, Vertrauen, Kooperations- und Kommunikationsfähigkeit sind plötzlich gefragt. Vorgesetzte müssen Kompetenzen an Untergeordnete abgeben; vor allem die Meister und die Schlipsträger aus den mittleren Etagen fürchten um ihre Jobs – zu Recht, bestätigt Blohm + Voss-Betriebsdirektor Wilfried Ertingshausen: ›Wenn der Arbeiter fähig ist, selber zu planen, dann ist der Planer über ihm überflüssig.‹

Die Beschäftigten haben Angst, dass sie am Ende die Verlierer einer weiteren, human verbrämten Rationalisierungswelle sind. In der Tat ziehen viele Firmen im Zuge ihrer Umstrukturierungen die Leistungsschraube immer enger an, jeder Verbesserungsvorschlag der Arbeiter wirkt sich am Ende zu deren eigenen Lasten aus. ›Der Leistungsdruck war so groß, daß die Vorteile der Gruppenarbeit untergingen‹, sagt Mercedes-Betriebsrat Kurt Krause über seine ersten Erfahrungen in den Pilotgruppen des Unternehmens.

Gruppenarbeit erhöht die Anforderungen an die Mitarbeiter. Der Arbeiter, der gedankenlos seine Schräubchen dreht, bis endlich Feierabend ist, hat da keinen Platz mehr ... Vor allem Ältere und Leistungsschwächere haben Angst, daß sie bei den straff organisierten Abläufen nicht mehr mitkommen und daß sie von jungen, ehrgeizigen Schaffern an den Rand gedrängt werden. Die Angst ist durchaus berechtigt. ›Wer sich in die Gruppendynamik nicht einbringt‹, sagt Blohm + Voss-Mann Ertingshausen, ›wird zum Teil sehr brutal rausgedrängt.‹"
(Quelle: DER SPIEGEL 16/1995, S. 113f.)

„Die eigentlichen Verlierer des neuen Systems sind (beim Autozulieferer Ymos) die Meister. Im Zeitalter sich selbst verwaltender Gruppen verloren die betrieblichen Vorgesetzten, bis dahin die mit weitgehenden Befugnissen ausgestatteten Führungskräfte, ihren Status. Nur wenige ließen sich auf die ihnen angebotene neue Rolle als ›Technologieberater‹ der teilautonomen Gruppen ein, die meisten von ihnen warfen das Handtuch. An die Stelle der Meister sind sogenannte ›Gruppen-Koordinatoren‹ getreten, die im Konsens mit ihrer Mannschaft Produktion, Schichteinteilung und Urlaubsplanung festlegen, bei Problemen und Konflikten eingreifen und die einmal wöchentlich während der Arbeitszeit staffindende Gruppensitzung leiten ... Vor allem auf Fertigungsinseln mit länger eingespielter Mannschaft verstehen sich die Gruppenmitglieder meist blind. ›Die wechseln schon mal gegenseitig ihren Arbeitsplatz, ohne mich überhaupt zu fragen‹, lobt ein Koordinator sein Team."
(Quelle: DIE ZEIT vom 28. 4. 1995, S. 23)

Gruppenarbeit macht aber auch Spaß

„Ernsthaft und konzentriert besprechen die acht Gruppenarbeiter, was anliegt. Die Materialabteilung hat das Material falsch eingeteilt, ohne sich mit der Gruppe abzusprechen, Wiepecht ist mit den Schellen am Kühlschlauch unzufrieden. Gibt es keine bessere Lösung? ›Mitdenken‹, sagt der Monteur Kern, ›macht Spaß‹. Jeweils acht bis zehn Leute sind in der Rüsselsheimer Motorenfertigung verantwortlich für ihren Fertigungsabschnitt. Sie wählen aus ihren Reihen einen Gruppensprecher und verteilen die Arbeit untereinander selbst. Die Gruppen sollen eigenständig Probleme lösen, die vorher Sache des Meisters waren. Wenn Material fehlt oder Fehler auftreten, dann schließt sich der Gruppensprecher mit der zuständigen Abteilung kurz. Die Gruppe achtet auf die Qualität der Arbeit, meldet Leerlauf, macht Vorschläge zur Verbesserung ...
Die selbstbestimmten Teams sollen die Organisation effektiver machen. Mitbeteiligung und Kompetenzgewinn, so die Grundidee, motivieren die Belegschaften. Die Mannschaften werden qualifizierter und beweglicher ... Bürokratische Umwege entfallen, die Gruppen lösen die Probleme gleich vor Ort und in eigener Regie. Langwierige und teure Nachbesserungen werden vermieden, weil die ausführenden Teams von Anfang an in die Planung eingebunden werden ... ›Wir haben fachlich die besten Arbeitsbelegschaften der Welt, und was tut man damit?‹ fragt Ulrich Jürgens, Forscher am Berliner Wissenschaftszentrum. Nach seiner Ansicht viel zu wenig. In den traditionellen Produktionsstrukturen würden die Fähigkeiten nur in engbegrenzten Bereichen eingesetzt, in den auf Vorgabe und Kontrolle bauenden Hierarchien hätten die Beschäftigten weder Handlungsspielräume noch nennenswerte Möglichkeiten zur Eigeninitiative."
(Quelle: DER SPIEGEL 16/1995, S. 108f.)

B 54 — Gruppenmitglied gesucht

AUFGABENSTELLUNG: Die SchülerInnen erhalten die Aufgabe, in Arbeitsgruppen zu diskutieren und zu entscheiden, welche Anforderungen an ein neues Gruppenmitglied gestellt werden sollten. Dabei müssen sie sowohl die vorliegenden Regelwerke als auch die eigenen Wünsche und Erwartungen reflektieren und sich darüber klar werden, was ein „gutes Gruppenmitglied" auszeichnet. Die Quintessenz dieses Reflexionsprozesses wird in einer fiktiven Stellenanzeige zur Darstellung gebracht. Durch diese Fixierung wichtiger Eigenschaften eines neuen Gruppenmitglieds vertiefen die SchülerInnen nicht nur ihr Regelbewusstsein, sondern sie stimmen sich in der Klasse auch darüber ab, was sie von ihren Partnern in den Gruppen erwarten.

ABLAUF DER ÜBUNG: Die Lehrperson erläutert die anstehende Übung und lässt die SchülerInnen zunächst einmal in einer individuellen Besinnungsphase zusammentragen, welche Eigenschaften und Fähigkeiten sie sich von einem neuen Gruppenmitglied wünschen würden. Dann werden durch Losen oder Abzählen mehrere Zufallsgruppen gebildet, deren Mitglieder ihre persönlichen Erwartungen austauschen, strittige Punkte besprechen und am Ende eine gemeinsame Linie hinsichtlich der zu verfassenden Stellenanzeige zu finden versuchen. Dabei wird auf die bis dahin erarbeiteten Regelvereinbarungen und Regelplakate zurückgegriffen, die teils im Heft stehen, teils im Klassenraum aushängen. Festgehalten werden die gewünschten Eigenschaften und Fähigkeiten in einer Stellenanzeige nach dem nebenstehenden Muster. Auch kreativ gestaltete Flugblätter oder Plakate sind möglich. Die erstellten Produkte werden abschließend im Plenum vorgestellt.

Stellenangebot

– Neues Gruppenmitglied gesucht! –

Das sind wir …

Wir erwarten …

Wir bieten …

B 55   Gruppenvertrag erstellen

AUFGABENSTELLUNG: Die SchülerInnen erhalten die Aufgabe, für ihre jeweilige Gruppe einige Verhaltensmaximen zusammenzustellen, die eine vertrauensvolle und fruchtbare Zusammenarbeit zu gewährleisten vermögen. Dabei müssen persönliche Wünsche formuliert, Argumente geliefert, Meinungsverschiedenheiten besprochen und gemeinsame Prioritäten abgestimmt werden. Diese Vorbereitung und Ausformulierung eines gruppeninternen Verhaltenskatalogs trägt dazu bei, dass die SchülerInnen zum einen ihr Regelbewusstsein vertiefen und zum anderen ihre Bereitschaft und Fähigkeit stärken, den selbst gesetzten Normen zu folgen und deren Einhaltung in der eigenen Gruppe zu überwachen und immer wieder anzumahnen.

ABLAUF DER ÜBUNG: Die SchülerInnen formulieren in einem ersten Schritt unter der Leitfrage „Was mir für eine vertrauensvolle und gedeihliche Zusammenarbeit in der Gruppe wichtig erscheint ..." einige persönliche Wünsche und Anregungen. Dann setzen sie sich in ihren bereits bestehenden oder neu zu bildenden „Stammgruppen" zusammen und stellen sich wechselseitig ihre Gedanken vor und machen konkrete Vorschläge, was in den zu formulierenden Vertrag hineingeschrieben werden sollte. Die vorgetragenen Anregungen zum Vertragsinhalt werden gruppenintern besprochen und in einem gemeinsamen Klärungs- und Entscheidungsprozess auf insgesamt sieben Verhaltensmaximen verdichtet, die in das nebenstehende Vertragsformular eingetragen werden. Die so entstehenden Verträge werden später (eventuell mittels Folie) im Plenum vorgestellt und erläutert. Einer dieser Verträge kann als „Mustervertrag" im Klassenraum ausgehängt werden.

Gruppenvertrag

Damit in unserer Gruppe eine vertrauensvolle und fruchtbare Zusammenarbeit sichergestellt wird, vereinbaren wir folgende Regeln und Verhaltensgrundsätze:

§ 1: _____

_____

§ 2: _____

_____

§ 3: _____

_____

§ 4: _____

_____

§ 5: _____

_____

§ 6: _____

_____

§ 7: _____

_____

B 56   Gruppenverhalten beurteilen

AUFGABENSTELLUNG: Die SchülerInnen erhalten die Aufgabe, die nebenstehend beschriebenen Gruppenarbeiten bzw. -leistungen zu reflektieren und versuchsweise zu bewerten. Dabei wird auf die übliche Notenskala von 1 bis 6 zurückgegriffen und dem skizzierten Gruppengeschehen eine konkrete Note zugewiesen. Gestützt sind die Bewertungsversuche der SchülerInnen auf die erarbeiteten Regelwerke. Indem die Gruppenmitglieder die beschriebenen Gruppensituationen beurteilen, festigen sie sowohl ihr Regelbewusstsein als auch ihre Fähigkeit und Bereitschaft zur Selbst- und Fremdkritik sowie zur kritischen Reflexion und Bewertung der jeweiligen Gruppenarbeit, an der sie beteiligt sind.

ABLAUF DER ÜBUNG: Die SchülerInnen erhalten das nebenstehende Arbeitsblatt in Kopie und gehen zunächst in Stillarbeit die einzelnen Situationsbeschreibungen durch und nehmen zu jeder Gruppenleistung eine individuelle Bewertung vor. Außerdem schreiben sie sich zu jeder Note eine kurze Begründung auf ein separates Blatt. Anschließend werden durch Losen oder Abzählen mehrere Zufallsgruppen gebildet, deren Mitglieder ihre individuellen Notenvorschläge offen legen, begründen und bei Bedarf näher diskutieren. In Zweifelsfällen kann die Lehrperson zu Rate gezogen werden. Zum Abschluss der Übung stellen die einzelnen Gruppen im Wechsel ihre Notenvorschläge im Plenum vor und geben die nötigen Erläuterungen dazu. Ergänzende Hinweise der Lehrperson runden das Bild ab. Zusätzlich können noch ausgewählte Situationen/Vorfälle aus der eigenen Klasse eingebracht und einer Bewertung unterzogen werden.

Arbeitsblatt

Im Folgenden findest du einige mehr oder weniger gelungene Gruppenleistungen. Welche Note sollte die jeweilige Gruppe bekommen? Trage deine Gruppennote in die betreffende Spalte ein und notiere auf einem gesonderten Zettel zu jeder Beurteilung eine kurze Begründung.

Beschreibung der Gruppenleistung	Note
Eine Gruppe hat eine Stunde Zeit, um eine Tabelle zu einem bestimmten Sachverhalt aus der Biologie zu entwickeln und zwecks Präsentation auf eine Folie zu übertragen. In der Gruppe wird recht engagiert diskutiert, aber nach Ablauf der Stunde ist die Tabelle nur halb fertig auf einem Schmierblatt zu sehen. Eine Präsentation mittels Folie kann nicht erfolgen.	
Eine Gruppe hat die Aufgabe, auf der Basis unterschiedlicher Materialien ein bestimmtes Problem in Wirtschaftslehre zu lösen. Die Arbeit in der Gruppe verläuft eher schleppend. Torsten, der recht interressiert mitmacht, erklärt sich bereit, am nächsten Tag zu präsentieren. Doch am nächsten Tag ist Torsten krank. Die übrigen Gruppenmitglieder sehen sich außerstande, die Präsentation zu übernehmen, da Torsten alle Unterlagen hat.	
Eine Gruppe hat einen physikalischen Versuch durchzuführen und sowohl den Versuchsablauf als auch die Versuchsergebnisse auf einem Plakat zu veranschaulichen. Das erstellte Plakat ist schließlich ziemlich verwirrend und für die Zuhörer wenig hilfreich. Doch der Vortrag des Gruppensprechers ist fachlich exakt und auch rhetorisch sehr überzeugend.	
Eine Gruppe hat im Fach Erdkunde einen Vortrag über die Verschmutzung des Rheins vorzubereiten. Die Gruppenmitglieder teilen sich die Erarbeitung des Materials auf, setzen sich eine bestimmte Zeit und tragen alsdann die wichtigsten Aspekte der Rheinverschmutzung zusammen und gestalten eine übersichtliche Folie. Der anschließende Vortrag läuft prima, nur dauert er statt der vorgegebenen 3–5 Minuten rund 12 Minuten.	
In einer Gruppe gibt es Ärger, weil zwei Gruppenmitglieder nicht mitmachen wollen. Die Gruppe stellt daraufhin die Sachaufgabe für 15 Minuten zurück und bespricht die bestehenden Motivationsprobleme. Anschließend machen die beiden Verweigerer doch mit. Nur kann in der verbleibenden Restzeit die Sachaufgabe nur noch zu zwei Dritteln gelöst werden.	
Eine Gruppe hat zu einem Geschichtsthema ein tolles Plakat gestaltet. Nur haben sich einige gravierende fachliche Fehler eingeschlichen, die auch im Vortrag nicht korrigiert werden. Auf Kritik und Rückfragen reagieren die beiden Gruppensprecher ebenso empfindlich wie hilflos.	

B 57   Gruppeninterne Epochalbewegung

AUFGABENSTELLUNG: Die SchülerInnen erhalten die Aufgabe, anhand des nebenstehenden Kriterien- und Bewertungsrasters eine reflektierte Selbst- und Fremdbewertung vorzunehmen, d. h., sie schätzen zunächst das eigene Gruppenverhalten und dann das der übrigen Gruppenmitglieder ein. Voraussetzung hierbei ist, dass die jeweiligen Gruppenmitglieder über einen längeren Zeitraum von ca. 6–8 Wochen konstant zusammenarbeiten, damit sie sich hinreichend kennen und einschätzen können. Bei abweichenden Bewertungen muss gruppenintern eine Kompromisslösung (Ø-Note) gesucht und gefunden werden. Das erfordert konstruktive Gespräche und trägt dazu bei, dass die SchülerInnen ihr Regelbewusstsein vertiefen.

ABLAUF DER ÜBUNG: Die Lehrperson stellt mittels Folie das nebenstehende Bewertungsraster vor und erläutert die einzelnen Abkürzungen Sb, Fb und Ø (vgl. dazu die näheren Ausführungen auf Seite 65ff. dieses Buches). Dann gehen die SchülerInnen in einer individuellen Besinnungsphase daran, zunächst sich selbst und dann die jeweiligen Tischgruppenmitglieder kriteriumsorientiert zu bewerten. Gibt es keine hinreichenden Eindrücke, so kann bei den betreffenden Personen und Kriterien ein Fragezeichen gesetzt werden. Grundsätzlich ist es jedoch wichtig und erwünscht, dass versuchsweise bewertet wird. In einem nächsten Schritt werden sodann die vorgenommenen Selbst- und Fremdeinschätzungen gruppenintern offen gelegt, besprochen und in möglichst einvernehmlich akzeptierte Ø-Noten überführt. Bei unversöhnlichen Meinungsverschiedenheiten wird die Lehrperson als ExpertIn und/oder SchlichterIn zu Rate gezogen.

Bewertungsraster

Trage bei jedem Verhalten ein, wie du dich selbst bewertest (Sb) und wie du deine Mitstreiter in der Gruppe beurteilst (Fb). Vergeben kannst Du zwischen 0 und 4 Punkten. „0" bedeutet, dass das betreffende Verhalten überhaupt nicht gezeigt wurde. Je höher der Punktwert, desto ausgeprägter war das besagte Verhalten zu beobachten. 4 Punkte stehen also für eine sehr gute Leistung, 0 Punkte für eine miese Leistung. Bei unterschiedlichen Einschätzungen muss ein Kompromiss gefunden und in die vorgegebene Ø-Spalte eingetragen werden.

Verhalten in der Gruppe	Namen der Gruppenmitglieder														
	Sb	Fb	Ø	Sb	Fb	Ø	Sb	Fb	Ø	Sb	Fb	Ø	Sb	Fb	Ø
hilft anderen geduldig und geschickt															
bringt mit seinen Ideen und Vorschlägen die Gruppe voran															
achtet darauf, dass zügig angefangen und gearbeitet wird															
bemüht sich sehr, dass alle in der Gruppe mitarbeiten															
kann gut zuhören und auf andere eingehen															
ist sachkundig und kann gut argumentieren															
arbeitet in der Gruppe aktiv und interessiert mit															
versteht es, bei Konflikten geschickt zu vermitteln															
spricht „Missstände" in der Gruppe offen an															
achtet auf die Einhaltung der vereinbarten Regeln															

B 58   Gruppenarbeit mit Regelverstößen

AUFGABENSTELLUNG: Die SchülerInnen erhalten die Aufgabe, zu den beiden skizzierten Fallbeispielen Vorschläge zu entwickeln, wie den geschilderten Störungen begegnet werden könnte. Dabei müssen sie nicht nur die betreffenden Störungen analysieren und die korrespondierenden Regelverstöße konkret benennen, sondern sie müssen auch und zugleich Sanktionen und sonstige Gegenstrategien vereinbaren, die ein diszipliniertes und effektiveres Arbeiten in der jeweiligen Gruppe sicherstellen könnten. In welche Richtung dabei gedacht werden sollte, geht aus den „Maßnahmenpaketen" im Kasten hervor.

Gegenmaßnahmen der beiden Gruppen

Fallbeispiel A:

Die Gruppe führt die Regelung ein, dass Gruppenarbeit in sich wie folgt strukturiert sein sollte: zunächst Stillarbeitsphase, dann erste Verständigung mit dem Lernpartner/ Nachbarn in der Gruppe und erst im Anschluss daran gezieltes Fragen, Diskutieren und Konzipieren in der Gesamtgruppe. Das senkt den Arbeitslärm und erhöht den Lernerfolg. Ferner wird ein Regelbeobachter eingesetzt, der bei undiszipliniertem Verhalten einzuschreiten hat.

Fallbeispiel B:

Die Gruppe beschließt nach kurzer Aussprache, dass Bernds Zuspätkommen einen gravierenden Regelverstoß darstellt, der laut vereinbartem Sanktionskatalog eine „Abmahnung" zur Folge hat, da Bernd wegen anderer Regelverstöße bereits zwei „Ermahnungen" bekommen hat. Bekäme Bernd eine zweite Abmahnung, müsste er eine Woche lang an einem Nebentisch alleine arbeiten. Außerdem wäre eine von der Gruppe zu bestimmende schriftliche Strafarbeit fällig.

ABLAUF DER ÜBUNG: Die SchülerInnen erhalten eine der beiden Fallbeschreibungen, lesen die Informationen durch, markieren wichtige Stellen und überlegen sich in einer individuellen Besinnungsphase, wie die skizzierten Regelverstöße behoben werden könnten. Ihre Einfälle/Vorschläge tragen sie in das betreffende Arbeitsblatt ein. Dann werden die unterschiedlichen Vorschläge der SchülerInnen zur Behebung der Störungen zunächst in Zufallsgruppen und dann im Plenum ausgetauscht und besprochen. Zum Abschluss der Übung stellt die Lehrperson die im obigen Kasten angeführten Maßnahmen vor. Dann wird das zweite Fallbeispiel in ähnlicher Weise thematisiert.

Fallbeispiel A

In der Klasse 5b wird im Fach Mathematik Gruppenarbeit gemacht. Die Schülerinnen und Schüler sitzen in Vierer- und Fünfergruppen zusammen und haben heute die Aufgabe, eine Textaufgabe mit zwei Unteraufgaben zu erfinden, dazu eine Musterlösung zu erstellen und schließlich sowohl die Aufgabe als auch die Lösungen sauber auf ein DIN-A3-Blatt zu schreiben sowie durch Farben und Zeichnungen auszuschmücken. Jede Gruppe erhält einen Zettel mit der Aufgabenbeschreibung; die DIN-A3-Blätter liegen zum Abholen auf dem Lehrertisch.

In einer der Gruppen läuft nun Folgendes ab: Frederic, ein guter Mathe-Schüler, liest die Aufgabenstellung vor und beginnt auch schon gleich erste Ideen zur gesuchten Textaufgabe zu äußern. Die anderen Gruppenmitglieder schauen derweil ziemlich irritiert drein, weil sie offenbar noch gar nicht so richtig kapiert haben, um was es überhaupt geht. Doch Frederic fantasiert bereits weiter. „Ein Flugzeug verbraucht 50 Liter Benzin pro Kilometer. Ein Liter kostet …" Da platzt ein zweiter Schüler lauthals dazwischen: „Und das Flugzeug stürzt ab." Die beiden anderen Gruppenmitglieder finden das offenbar sehr lustig und fantasieren weiter in Sachen Flugzeugabsturz. Ein Wort gibt das andere. Und es wird immer lauter, da die Gruppenmitglieder doch ziemlich weit auseinander sitzen. Ausgeprägte Lautstärke und Unruhe ist auch von einigen anderen Gruppentischen zu vernehmen. Da wird durcheinander- und dazwischengeredet. Der Lärmpegel ist insgesamt sehr hoch.

Doch die meisten Schülerinnen und Schüler scheint das gar nicht zu stören. Keiner beschwert sich, und keiner macht Anstalten, in der eigenen Gruppe für mehr Disziplin und Ruhe zu sorgen. Frederic auch nicht. Er knobelt engagiert an seiner Textaufgabe und lässt sich von seinen Gruppenmitgliedern weder durch Fragen noch durch Blödeleien ablenken. Als er mit seiner Textaufgabe fertig ist, liest er den Gruppenmitgliedern die Aufgabe vor und regt an, doch nun gemeinsam das Plakat zu gestalten. Als jedoch keiner so richtig mitzieht, ergreift Frederic schließlich erneut die Initiative …

☞ Wie kann in der angesprochenen Gruppe/Klasse für mehr Arbeitsdisziplin, weniger Lärm und strafferes Arbeiten gesorgt werden? Mache konkrete Vorschläge und besprehe diese später mit deinen Mitschüler/innen.

Fallbeispiel B

Wir befinden uns in einer kaufmännischen Klasse einer berufsbildenden Schule – erstes Lehrjahr. Die Klasse ist in mehrere Gruppen aufgeteilt, die für einen längeren Zeitraum in fester Besetzung zusammenarbeiten und durchweg recht anspruchsvolle Aufgaben zu bewältigen haben. Für alle Gruppen gelten bestimmte Regeln, die gemeinsam vereinbart worden sind und im Klassenraum aushängen. Über die Einhaltung der Regeln wacht der jeweilige „Personalchef" (Regelbeobachter).

Heute nun geht es um das betriebliche Rechnungswesen. Da muss viel gelesen, mit dem Computer gearbeitet, ein Kontenrahmen entwickelt, gerechnet, diskutiert und in anderer Weise gearbeitet werden. In den Gruppen wird zunächst ein Arbeits- und Zeitplan erstellt, und dann geht es arbeitsteilig zur Sache. Doch in einer Gruppe hakts. Ein Schüler fehlt, der angesichts der Aufgabenfülle dringend benötigt würde. Die Gruppenmitglieder murren, weil es nicht das erste Mal ist, dass Bernd zu spät kommt oder ganz wegbleibt. Er hat deshalb bereits zwei Ermahnungen bekommen, die laut Regelkatalog fällig sind, wenn ernsthafte Regelverstöße vorliegen. Für die Gruppe ist dieses Fehlen blöd, weil die umfangreiche Arbeit auf weniger Schultern verteilt werden muss.

Miriam äußert sich denn auch richtiggehend sauer, als sie nach einer halben Stunde Wartezeit auch noch Bernds Arbeit mitübernehmen soll. Nach einigem Hin und Her, das die Gruppe natürlich zeitlich und arbeitsmäßig zurückwirft, ist schließlich ein veränderter Arbeitsplan vereinbart. Nach einer weiteren halben Stunde taucht dann Bernd doch noch auf, hockt sich stillschweigend auf seinen Stuhl und harrt der Dinge, die da kommen werden. Als Erster ergreift der Personalchef/Regelbeobachter das Wort und bittet Bernd um eine Erklärung für sein Zuspätkommen. Als Bernd die Verspätung der U-Bahn als Grund anführt, reagiert Martin leicht erzürnt mit dem Hinweis: „Wie du weißt, fahre ich morgens die gleiche Strecke. Wenn du pünktlich gewesen wärst, hätte die U-Bahn mit Sicherheit keine Verspätung gehabt. Also lass die Schwindelei!" Miriam beschwert sich ebenfalls heftig über die eigene Mehrbelastung und das unsoziale Verhalten von Bernd. Nach einigen weiteren Rügen beendet der Personalchef die Debatte mit der Frage: „Nun Leute, was sollen wir mit Bernd machen? Er hat bereits zwei Ermahnungen wegen Zuspätkommen erhalten."

Was würdest du vorschlagen, wie Bernds Regelverstoß geahndet werden soll? Was kann/sollte die Gruppe tun?

Trainingsfeld 4: Grundformen des Gruppenunterrichts durchspielen

Entscheidende Voraussetzung einer guten Gruppenarbeit ist, dass die SchülerInnen ernsthaft zusammenarbeiten müssen, um eine gestellte Aufgabe zu lösen. Diese Voraussetzung wird von vielen Lehrkräften an unseren Schulen zu wenig bedacht und berücksichtigt. Vielerorts sieht Gruppenarbeit nach wie vor so aus, dass die SchülerInnen an Gruppentischen zusammensitzen und teils alleine, teils auch gar nichts arbeiten, ohne dass das irgendwelche negativen Konsequenzen für sie hätte, solange sich nur irgendwelche strebsamen Gruppenmitglieder finden, die für ein gutes Ergebnis sorgen. Dieser Unverbindlichkeit der gruppeninternen Kooperation gilt es entgegenzuwirken. Das geht zum einen mittels spezifischer Spielregeln und Sanktionen, zum anderen durch die Auswahl bzw. Aufbereitung von Aufgaben, die ein engagiertes Zusammenwirken der SchülerInnen induzieren. Wie derartige kooperationsfördernde Aufgaben aussehen können und welche Spielregeln sich diesbezüglich bewährt haben, wird in diesem letzten Trainingsabschnitt ansatzweise gezeigt.

Die dokumentierten Arbeitsarrangements können von den für die Teamentwicklung zuständigen Lehrkräften wahlweise durchgespielt und/oder vom Design her auf andere Fächer und Themen übertragen werden. Grundsätzlich lassen sich nämlich in den meisten Schulfächern Lernanlässe finden, auf die sich das eine oder andere Arbeitsarrangement analog anwenden lässt. Die Palette der dokumentierten Grundformen des Gruppenunterrichts reicht vom kooperativen Üben und Präsentieren über das Gruppenpuzzle, die Gruppenrallye und das Gruppenbrainstorming bis hin zum umfassenden Gruppenprojekt mit differenzierter gruppeninterner Arbeitsteilung. Kennzeichnend für all diese Gruppenarrangements ist, dass die Gruppenmitglieder in hohem Maße aufeinander angewiesen sind und miteinander arbeiten müssen, um zum Erfolg zu kommen.

Forciert wird diese Zusammenarbeit durch einige spezifische Spielregeln und Sanktionen wie das Auslosen des Gruppensprechers, das Einfordern einer kooperativen Präsentation unter Beteiligung aller Gruppenmitglieder oder das Ermitteln einer präsentationsabhängigen Gruppennote, die allen Gruppenangehörigen gleichermaßen zugewiesen wird. Diese Spielregeln fördern die Arbeitsdisziplin und das „Wir-Gefühl" der einzelnen Gruppenmitglieder.

B 59 — Partnerarbeit

AUFGABENSTELLUNG: Kennzeichnend für dieses Grundarrangement ist, dass die SchülerInnen jeweils zu zweit bestimmte Aufgaben lösen müssen, die für jeden alleine womöglich zu schwierig bzw. zu zeitaufwendig wären. Damit wird der drohenden Überforderung und/oder Resignation vorgebeugt. Das partnerschaftliche Erarbeiten/Vertiefen des Lernstoffs ist somit die einfachste Grundform des Gruppenunterrichts. Die jeweiligen Arbeitspartner können sich dabei sowohl nach Neigung/Tischzugehörigkeit zusammenfinden als auch per Los zusammengeführt werden. Nachhaltig forciert werden kann die Zusammenarbeit der Lernpartner durch das Auslosen des Präsentators sowie durch die Vergabe einer präsentationsabhängigen Tandem-Note.

PRAKTISCHE ÜBUNGEN: Die Anlässe für Partnerarbeit sind im alltäglichen Unterricht sehr zahlreich gegeben. Überall dort, wo wechselseitige Hilfe, Beratung und Ermutigung gefragt ist, empfiehlt sich Partnerarbeit. Das nebenstehende Aufgabenblatt verlangt z. B. von den SchülerInnen einer neunten Klasse eine recht anspruchsvolle Arbeit mit dem Betriebsverfassungsgesetz. Bei dieser Aufgabenstellung muss mit einer gewissen Verunsicherung auf Schülerseite gerechnet werden. Durch das Ansetzen von Partnerarbeit wird dem drohenden Anfangsfrust entgegengewirkt und die Erfolgswahrscheinlichkeit der Tandems insgesamt erhöht. Die anschließende Lernkontrolle sieht so aus, dass die Lehrperson zu jeder Problemfrage ein anderes Tandem berichten lässt, wobei der jeweilige Berichterstatter mittels „Zufallsgenerator" bestimmt werden kann (Präsentator ist z. B., wer im Tandem als Erster im Kalenderjahr Geburtstag hat).

Ein Beispiel: Suchaufgaben zum Betriebsverfassungsgesetz

Beantworte die nachfolgenden Fragen mit Hilfe des Betriebsverfassungsgesetzes und formuliere jeweils eine kurze Begründung. Das Betriebsverfassungsgesetz (BVG) ist z.B. beim Bundesministerium für Arbeit und Sozialordnung kostenlos zu erhalten – auch im Klassensatz!

■ In einem Betrieb mit 320 Beschäftigten fordert der Betriebsrat die Freistellung des Betriebsratsvorsitzenden von seiner beruflichen Tätigkeit bei vollen Bezügen. Ist das rechtens? (vgl. 2. Teil, 3. Abschn. BVG)

■ Der Betriebsrat der Textil-KG ruft wegen der geplanten Kündigung von 20 Arbeitskräften die Belegschaft zu einem eintägigen Warnstreik auf. Ist das zulässig? (vgl. §§ 70–80 BVG)

■ In einem Familienbetrieb mit 380 Beschäftigten will der Firmenchef ein neues Prämiensystem einführen, um die Leistungsbereitschaft der Mitarbeiter zu fördern. Er ist der Ansicht, dass er dies ohne Zustimmung des Betriebsrates tun kann. Hat er Recht? (vgl. 4. Teil, 3. Abschn. BVG)

■ Die Geschäftsleitung der Ratio-KG will 10 Schweißroboter einführen. Der Betriebsrat ist dagegen. Kann die Geschäftsleitung die Roboter dennoch anschaffen? (vgl. §§ 90–113 BVG)

■ Die Jugend- und Auszubildendenvertretung möchte zu allen Sitzungen einen Vertreter entsenden. Ist das zulässig? (vgl. §§ 60–70 BVG)

■ Die Metall-AG kündigt einem Mitarbeiter wegen wiederholten Fehlens fristlos. Der Betriebsrat wird entsprechend informiert. Ist die Kündigung rechtswirksam? (vgl. 4. Teil, 5. Abschn. BVG)

■ Die Rentos-KG will ihr Zweigwerk schließen. Der Betriebsrat fordert einen Sozialplan. Ist er dazu befugt? (vgl. §§ 105–115 BVG)

B 60   Kooperatives Üben

AUFGABENSTELLUNG: Kennzeichnend für diese Grundform des Gruppenunterrichts ist das konsequente Üben und Wiederholen des behandelten Lernstoffs in Partner- oder Gruppenarbeit. Hierbei ist es wichtig, dass durch Zulosen ausgewählter Leistungsträger zu den einzelnen Gruppen für eine gewisse Leistungsheterogenität in diesen Gruppen gesorgt wird. Andernfalls besteht die Gefahr, dass die „Zugpferde" bzw. „Hilfslehrer" fehlen, die für den gruppeninternen Klärungsprozess gebraucht werden. Wichtig ist ferner, dass die Gruppenmitglieder durch das bereits erwähnte Auslosen des Gruppensprechers oder durch Gruppentests und Gruppennoten zu einer ebenso engagierten wie wirksamen Kooperation veranlasst werden.

PRAKTISCHE ÜBUNGEN: Auf dem nebenstehenden Info-Blatt werden einige Möglichkeiten des kooperativen Übens und Wiederholens umrissen. Entsprechende Übungsarrangements lassen sich in allen möglichen Fächern platzieren. Dabei geht es nicht nur darum, dass die jeweiligen Gruppenmitglieder die vorliegenden Übungsaufgaben gemeinsam bearbeiten, sondern es ist durchaus auch möglich, dass sie entsprechende Fragekärtchen, Übungstests oder sonstige Übungsmaterialien kooperativ entwickeln. Zwei derartige Übungsmaterialien sind auf den nachfolgenden Seiten dokumentiert worden. Sowohl zum Frageblatt als auch zum Kreuzworträtsel haben sich die Gruppenmitglieder auf der Basis der vorliegenden Medien den nötigen Durchblick zu verschaffen, um späterhin als Gruppensprecher oder im Rahmen korrespondierender Tests möglichst gut abzuschneiden. Für diese Tests gilt nämlich, dass der Gruppenpunktwert ermittelt und in eine Gruppennote umgemünzt wird.

Einige Anregungen und Aufgabentypen

Jede Gruppe erstellt in Englisch Vokabelkärtchen für eine Lernkartei und setzt diese in regelmäßigen Abständen zu Übungszwecken ein. Der Übungserfolg der Gruppenmitglieder wird hin und wieder durch kleine Übungstests und/oder durch mündliches Abfragen ausgeloster Gruppenmitglieder überprüft und unter Umständen auch mit einer Gruppennote bedacht.

Jede Gruppe erhält während des Unterrichts ein bestimmtes Zeitkontingent, um sich mit einem bereits behandelten Stoffgebiet gruppenintern so vertraut zu machen, dass möglichst jedes Gruppenmitglied fit ist. Dann lässt die Lehrperson einen vorbereiteten Übungstest schreiben. Benotet wird auch diesmal nicht die Einzelleistung, sondern die Gruppenleistung in Abhängigkeit von der erreichten Gesamtpunktzahl der Gruppenmitglieder.

Jede Gruppe hat die Aufgabe, zu einem bestimmten Stoffgebiet z.B. 10 Schlüsselfragen mit den dazugehörigen Antworten zu erarbeiten und auf Kärtchen zu übertragen. Zur Kontrolle lässt die Lehrperson jedes Gruppenmitglied eines der gruppenintern vorbereiteten Kärtchen ziehen und die entsprechende Frage beantworten. Auch hier kann in Abhängigkeit vom Gesamterfolg der Gruppenmitglieder eine Gruppennote erteilt werden.

Jede Gruppe erhält 10 Kärtchen mit 10 wichtigen Fachbegriffen, die mit Hilfe des Lexikons/Schulbuchs/Haushefts gruppenintern zu klären und so zu besprechen sind, dass jedes Gruppenmitglied möglichst gut Bescheid weiß. Dann folgt eine Kontrollphase dergestalt, dass die Lehrperson von jedem Gruppenmitglied eines der 10 Kärtchen ziehen und den betreffenden Fachbegriff erläutern lässt. Auch hier kann die Gesamtleistung der Gruppenmitglieder erfasst und in eine Gruppennote überführt werden.

Jede Gruppe erstellt zum behandelten Stoffgebiet einen möglichst variantenreichen Übungstest mit z.B. fünf Aufgabenstellungen. Die Lehrperson sammelt alle Tests ein, lost zeitversetzt einen dieser Tests aus und lässt diesen zwecks Kontrolle und Wiederholung von den SchülerInnen in Stillarbeit bearbeiten. Bewertet wird nicht die Einzelleistung, sondern die Gruppenleistung aufgrund der Gesamtpunktzahl der jeweiligen Gruppenmitglieder.

Jede Gruppe erstellt zu einem behandelten Stoffgebiet ein einfaches Kreuzworträtsel zur Wiederholung wichtiger Fachbegriffe (siehe das nachfolgende Beispiel). Die erstellten Kreuzworträtsel werden anschließend an andere Gruppen weitergegeben und von diesen bearbeitet. Eines der Rätsel kann später im Rahmen einer Klassenarbeit eingesetzt werden.

Ein erstes Beispiel: Fragelandschaft

Welche Funktionen hat das Geld?

Wie kann man den Wert von Sachen und Leistungen messen und miteinander vergleichen?

Wo werden Münzen geprägt, und woran kann man die Prägestätte erkennen?

Was haben die beiden Geldarten – Banknoten und Münzen – miteinander gemein, wodurch unterscheiden sie sich?

Wie werden Banknoten gegen Fälschungen gesichert?

Wer verfügt über das Münzrecht oder Münzregal?

Wer gibt Banknoten aus?

?

Was ist eine Währung?

Was ist Geld, und wozu braucht man es?

Was bedeutet sparen?

Wie kommt man an Geld? – Nenne Einkommensarten!

Erkläre den Unterschied zwischen Bargeld und Giralgeld!

Worin besteht das Monopol der Bundesbank auf Zentralbankgeld?

In welchen Formen kann man bargeldlos zahlen, und wie unterscheiden sich die Zahlungswege?

Ein zweites Beispiel: Kreuzworträtsel

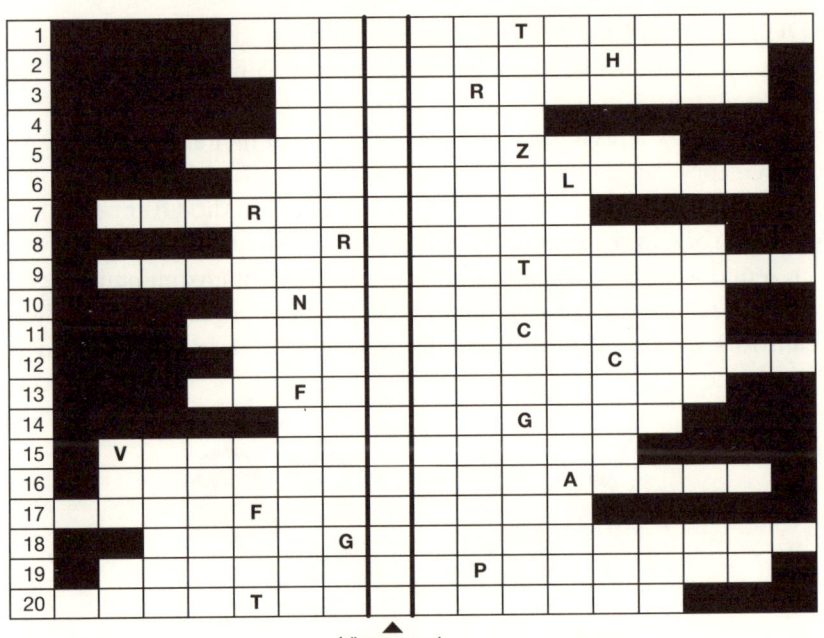

Lösungswort

1) Der Betriebsrat hat das Recht auf …
2) So nennt man die Gruppe der Lohn- und Gehaltsempfänger
3) Ein anderes Wort für Betrieb
4) Überbetrieblicher Arbeitskampf
5) Diese kann der Betriebsrat mitbestimmen (soziale Angelegenheit!)
6) Die Arbeitnehmerschaft setzt sich zusammen aus Arbeitern und …
7) Gremium, das im Betrieb mitbestimmt
8) Arbeitnehmervertretung im öffentlichen Dienst
9) Jugendliche unter 18 Jahren wählen die …
10) Ihm gehört der Betrieb
11) Großer Interessenverband der Arbeitnehmer
12) Maßnahmen zur Verbesserung der Arbeitsbedingungen
13) Oberstes Kontrollgremium in Kapitalgesellschaften
14) Personelle Angelegenheit, bei der der Betriebsrat voll mitbestimmt
15) Abkommen zwischen Betriebsleitung und Betriebsrat
16) Personelle Angelegenheit, bei der der Betriebsrat lediglich ein Unterrichtungs-
    und Beratungsrecht hat
17) Schriftliches Abkommen zwischen Gewerkschaft und Arbeitgeberverband
18) Einrichtung zur Beilegung von Meinungsverschiedenheiten zwischen
    Betriebsrat und Arbeitgeber
19) Dieser Pflicht unterliegt sowohl der Betriebsrat wie der Arbeitgeber
20) Recht des Betriebsrats, das kein volles Mitbestimmungsrecht ist

B 61   Kooperative Präsentationen

AUFGABENSTELLUNG: Kennzeichnend für diese Grundform des Gruppenunterrichts ist, dass den SchülerInnen von vornherein der Auftrag erteilt wird, kooperativ präsentieren zu müssen. Durch diese Vorgabe wird ganz zwangsläufig eine recht enge Zusammenarbeit in der jeweiligen Gruppe ausgelöst, die sowohl die Planungs- und Vorbereitsphase als auch die Präsentationsphase selbst betrifft. Wie die Gruppenmitglieder die Arbeit im Einzelnen verteilen und wie sie die Übergänge moderieren und gestalten, das müssen sie gruppenintern abstimmen. So gesehen ist Teamwork programmiert. Zusätzlich angeregt wird dieses Teamwork durch die Bewertung der Kooperationsleistung während der Präsentation.

PRAKTISCHE ÜBUNGEN: Überall dort, wo komplexere Gruppenergebnisse entstehen, die in sich differenzierbar sind, bieten sich kooperative Präsentationen unter Beteiligung aller Gruppenmitglieder an. Ob nun z. B. ein Plakat mit unterschiedlichen Sachaspekten entsteht, ob sich ein Gruppenergebnis auf unterschiedlichen Folien darstellen lässt oder ob in einer Reportage, einer Talkshow, einer Debatte, einem Hearing oder in einer anderen Art von Rollenspiel unterschiedliche Akteure gebraucht werden, stets müssen die Gruppenmitglieder relativ eng zusammenarbeiten und ihre individuellen Beiträge sinnvoll koordinieren. Die nachfolgenden Arbeitsarrangements machen dieses beispielhaft deutlich. Bei der ersten Produktion und Präsentation geht es um den Ablauf des Gesetzgebungsverfahrens, im zweiten Fall um das Funktionieren eines Wärmekraftwerks und im dritten Fall um das Aussterben der Dinosaurier.

Übung 1: Wie ein Gesetz entsteht

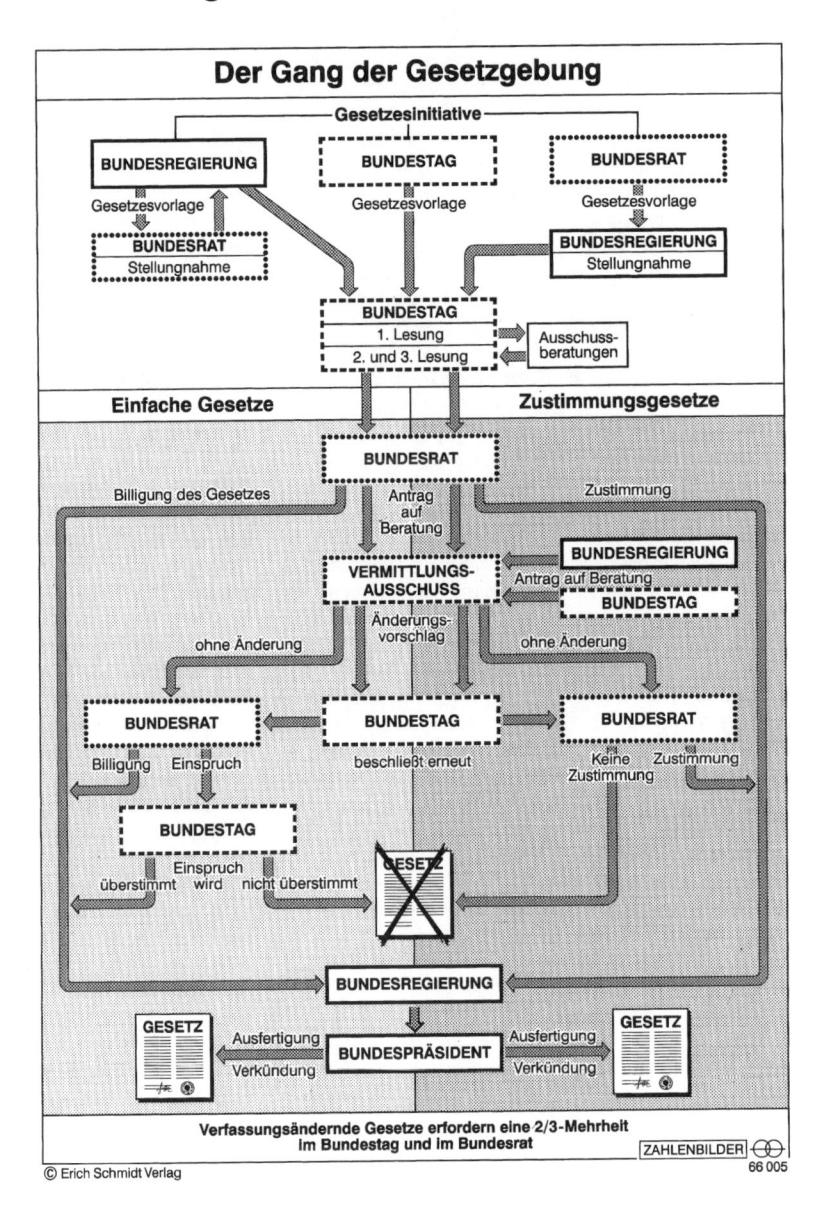

Bereitet in eurer Gruppe eine kooperative Präsentation unter Beteiligung aller Gruppenmitglieder zum Thema „Wie ein Gesetz entsteht" vor. Greift dabei auf weitere Informationen im Schulbuch/Hausheft/Lexikon zurück.

Übung 2: So funktioniert ein Wärmekraftwerk

Das Aggregat, mit dem im Kraftwerk Elektrizität erzeugt wird, ist der Generator. Innen, von einer feststehenden Kupferdrahtspule umschlossen, rotiert der Elektromagnet und erzeugt in den äußeren Spulen elektrische Spannungen. Strom kann fließen. Was aber läßt den Magnet rotieren?

Wie ein Blick auf die Skizze eines Wärmekraftwerks zeigt, besteht es im wesentlichen aus wenigen Elementen: aus einem Dampferzeuger, in dem Wasser durch Wärmezufuhr so sehr erhitzt wird, daß es verdampft; aus einer Turbine, die durch den heißen Wasserdampf angetrieben wird; aus einem Generator, der, von der Turbine zur Rotation gebracht, Strom erzeugt, und aus einem Kondensator, in dem der Wasserdampf, nachdem er in der Turbine seine Arbeit geleistet hat, so weit abgekühlt wird, bis er zu Wasser kondensiert.

Der Dampferzeuger

Der Dampferzeuger (der Kessel) besteht im wesentlichen aus dem Verbrennungsraum und dem Wärmetauscher. Ziel ist es, die Verbrennung so zu gestalten und zu steuern, daß der Energieinhalt des Brennstoffs maximal genutzt wird. Da Stein- und Braunkohle, von den Kohlebergwerken zumeist mit Schiffen, der Eisenbahn oder mit Förderbändern angeliefert, zur optimalen Verbrennung noch zu grob sind, müssen sie erst zu Kohlenstaub gemahlen werden. Schweres Heizöl benötigt eine bestimmte Temperatur, um hinreichend flüssig zu sein, Gas erfordert einen gewissen Druck, um in richtiger Dosierung in den Kessel zu gelangen. Entsprechend vorbereitet verbrennen die Energien optimal.

Die Luft bzw. die für die Verbrennung jeweils notwendige Menge Sauerstoff wird in den Feuerungsraum geblasen. Mit der Verfeuerung des Energierohstoffs entsteht außer den Verbrennungsgasen Asche.

Den Verbrennungsraum umhüllt eine Vielzahl von dünnen Rohren, in denen das Speisewasser fließt. Die heißen Rauchgase umströmen die Rohrbündel, wobei die Wärmeenergie auf das Wasser übertragen wird: Es beginnt zu kochen und verdampft. Da Dampf mehr Raum benötigt als Wasser, steigt der Druck im Röhrensystem. In modernen Kraftwerken hat er eine Temperatur von etwa 530 Grad Celsius und einen Druck von gut 180 bar. Dieser heiße, komprimierte Dampf wird zur Turbine geleitet.

Die Turbine

Turbinen arbeiten im Prinzip wie Windmühlen, nur werden sie nicht vom Wind angetrieben. In Wärmekraftwerken ist es der unter Druck stehende heiße Wasserdampf (in Gasturbinen-Kraftwerken sind es die heißen Abgase eines Brennstoff-Luft-Gemisches) und in Wasserkraftwerken ist es das Wasser, das auf die Turbinenschaufeln geleitet wird.

Beim Dampfturbinenprozeß strömt der heiße Dampf in die Richtung des geringeren Drucks, wobei sich die Strömungsgeschwindigkeit durch Düsen oder entsprechend gestaltete Leitwege verändern läßt. Trifft der Dampfstrahl auf die Blätter des Turbinenlaufrades, wird die gespeicherte Energie im Dampf zur Bewegungsenergie in Form der Rotation der Turbine. Ist sie mit einer Welle verbunden, kann die vorhandene Drehbewegung zum Antrieb anderer Maschinen genutzt werden.

Die Schaufeln der Leit- und Laufräder werden zum Ausgang der Turbine hin immer größer. Dies ist notwendig, weil sich der Dampf mit abnehmendem Druck stark ausdehnt. Bei der großtechnischen Ausführung von Dampfturbinen werden mehrere Turbinenstufen (Hochdruck-, Mitteldruck-, Niederdruckturbinen) hintereinander gekoppelt, deren Abmessungen der Volumenzunahme des Dampfes entsprechen. Wenn der Dampf durch die Turbine strömt, verliert er an Temperatur. Vor dem Eintritt in die nächste Turbinenstufe erfolgt deshalb im „Zwischenüberhitzer" eine Wiederaufheizung, durch die der Wirkungsgrad erhöht wird.

 Bereitet in eurer Gruppe eine kooperative Präsentation unter Beteiligung aller Gruppenmitglieder zum Thema „Wärmekraftwerke" vor. Greift dabei gegebenenfalls auf weitere Informationen im Schulbuch/Hausheft/Lexikon zurück.

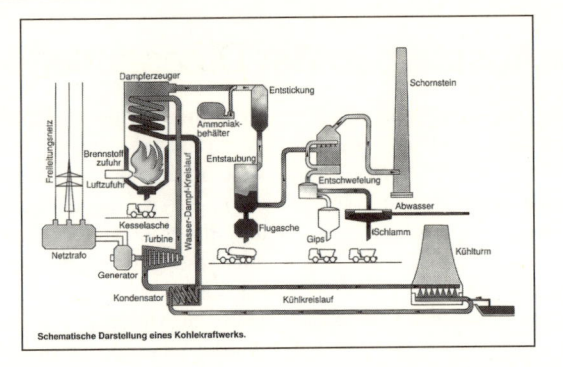

Schematische Darstellung eines Kohlekraftwerks.

Der Generator

Über eine gemeinsame Welle wird die drehende Bewegung der Turbine auf den Generator übertragen. Er erzeugt auf diese Weise elektrische Energie. Das heißt streng genommen wird mechanische Energie in elektrische Energie umgewandelt. Sie wird am Generator abgenommen und gelangt über das Stromnetz zu den Verbrauchern.

Der Kondensator

Wenn der sehr heiße und unter Druck stehende Wasserdampf die letzte Schaufel der Turbine verlassen hat, ist er etwa 30 bis 40 Grad Celsius warm und steht nur noch unter minimalem Druck.
Könnte man den Dampf erneut unter hohen Druck setzen und wieder zum Ausgangspunkt zurückpumpen, dort, wo er im Kessel entstanden ist, ließe sich der Wirkungsgrad eines Wärmekraftwerks deutlich verbessern. Doch Dampf läßt sich nicht pumpen, sondern muß erst wieder zu Wasser kondensieren. Dazu muß die Verdampfungswärme, die noch in ihm enthalten ist, abgeführt werden.
Dies geschieht im Kondensator, einem von Kühlwasser umspülten Rohrsystem. Der aus der Turbine austretende Dampf gibt seine Wärme an das Kühlwasser ab und verflüssigt sich dabei wieder zu Wasser, das, in den Kesselbereich gepumpt, erneut erhitzt und verdampft werden kann. Der Kreislauf des Wassers beginnt von neuem.
Das bei diesem Prozeß erwärmte Kühlwasser, das meist Flüssen entnommen wird, gelangt über Verteilerrohre in den Kühlturm.

Der Kühlturm

Im Kühlturm, der oftmals über 100 Meter hoch ist, wird das Wasser, das die Abwärme des Kraftwerkes aufgenommen hat, schließlich abgekühlt. Dazu wird es in einer Höhe zwischen 10 und 20 Metern im Kühlturm versprüht. Entsprechende Einbauten schaffen für das etwa 30 Grad Celsius warme Kühlwasser eine große Oberfläche und sorgen damit für eine intensive Berührung mit der entgegenströmenden Luft. Dabei verdunstet ein kleiner Teil und entweicht als Dampf in die Atmosphäre. Das übrige Kühlwasser wird im Kühlturmbecken aufgefangen. Von dort kann man es entweder in das Entnahmegewässer zurückleiten (Ablaufbetrieb) oder von neuem in den Kondensatorkreislauf einspeisen (Rückkühlbetrieb). Bei diesem geschlossenen Kühlkreislauf wird lediglich das verdunstete Wasser ersetzt.

Mensch am Kraftwerk

Der Personalbedarf in Wärmekraftwerken hängt vom gewählten Kraftwerkstyp ab. So werden zum Betrieb eines großen Steinkohlekraftwerks etwa 200 Mann Personal benötigt, bei einem Kernkraftwerk sind es etwa 300 Beschäftigte.
Zu den wichtigsten Aufgaben des Kraftwerkpersonals zählen neben der Steuerung des Stromerzeugungsprozesses und der Wartung der Anlagen die Vorbereitung, Aufarbeitung und Analyse des Brennstoffs sowie die Überwachung der Umweltschutzeinrichtungen bis hin zur Entsorgung der Kraftwerksrückstände.

Brennstoffe

Als Brennstoffe kommen in Wärmekraftwerken vor allem fossile Energieträger und Uran in Frage. Finanzielle Mehraufwendungen für den Bau eines Kohle- oder Kernkraftwerks gegenüber einem Öl- oder Gaskraftwerk werden durch die günstigeren Brennstoffkosten von (Weltmarkt-) Kohle und Uran mehr als ausgeglichen.

Quelle: StromBASISWISSEN, Nr. 105, hrsg. von der IZE, Frankfurt/Main

Übung 3: Vom Aussterben der Dinosaurier

Vor 65 Millionen Jahren: Eine Gruppe Saurier trabt friedlich durch die Dschungellandschaft von Yukatan. Plötzlich stoppt die Herde. Die bis zu acht Meter hohen und achtzig Tonnen schweren Giganten der Vorzeit recken ihre Köpfe zum Himmel, der sich rot verfärbt hat. Ein fernes Rauschen hat sie aufgeschreckt, das von Sekunde zu Sekunde anschwillt.

Ein Kleinplanet von zehn Kilometer Durchmesser ist es, der da einen tödlichen Kurs auf die Erde eingeschlagen hat. Mit einer vielfachen Schallgeschwindigkeit, 40 Kilometer pro Sekunde, donnert er durch das All – und bohrt sich nun in den Boden Yukatans! Die Gesteinsbombe löst eine gigantische Explosion aus.

Eine kosmische Feuerkugel

Diese Katastrophe verändert das Gesicht der Welt. Zuerst jagt die kosmische Feuerkugel eine Flutwelle von 1000 Meter Höhe durch den Golf von Mexiko. Dann wirbeln Staub und giftige Gase in den Himmel. Es wird über Monate hinweg finster auf der Welt. Die durchdringende Kälte wird begleitet von saurem Regen. Als endlich die Sonne wieder durch die Wolkenwand dringt, sind weit mehr als die Hälfte aller Arten auf der Erde ausgelöscht. Unter ihnen auch die gewaltigen Dinosaurier.

Daß ein Meteorit aus dem All die Dinosaurier, die 140 Millionen Jahre lang das Gesicht der Welt prägten, ausgerottet hat – das war viele Jahre nur eine Theorie unter anderen. Immerhin eine, die besonderes Aufsehen erregte. Im Jahr 1980 veröffentlichte der Physiker Luis Alvarez seine Theorie vom Dino-Sterben. Der Beleg für diese These: Überall auf der Welt hatte der Forscher in Erdabla-

 Bereitet in eurer Gruppe eine kooperative Präsentation unter Beteiligung aller Gruppenmitglieder zum Thema „Dinosaurier" vor. Greift dabei auf das abgedruckte Material zurück und wertet dieses sorgfältig aus.

gerungen aus der Zeit vor 65 Millionen Jahren übergroße Mengen von Iridium und anderen Platinmetallen gefunden. Ein sicheres Zeichen für einen Meteoriteneinschlag.

Alvarez hatte geschätzt, die Gesteinsbombe müsse mindestens zehn Kilometer Durchmesser gehabt haben. Aber wo, fragten die Kritiker, ist der Einschlagskrater? Denn wenn die Alvarez-These stimmte, müßte der Krater mindestens 150 Kilometer Durchmesser haben …

Neue Fragen, neue Rätsel

So suchten die Forscher auf der ganzen Welt. Vergeblich. Und neue Theorien vom plötzlichen Artentod der Dinosaurier verdrängten die des Physikers Alvarez. Zum Beispiel diese: Schon vor 80 Millionen Jahren kühlte das Klima langsam ab, die Pflanzenfülle der Dschungel ging zurück – und die rastlosen Pflanzenfresser starben an Hunger. Aber: Auch in diesen kühleren Zeiten gab es weiterhin feucht-heiße Gebiete auf der Erde. Und da hätten einige Dino-Arten doch überleben können.

Es gibt auch die sogenannte Streß-Theorie. Demnach sei den Urzeit-Riesen der Lebensraum zu eng geworden. Überall hätten die Dinos um ihr Fressen kämpfen müssen – und darum legten die gestreßten Muttertiere Eier mit zu dünnen Schalen, die entweder zerbrachen oder austrockneten.

Während das plötzliche Aus für die Dinos immer geheimnisvoller wird, spüren die Dino-Forscher mehr und mehr Knochenfunde auf. Das Bild der Vorzeit-Giganten wird klarer. Es müssen intelligente Wesen gewesen sein, die sich um den Nachwuchs kümmerten. Und flink waren sie auch. Manche der Riesen kamen auf Laufgeschwindigkeiten von 45 Kilometer in der Stunde.

Der Airbus und der Supersaurus …

Der allergrößte Dino wird wohl ganz ausgegraben sein, wenn dieses Jugendbuch erscheint. Noch buddeln die Urzeitforscher in New Mexico. Der aktuelle Stand der Ausgrabungsarbeiten ist der: Der Koloss muß um die 50 Meter lang gewesen sein. Damit schlägt er locker den sogenannten Supersaurus. Der ist kurz vor ihm im US-Staat Colorado gefunden worden und war 43 Meter lang, was ziemlich genau der Spannweite eines Airbus entspricht.

Wer weiß, vielleicht wird bald der Fund eines noch gigantischeren Dinosauri-

ers vermeldet. Aber wie sieht es aus mit der neuen Theorie über ihren plötzlichen Tod? Der Physiker Alvarez kann doch recht gehabt haben mit seiner Meteoriten-Theorie! Im nördlichen Bereich der Yukatan-Halbinsel am Golf von Mexiko wurde ein Krater entdeckt, der einen Durchmesser von 176 Kilometer hat und halb im Meer liegt. Damit läßt sich die These des Physikers beweisen!

Doch es wäre ja ein Wunder, wenn nicht noch ein Geheimnis bliebe. Forscher haben nämlich errechnet, daß Himmelskörper die Geschichte unserer Welt stark beeinflußt haben. Es könnte sein, daß unser Zentralgestirn, die Sonne, einen noch unbekannten Begleiter hat. Dieser Stern – so eine Theorie – kommt alle 26 Millionen Jahre der Sonne zu nahe. Damit bringt er Verwirrung in eine außerhalb des Planetensystems kreisende Kometenwolke und lenkt ganze Scharen ins Innere des Sonnensystems. Und ein paar davon stoßen dann auch auf der Erde auf. Solche Himmelskörper könnten auch die Dinos auf dem Gewissen haben. Obwohl – ganz sicher darf man bei den rätselhaften Giganten ja nie sein.

Thomas Fröhling

B 62 Gruppen-Brainstorming

AUFGABENSTELLUNG: Kennzeichnend für diese Grundform des Gruppenunterrichts ist, dass die SchülerInnen in Teams ihren geballten Ideenreichtum entfalten müssen, um bestimmte vorgegebene Probleme zu lösen. Überall dort, wo möglichst vielfältige Ideen, Vorschläge und Vorkenntnisse gefragt sind, ist das gedankliche Ping-Pong-Spiel in der Gruppe unverzichtbar. Motivierend und inspirierend wirkt dabei sowohl die ansteckende Eigendynamik des Gedankenspiels als auch die mögliche Vorgabe der Lehrkraft, dass am Ende des Brainstormings alle Gruppenmitglieder in der Lage sein müssen, zu jeder Idee eine kurze Erläuterung zu geben. Zusätzlich gefördert wird der Teamgeist durch die gemeinsame Bewertung der Ideen.

PRAKTISCHE ÜBUNGEN: Brainstorming-Anlässe lassen sich in allen möglichen Fächern finden. Auf dem nebenstehenden Übersichtsblatt sind einige Vorschläge formuliert, wie die jeweiligen Gruppenmitglieder zum themenzentrierten Ideensammeln veranlasst werden können. Egal, welcher Brainstorming-Anlass im Einzelfall gegeben ist, stets sind bestimmte Regeln zu beachten, damit der angestrebte Gedankenfluss wirksam in Gang kommen kann. Zu diesen Regeln gehört, dass während des Brainstormings keine Wertungen und/oder Problematisierungen zulässig sind. Alle Ideen/Erklärungen/Vorschläge, egal, wie realistisch oder abwegig sie sind, werden zunächst einmal akzeptiert, damit sich im ersten Durchgang möglichst viel Kreativität entfalten kann. Die geäußerten Ideen werden in der Gruppe protokolliert und anschließend bewertet und diskutiert. Der Extrakt des Brainstormings wird zum Schluss im Plenum vorgestellt.

Mögliche Brainstorming-Anlässe

Problemfeld: Berufswahl

- Wie kann man den Bewerbungserfolg steigern?
- Was spricht für und was gegen einen kaufmännischen Beruf?
- Worauf sollte beim Bewerbungsschreiben geachtet werden?
- Wie wird die Berufswelt des Jahres 2010 wohl aussehen?
- Wie kann man sich auf das Beratungsgespräch vorbereiten?

Problemfeld: Umweltschutz

- Wie kann man die Autofahrer zum Benzinsparen bewegen?
- Wie kann der öffentliche Nahverkehr attraktiver gemacht werden?
- Wie kann der drohenden Klimakatastrophe entgegengewirkt werden?
- Wie kann der tägliche Müllanfall verringert werden?
- Was kann gegen die Umweltverschmutzung der Betriebe getan werden?

Problemfeld: Politik

- Wie kann die Jugendkriminalität bekämpft werden?
- Wie lässt sich die Politikverdrossenheit der Jugendlichen abbauen?
- Wie wird das Europa des Jahres 2020 wohl aussehen?
- Wie kann die Arbeitslosigkeit wirksam abgebaut werden?
- Wie sollte eine Werbekampagne für den Standort Deutschland aussehen?

B 63　　Gruppenpuzzle

AUFGABENSTELLUNG: Kennzeichnend für diese Grundform des Gruppenunterrichts ist, dass die Gruppenmitglieder zur Erfüllung einer bestimmten Aufgabe unterschiedliche Teilinformationen erhalten, die arbeitsteilig erarbeitet und anschließend mosaikartig zusammengetragen werden müssen, damit am Ende ein Gesamtprodukt/Gesamtüberblick entsteht. Ihre Spezialinformationen können die einzelnen Gruppenmitglieder entweder in Einzelarbeit direkt am Tisch oder aber in vorgelagerten Expertengruppen erarbeiten. Letztere haben dabei den Vorteil, dass vertiefende Rückfragen und Gespräche möglich sind. Durch das anschließende Zusammenfügen der Spezialinformationen ergibt sich zwangsläufig eine sehr enge Kooperation.

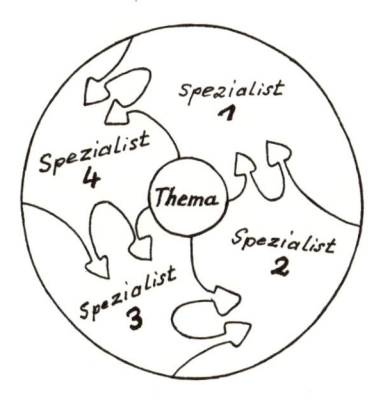

PRAKTISCHE ÜBUNGEN: Das Gruppenpuzzle ist in unterschiedlichsten Fächern einsetzbar. Bei weniger komplexen/schwierigen Sachverhalten sieht es so aus, dass jedes Stammgruppenmitglied eine Teilinformation erhält, erarbeitet und anschließend den Gruppenmitgliedern berichtet. Das erste Übungsbeispiel gehört zu dieser Kategorie. Sind dagegen die Spezialgebiete diffiziler und/oder mit umfangreicher Lese- und Auswertungsarbeit verbunden, dann setzen sich die einzelnen Spezialisten der unterschiedlichen Stammgruppen zunächst in so genannten Expertengruppen zusammen, sondieren gemeinsam ihr Spezialgebiet und gehen alsdann in ihre ursprünglichen Stammgruppen zurück, um dort in sachkompetenter Weise Rede und Antwort zu stehen. Die beiden Übungsbeispiele zur politischen Institutionenkunde sowie zu einigen Grundbegriffen des Geldwesens stehen für diese Verknüpfung von Expertengruppen und Stammgruppen.

Übung 1: Forscher und Erfinder

Kopernikus

Nikolaus Kopernikus lebte von 1473 bis 1543. Er war Geistlicher, Arzt und Mathematiker, errechnete einen genauen Kalender und führte ein neues Münzsystem ein. Vor allem aber war er Astronom. Über lange Zeit und mit genauen Aufzeichnungen beobachtete er – ohne Fernrohr – Sterne und Planeten. Er erkannte die Sonne als Mittelpunkt unseres Weltalls, um die die Erde und die Planeten kreisen – und nicht umgekehrt!

Allerdings konnte Kopernikus das nur vermuten. Einen Beweis für dieses „heliozentrische Weltbild" konnte er nicht liefern, das gelang erst James Bradley im 18. Jahrhundert. So lange wurde noch am ptolemäischen Weltbild festgehalten, das ja auch in Übereinstimmung mit den Lehren der Kirche war. Alle anders lautenden Erkundungen wurden als ketzerisch abgetan. Deshalb wartete Kopernikus mit der Veröffentlichung seiner Beobachtungen. Sie erschienen erst in seinem Todesjahr. Anerkannt wurden diese Entdeckungen allerdings nicht.

Aber diese Erstellung eines neuen Weltbildes wird bis heute als die „kopernikanische Wende" bezeichnet.

Galileo Galilei

Galilei lebte von 1564 bis 1642 in Italien. Er hat sein Leben lang geforscht, auch dann noch, wenn es ihm – wie viele Jahre lang – untersagt worden war. Galilei war Mathematiker, aber er hat auf vielen anderen Gebieten Entdeckungen gemacht. Von ihm stammt etwa das Pendelgesetz. Galilei verbesserte aber auch bereits Erfundenes, etwa das Fernrohr. Vieles, was er herausfand, wurde aber von der Kirche nicht anerkannt, weil es gegen ihre Lehren sprach. Etwa wies Galilei einen Fehler im Fallgesetz des griechischen Philosophen Aristoteles nach. Aber weiterhin hielt man sich an die fehlerhafte Fassung.

Mit dem Fernrohr beobachtete Galilei den Himmel, sah die Oberfläche des Mondes, erkannte die Milchstraße als Sternenansammlung und entdeckte die Sonnenflecken. Nach allen Forschungen, die er betrieb, war er davon überzeugt, dass die Sonne den Mittelpunkt des Weltalls bildete – wie schon Kopernikus und andere. Diese Erkenntnis durfte er aber nicht verbreiten. Als er es dennoch tat, wurde er gezwungen, alles als Irrtum zu erklären, und er durfte nicht mehr forschen. Das hielt ihn von heimlichen Experimenten nicht ab.

Archimedes

Viele Erfindungen soll er angeblich gemacht haben, dieser Grieche, der im Jahre 287 oder 285 vor Christus geboren und 212 von einem römischen Soldaten getötet wurde. Archimedes lebte in Syrakus auf der Insel Sizilien, damals griechische Provinz. Er studierte in Alexandria, wo sich die größte Bibliothek des Altertums befand. Archimedes entwickelte etliche Lehrsätze in der Mathematik und entdeckte physikalische Gesetze; seine Formeln werden bis heute angewendet. Es gelang ihm zum Beispiel, die Flächen von Kreisen und von Ellipsen zu berechnen oder die Inhalte von Kugeln. Archimedes fand auch das Hebelgesetz heraus.

Vor allem berühmt wurde er durch eine besondere Entdeckung, die als das „archimedische Prinzip" bezeichnet wird. Als – so wird berichtet – sein Badewasser überlief, kam er zunächst darauf, dass der Rauminhalt (Volumen) eines Körpers der Menge Wasser entspricht, die er verdrängt. Das brachte ihn darauf, dass ein in Flüssigkeit getauchter Körper so viel Gewicht verliert wie das Gewicht der Flüssigkeitsmenge beträgt, die er verdrängt. Das war zu seiner Zeit selten: Vieles war das Ergebnis von Experimenten, die er machte.

Jedes Gruppenmitglied liest die Information zu „seinem Forscher" durch, macht sich Notizen und stellt ihn anschließend in der Gruppe vor. Außerdem erstellt jede Gruppe zu den drei Forschern einen Test, der von je einer anderen Gruppe zu bearbeiten ist.

Übung 2: Politische Institutionen

Jedes Gruppenmitglied zieht eines der fünf Info-Blätter. Dann werden die Stammgruppen zunächst aufgelöst und fünf Expertengruppen gebildet, in denen je eine Institution näher unter die Lupe genommen wird. Dann gehen alle Schüler/innen wieder in ihre Stammgruppen zurück und stellen sich wechselseitig ihre jeweilige Institution vor. Am Ende entwickelt jede Gruppe einen übergreifenden Test, der an je eine andere Gruppe weitergegeben und von dieser bearbeitet wird.

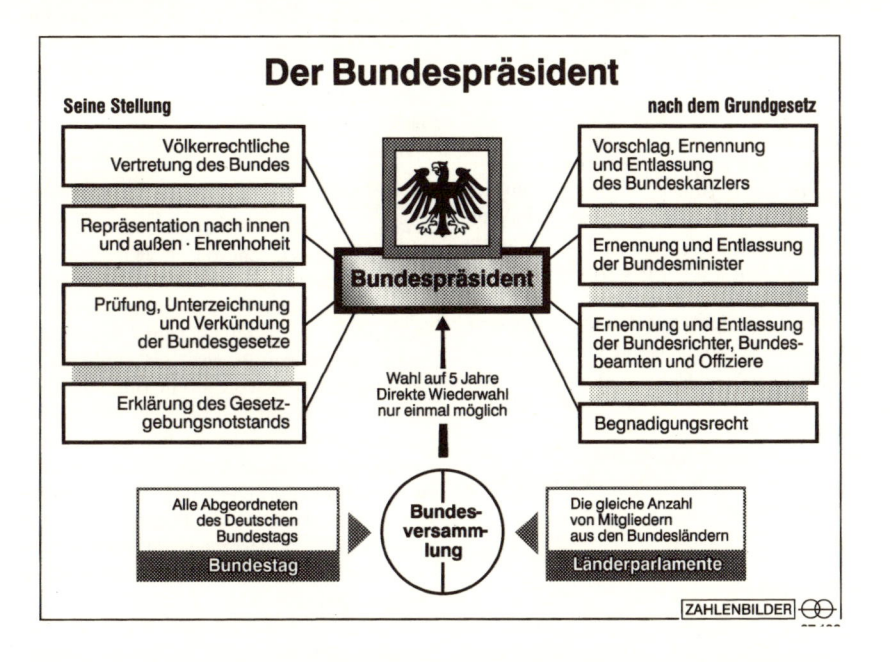

Trotz seiner geringeren Machtfülle verfügt der Bundespräsident über vielfältige Wirkungsmöglichkeiten, die sich aus seinen grundgesetzlichen Aufgaben wie aus seiner persönlichen Autorität herleiten. Der Bundespräsident vertritt den Bund völkerrechtlich und schließt im Namen des Bundes Verträge mit anderen Staaten ab. Nach einem entsprechenden Beschluss des Bundestags ruft er den Verteidigungsfall aus. Im Gesetzgebungsverfahren fällt ihm die Aufgabe zu, die Bundesgesetze auszufertigen und zu verkünden. Dabei hat er das Recht, sie auf ihre Übereinstimmung mit dem Grundgesetz zu überprüfen. Im Falle des Gesetzgebungsnotstands (Art. 81 GG) kann er zur Lösung des zwischen Regierung und Bundestag entstandenen Konflikts beitragen. Weitgehend eingeschränkt ist aber das Recht des Bundespräsidenten zur Auflösung des Bundestags (Art. 63, 68 GG).

Auf Vorschlag des Bundespräsidenten wählt der Bundestag den Bundeskanzler. Nach der Wahl nimmt der Bundespräsident die Ernennung des Kanzlers vor und ernennt auf dessen Vorschlag auch die Bundesminister. Nicht zu unterschätzen ist die Rolle, die der Bundespräsident als oberster Repräsentant des Staates spielt. Durch Gespräche und Gesten, Empfänge und Ehrungen, Reisen und Reden trägt er maßgeblich zu dem Bild bei, das man sich im In- und Ausland von der Bundesrepublik macht.

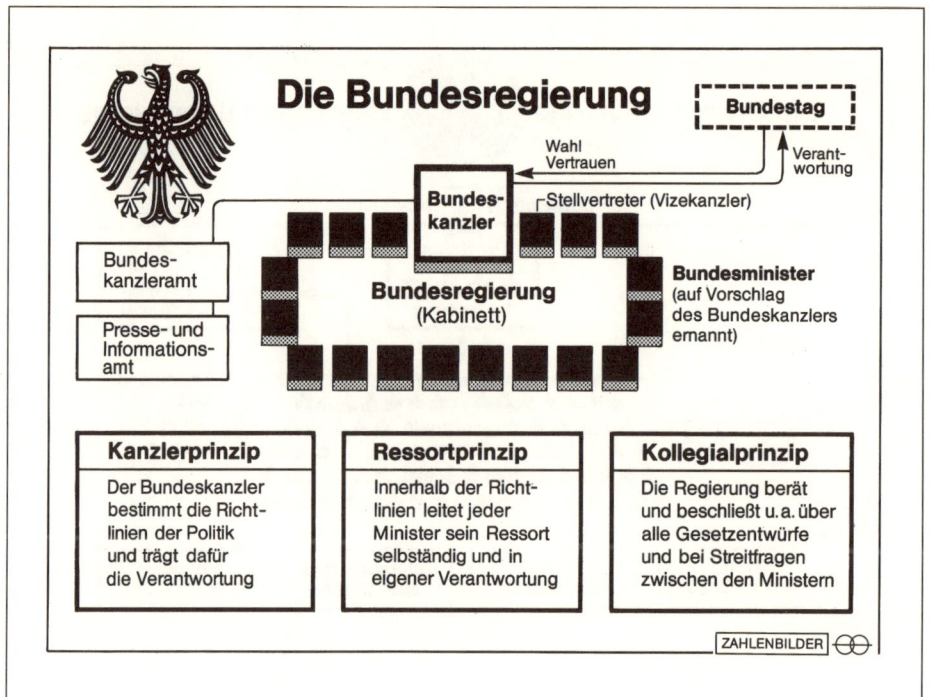

Der Bundeskanzler wird vom Bundestag auf Vorschlag des Bundespräsidenten ohne vorherige Aussprache mit der absoluten Mehrheit der Abgeordneten gewählt und vom Bundespräsidenten ernannt. Seine Amtszeit endet spätestens mit dem Zusammentritt des nächsten Bundestags. Der Kanzler wiederum schlägt dem Bundespräsidenten die Minister zur Ernennung (und Entlassung) vor und beruft einen Minister zu seinem Stellvertreter („Vizekanzler"). In der Regel gehen der Regierungsbildung Verhandlungen zwischen den koalitionswilligen Fraktionen des Bundestags voraus, bei denen die Umrisse des künftigen Regierungsprogramms und die Verteilung der Ministerämter vereinbart werden.

Nach Art. 65 GG bestimmt der Bundeskanzler die Richtlinien der Politik und trägt dafür die Verantwortung gegenüber dem Parlament **(Kanzlerprinzip).** Der Bundestag kann nur dem Regierungschef (und nicht den einzelnen Ministern) das Vertrauen entziehen; er muss dann an seiner Stelle einen neuen Bundeskanzler wählen. Die vom Kanzler festgesetzten Richtlinien der Politik sind für die Bundesminister verbindlich und von ihnen in ihrem jeweiligen Geschäftsbereich selbstständig und in eigener Verantwortung zu verwirklichen **(Ressortprinzip).** Angelegenheiten von allgemeiner Bedeutung sind der Bundesregierung zur gemeinsamen Beratung und Beschlussfassung vorzulegen, darunter alle Gesetzentwürfe, aber auch z.B. Meinungsverschiedenheiten zwischen den Bundesministern **(Kollegialprinzip).**

Der Bundeskanzler leitet die Geschäfte der Bundesregierung nach einer von ihr beschlossenen und vom Bundespräsidenten genehmigten Geschäftsordnung. Er führt auch den Vorsitz im Bundeskabinett. Schaltzentrale und Koordinierungsstelle der Regierungsarbeit ist das Bundeskanzleramt, das vom Chef des Bundeskanzleramts geleitet wird. Das Amt unterrichtet den Kanzler über allgemeine politische Fragen und über die Arbeit der Ministerien, es koordiniert die Regierungstätigkeit, bereitet die Kabinettssitzungen vor und erledigt die Sekretariatsgeschäfte der Regierung.

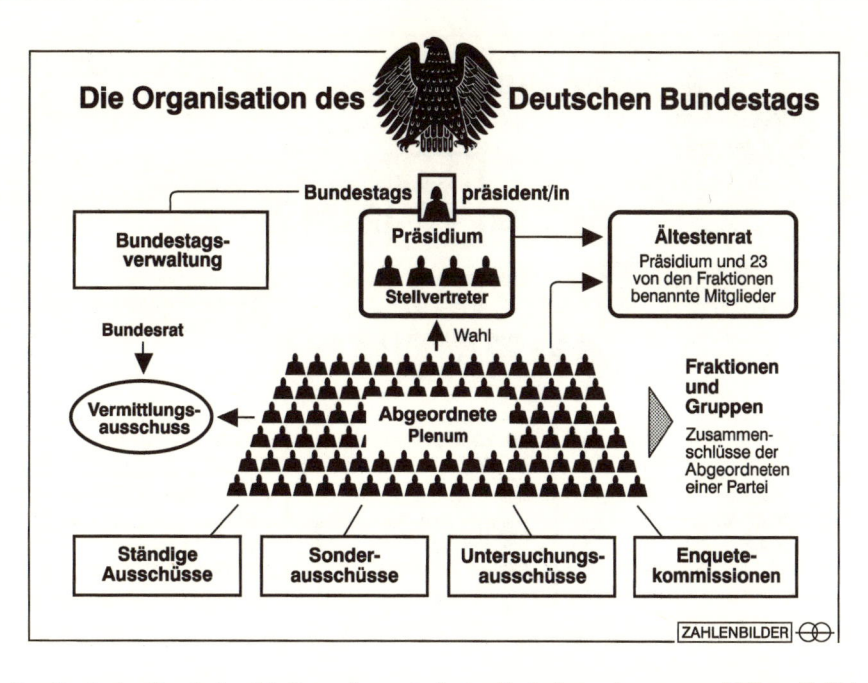

Der Deutsche Bundestag ist **die parlamentarische Vertretung des ganzen Volkes.** Er übt unter Mitwirkung des Bundesrats die gesetzgebende Gewalt aus, wählt den Bundeskanzler und kontrolliert die Führung der Regierungsgeschäfte auf Bundesebene. Die Abgeordneten des Bundestages werden in **unmittelbarer, freier, gleicher und geheimer Wahl auf vier Jahre** gewählt.

Dem Bundestag als Repräsentativorgan des gesamten deutschen Volkes gehören nach der Vereinigung Deutschlands 662 Abgeordnete an. Vorher umfasste er 496 Abgeordnete aus den zehn Ländern des damaligen Bundesgebiets und weitere 22 Abgeordnete (mit eingeschränktem Stimmrecht), die vom Berliner Abgeordnetenhaus entsandt wurden. Der Bundesrat, der das föderative Element im Staatsaufbau verkörpert und als „zweite Kammer" an der Bundesgesetzgebung mitwirkt, setzt sich aus 68 (früher: 45) Vertretern der Landesregierungen zusammen. Das Stimmengewicht der Länder im Bundesrat (drei, vier oder sechs Stimmen) ist so gestaffelt, dass die kleineren Bundesländer nicht übergangen werden können.

Der Bundestag tritt spätestens am 30. Tag nach der Wahl zu seiner ersten Sitzung zusammen, auf der er den Bundestagspräsidenten und die Vizepräsidenten wählt. Vom Bundestag gewählte Schriftführer unterstützen den Präsidenten bei der Leitung der Sitzungen. Der **Ältestenrat,** der aus dem Präsidenten, den Vizepräsidenten und 23 von den Fraktionen benannten Mitgliedern besteht, führt eine Verständigung zwischen den Fraktionen über den Arbeitsplan des Bundestags und über die Benennung des Ausschussvorsitzenden herbei.

Die **Fraktionen,** in denen sich der Regel nach die Bundestagsabgeordneten einer Partei zusammenschließen, sind die Träger der politischen Willensbildung im Parlament. Ihre Vorzugsstellung bestätigt die tragende Rolle der Parteien im politischen Leben der Bundesrepublik. Während sie eher Partei- als Parlamentsorgane sind, haben die **Ausschüsse** als Hilfsgremien des gesamten Bundestags den Auftrag, die vom Plenum zu treffenden Entscheidungen arbeitsteilig vorzubereiten.

Der Bundesrat

Die 69 Stimmen der Bundesländer im Bundesrat

Land	Stimmen
Nordrhein-Westfalen	✓✓✓✓✓✓
Bayern	✓✓✓✓✓✓
Baden-Württemberg	✓✓✓✓✓✓
Niedersachsen	✓✓✓✓✓✓
Hessen	✓✓✓✓✓
Sachsen	✓✓✓✓
Rheinland-Pfalz	✓✓✓✓
Berlin	✓✓✓✓
Sachsen-Anhalt	✓✓✓✓
Thüringen	✓✓✓✓
Brandenburg	✓✓✓✓
Schleswig-Holstein	✓✓✓✓
Mecklenburg-Vorpommern	✓✓✓
Hamburg	✓✓✓
Saarland	✓✓✓
Bremen	✓✓✓

ZAHLENBILDER

Unter den Staatsorganen der Bundesrepublik Deutschland verkörpert der Bundesrat das **föderative Element.** Durch ihn wirken die Länder bei der Gesetzgebung und der Verwaltung des Bundes mit. Die Mitglieder des Bundesrats werden nicht gewählt, sondern von den **Länderregierungen** aus ihrer Mitte bestellt und abberufen. Sie besitzen insofern eine Doppelfunktion: In ihren Ländern sind sie Träger der Exekutive, als Bundesratsmitglieder üben sie in erster Linie legislative Staatsgewalt aus. Jedes Bundesland verfügt über mindestens drei Stimmen, Länder mit mehr als 2 Mio. und bis zu 6 Mio. Einwohnern haben vier Stimmen, Länder mit mehr als 7 Mio. Einwohnern können 6 Stimmen in die Waagschale werfen. Die 16 Bundesländer zusammen sind mit 68 Stimmen ausgestattet.

Der Bundesrat fasst seine Beschlüsse mit mindestens der **Mehrheit** seiner Stimmen. Für jedes Land können die Stimmen **nur einheitlich** und nur durch anwesende Mitglieder oder deren Vertreter abgegeben werden. Bei der Stimmabgabe sind die Bundesratsmitglieder an die **Weisungen** ihrer Regierungen gebunden. Der Bundesrat wählt für ein Jahr einen Präsidenten (und zwar im Wechsel aus jeweils einem anderen Bundesland) sowie drei Vizepräsidenten, die zusammen das Präsidium bilden. Der Präsident des Bundesrats ist Vertreter des Bundespräsidenten.

Wie der Bundestag und die Bundesregierung besitzt der Bundesrat das Recht der **Gesetzesinitiative.** Gesetzesvorlagen des Bundesrats gehen zunächst an die Bundesregierung, die sie innerhalb von drei Monaten an den Bundestag weiterleiten muss. Umgekehrt müssen Regierungsvorlagen zuerst dem Bundesrat zugeleitet werden, der innerhalb von sechs Wochen dazu Stellung nehmen kann: Stimmt der Bundesrat einem Gesetzesbeschluss des Bundestags nicht zu, kann er binnen drei Wochen den Vermittlungsausschuss anrufen, der sich paritätisch aus Mitgliedern des Bundestags und des Bundesrats zusammensetzt. Änderungsvorschläge des Vermittlungsausschusses machen eine erneute Beschlussfassung durch den Bundestag notwendig. In bestimmten Fällen, die im Grundgesetz genannt sind, kommen Gesetze nur mit Zustimmung des Bundesrats zustande.

Die Aufgabe der Bundesversammlung ist es, den Bundespräsidenten zu wählen. Dazu wird sie eigens einberufen. Die Bundesversammlung besteht zur einen Hälfte aus den Mitgliedern des Bundestages und zur anderen Hälfte aus einer ebenso großen Zahl von Mitgliedern, die nach dem Prinzip der Verhältniswahl (also entsprechend der Stärke der einzelnen Fraktionen) von den Länderparlamenten bestimmt werden. Wie viele Mitglieder die Landtage jeweils zu wählen haben, richtet sich nach der Bevölkerungszahl ihres Bundeslandes. Die von der Bundesregierung für die neunte Bundesversammlung 1989 festgestellten „Länderquoten" schwankten zwischen 5 (für den Stadtstaat Bremen) und 141 (für das Land Nordrhein-Westfalen). Bei der Auswahl der Delegierten für die Bundesversammlung sind die Landtage übrigens nicht auf die eigenen Reihen beschränkt; die Fraktionen haben vielmehr die Möglichkeit, auch ihnen parteipolitisch nahe stehende Persönlichkeiten aus anderen Bereichen des öffentlichen Lebens vorzuschlagen.

Die Wahl des Bundespräsidenten erfolgt für eine Amtszeit von fünf Jahren. Spätestens 30 Tage vor Ablauf der vorhergehenden Amtsperiode tritt die vom Präsidenten des Bundestags einberufene Bundesversammlung zur Wahl zusammen. Wahlort war 1974 bis 1989 Bonn (davor Berlin); als Wahltermin hat sich der 23. Mai (der Tag des Grundgesetzes) eingebürgert. Jedes Mitglied der Bundesversammlung kann einen schriftlichen, mit der Zustimmung des Kandidaten versehenen Wahlvorschlag einreichen. Die Wahl findet geheim und ohne vorherige Debatte statt. Im Allgemeinen werden die Wählenden zwar nach parteipolitischen Gesichtspunkten entscheiden, sie sind aber letztlich an keine Weisungen gebunden. Gewählt ist, wer im ersten oder zweiten Wahlgang die Stimmen von mehr als der Hälfte der Mitglieder der Bundesversammlung auf sich vereinigt. Wird diese Mehrheit von niemandem erreicht, siegt im dritten Wahlgang der Bewerber mit den meisten Stimmen. Der Gewählte muss innerhalb von zwei Tagen erklären, ob er die Wahl zum Bundespräsidenten annimmt. Sobald dies geschehen ist, wird die Bundesversammlung für beendet erklärt.

Übung 3: Grundbegriffe des Geldwesens

Jedes Gruppenmitglied zieht einen der sechs Grundbegriffe und begibt sich dann zunächst in seine begriffsspezifische Expertengruppe. Die jeweiligen Experten schlagen im Geld-Lexikon (z.B. des Sparkassenverlags) nach, lesen und besprechen die begriffsspezifischen Fachinformationen und machen sich fit für den anstehenden Kurzvortrag. Dann gehen alle wieder in ihre Stammgruppen zurück und halten dort den vorbereiteten Kurzvortrag. Abschließend wird ein vom Lehrer vorbereiteter Test geschrieben, der Gesamtpunktwert einer jeden Gruppe ermittelt und eventuell eine Gruppennote erteilt.

Deutsche Bundesbank

Inflation

Mindestreservepolitik

Geldschöpfung   **Diskontpolitik**

Geldmarkt/Kapitalmarkt

B 64 — Gruppenrallye

AUFGABENSTELLUNG: Kennzeichnend für diese Grundform des Gruppenunterrichts ist, dass die Gruppenmitglieder in einem mehrstufigen themenzentrierten Arbeitsprozess versuchen müssen, ihr Gruppenergebnis so weit wie möglich zu verbessern, um in der Rangskala der Gruppen nach oben zu kommen. Dieser Arbeitsprozess besteht aus Übungsphasen und anschließenden Testphasen, an die sich jeweils das besagte „Ranking" anschließt. Voraussetzung dieser Gruppenrallye ist, dass mehrere „Päckchen" mit Übungs- und Testaufgaben vorhanden sind, die den Gruppenmitgliedern etappenweise zur Bearbeitung vorgelegt werden können. In der Regel läuft die Rallye so ab, dass leistungsheterogene Zufallsgruppen gebildet werden, die das betreffende Stoffgebiet anhand des Schulbuchs, des Haushefts und etwaiger sonstiger Unterlagen wiederholen, um dann in mehreren Übungs- und Testphasen einen möglichst guten Rangplatz zu erreichen. Das begünstigt die Zusammenarbeit in den Gruppen.

PRAKTISCHE ÜBUNGEN: Die skizzierte Gruppenrallye lässt sich überall dort einsetzen, wo zu einem bestimmten Stoffgebiet systematisch in Gruppen geübt werden soll. Das abgedruckte Beispiel zur Flächenberechnung macht deutlich, wie die Rallye konkret ablaufen kann. Die erste Übungsetappe sieht so aus, dass die Gruppenmitglieder zunächst in Einzelarbeit und dann im Gruppengespräch die abgedruckte Einführungsseite sondieren und die Beispielrechnung klären. Dann werden sie auseinander gesetzt und erhalten den ersten Übungstest mit den Aufgaben a, b und c zur individuellen Bearbeitung. Nach ca. 15 Minuten werden die Testblätter eingesammelt, gruppenweise zusammengelegt und zur Bewertung an die Konkurrenzgruppen gegeben. Pro Aufgabe gibt es bei richtiger Lösung vier Punkte. Für Teillösungen gibt es zwei Punkte, sofern wesentliche Zwischenergebnisse vorliegen. Aufgrund der ermittelten Gruppenpunktwerte werden die einzelnen Gruppen in eine Rangordnung gebracht. Anschließend analysieren und besprechen die Gruppenmitglieder ihre Schwächen/Unklarheiten und bearbeiten übungshalber gemeinsam die Aufgaben d und e. Danach folgt eine zweite Testphase mit den Aufgaben f, g und h. Das Test- und Bewertungsprozedere entspricht dem der ersten Etappe. Am Ende werden die Gruppen erneut in eine Rangordnung gebracht, wobei es ein Erfolg ist, aufgestiegen oder zumindest nicht abgestiegen zu sein. Unter Umständen kann sich eine dritte Übungs-, Test- und Rankingphase anschließen.

Material für die Einführungsphase

Zur Information

Bei den folgenden Aufgaben sind in einer Figur bestimmte Längen und/oder Flächeninhalte gegeben. Gesucht ist eine Länge oder ein Flächeninhalt.
Zum Lösen dieser Aufgaben darfst du die folgenden Formeln benutzen.

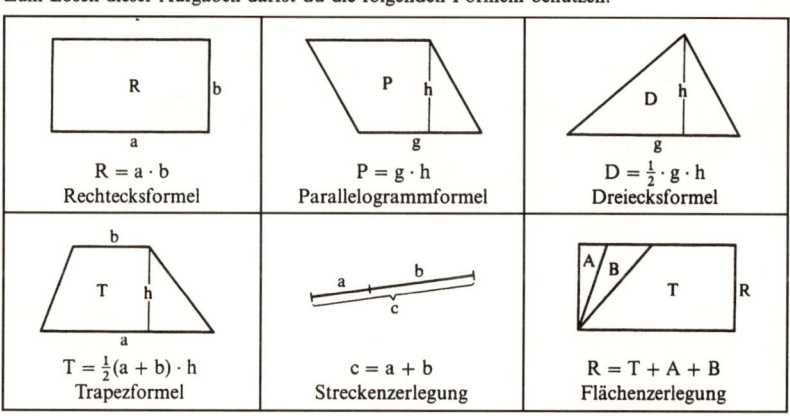

$R = a \cdot b$ Rechtecksformel	$P = g \cdot h$ Parallelogrammformel	$D = \frac{1}{2} \cdot g \cdot h$ Dreiecksformel
$T = \frac{1}{2}(a + b) \cdot h$ Trapezformel	$c = a + b$ Streckenzerlegung	$R = T + A + B$ Flächenzerlegung

Aufgabe

Ein Rechteck mit dem Flächeninhalt R ist in drei Dreiecke mit den Flächeninhalten A, B und F zerlegt.
Gegeben: $a = 3\,cm$; $A = 12\,cm^2$; $B = 16\,cm^2$
Gesucht: F

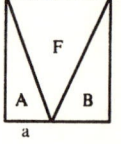

Lösung

Gehe zur Bestimmung der Lösung folgendermaßen vor:

(1) Sieh dir genau an, welche Größen gegeben sind, markiere sie farbig.

(2) Versuche, aus den gegebenen Größen mit einer der Formeln eine weitere Größe zu berechnen. Bezeichne gegebenenfalls auch diese Größe.

(3) Wiederhole den Schritt (2) so lange, bis du die gesuchte Größe aus den gegebenen und den inzwischen berechneten Größen berechnen kannst.

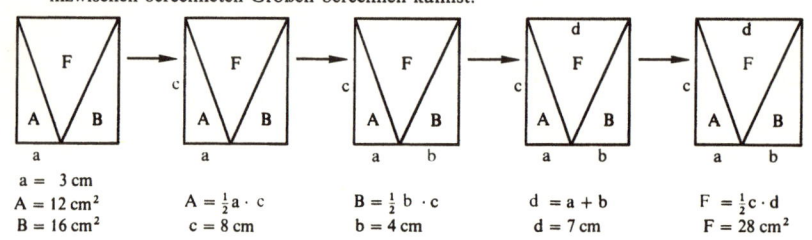

$a = 3\,cm$				
$A = 12\,cm^2$	$A = \frac{1}{2} a \cdot c$	$B = \frac{1}{2} b \cdot c$	$d = a + b$	$F = \frac{1}{2} c \cdot d$
$B = 16\,cm^2$	$c = 8\,cm$	$b = 4\,cm$	$d = 7\,cm$	$F = 28\,cm^2$

Aufgaben für die Test- und Übungsphasen

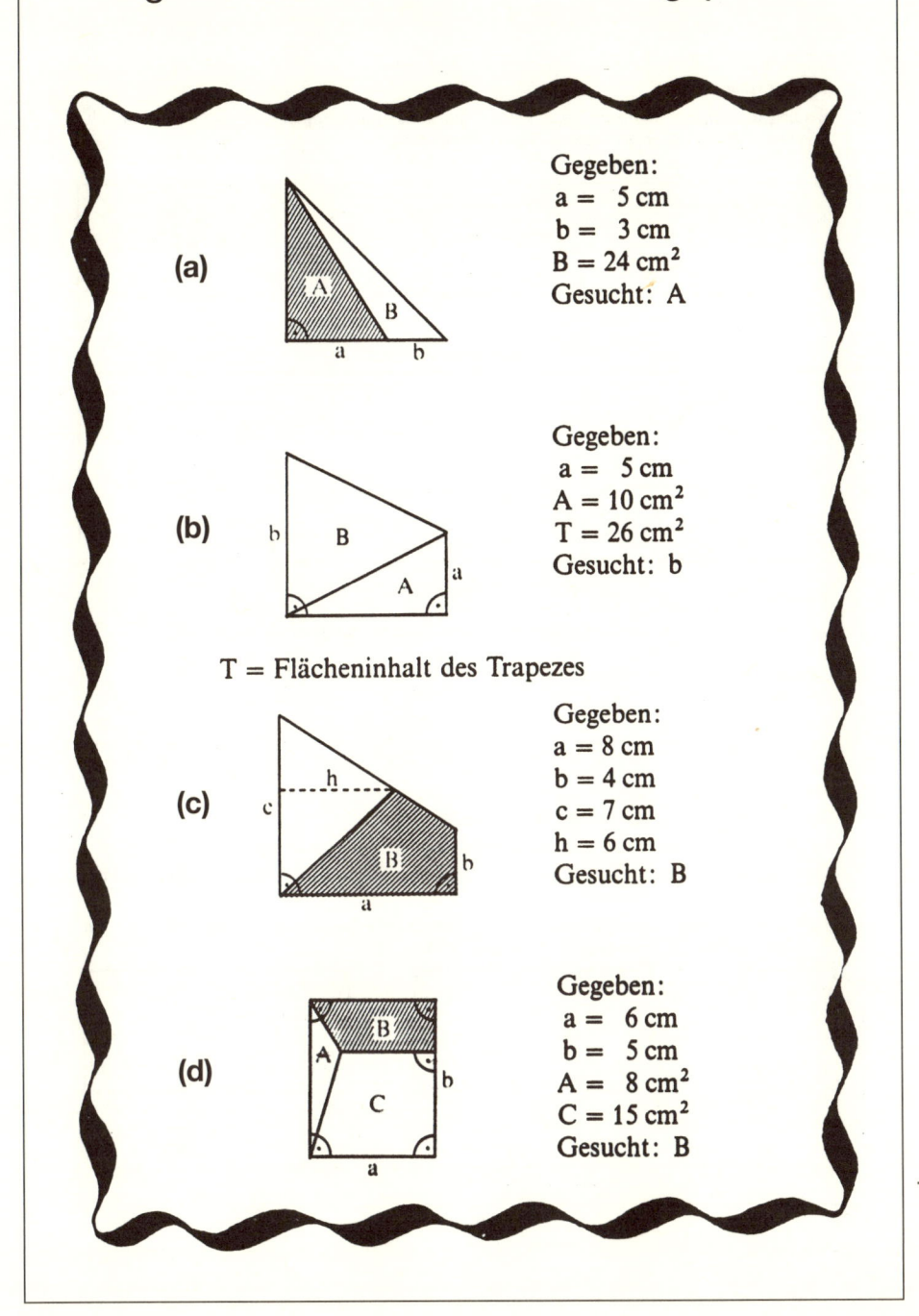

(a)

Gegeben:
a = 5 cm
b = 3 cm
B = 24 cm²
Gesucht: A

(b)

Gegeben:
a = 5 cm
A = 10 cm²
T = 26 cm²
Gesucht: b

T = Flächeninhalt des Trapezes

(c)

Gegeben:
a = 8 cm
b = 4 cm
c = 7 cm
h = 6 cm
Gesucht: B

(d)

Gegeben:
a = 6 cm
b = 5 cm
A = 8 cm²
C = 15 cm²
Gesucht: B

Aufgaben für die Test- und Übungsphasen

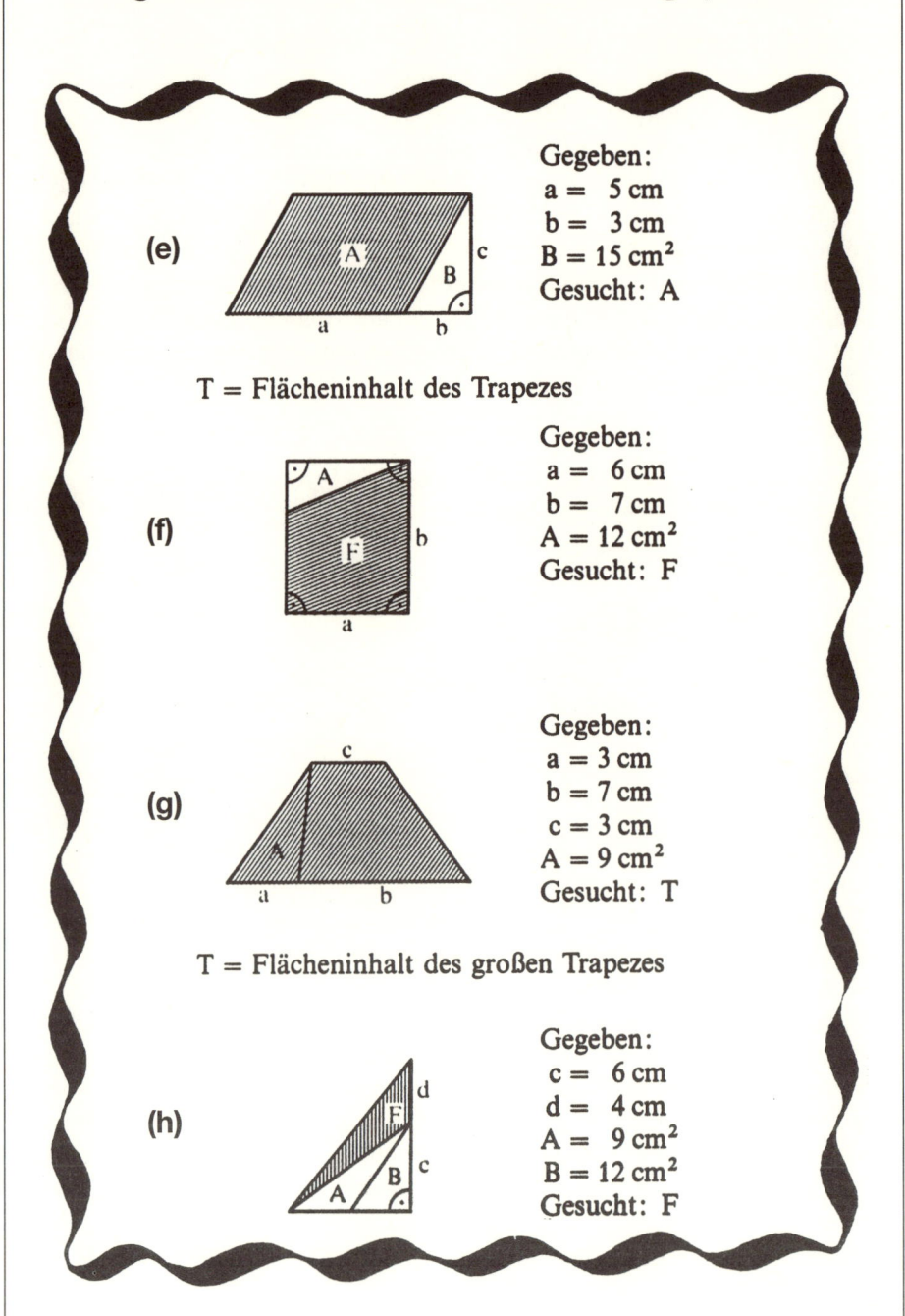

(e)

Gegeben:
a = 5 cm
b = 3 cm
B = 15 cm²
Gesucht: A

T = Flächeninhalt des Trapezes

(f)

Gegeben:
a = 6 cm
b = 7 cm
A = 12 cm²
Gesucht: F

(g)

Gegeben:
a = 3 cm
b = 7 cm
c = 3 cm
A = 9 cm²
Gesucht: T

T = Flächeninhalt des großen Trapezes

(h)

Gegeben:
c = 6 cm
d = 4 cm
A = 9 cm²
B = 12 cm²
Gesucht: F

B 65 — Gruppenwettbewerb

AUFGABENSTELLUNG: Kennzeichnend für diese Grundform des Gruppenunterrichts ist, dass die einzelnen Arbeitsgruppen unter verschiedenen Gesichtspunkten miteinander im Wettbewerb stehen. Ziel des Wettbewerbs kann es zum Beispiel sein, die anderen Gruppen bei der Fehlerzahl zu unterbieten bzw. bei der Punktzahl zu übertreffen. Ziel kann aber auch sein, bei der Prämierung der Gruppenprodukte als bestes Team abzuschneiden oder aber bei der Bewertung der Teamfähigkeit (vgl. B 57) die beste Durchschnittsnote aller Gruppen zu erreichen. Die Zielsetzung kann ferner darin bestehen, im Rahmen themenzentrierter Interaktionsspiele die eigene Gruppenposition/-strategie am wirksamsten durchzusetzen.

PRAKTISCHE ÜBUNGEN: Gruppenwettbewerbe sind in allen möglichen Fächern zu arrangieren (vgl. auch B 64). Ganz gleich, ob es im Rahmen irgendwelcher Übungsphasen um Fehlerminimierung oder Punktemaximierung geht oder ob es darauf ankommt, bei Präsentationswettbewerben, Konferenzspielen und/oder Planspielen der „Gewinner" zu sein, stets induziert die Wettbewerbssituation in den betreffenden Arbeitsgruppen eine relativ enge und intensive Zusammenarbeit. Das nebenstehend skizzierte Planspiel ist ein Beispiel für ein derartiges Wettbewerbsgeschehen. Jede Gruppe ist eine Interessengruppe und versucht als solche, ihr Anliegen möglichst wirksam durchzusetzen. Das gilt sowohl für die Verhandlungsphase als auch für die abschließende Konferenzphase, an der alle Gruppen(-mitglieder) teilnehmen. Nähere Spielmaterialien und -hinweise zu diesem und neun weiteren Planspielen finden sich in: Klippert 1996.

Aufriss eines Öko-Planspiels

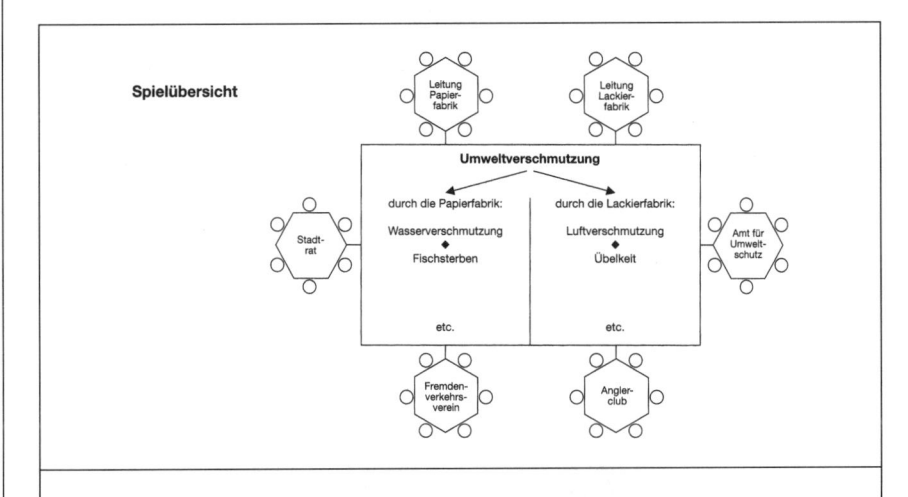

Spielunterlagen (vgl. Klippert 1996, S. 92 ff.)

1. Beschreibung der Problemsituation in der Gemeinde Talstadt (Fallstudie)
2. Arbeitskarte: Überblick über die einzelnen Spieletappen
   (für alle Gruppen gleich)
3. Rollenkarten: Spezifische Hinweise zu den einzelnen Rollen
   (für alle Gruppen verschieden)
4. Informationszeitung: Vertiefende Sach- und Fachinformationen
   M 1: Die wirtschaftliche Situation der beiden Betriebe
   M 2: Gutachten des TÜV zur Umweltbelastung
   M 3: Abwasserreinigung bei der Papierfabrik
   M 4: Luftreinhaltung bei der Lackierfabrik
   M 5: Zeitungsberichte zu Talstadts Umweltproblemen
   M 6: Die wirtschaftliche und finanzielle Lage der Stadt
   M 7: Die verschiedenen Gütestufen bei Fließgewässern
   M 8: Informationen des Umweltbundesamtes
   M 9: Auszüge aus verschiedenen Umweltgesetzen
5. Ereigniskarten: Impulskarten für die Hand des Lehrers
   (für den gelegentlichen Einsatz)
6. Arbeitsformulare: Protokollbogen und Briefformulare

Die obige Spielübersicht zeigt, welche (Interessen-)Gruppen agieren und interagieren. Zur sachlichen Fundierung ihrer Planungs- und Verhandlungsaktivitäten müssen die Gruppenmitglieder die angeführten Spielkarten und Informationsmaterialien durcharbeiten. Die einzelnen Phasen des Planspiels: Lesephase, Meinungsbildungsphase in den einzelnen Gruppen, Verhandlungsphase, Konferenzphase, Spielauswertung.

B 66 Gruppenproduktion

AUFGABENSTELLUNG: Kennzeichnend für diese Grundform des Gruppenunterrichts ist, dass die SchülerInnen in Gruppen spezifische themenzentrierte Lernprodukte zu erstellen haben, die aufgrund der Materialfülle und/oder der Kompliziertheit des Themas und/oder der knappen Bearbeitungszeit eine kooperative Arbeitsweise erforderlich machen. Einen Überblick über mögliche Lernprodukte gibt das nebenstehende Info-Blatt. Der Kooperationszwang resultiert also einmal aus der Arbeitsteilung, zum anderen aus dem Losverfahren bei der Bestimmung der Präsentatoren. Grundsätzlich kann die Produktionsarbeit der Gruppe auf das gleiche Produkt (z.B. Plakat) oder auch auf unterschiedliche Produkte zum selben Thema zielen.

PRAKTISCHE ÜBUNGEN: Produktives Arbeiten und Gestalten in Gruppen ist in den meisten Fächern zu den unterschiedlichsten Themen möglich. Ganz gleich, ob die Gruppenmitglieder den jeweiligen Lernstoff z.B. in Gestalt eines Plakates, einer Reportage, einer Zeitungsseite, eines Features, einer Werbesendung, eines Vortrags, einer Debatte, eines Expertenhearings oder eines handwerklichen Erzeugnisses darbieten, stets müssen sie sich in produktiver und kooperativer Weise mit den je anstehenden Sachverhalten und Materialien auseinander setzen. Als Leitmaterialien werden dabei in der Regel die gängigen Lehrbücher, Lexika, Broschüren und sonstigen Lehrmittel zum jeweiligen Thema eingesetzt, sofern sie in ausreichender Zahl für alle SchülerInnen zur Verfügung stehen. Das dokumentierte Lernarrangement zur Deutschen Bundesbank stützt sich z.B. auf eine im Klassensatz erhältliche Broschüre zum Thema „Unser Geld" (vgl. auch B 34 und B 53).

Mögliche Produkte und Darstellungstechniken

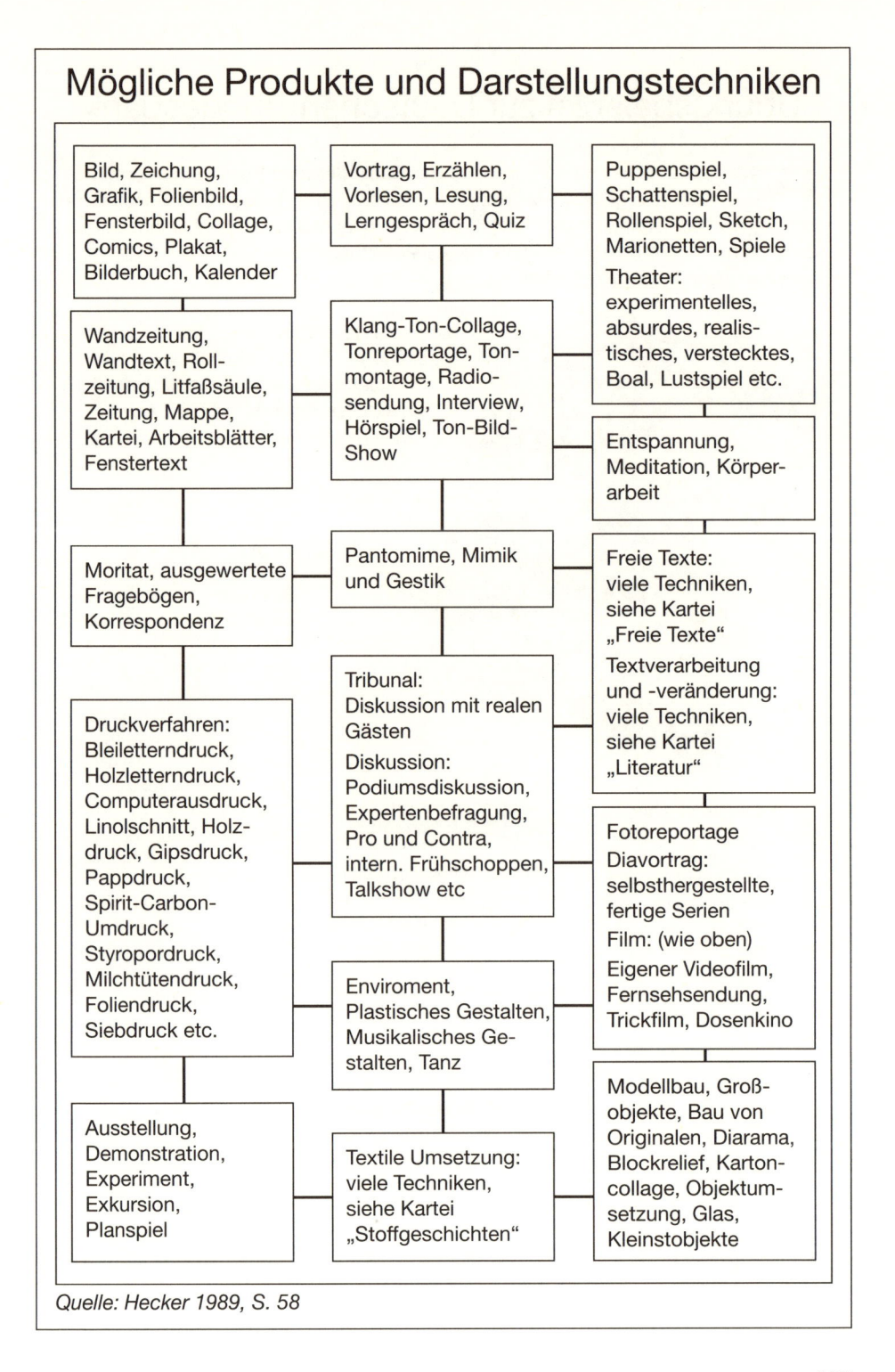

Bild, Zeichung, Grafik, Folienbild, Fensterbild, Collage, Comics, Plakat, Bilderbuch, Kalender

Wandzeitung, Wandtext, Rollzeitung, Litfaßsäule, Zeitung, Mappe, Kartei, Arbeitsblätter, Fenstertext

Moritat, ausgewertete Fragebögen, Korrespondenz

Druckverfahren: Bleiletterndruck, Holzletterndruck, Computerausdruck, Linolschnitt, Holzdruck, Gipsdruck, Pappdruck, Spirit-Carbon-Umdruck, Styropordruck, Milchtütendruck, Foliendruck, Siebdruck etc.

Ausstellung, Demonstration, Experiment, Exkursion, Planspiel

Vortrag, Erzählen, Vorlesen, Lesung, Lerngespräch, Quiz

Klang-Ton-Collage, Tonreportage, Tonmontage, Radiosendung, Interview, Hörspiel, Ton-Bild-Show

Pantomime, Mimik und Gestik

Tribunal: Diskussion mit realen Gästen
Diskussion: Podiumsdiskussion, Expertenbefragung, Pro und Contra, intern. Frühschoppen, Talkshow etc

Enviroment, Plastisches Gestalten, Musikalisches Gestalten, Tanz

Textile Umsetzung: viele Techniken, siehe Kartei „Stoffgeschichten"

Puppenspiel, Schattenspiel, Rollenspiel, Sketch, Marionetten, Spiele
Theater: experimentelles, absurdes, realistisches, verstecktes, Boal, Lustspiel etc.

Entspannung, Meditation, Körperarbeit

Freie Texte: viele Techniken, siehe Kartei „Freie Texte"
Textverarbeitung und -veränderung: viele Techniken, siehe Kartei „Literatur"

Fotoreportage Diavortrag: selbsthergestellte, fertige Serien
Film: (wie oben)
Eigener Videofilm, Fernsehsendung, Trickfilm, Dosenkino

Modellbau, Großobjekte, Bau von Originalen, Diarama, Blockrelief, Kartoncollage, Objektumsetzung, Glas, Kleinstobjekte

Quelle: Hecker 1989, S. 58

Übungsbeispiel zur Deutschen Bundesbank

Erstellt in eurer Gruppe auf der Basis der nachfolgenden Informationen ein großes Plakat zu den wichtigsten Aufgaben und Geschäften der Deutschen Bundesbank. Achtet auf eine anschauliche Darstellung. Jedes Gruppenmitglied muss später in der Lage sein, anhand des Plakats einen fünf- bis zehnminütigen Vortrag zu halten.

Um dafür zu sorgen, dass das Geld seine Funktionen im Wirtschaftsleben erfüllen kann, haben die modernen Staaten eine besondere Einrichtung, die Zentralbank geschaffen. Bei uns ist dies die Deutsche Bundesbank. Sie soll die Währung sichern.

Die Bundesbank muss vor allem dafür sorgen, dass der Wert des Geldes erhalten bleibt. Die Bundesbank ist die **Hüterin unserer Währung.**
Während das erste Geld von Bedeutung Metallgeld oder – allgemeiner – Warengeld war, dessen Wert sich aus seinem Material ableitete, hat unser modernes Geld keinen oder fast keinen Stoffwert mehr. So kostet es nur einen Pfennigbetrag, um einen Tausend-Mark-Schein herzustellen. Und doch werden die Banknoten der Deutschen Bundesbank allgemein akzeptiert. Das hat verschiedene Gründe.

Geld und Vertrauen

Zunächst: Unsere Banknoten sind gesetzliches Zahlungsmittel und müssen deshalb angenommen werden. Viel wichtiger aber ist, dass man darauf vertrauen kann, mit den Banknoten stets Güter und Dienstleistungen kaufen zu können. Dieses Vertrauen in unser Geld und seine **Wertbeständigkeit** bildet die Grundlage des Geldwesens. Früher hat man versucht, das Vertrauen der Menschen ins Geld dadurch zu erhalten, dass man die von den Notenbanken ausgegebenen Banknoten

zu jeder Zeit wieder in Gold einlöste.
Eine solche **Einlösungsvorschrift** kann einen nützlichen Zweck erfüllen: Sie wirkt wie eine automatische Bremse an der „Geldschöpfungsmaschinerie" der Notenbank, da die Notenausgabe ja durch die vorhandenen Goldvorräte begrenzt wird. Und in der Tat waren die beiden großen Inflationen nach dem Ersten und dem Zweiten Weltkrieg nur möglich, weil diese **„goldene Bremse"** der Geldvermehrung ausgeschaltet war und die Reichsbank viel zu viel Geld drucken ließ. Gleichwohl enthält unser **Bundesbankgesetz** keinerlei Deckungsvorschriften mehr.
Schlicht und einfach heißt es nun: „Die Deutsche Bundesbank regelt ... den Geldumlauf und die Kreditversorgung der Wirtschaft mit dem Ziel, die Währung zu sichern ..." Dahinter steht die Erfahrung, dass es für die Werterhaltung des Geldes nicht

wichtig ist, das ausgegebene Geld durch Gold abzudecken. Was man nämlich mit seinem Geld kaufen kann, richtet sich ja nicht nach der Menge der Goldvorräte bei der Zentralbank, sondern ausschließlich nach der Menge der in einer Volkswirtschaft verfügbaren Güter und der dieser gegenüberstehenden Geldmenge. Der Wert des Geldes leitet sich von den Gütern und Dienstleistungen ab, die man damit erwerben kann. Geld ist somit eine **Anweisung auf Güter.** Der Geldwert sinkt, wenn man für sein Geld weniger Güter als zuvor kaufen kann, weil inzwischen die Preise gestiegen sind. Erfahrungsgemäß steigen die Preise vor allem immer dann, wenn die Geldmenge rascher zunimmt als das Güterangebot. Dann macht sozusagen zu viel Geld Jagd auf zu wenig Güter. Das Geld verliert an Wert. Um den Wert des Geldes zu erhalten, ist es deshalb unerlässlich, nicht zu viel Geld in den Umlauf zu bringen. Denn nur Geld, das – verglichen mit dem vorhandenen Güterangebot – knapp ist, behält seinen Wert. Die Bundesbank versucht daher, die Ausweitung der Geldmenge in einem Rahmen zu halten, der den Preisanstieg möglichst eng begrenzt, zugleich aber ein Wachstum der Wirtschaft zulässt.

Dazu verkündet sie jeweils für den Zeitraum eines Jahres ein so genanntes **Geldmengenziel.** Das heißt, sie sagt zu Jahresbeginn, in welchem Umfang die Geldmen-

ge wachsen soll. Dabei lässt sie sich von der Überlegung leiten, dass die Bekanntgabe des Geldmengenziels allen am Wirtschaftsleben Beteiligten als wichtige Orientierungshilfe dienen kann. Denn: Ist der Kurs der Geldpolitik erst einmal abgesteckt, so lassen sich Entscheidungen auf einer sichereren Grundlage fällen. Und die Chancen für ein verantwortungsbewusstes Handeln steigen.

Um die Aufgabe der Währungssicherung erfüllen zu können, hat das Bundesbankgesetz die Deutsche Bundesbank mit den geeigneten Instrumenten und der nötigen Macht ausgestattet. Dazu gehört, dass sie **unabhängig** von der Bundesregierung in eigener Verantwortung ihre Befugnisse ausüben kann. Die Deutsche Bundesbank hat ihren Sitz in Frankfurt am Main. Hier tagt der **Zentralbankrat,** das oberste Organ der Deutschen Bundesbank. Der Zentralbankrat besteht aus den Mitgliedern des Direktoriums, zu dem der Präsident und Vizepräsident der Deutschen Bundesbank gehören, sowie den Präsidenten der Landeszentralbanken. Die Mitglieder des Zentralbankrats müssen besondere fachliche Eignung besitzen. Der Zentralbankrat bestimmt die **Währungs- und Kreditpolitik** der Deutschen Bundesbank. Vom Erfolg oder Misserfolg dieser Politik können der Wert unseres Geldes und die Gesundheit unserer Wirtschaft ganz wesentlich abhängen. Der Zentralbank-

rat handelt nach demokratischen Regeln: Für jede geplante Maßnahme muss eine Mehrheit vorhanden sein. Die Mitglieder des **Direktoriums** werden vom Bundespräsidenten auf Vorschlag der Bundesregierung bestellt. Das Direktorium hat die Beschlüsse des Zentralbankrats auszuführen. Die geschäftlichen Kontaktstellen der Deutschen Bundesbank in den Bundesländern sind die **Landeszentralbanken.** Ihre Präsidenten werden ebenfalls vom Bundespräsidenten unter maßgeblicher Mitwirkung der Länder bestellt. Die Landeszentralbanken sind als Hauptverwaltungen der Deutschen Bundesbank für die in ihren Zuständigkeitsbereich fallenden Geschäfte mit den jeweiligen Ländern und den Kreditinstituten ihres Bereichs verantwortlich. Mit dem im November 1992 in Kraft getretenen Bundesbankänderungsgesetz wurden die ostdeutschen Länder in die Bundesbankorganisation eingebunden.

Die Instrumente der Geldsteuerung

Das Wachstum der Geldmenge steuert die Deutsche Bundesbank indirekt über die Bedingungen, zu denen sie den Geld- und Kreditinstituten **Zentralbankgeld** bereitstellt. Dazu stehen ihr verschiedene Steuerungsinstrumente zur Verfügung: Üblicherweise kommt ein Kreditinstitut zu Zentralbankgeld durch den Verkauf oder die Verpfändung von Werten aus seinem eigenen Besitz an die Bundesbank. Der Fachmann sagt zu diesem Vorgang: Das Kreditinstitut **refinanziert** sich bei der Deutschen Bundesbank. Das „klassische" Mittel, mit dem sich Geld- und Kreditinstitute refinanzieren, ist das **Diskontgeschäft.** Das heißt, die Banken verkaufen Handelswechsel (das sind schriftliche Zahlungsversprechen, die auf einem Warengeschäft beruhen), die sie von ihren Kunden angekauft haben, an die Deutsche Bundesbank weiter. Die Bundesbank zieht bei diesem Geschäft einen Zins vom Nennwert des Wechsels ab und behält ihn an. Diesen Zins nennen wir **Diskont.** Durch Erhöhung oder Verminderung des Diskontsatzes und ihrer übrigen Zinssätze verteuert oder verbilligt die Bundesbank die Refinanzierung der Kreditinstitute. Dadurch beeinflusst sie aber auch das Kreditgeschäft der Banken und die Nachfrage nach Waren und Dienstleistungen.

Erhöht die Bundesbank zum Beispiel den Diskontsatz, so wird für die Banken die Geldbeschaffung teurer. Sie müssen ja nun mehr Geld bezahlen, um Notenbankgeld zu erhalten. Diese **Verteuerung** geben die Banken an ihre Kunden weiter, indem sie höhere Zinsen für Bankkredite verlangen. Das wiederum verteuert die Gütererzeugung und die Dienstleistungen.

Manche Geschäfte, die sich bisher noch lohnten, werden nun uninteressant, weil die Geldbeschaffungskosten höher sind als der zu erwartende Gewinn. Deshalb geht auch die Nachfrage der Wirtschaft nach Krediten zurück. Ebenso verschiebt bei hohen Zinsen mancher Bauherr seinen Hausbau und mancher Autofahrer den Kauf eines neuen Pkw. Der Giralgeldumlauf wächst nun langsamer. Gleichzeitig lässt die Nachfrage nach Waren und Dienstleistungen in der Wirtschaft nach, was wiederum eine Verlangsamung des Preisanstiegs, vorübergehend häufig auch des Wirtschaftswachstums, zur Folge hat.

Hohe Zinsen führen also nicht zu einer Verstärkung, sondern im Gegenteil zu einer **Abschwächung des Preisauftriebs.** Zwar verteuern steigende Zinsen zunächst die Güterherstellung. Ob und in welcher Höhe diese Kosten in erhöhten Preisen an den Käufer weitergegeben werden können, hängt von der Stärke der gesamtwirtschaftlichen Nachfrage und der Marktmacht der Anbieter ab. Da sich die Nachfrage aber bei einer Kreditverteuerung abschwächt, wird die Möglichkeit, höhere Preise zu erzielen, deutlich beschnitten.

Senkt die Bundesbank dagegen ihre Zinsen, so sinken auch allgemein die Zinsen der Geld- und Kreditinstitute. Dadurch werden die Bankkredite wieder billiger, und manches Geschäft, das sich bisher wegen der hohen Zinsen nicht lohnte, wird nun rentabel.

Die Bundesbank verlässt sich bei ihrer Diskontpolitik nicht allein auf die Veränderung des Diskontsatzes. Denn sie kauft von den Banken Wechsel nur bis zu bestimmten Höchstbeträgen an. Diesen Höchstbeträgen haben die Fachleute den Begriff **Rediskontkontingente** gegeben. Die Rediskontkontingente können von der Bundesbank sowohl eingeschränkt als auch erhöht werden. Schränkt die Bundesbank die Rediskontkontingente ein, so können sich die Kreditinstitute bei ihr über den Verkauf von Wechseln weniger Geld besorgen. Sie werden dadurch weniger liquide und müssen sich deshalb bei der Kreditgewährung an ihre Kunden stärker zurückhalten. Ein zweites Geldsteuerungsinstrument der Bundesbank ist die **Lombardpolitik** (so genannt nach den oberitalienischen Geldwechslern des Mittelalters, den Lombarden, die als die ersten Träger des bankmäßigen Geldverkehrs gelten). Lombardkredite erhalten die Kreditinstitute, wenn sie Wertpapiere an die Bundesbank verpfänden. Dafür müssen sie aber einen höheren Zinssatz in Kauf nehmen, als wenn sie Wechsel an die Bundesbank verkaufen. Dieser Zins heißt Lombardsatz. Außerdem wird der Lombardkredit nur ganz kurzfristig gewährt. Das heißt, er kann nur vorübergehend in Anspruch genommen und muss bald wieder zurückgezahlt werden.

Daneben beeinflusst die Bundesbank die Kreditkosten und den Kreditspielraum der Banken mit der so genannten **Offenmarktpolitik.** Hier tritt die Bundesbank als Käufer oder Verkäufer von Wertpapieren „auf dem offenen Markt" in Erscheinung. Üblicherweise kauft sie Wertpapiere nur für eine bestimmte Zeit (z. B. 14 Tage) an. Danach muss sie die verkaufende Bank wieder zurücknehmen. Man nennt dies **Wertpapierpensionsgeschäfte.**

Immer wenn die Bundesbank Wertpapiere kauft, pumpt sie Geld in die Wirtschaft. Der Geldmarkt wird dann bei sinkenden Zinsen flüssiger, also liquider. Die Banken können jetzt mehr (und billigere) Kredite vergeben. Verkauft die Bundesbank aber Wertpapiere, so zieht sie Geld aus dem Verkehr. Das Geld wird wieder knapper und teurer.

Schließlich kann die Bundesbank die Bankenliquidität mit der **Mindestreservepolitik** beeinflussen. Erinnern wir uns: Die Kreditinstitute müssen in Höhe bestimmter Prozentsätze ihrer Einlagen Guthaben bei der Deutschen Bundesbank unterhalten, die so genannten Mindestreserven.

Diese Prozentsätze kann die Bundesbank von sich aus verändern, um Geldumlauf und Kreditgewährung zu beeinflussen. Erhöht die Bundesbank die **Reservesätze,** so zwingt sie die Geld- und Kreditinstitute, ihre unverzinslichen Guthaben bei der Deutschen Bundesbank aufzustocken. Die Geld- und Kreditinstitute können diese Mittel also nicht mehr ausleihen. Das Gegenteil geschieht, wenn die Bundesbank die Reservesätze ermäßigt.

Seit Mitte der achtziger Jahre hat die **Deutsche Bundesbank** die Liquidität der Geld- und Kreditinstitute allerdings verstärkt über Wertpapierpensionsgeschäfte beeinflusst, weil sie wesentlich flexibler zu handhaben sind. Auf sie entfallen gegenwärtig fast drei Viertel der gesamten Refinanzierung. Damit lässt sich die Bankenliquidität genauer und geräuschloser steuern als über Veränderungen der Mindestreservesätze und der Rediskontkontingente. Den Zins für diese Wertpapierpensionsgeschäfte nennt man Repo-Satz. Er übt heute den entscheidenden Einfluss auf die kurzfristigen Zinsen am Geldmarkt aus.

Bundesbank und Bundesregierung

Neben den Geschäften mit den Geld- und Kreditinstituten spielen die Beziehungen zwischen Regierung und Notenbank für die Geldpolitik eine wichtige Rolle. Die größten Geldentwertungen in der Vergangenheit waren ja darauf zurückzuführen, dass der Staat zur Deckung seines Geldbedarfs Kredite der Zentralbank übermäßig in Anspruch nahm. Die **Inflationen** (lateinisch: inflare = aufblähen) nach den beiden Weltkriegen in Deutschland sind abschreckende Beispiele dafür. Das Bundesbankgesetz von 1957 versucht auf mehreren Wegen, die Gefahren für den Wert unseres Geldes, die von den öffentlichen Haushalten wie Bund und Länder ausgehen können, fernzuhalten:

● Es macht die Deutsche Bundesbank bei der Ausübung ihrer währungspolitischen Befugnisse von Weisungen der Bundesregierung **unabhängig.**

● Es schließt eine beherrschende Stellung der Bundesregierung bei der Bestellung der Mitglieder des Zentralbankrats aus.

● Es ließ Kredite der Bundesbank an öffentliche Haushalte nur innerhalb sehr enger Grenzen zu und schrieb dem Bund und den Ländern vor, ihre verfügbaren Mittel bei der Deutschen Bundesbank zu halten. Nach dem Vertrag von Maastricht ist die Kreditgewährung an den Staat seit Anfang 1994 ganz entfallen. Außerdem wurde die Einlagenverpflichtung bei der Deutschen Bundesbank faktisch aufgehoben.

Das Bundesbankgesetz sorgt also dafür, dass die Aufgabe der **Währungssicherung** ungehindert wahrgenommen werden kann. Zwar ist die Deutsche Bundesbank verpflichtet, die Bundesregierung bei der Durchführung ihrer Wirtschaftspolitik zu unterstützen, sofern das ihren Stabilitätsauftrag nicht beeinträchtigt. Das Gesetz begrenzt daher gleichzeitig diese Pflicht.

B 67 Gruppenprojekt

AUFGABENSTELLUNG: Kennzeichnend für diese Grundform des Gruppenunterrichts ist, dass die Gruppenmitglieder mittels gruppeninterner oder -externer Arbeitsteilung eine vorgegebene Projektarbeit erledigen. Gruppenintern heißt hierbei, dass jedes Gruppenmitglied eine spezifische Teilaufgabe innerhalb der Gruppe erfüllt (vgl. Beispiel 1); gruppenextern bedeutet, dass jede Gruppe eine komplexere Teilaufgabe im Rahmen einer größeren Gesamtaufgabe erledigt (vgl. die Beispiele 2 bis 4). Welche Teilaufgaben zu erledigen sind, bestimmen die Gruppen (-mitglieder) im Zuge ihrer Arbeitsplanung. Gemeinsame Planungs-, Forschungs-, Produktions- und Präsentationsaktivitäten sind typisch für das Gruppenprojekt.

Projekte öffnen die Schule

PRAKTISCHE ÜBUNGEN: Gruppenprojekte sind wegen ihrer ebenso differenzierten wie anspruchsvollen Arbeitsorganisation im alltäglichen Unterricht eher selten einsetzbar. Das gilt vor allem dann, wenn Befragungen und Untersuchungen außerhalb der Schule durchgeführt werden müssen, die Fahrten und sonstige Sondermaßnahmen notwendig machen. Am einfachsten sind noch solche Projektaktivitäten zu realisieren, die sich innerhalb der Schule abspielen. Die drei ersten Projektskizzen zu den Themen „Hundeschlitten", „Alkohol" und „Nationalsozialismus" lassen sich ohne überzogene Sondermaßnahmen verwirklichen. Beim Inflations-Projekt dagegen liegen die Dinge etwas anders, da Experten- und Straßenbefragungen vorgesehen sind, die sorgfältig überdacht und organisiert werden müssen. In den höheren Klassen der Sekundarstufen I und II sind derartige Projektaktivitäten jedoch ohne weiteres praktikabel und gewiss auch sinnvoll.

Erstes Beispiel: Projekt „Hundeschlitten"

ABLAUF DER GRUPPENARBEIT

1. Diskutiert in Eurer Gruppe in Absprache mit dem Lehrer, welchen Arbeitsschwerpunkt Ihr wählen wollt (Thema)! Legt das Ziel und die gewünschten Ergebnisse der Gruppenarbeit fest.

2. Sammelt die Informationen, die Ihr für die Bearbeitung des ausgewählten Schwerpunkts braucht:

- Ihr könnt z.B. in die Bücherei gehen und Material sichten (Lexika, Geographie-Bücher usw.)

- Schreibt Euch die Namen der Bücher auf und notiert, auf welcher Seite Ihr etwas gefunden habt.

- Überlegt, ob irgendwo ein Fachmann ist, der Euch mehr zum Thema sagen kann!

3. Kehrt in Eure Arbeitsgruppe zurück und besprecht, was Ihr gefunden habt:

- Welche Informationen haben wir? Was fehlt uns noch?
- Welche Materialien haben wir? Was fehlt uns noch?

4. Diskutiert und entscheidet, wie Ihr Euer Thema untergliedern wollt und legt fest, wer welche Arbeiten macht. Macht Euch einen schriftlichen Arbeitsplan, z.B. so:

Arbeitsplan: "Der Hundeschlitten"

① Historisches	② Material	③ Hunde	④ Verwendung
Seit wann gibt es Hundeschlitten? Wie haben sich Bauformen und Materialien verändert?	Auswahl von Material (Draht/Fell?) Konstruktionszeichnung	Warum überhaupt Hunde? Welche Rasse? Welche Nahrung? Dressur?	Wofür werden die Hundeschlitten benützt? Geschwindigkeit? Reichweite? Gewicht? Auch auf Eisschollen?
Manfred ↓	**Thilo/Klaus** ↓	**Fabian** ↓	**Christian** ↓
Zeichnungen mit Erläuterungen	Bau eines Schlittens (Modell)	Poster mit Fotos und Text	Anfertigung eines Keute mit Reiseroute

5. Fragt den Lehrer, wieviel Zeit für die Gruppenarbeit vorgesehen ist. Besprecht zwischendurch, wo Ihr Euch gegenseitig helfen könnt.

6. Bereitet die Vorstellung Eurer Arbeitsergebnisse im Klassenplenum vor!

(aus: H. Meyer, 1989, S. 267)

Zweites Beispiel: Projekt „Alkohol"

(aus: Hecker, 1989, S. 46)

Die fünf Aufgaben werden auf fünf Arbeitsgruppen verlost und von diesen nach Auswertung der vorliegenden bzw. zu beschaffenden Materialien/Informationen konstruktiv bearbeitet.

Drittes Beispiel: Projekt „Nationalsozialismus"

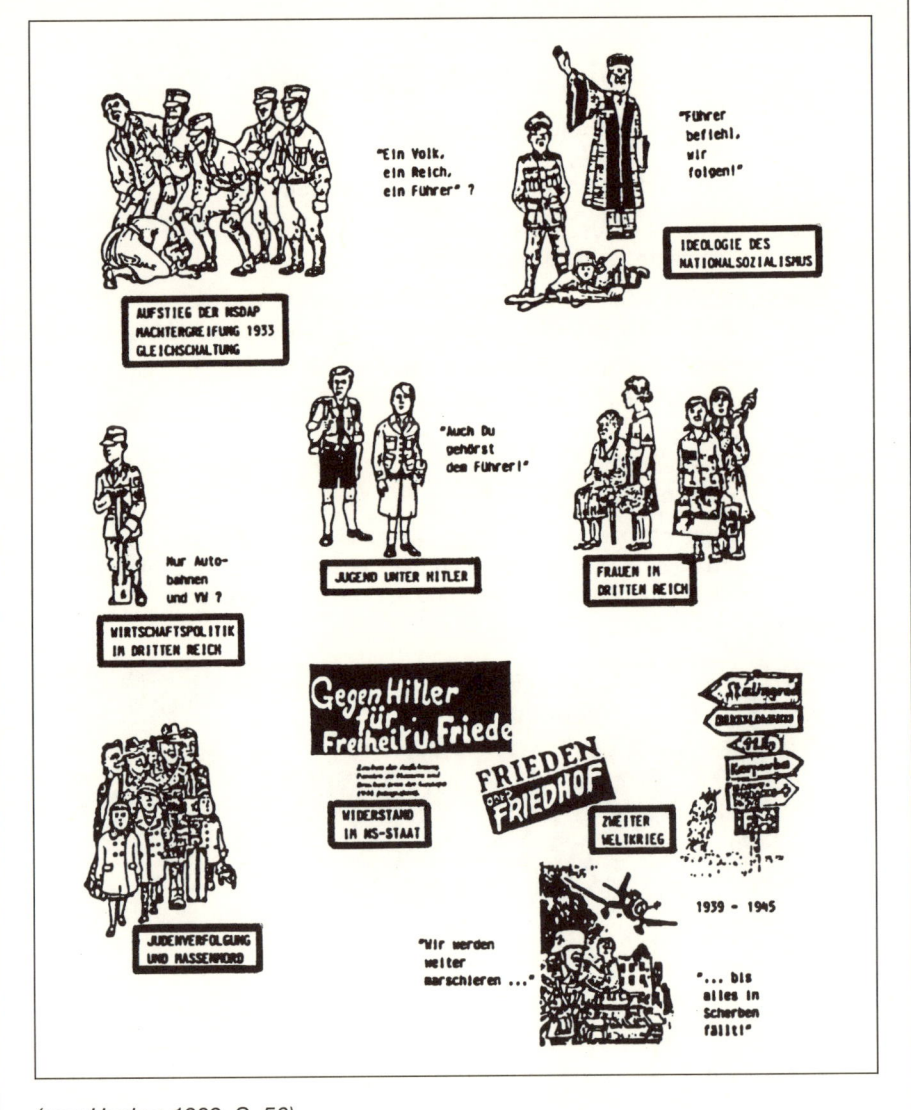

(aus: Hecker, 1989, S. 50)

Die eingerahmten Themen werden unterschiedlichen Arbeitsgruppen zugelost und müssen von diesen auf der Basis der vorliegenden bzw. zu beschaffenden Materialien produktiv bearbeitet werden.

Viertes Beispiel: Projekt „Inflation"

Wirtschaft Explosiv
Geldwert unter der Lupe

Themenheft einer Fachzeitschrift

Team 1: Definition + Messung + Arten der Inflation
(Sachtexte, Schaubilder, Rätsel)

Team 2: Inflation in Deutschland: ein geschichtlicher Überblick
(Sachtext mit Tabellen, Graphiken, Fotos, Karikaturen, Bildern usw.)

Team 3: Inflation in Deutschland und in der Welt: ein statistischer Vergleich
(Diagramme und Schaubilder mit Untertexten)

Team 4: Auswirkungen und Folgen der Inflation
(Expertenbefragung: Interview mit einem Bankmitarbeiter und
schriftliche Ausarbeitung)

Team 5: Gegenmaßnahmen: wer kann was zur Bekämpfung der Inflation
tun? (Sachtext mit schaubildartiger Darstellung der verschiedenen
Bekämpfungsmöglichkeiten und mit kurzen Erklärungen)

Team 4 bei der Erarbeitung der Interview-Fragen für die Expertenbefragung

Vom Lehrer bereitgestellte Informationsmaterialien

◤ Infopaket im Umfang von 10 Seiten: (a) Sachtexte zur Definition sowie zu den Arten und Ursachen der Inflation, (b) Sachtext mit Grundinformationen zum Instrumentarium des Staates und der Bundesbank zur Inflationsbekämpfung, (c) Fotos, Texte und Statistiken zur Geschichte der Inflation im Deutschland des 20. Jahrhunderts, (d) einige Globusschaubilder mit Daten zur nationalen und internationalen Inflationsentwicklung sowie zum Bruttosozialprodukt, (e) mehrere aktuelle Zeitungsausschnitte.

◤ Zwei Broschüren mit themenzentrierten Informationen, Schaubildern und Statistiken: (a) Statistisches Taschenbuch zur Arbeits- und Sozialstatistik, (b) Informationsheft zum Thema „Unser Geld", herausgegeben von der Arbeitsgemeinschaft zur Förderung der wirtschaftlichen und sozialen Bildung e.V.

24 Möglichkeiten, unsere Inhalte darzustellen:

- Expertenbefragung durchführen und dokumentieren
- Pro- und Kontra-Debatte vor der Klasse vorbereiten und durchführen
- Podiumsdiskussion vorbereiten und durchführen
- Tabelle erstellen (mit erklärendem Untertext) und präsentieren
- Schaubild anfertigen (mit erklärendem Text) und präsentieren
- Diagramme zeichnen und präsentieren
- Plakat entwerfen
- Wandzeitung aus eigenen Texten, Zeitungsausschnitten oder anderen Texten erstellen und präsentieren
- Themenheft einer „Fachzeitschrift" zum Thema erstellen mit eigenen und fremden Beiträgen
- Referat halten zu einem Themenaspekt
- Rätsel oder Quiz zum Thema entwerfen
- Vortrag ausarbeiten und halten
- Erkundung außerhalb der Schule durchführen (z.B. auf einer Bank) und Ergebnisse präsentieren
- Folie erstellen und der Klasse vorstellen
- Bildreportage machen (Video)
- Fragekärtchen für ein Wissensspiel erarbeiten
- Tafelbild zu einem Themenaspekt entwerfen und vorstellen
- Kommentar zu einem Themenanspekt schreiben
- Leserbrief schreiben
- Meinungsumfrage anhand ausgearbeiteter Fragen in der Öffentlichkeit durchführen und auswerten
- Tonreportage erstellen
- Fotoreportage erstellen
- Zu einem Themenaspekt eine Zeichnung anfertigen oder ein Bild malen
- eine politische Karikatur entwerfen

B 68   Kooperationsspiele

AUFGABENSTELLUNG: Kennzeichnend für diese Grundform des Gruppenunterrichts ist, dass die Gruppenmitglieder in unterschiedlichen Rollen agieren und zur Lösung eines gemeinsamen Problems zusammenwirken müssen. Bei dieser Art von Rollen- bzw. Interaktionsspielen kann es sich einerseits um sogenannte Stegreifspiele handeln, andererseits um vorbereitete Rollenspiele auf der Basis von Rollenkarten.

Hinweis zum Ablauf des Rollenspiels

Vorbereitungsphase: Zur Vorbereitung des Rollenspiels werden 5 Schülergruppen gebildet, von denen jede für eine der genannten Personen zuständig ist.

 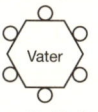 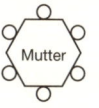 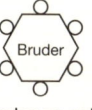 

In den Gruppen werden die Rollenkarten und sonstigen Unterlagen gelesen; die Sichtweisen der einzelnen Personen werden besprochen; die Argumentations- und Vorgehensweise für das Rollenspiel wird festgelegt. Abschließend bestimmt jede Gruppe einen Sprecher/eine Sprecherin für das Rollenspiel.

Spielphase: Die Sprecher/Sprecherinnen führen das Rollenspiel vor. Jochen beginnt mit seinen Überlegungen, Absichten und Fragen. Danach trägt jeder Gesprächsteilnehmer seine Ansichten und Vorschläge vor. Anschließend wird offen diskutiert. Ein Kompromiss kann, muss aber nicht gefunden werden. Die übrigen Schüler sind während dieser Zeit Zuschauer und kritische Beobacher.

Auswertungsphase: Die Zuschauer nehmen Stellung zum Spiel; sie nennen Auffälligkeiten und stellen Fragen an die Spielakteure oder den Lehrer/Berufsberater. Eine allgemeine Aussprache zum Spiel und zum Fall „Jochen Groß" sollte sich anschließen.

PRAKTISCHE ÜBUNGEN: Themenzentrierte Kooperationsspiele lassen sich zur Veranschaulichung und lebendigen Erarbeitung des jeweiligen Lernstoffs in unterschiedlichen Fächern einsetzen. Ganz gleich, ob eine Familienszene, eine Diskussion im Jugendclub, eine Talkshow im Fernsehen, eine historische Szene, eine Gerichtsverhandlung, eine literarische Szene, eine Bürgerversammlung oder irgendein anderes Interaktionsgeschehen simuliert wird, stets ist Kooperation angesagt. Das ansatzweise dokumentierte Rollenspiel zur Berufswahlproblematik macht dieses deutlich. Zunächst bereiten die SchülerInnen in mehreren Stammgruppen je eine Rolle vor. Dazu stehen ihnen zusätzliche Rollenkärtchen sowie weitere berufskundliche Sachinformationen zur Verfügung (vgl. Klippert 1991, S. 112 ff). Dann spielen die Delegierten das Tischgespräch vor. Nähere Hinweise zum Ablauf des Rollenspiels finden sich im obigen Kasten.

Rollenspiel

Ausbildung oder gleich Geld verdienen?

Jochen Groß besucht die 9. Klasse der Hauptschule in Landau. Seine schulischen Leistungen sind ziemlich schlecht (s. Zeugnis). Sein Ehrgeiz hat in den letzten beiden Jahren stark nachgelassen, obwohl er eigentlich nicht dumm ist. „Jochen ist einfach zu faul", meint sein Klassenlehrer, „wenn er sich etwas mehr anstrengen würde, könnte er ein ganz ordentliches Zeugnis haben." Doch Jochen hält von alledem nicht viel. Die Schule hängt ihm ziemlich zum Hals heraus, wie er manchmal sagt. Er hat andere Interessen: Sport, Video, Spielothek, Musik hören, mit seiner Freundin zusammen sein usw.

Jahresabschlusszeugnis
der 8. Klasse

Mitarbeit	4	**Verhalten**	3
Religion	3	Arbeitslehre	3
Deutsch	5	Musik	4
Englisch	5	Bildende Kunst	4
Mathematik	3	Sport	2
Physik	4		
Chemie			
Biologie	4	**Wahlpflichfächer**	
Geschichte	5		
Sozialkunde	4	Textiles Gestalten	
Erdkunde	4	Werken	3

Die Quittung für sein schlechtes Zeugnis hat Jochen bereits mehrere Male erhalten. Seit nahezu einem Jahr ist er auf der Suche nach einer Ausbildungsstelle als Kraftfahrzeugmechaniker. Er hat sich bei mehr als 20 Betrieben beworben – bisher vergebens. Sein Zeugnis hat das Interesse vieler Lehrherren meist sehr schnell gegen „0" absinken lassen. „Tut uns Leid …", hieß es immer wieder. 15 Absagen hat sich Jochen auf diese Weise bereits eingehandelt; etwa 10 Betriebe haben sich noch gar nicht gemeldet. Nur dreimal wurde Jochen bislang zum Vorstellungsgespräch eingeladen. Aber in keinem Fall wurde er genommen. Mittlerweile hat er schon ziemlich resigniert. Wenn schon, dann wäre er gerne Kraftfahrzeugmechaniker geworden – aber in dieser Hinsicht stehen seine Chancen ausgesprochen schlecht. Als Bäcker, Fleischer, Maurer, Verkäufer, Dreher oder Gas- und Wasserinstallateur wäre vielleicht noch was zu machen; aber zu diesen Berufen fühlt sich Jochen wenig hingezogen. „Dann gehe ich schon lieber gleich als Hilfsarbeiter jobben", meint er.

Die Möglichkeit dazu könnte er durchaus bekommen. Jochen hat vor kurzem nämlich bei der Autoverwertung „Schrott" im nahe gelegenen Edenkoben angefragt,
ob er dort nach Abschluss der Hauptschule vielleicht anfangen könne. Herr Schrott
hat sich interessiert gezeigt und gemeint, er solle doch mal mit seinem Vater vor-
beikommen. Hier hätte Jochen mit dem Ausschlachten von Altwagen und Unfall-
autos zu tun; außerdem könnte er später vielleicht den Abschleppwagen fahren
oder in der neu geplanten Reparaturwerkstatt mithelfen. Als Stundenlohn hat ihm
Herr Schrott ungefähr 10 DM in Aussicht gestellt, ferner eine Menge Überstunden,
wenn das Geschäft gut läuft. Das wär doch was!?

Jochens *Freundin* Brigitte findet diese Möglichkeit gar nicht so schlecht. Sie ist
selbst angelernte Hilfskraft in einem Supermarkt und verdient fast genauso viel wie
die ausgebildeten Verkäuferinnen. Warum also eine Lehre machen, wenn man später doch nichts davon hat!? Ganz anderer Auffassung ist da Jochens *Vater.* Er hält
von diesen Plänen rein gar nichts. Nach seiner Auffassung soll Jochen auf jeden
Fall einen Beruf erlernen – auch wenn es nicht der gewünschte Kraftfahrzeugmechaniker ist. Da Jochens Aussichten im Raum Landau mittlerweile sehr schlecht
sind, hat sich Vater Groß an Onkel Fritz in Stuttgart-Sindelfingen gewandt, der dort
eine Werkzeugmaschinen-Fabrik betreibt (500 Beschäftigte). Trotz einiger Bedenken hat sich Onkel Fritz bereit erklärt, Jochen im Notfall aufzunehmen und als
Werkzeugmacher auszubilden. Jochen müsste dann zwar für die Woche ein Zim-
mer in Sindelfingen haben und in der Kantine essen – aber am Wochenende wäre
er ja jeweils zu Hause.

Jochens *Mutter* stimmt dem Vater zwar grundsätzlich zu; aber Stuttgart scheint ihr
doch mit zu vielen Risiken und Kosten verbunden. Mit nur einem Verdienst (Vater
Groß ist Dreher in einer kleinen Firma) ist die Familie finanziell nicht gerade auf
Rosen gebettet. Mutter Groß ist deshalb dafür, dass sich Jochen in der Umgebung
von Landau eine anständige Lehrstelle sucht. Schließlich gibt es ja noch andere
Berufe als Kraftfahrzeugmechaniker!

Jochens *Bruder* „Chris" sieht noch eine andere Möglichkeit: das Berufsgrundbildungsjahr. Schließlich ist Jochens Leistungsvermögen besser als sein Zeugnis
dies verrät. Das bestätigen auch seine Lehrer. Im Berufsgrundbildungsjahr hätte
Jochen die Möglichkeit, einerseits ein praktisches Berufsfeld kennen zu lernen,
andererseits könnte er womöglich sein Zeugnis verbessern, sodass er anschließend bessere Chancen als Lehrstellenbewerber hat. Vielleicht bekommt er dann
doch noch die ersehnte Stelle als Kraftfahrzeugmechaniker. Warum also nicht
noch ein Jahr zur Schule gehen?

III. Teamentwicklung konkret: Eine Trainingswoche in Klasse 10

In diesem Kapitel wird exemplarisch gezeigt, wie auf der Basis der dokumentierten Übungsbausteine eine Trainingswoche mit SchülerInnen konkret gestaltet werden kann. Da die ausgewählten Übungsbausteine durchweg in Kapitel II zu finden sind, müssen sie im Folgenden nicht mehr im Einzelnen abgebildet werden. Es wird an den betreffenden Stellen jeweils nur ein Querverweis gebracht, damit klar ist, auf welchen Übungsbaustein Bezug genommen wird. Wichtig und richtungsweisend ist im Folgenden vor allem die Art und Weise, wie die ausgewählten Übungsarrangements kombiniert worden sind und wie die Dramaturgie an den einzelnen Wochentagen ausgesehen hat. Einen Überblick über den Wochenverlauf und die einzelnen Tagesprogramme gibt Abbildung 15 auf Seite 247. Nähere Erläuterungen dazu sowie zu den Arbeitsergebnissen der SchülerInnen finden sich in den nachfolgenden Abschnitten.

1. Einige Vorbemerkungen zum Aufbau und Verlauf der Trainingswoche

Die skizzierte Trainingswoche fand statt im Zeitraum vom 20.–24.1.1997 im Trifelsgymnasium in Annweiler (südliches Rheinland-Pfalz). Das Trifelsgymnasium ist eine Privatschule in evangelischer Trägerschaft und als solche seit einigen Jahren damit befasst, die vom Verfasser entwickelten Trainingsprogramme in konzertierter Weise in unterschiedlichen Klassen und Jahrgangsstufen umzusetzen (vgl. Klippert 1994 und Klippert 1995). Die 10. Klasse, in der die skizzierte Teamentwicklung durchgeführt wurde, war in puncto Teamarbeit allerdings noch recht unbedarft und signalisierte in einer Vorbefragung eine eher skeptische Haltung gegenüber dem Gruppenunterricht. Dennoch willigten die SchülerInnen bereitwillig ein, als ihnen eine Trainingswoche unter dem Motto „Teamarbeit lernen" angeboten wurde. Auch die Eltern der betreffenden Klasse zeigten sich im Rahmen einer vorgeschalteten Informationsveranstaltung äußerst aufgeschlossen gegenüber dem geplanten Vorhaben des Verfassers.

Neben der frühzeitigen Einbeziehung der SchülerInnen und ihrer Eltern wurden natürlich auch die Lehrkräfte der Schule rechtzeitig informiert und zur gelegentlichen Hospitation eingeladen. Die Klassenlehrerin der Klasse 10 war denn auch während der ganzen Trainingswoche als Hospitantin dabei, und einige andere Lehrkräfte nutzten ebenfalls des Öfteren die Möglichkeit zum Unterrichtsbesuch. Auf diese Weise konnte gewährleistet werden, dass einige KernlehrerInnen der Klasse 10 recht intensiv mitbekamen, was in puncto Teamentwicklung angeboten und eingeübt wurde, um dieses späterhin gezielt im eigenen Fachunterricht wieder aufgreifen und weiterpflegen zu können. Von daher war die Verzahnung von Sockeltraining und punktueller Methodenpflege im Fachunterricht recht wirksam sichergestellt, auf deren Bedeutung bereits in Kapitel I, Abschnitt 4 hingewiesen wurde.

Die zeitlichen Rahmenbedingungen der Trainingsarbeit sahen so aus, dass der normale Unterricht außer Kraft gesetzt war und die SchülerInnen der Klasse 10b fünf Tage lang von der ersten bis zur sechsten Stunde ausschließlich damit befasst waren, ihre Teamkompetenz zu verbessern und sich in puncto Teamarbeit zu üben. Während des Schulvormittags gab es weder ein Klingelzeichen noch galten die üblichen Pausenzeiten der Schule. Die Pausenzeiten wur-

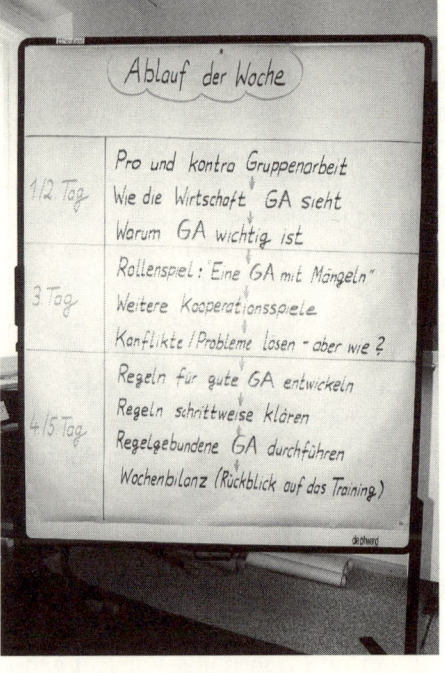

Wochenschau: Dieses Plakat wurde im Klassenraum ausgehängt und zu Wochenbeginn erläutert.

den flexibel geregelt, je nachdem, wo sich vom Arbeitsprogramm und von der Arbeitsleistung her ein sinnvoller Einschnitt anbot. So gesehen konnte recht organisch gearbeitet und den spezifischen Belastungen der SchülerInnen Rechnung getragen werden.

Ermöglicht wurde diese „Zeitsouveränität" durch die Verlagerung des Unterrichts in ein zum Internat gehörendes Nebengebäude, in dem nur einige Oberstufenkurse unterrichtet wurden und ansonsten eine relativ geruhsame Arbeitsatmosphäre vorherrschte. Der zur Verfügung stehende Klassenraum war zwar nicht größer als andere Klassenräume, hatte aber den Vorteil, dass er während der ganzen Woche ausschließlich für die Klasse 10 b reserviert war, sodass nach und nach eine richtige Lernlandschaft mit vielfältigen Arbeitsprodukten an den Wänden entstehen konnte.

Zu dieser Lernlandschaft gehörte auch ein Stuhlkreis als Standardsitzordnung. Die Tische waren bis auf zwei Abstelltische aus dem Raum entfernt worden, sodass nicht nur zusätzlicher Raum entstand, sondern die Teambildung durch rasches Stührücken auch problemlos möglich war. Einen gewissen Eindruck von der Szenerie und den gängigen Arbeitsarrangements im Klassenraum vermittelt die abgebildete Fotoserie auf den nächsten Seiten.

Was während der fünf Trainingstage an Arbeitsschwerpunkten vorgesehen war, geht aus dem obigen Foto sowie – im Detail – aus Abbildung 15 auf Seite 247 hervor. An den beiden ersten Tagen ging es darum, die SchülerInnen für die Probleme und Chancen des Gruppenunterrichts zu sensibilisieren und in ihnen die Überzeugung reifen zu lassen, dass Gruppenarbeit wichtig ist und möglichst konsequent geübt und gelernt werden muss. Am dritten Tag stand alsdann die Analyse ausgewählter Gruppenprozesse und -probleme im Vordergrund, um auf Schülerseite ein gewisses Regelbewusstsein anzubahnen. Dieses Regelbewusstsein wurde an den beiden letzten Wochentagen systematisch ausgebaut und durch das Entwickeln, Klären und versuchsweise Umsetzen konkreter Regelwerke exemplarisch gefestigt. Abgeschlossen wurde die Trainingswoche mit einer komplexeren Gruppenarbeit zum Thema „Gruppenarbeit im Betrieb", die es regelgebunden durchzuführen galt.

Wie die Wochenbilanz der SchülerInnen am Ende der Trainingswoche zeigte, waren sie mit dem Ablauf und den Ergebnissen der Trainingsarbeit durchweg zufrieden bis sehr zufrieden. Bemängelt wurde von drei Akteuren lediglich, dass es nach den spannenden und abwechslungsreichen Übungen in der Anfangsphase gegen Mitte der Woche doch etwas langweilig geworden sei, da sich einige Übungen erheblich überschnitten hätten und deshalb zu wenig Neues geboten worden sei. Am Freitag sei es dann jedoch wieder richtig interessant geworden. Zugegeben, die Redundanzen im Wochenverlauf führen zu gewissen Überschneidungen und Wiederholungen. Doch das ist durchaus beabsichtigt, da vor allem die „slow-learner" erst durch diese Redundanzen zum nötigen Begreifen und Verinnerlichen der angestrebten Erkenntnisse und Regelwerke gelangen. Und von diesen „slow-learnern" haben wir in unseren Schulen eine ganze Menge. Sie brauchen die besagten Überschneidungen und Wiederholungen, um die nötige Klarheit und Regelungskompetenz zu erwerben. Andernfalls besteht die Gefahr, dass sie im Rahmen der jeweiligen Gruppenarbeit nur vordergründig agieren und nicht wirklich zu einer reflektierten und fundierten Teamfähigkeit gelangen. Redundanzen sind also nötig, damit sich die SchülerInnen sukzessive vergewissern und mit den grundlegenden Erfordernissen und Regelungen einer guten Gruppenarbeit vertraut machen können. Von daher ist bei einer etwaigen Straffung des skizzierten Programms Vorsicht geboten.

Zum Abschluss der Trainingswoche gab es nicht nur einen gezielten Rückblick und Meinungsaustausch, sondern auch ein gemeinsames Pizzaessen, das die SchülerInnen der Klasse 10b aus eigenen Stücken angeregt und organisiert hatten. Die Tatsache, dass an dieser Gemeinschaftsaktion am Freitagnachmittag alle SchülerInnen teilnahmen, ist ein kleines Indiz für das gewachsene „Wir-Gefühl" in der Klasse. Selbstverständlich ist sowohl dieses „Wir-Gefühl" als auch der Erhalt der angebahnten Teamkompetenzen nur dann dauerhaft sicherzustellen, wenn die während der Trainingswoche eingeübten Verhaltensweisen und Regelwerke im weiteren (Fach-)Unterricht konsequent gepflegt und gefes- tigt werden. Dazu bedarf es spezifischer Lehrerteams, die diese Teampflege übernehmen und mit der nötigen Kontinuität und Regelmäßigkeit betreiben. Näheres dazu wird in Kapitel IV ausgeführt.

Ablauf der Trainingswoche

1. Tag

Pro und Kontra Gruppenarbeit – mehrstufiger Erfahrungsaustausch

· Vorstellung und Erläuterung des Trainingsprogramms · Assoziationsübung zum Begriff Gruppenarbeit · Problemanzeigen zur GA/Problemlösungsfantasien entwickeln · Brainstorming zu den Vorzügen der GA · Schatzsuche: Eine gelungene GA rekonstruieren · Bewertung und Diskussion ausgewählter „Killerthesen" zur GA · Hausaufgabe: Zeitungsartikel schreiben

2. Tag

Warum Gruppenarbeit wichtig ist – vertiefende Übungen

Zeitungsartikel verlesen und besprechen · Simulationsspiel zu einem Einstellungsgespräch · Plädoyers für GA aus der Sicht der Wirtschaft halten · Simulationsspiel „Gruppenarbeit – Einzelarbeit" · Expertenvorträge auf der Basis vorbereiteter Info-Bausteine · Plakat unter dem Motto „Top im Team" gestalten · Hausaufgabe: Leserbrief zu einem teamkritischen Zeitungskommentar schreiben

3. Tag

Alltägliche Gruppenprozesse analysieren und reflektieren

Leserbriefe vorlesen und besprechen · Entscheidungsspiel durchführen · Themenzentriertes Plakat erstellen · Werbesendung fürs Trifels-Gymnasium produzieren · Hausaufgabe: Vorschläge zur Lösung vorgegebener Gruppenkonflikte entwickeln

4. Tag

Regeln für „gute GA" schrittweise erarbeiten und visualisieren

Konfliktlösungsstrategien besprechen · Regelplakat erstellen · Gruppenarbeitsfahrplan erstellen · Fallstudie „GA mit Regelverstößen" bearbeiten · Eine gelungene Präsentation analysieren · Hausaufgabe: Stellenanzeige für ein neues Gruppenmitglied entwerfen

5. Tag

Vereinbarte Regeln festigen und exemplarisch anwenden

Gemeinsame Stellenanzeige für neues Gruppenmitglied erarbeiten · Aufgabenbeschreibungen anfertigen „Was ist zu tun, wenn …" · Regelgebundene GA zum Thema „Gruppenarbeit im Betrieb" durchführen und analysieren · Wochenbilanz: Brainwriting zum abgelaufenen Arbeitsprozess

Abbildung 15

Die Grundsitzordnung: Die SchülerInnen sitzen im Stuhlkreis; die Tische sind rausgeräumt.

Der erste Schritt zur Gruppenarbeit: Tandem-Gespräche im Doppelkreis.

Zufallsgruppen bei der Arbeit: Die Gruppen verteilen sich flexibel im Klassenraum.

Produktive Teamarbeit: Jeder schreibt mit, da der Sprecher später ausgelost wird.

Ein Plakat entsteht: Die Gruppen arbeiten innerhalb wie außerhalb des Klassenraums.

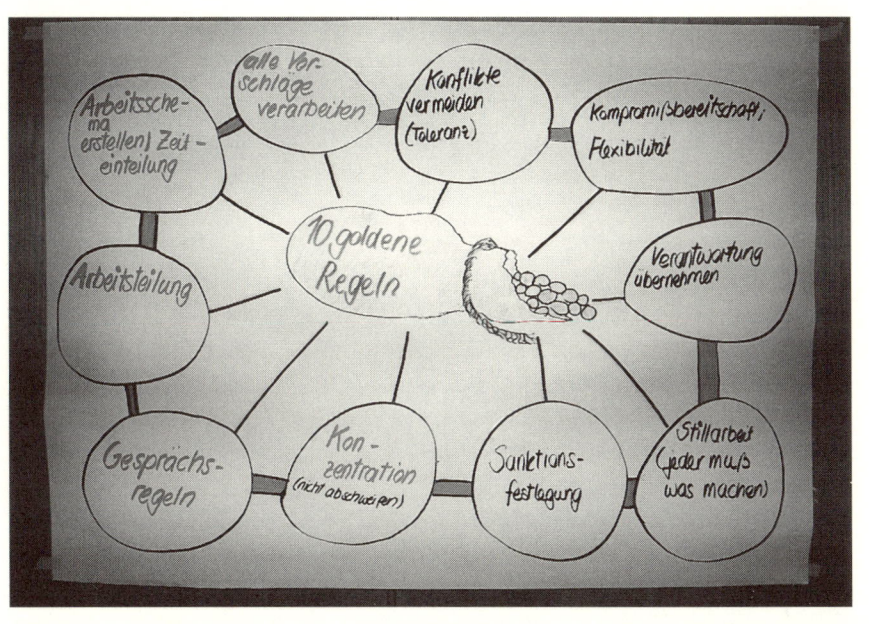

Eines von vielen Lernprodukten: Wichtige Verhaltensregeln für die Gruppenarbeit.

Kooperative Präsentation: Zwei Schüler stellen das Regelplakat ihrer Gruppe vor.

Reflexionsphase: Die SchülerInnen äußern sich nach einer kurzen Besinnungspha-se zur abgelaufenen Gruppenarbeit.

2. Erster Tag:
Sensibilisierung der SchülerInnen

Zu Beginn des Tages wurde den SchülerInnen das Wochenprogramm in groben Zügen vorgestellt und erläutert (vgl. das Foto auf Seite 245). Die SchülerInnen hatten in dieser Einführungsphase Gelegenheit zu fragen und etwaige Verständnisschwierigkeiten auszuräumen. Dann folgte eine themenzentrierte Assoziationsphase (vgl. B 3), die einerseits die Reflexion über die alltägliche Gruppenarbeit in Gang bringen sollte, andererseits als einfaches themenzentriertes Kennenlernspiel gedacht war, um in der Klasse mehr Offenheit und Problembewusstsein zu erreichen. Der auf einem Flipchart notierte Assoziationsimpuls lautete: „Wenn ich das Wort Gruppenarbeit höre, dann denke ich an …". In einer kurzen Besinnungsphase hatte sich jede Schülerin und jeder Schüler drei Stichworte zu notieren. Diese Stichworte wurden zunächst in Dreiergruppen (Nachbarschaftsgruppen) ausgetauscht und kurz erläutert. Nach dieser „Warming-up-Phase" gab es eine themenzentrierte Vorstellungsrunde dergestalt, dass die SchülerInnen im Wechsel je eines ihrer drei Stichworte nennen und ihre korrespondierenden Erfahrungen und Einschätzungen vor der Klasse vorstellen mussten. Die so zusammenkommenden Stichworte wurden an der Tafel festgehalten (vgl. die Begriffskärtchen in B 3).

In einem nächsten Schritt wurden durch das Verlosen unterschiedlicher Spielkarten mehrere Zufallsgruppen gebildet, die ausgewählte Probleme/Unzulänglichkeiten der alltäglichen Gruppenarbeit herauszufiltern und weitergehend zu thematisieren hatten. Diese problemzentrierte Reflexionsphase begann damit, dass die einzelnen Gruppen in einer ca. 15-minütigen Brainstormingphase je drei Problemanzeigen zum gängigen Gruppenunterricht herausarbeiten, besprechen und auf rechteckige Visualisierungskärtchen schreiben mussten (vgl. B. 10). Die erstellten Kärtchen wurden sodann im Wechsel von unterschiedlichen Gruppenmitgliedern präsentiert, an die Wand geheftet und zu so genannten Problemknoten gruppiert. Heraus kamen schließlich sechs abgrenzbare Problemknoten, die im nächsten Schritt mittels roter Klebepunkte gewichtet wurden. Hierbei standen jedem Schüler und jeder Schülerin fünf Klebepunkte zur Verfügung, die wahlweise auf die betreffenden Problemknoten zu verteilen waren, wobei maximal drei Klebepunkte auf einen Problemknoten konzentriert werden durften. Die vier Problemknoten mit den meisten Klebe-

punkten wurden anschließend von 1–4 durchnummeriert und vier durch Abzählen ermittelten Zufallsgruppen zugewiesen, deren Aufgabe es war, ihren jeweiligen Problemknoten exakt zu definieren und je drei problemlösende Gegenmaßnahmen zu überlegen. Zur Visualisierung der Problemknoten standen
runde Pappkarten, zur Visualisierung der Gegenmaßnahmen größere rote Pfei-
le zur Verfügung, die stichwortartig zu beschriften waren. Zum Abschluss dieser
Problemlösungsberatungen wurden die betreffenden Visualisierungen an die
Wand geheftet und von den zuständigen (ausgelosten) Gruppenvertretern näher erläutert. Welche Kernprobleme und Problemlösungsvorschläge dabei
herauskamen, lässt sich aus der Anlage zu B 10 ersehen. Einige ergänzende
Kommentare des Lehrers rundeten diese Reflexionsphase ab.

In einer weiteren Arbeitsetappe erhielten die SchülerInnen die Aufgabe, in
einem mehrstufigen Brainstormingverfahren wichtige Vorzüge der Gruppenarbeit herauszuarbeiten, die sich im Verlauf der zurückliegenden Gruppenarbeiten gezeigt hatten (vgl. dazu B 14). Dieses Brainstorming begann mit einer individuellen Besinnungsphase dergestalt, dass jede Schülerin und jeder Schüler
drei Pluspunkte der Gruppenarbeit zu notieren hatte. Dann wurden im Sinne
des Schneeballverfahrens zunächst 2er- und 3er-Gruppen gebildet, die je vier
Pluspunkte zu bestimmen hatten, und dann mehrere Großgruppen mit je 6–9
Mitgliedern, die sich auf je fünf Vorzüge der Gruppenarbeit verständigen mussten. Diese Pluspunkte wurden auf Folien übertragen und anschließend im Plenum vorgestellt, erläutert und bei Bedarf näher diskutiert. Eine der Großgruppen führte zum Beispiel die folgenden Vorzüge der Gruppenarbeit an:

☞ Jeder kann seine Meinung und Stärken einbringen und dadurch die
Gruppe voranbringen.

☞ Das Sozialverhalten wird gefördert, was unter anderem für die Zukunft im Beruf wichtig ist.

☞ Verschiedene Meinungen lösen Diskussionen aus und führen zu einem vielfältigeren Ergebnis.

☞ Durch die Hilfe der Mitglieder und durch das Gespräch in der Gruppe wird es leichter, den Stoff zu verstehen.

☞ Durch Arbeitsaufteilung und Spezialisierung wird ein effektiveres
Arbeiten im Unterricht möglich.

Die als fünfte Arbeitsetappe vorgesehene „Schatzsuche" (vgl. B. 11) musste
wegen Zeitmangel weggelassen werden, kann in anderen Klassen und unter
anderen Umständen aber sehr wohl ein sinnvolles Arrangement sein, um die
SchülerInnen ganz gezielt zur Rekonstruktion positiver Gruppenarbeitserfahrungen zu veranlassen, damit sie sich den Wert des Gruppenunterrichts anhand
eigener Erlebnisse und Beobachtungen vergegenwärtigen. Statt der „Schatzsu-

che" wurde also direkt zur Bewertung und Diskussion ausgewählter „Killerthesen" übergegangen, wie sie im abgebildeten Wochenfahrplan vorgesehen ist. Als Arbeitsmaterial wurde dabei das in B 4 dokumentierte Thesenraster eingesetzt. Die SchülerInnen hatten demzufolge die Aufgabe, die vier vorgegebenen Thesen innerhalb der angeführten Skala von +3 (volle Zustimmung zur These) bis –3 (volle Ablehnung) zu bewerten und die korrespondierenden Überlegungen und Argumente stichwortartig zu notieren. Wie erwartet, streuten die Einschätzungen zu den einzelnen Thesen ganz beträchtlich, sodass fruchtbare Gespräche und Kontroversen induziert wurden. Ausgetragen wurden diese Diskussionen teils in Zufallsgruppen, teils im Plenum. Die Diskussion der ersten These erfolgte zum Beispiel im Rahmen eines „Fishbowl-Arrangements", d. h., je zwei Befürworter und zwei Kritiker der These saßen sich auf einem Podium inmitten der Klasse gegenüber und tauschten unter der Leitung des Lehrers/Moderators ihre unterschiedlichen Argumente aus. Inszeniert wurde diese Diskussion als Fernsehdebatte in Studio 4 des Südwestfunks, wobei als Besonderheit hinzukam, dass sowohl auf der Pro- als auch auf der Kontra-Seite ein zusätzlicher freier Stuhl stand, der vom Studiopublikum genutzt werden konnte, um weitere Argumente in die Debatte zu bringen. Wer auf dem freien Stuhl Platz nahm, erhielt umgehend das Wort, brachte sein Argument vor, musste dann aber sogleich den Stuhl wieder räumen, damit dieser für andere Studiobesucher ebenfalls zugänglich war. Nach Abschluss dieser Studiodebatte wurden mittels Kartenspiel drei Zufallsgruppen gebildet, denen je eine der Thesen 2–4 zugelost wurde. Jede dieser Thesen war gruppenintern zu diskutieren und in einer anschließenden Stellungnahme vor der Klasse (kritisch) zu würdigen. Der jeweilige Gruppensprecher wurde ausgelost.

Zum Abschluss des ersten Trainingstages wurde ein kurzes Blitzlicht durchgeführt, d. h., nach einer kurzen Besinnungsphase erhielten alle SchülerInnen die Gelegenheit, sich zum Ablauf und zu den Übungen des Tages zu äußern und sowohl ihre positiven Eindrücke als auch ihre kritischen Anfragen „blitzlichtartig" zu formulieren. Der Tenor der Feedbackrunde war äußerst positiv. Daran konnte auch die abschließende Hausaufgabe nichts ändern, die vorsah, dass die SchülerInnen auf der Basis der Expertenstatements in B 22 einen Zeitungsartikel zum Thema „Ist unser Unterricht noch zeitgemäß?" schreiben sollten. Nähere Hinweise zu dieser Aufgabenstellung finden sich in B 22. Beabsichtigt war mit dieser Produktionsaufgabe zweierlei: Zum einen sollten sich die SchülerInnen über die Fragwürdigkeit der alltäglichen Lernanforderungen und -anstrengungen Gedanken machen, zum anderen sollte ihnen die Bedeutung der hier in Rede stehenden Sozialkompetenz ansatzweise vor Augen geführt werden.

3. Zweiter Tag:
Interesse an Gruppenarbeit wecken

Die bereits am ersten Tag angelaufene Überzeugungsarbeit in Sachen Gruppenarbeit wurde am zweiten Trainingstag gezielt fortgeführt und intensiviert, um der latenten Skepsis vieler SchülerInnen gegenüber dem Gruppenunterricht möglichst nachhaltig entgegenzuwirken. Denn nur überzeugte GruppenarbeiterInnen werden letztlich auch engagierte und erfolgreiche GruppenarbeiterInnen sein. Gestartet wurde diese Überzeugungsarbeit am zweiten Tag mit dem Verlesen der zu Hause geschriebenen Zeitungsartikel. Dazu wurden erneut mehrere Zufallsgruppen gebildet, deren Mitglieder sich ihre journalistischen Produkte wechselseitig vorstellten. Was dabei herauskam, lässt sich beispielhaft aus dem Schülerbeitrag in Abbildung 16 ersehen. Grundsätzlich war zu beobachten, dass die SchülerInnen mit großem Ernst an die Problematisierung des alltäglichen Unterrichtsgeschehens herangingen.

In einer zweiten Arbeitsetappe wurde das in B 19 dokumentierte Simulationsspiel zur Bewerberauswahl durchgeführt, das den SchülerInnen ansatzweise erlebbar machte, wie sehr mittlerweile in Groß- und Mittelbetrieben mit teamspezifischen Arbeitsarrangements und -anforderungen gerechnet werden muss. Dieses nur verbal zu betonen, ist in der Regel zu wenig. Sehr viel wirksamer und „aufrüttelnder" ist dagegen eine realitätsnahe Simulation möglicher/wahrscheinlicher Bewerbungsarrangements. Das in der Klasse durchgeführte Simulationsspiel ist tatsächlich in ähnlicher Form bei einem größeren Geld- und Kreditinstitut gelaufen und kann daher mit Fug und Recht den Anspruch erheben, realitätsnah zu sein und typische Trends und Anforderungen widerzuspiegeln, wie sie heutzutage in vielen Mittel- und Großbetrieben zu finden sind. Die Betroffenheit in der Klasse 10 war auf jeden Fall sehr groß, als das ungewohnte Teamarrangement durchgespielt wurde und die eigene Unsicherheit und Unbedarftheit offen zu Tage trat. Durchgespielt und gemeinsam reflektiert wurden aus Zeitgründen lediglich zwei Gruppensitzungen zu zwei unterschiedlichen Themen (Sollte Tempo 100 auf allen Autobahnen eingeführt werden? Sollten die Eltern bei der Berufswahl mitentscheiden?). Dabei wurde mit Video gearbeitet.

In einer dritten Arbeitsetappe wurde diese Reflexion betrieblicher Anforderungen und Erwartungen mittels eines fiktiven Experteninterviews fortge-

Ist unser Unterricht noch zeitgemäß?

„Glaubt man den großen Industriekonzernen wie Siemens und Mercedes Benz, dann ist der Unterricht von heute überholt und benötigt eine gründliche Reform. Denn dieser Unterricht zielt laut Sprechern mehrerer Unternehmen zu stark auf rezeptives und einseitig kognitives Lernen ab, d.h., die Schüler werden zum Zuhören und Schlucken des vom Lehrer im Alleingang vorgetragenen Stoffes erzogen. Die von der modernen Industrie geforderten Schlüsselqualifikationen wie Problemlösungskompetenz, Selbständigkeit, Verantwortungs- , Kritik- und Teamfähigkeit werden dagegen arg vernachlässigt. ‚Leider herrscht das reine Lernen in der Schule von heute vor, das soziale Lernen kommt zu kurz', sagen auch viele Schüler.

Reformmöglichkeiten können im schulischen Bereich zum Beispiel so aussehen, daß sogenannte Kommunikations-, Methoden- und Teamtrainings durchgeführt werden, die die obigen Fähigkeiten fördern. Allerdings muß dabei auch beachtet werden, daß die völlige Ausrichtung des Unterrichts auf diese Methoden die Individualität gerade der guten Schüler zu sehr einschränken und auch bei der Benotung ziemliche Probleme machen könnte. Genau dieses Argument wird häufig von den Gegnern der Reform genutzt. Dennoch sollte dem warnenden Ruf der Industrie auf jeden Fall Beachtung geschenkt und der Unterricht in den Schulen neu überdacht werden. Für dieses Überdenken spricht auch, daß die übliche Wissensanhäufung nach Aussage z.B. des RWE-Konzerns immer fragwürdiger wird, da das Wissen im Zeitalter der modernen Technik immer schneller veraltet. Deshalb ist es heute viel wichtiger, daß man lernt, wie man sich schnell neues Wissen erwirbt. Die Wirtschaft zieht aus alledem den Schluß, daß im Unterricht viel mehr Handlungs- und Sozialkompetenz aufgebaut werden muß." *(Jan-Hendrik Spieth)*

Abbildung 16

führt und durch die Eingabe zusätzlicher Informationen intensiviert (vgl. B. 20). Grundlage dieser Interviews waren die in B 20 dokumentierten Statements führender Wirtschaftsvertreter zur Bedeutung der Teamfähigkeit in der modernen Arbeits- und Berufswelt. Die Interviews selbst waren so arrangiert, dass sich die SchülerInnen im Doppelkreis gegenübersaßen. Alle im Innenkreis sitzenden SchülerInnen mussten sich nach einer kurzen Lese- und Vorbereitungsphase als Interviewer/Journalisten versuchen, alle Gesprächspartner im Außenkreis waren dagegen als IHK-Vertreter gefragt, um im Interview möglichst überzeugend darzulegen, was die Wirtschaft vom Gruppenunterricht in der Schule hält und welche Rolle Teamfähigkeit mittlerweile in den Betrieben spielt. Ziel dieser fiktiven Interviews war es einmal, die SchülerInnen zur intensiven Auseinandersetzung mit den in B 20 dokumentierten Statements zu bewegen. Zum anderen sollten sie durch den aktiv-konstruktiven Umgang mit diesen Argumenten die eigene Einsicht stärken, dass das Erlernen von Teamfähigkeit etwas Wichtiges und Zukunftsweisendes ist.

Im Mittelpunkt der vierten Arbeitsetappe stand erneut ein Simulationsspiel, nämlich die Simulation eines Problemlösungsprozesses im Unterricht (vgl. dazu B 18). Das Besondere an diesem Simulationsspiel war, dass einige SchülerInnen alleine, andere in Gruppen arbeiten mussten. Wer Einzelarbeiter und wer Gruppenarbeiter war, das wurde per Los entschieden. Zunächst gab es für alle Akteure eine etwa fünfminütige Stillarbeitsphase. Dann konnten sich die Gruppenarbeiter gemeinsam besprechen und zu den richtigen Lösungen vortasten. Die sechs Einzelarbeiter dagegen mussten sich in gebürendem Abstand zueinander alleine bemühen. Nach 10–15 Minuten wurde die Übung abgebrochen und ausgewertet. Dabei kamen zunächst die Einzelarbeiter zu Wort und dann diejenigen, die in Gruppen gearbeitet hatten. Unter dem Strich kam in dieser Feedbackphase sehr deutlich heraus, dass sich die Einzelarbeiter auch gerne in Gruppen verständigt hätten, um mehr Rückhalt und Sicherheit zu bekommen. Als größtes Handikap wurde von den Einzelarbeitern angeführt, dass man in Zweifelsfällen einfach nicht so richtig weiterkomme und Gefahr laufe, vorschnell zu resignieren. Bei Gruppenarbeit hingegen ergäben sich beinahe zwangsläufig stimulierende, Sicherheit vermittelnde Effekte.

In einer fünften Arbeitsetappe erhielten die SchülerInnen alsdann Gelegenheit zur zusammenfassenden Würdigung und Klärung der verschiedenen Vorzüge des Gruppenunterrichts. Grundlage dieser Zusammenschau waren die in B 17 dokumentierten Informationsbausteine. Diese fünf Informationsbausteine wurden fünf Zufallsgruppen (Stammgruppen) zugelost, die in einem ersten Schritt die Aufgabe hatten, ihren jeweiligen Argumentationsstrang detailliert zu erschließen und die wichtigsten Argumente auf einem „Spickzettel" festzuhalten, um dann in einem zweiten Schritt in so genannten Querschnittsgruppen abwechselnd zu berichten und zu argumentieren (vgl. B 17). Auf diese Weise wurde das Argumentationstableau in Sachen Gruppenarbeit abgerundet.

In einer sechsten und letzten Arbeitsetappe erhielten die SchülerInnen schließlich die Aufgabe, die zusammengetragenen Argumente möglichst anschaulich und übersichtlich auf einem großen Plakat zu visualisieren (vgl. dazu B 23). Unter dem Motto „Top im Team" gingen sie in mehreren Zufallsgruppen mittels Wachsmalstiften und verschiedenfarbigen Filzstiften daran, ihre Plakate zu gestalten. Dafür hatten sie rund 30 Minuten Zeit. Anschließend wurden die erstellten Plakate im Plenum ausgehängt und von ausgelosten Gruppensprechern vorgestellt. Eines der präsentierten Plakate ist in B 23 abgebildet.

Als Hausaufgabe für den nächsten Tag wurde der Auftrag erteilt, zu einem vorliegenden teamkritischen Kommentar eines Chefredakteurs einen (kritischen) Leserbrief zu schreiben (vgl. B 21). Auf diesem Wege sollten die SchülerInnen veranlasst werden, sich in puncto Teamarbeit nochmals zu vergewissern und zur aktuellen Bedeutung des Gruppenunterrichts pointiert Stellung zu beziehen.

4. Dritter Tag: Gruppenprozesse reflektieren

Der dritte Trainingstag begann wie üblich mit dem Bearbeiten der Hausaufgabe. Dazu wurden mehrere Zufallsgruppen gebildet, in denen die zu Hause geschriebenen Leserbriefe verlesen und bei Bedarf näher besprochen wurden. Auch diesmal hatten alle SchülerInnen ihre Hausaufgabe gewissenhaft erledigt, was sicherlich auch daran lag, dass inzwischen alle wussten, dass ihre Leserbriefe auch tatsächlich in den Unterricht einfließen würden. Wie in den einzelnen Leserbriefen argumentiert wurde, zeigt beispielhaft die in Abbildung 17 dokumentierte Version einer Schülerin. Auffällig war bei allen Leserbriefen, dass die SchülerInnen recht engagiert die teamkritische Position des Chefredakteurs konterten und damit zu erkennen gaben, dass sie die Relevanz der Teamarbeit und Teamkompetenz zwischenzeitlich recht gut begriffen hatten.

In einer zweiten Arbeitsetappe erhielten die SchülerInnen Gelegenheit, das in B 32 dokumentierte Entscheidungsspiel durchzuführen und dabei sowohl über die gängigen Probleme und Belastungen im Unterricht nachzudenken und mit anderen darüber zu sprechen, als auch in der Gruppe zu versuchen, eine Einigung darüber herbeizuführen, welches wohl das Hauptproblem im Unterrichtsalltag ist. Angesichts der zwölf Symbole und Impulsskizzen, die in B 32 abgebildet sind, fiel es den Gruppenmitgliedern natürlich nicht leicht, sich auf eine einzige Problemanzeige zu verständigen. Und genau diese Schwierigkeit war auch gewollt, denn erst unter solchen Vorzeichen erweist sich, wie harmonisch oder disharmonisch eine Gruppe zusammenzuarbeiten versteht. Dass in den einzelnen Zufallsgruppen so manche Unzulänglichkeiten sichtbar wurden, war für die anschließende Auswertungsphase nur gut und anregend. Grundlage dieser Reflexionsphase war der in B 31 dokumentierte Bilanzbogen I. Nachdem die einzelnen Gruppen ihren Entscheidungsprozess abgeschlossen und ihre ausgewählten Symbole/Impulsskizzen vorgestellt hatten, waren zunächst alle SchülerInnen gehalten, den vorliegenden Bilanzbogen I auszufüllen, um dann in ihren Gruppen über ihre unterschiedlichen Wahrnehmungen und Erfahrungen zu sprechen. Am Ende hatte jede Gruppe kurz zu berichten, was während des Entscheidungsspiels gut gelaufen war und was Probleme bereitet hatte.

In einer dritten Arbeitsetappe ging es ebenfalls um das Thema Unterricht. Und zwar erhielten die SchülerInnen in neu zusammengesetzten Zufallsgrup-

Leserbrief zum Kommentar des Chefredakteurs

„Ich war sehr erstaunt, als ich Ihren Kommentar zur Gruppenarbeit gelesen habe. Man kann doch die heutige Lage in Deutschland nicht einfach mit der in der Vergangenheit gleichsetzen, als Einzelkämpfer in der Forschung noch tonangebend waren. Dieser Meinung sind auch 96 Prozent der befragten Personalchefs bedeutender deutscher Unternehmen.

Die Zukunft gehört den Teams. Bei der heutigen Entwicklung in der Wirtschaft und in der Technik ist es schwer, immer auf dem neuesten Stand der Erkenntnisse zu sein. Da ist es im Beruf äußerst hilfreich, wenn mehrere Menschen, die sich auf verschiedene Gebiete spezialisiert haben, in Teams zusammenarbeiten. In Teams ergänzt man sich, als Einzelner verliert man schnell den Anschluß.

Deshalb sollten die Jugendlichen schon in der Schule darauf vorbereitet werden, viel mehr in Gruppen zu arbeiten und mehr Rücksicht auf die Mitschüler zu nehmen. Ihr Hinweis auf die Kollektivwirtschaft in der alten DDR zieht da wenig, da Gruppenarbeit überall möglich und sinnvoll ist. Die Vorteile der Gruppenarbeit scheinen Sie gar nicht zu kennen oder einfach nicht wahrhaben zu wollen. Diejenigen, die in Gruppen arbeiten, lernen Verantwortung zu übernehmen sowie andere zu kritisieren und selbst Kritik anzunehmen. In dieser speziellen Arbeitsform wird auch erlernt, wie man vorurteilslos mit anderen zusammenarbeitet und gemeinsam die Lösung eines Problems oder zumindest einen Lösungsweg findet. Man lernt, Konflikte friedlich beizulegen und die eigene Kommunikations- und Kooperationsbereitschaft zu verbessern. Auch leistungsstarke Schüler werden gefördert. Sie können nämlich ihr Wissen verfestigen, indem sie den Schwächeren helfen und etwas erklären. So kommt Gruppenarbeit irgendwie allen zugute.

Ich hoffe, daß nicht alle Lehrer so denken, wie Ihr Chefredakteur, denn sonst hat Deutschland zumindest wirtschaftlich gesehen kaum noch eine Chance."
(Melanie)

Abbildung 17

pen die Aufgabe, zum Thema „Unterricht heute" ein großes Plakat im Format 1 m × 1,20 m zu gestalten (vgl. B 33). Vorbereitend dazu hatte jede Schülerin und jeder Schüler zunächst eine persönliche Skizze mit einem für wichtig erachteten Aspekt des aktuellen Unterrichtsgeschehens zu erstellen. Erst dann begann die Gruppenarbeit. Die Gruppenmitglieder hatten sich ihre unterschiedlichen Skizzen und Assoziationen vorzustellen und anschließend darüber zu verständigen, was in welcher Form auf das Plakat gebracht werden sollte. Als Hilfsmittel für die Plakatgestaltung standen ihnen hierbei ein Kästchen mit Wachsmalstiften sowie vier verschiedenfarbige dicke Filzstifte zur Verfügung. Was dabei herauskam, zeigt unter anderem das in B 33 abgedruckte Foto. Natürlich verlief auch dieser Produktionsprozess nicht reibungslos und gab daher genügend „Stoff" für die anschließende Prozessreflexion her. Grundlage dieser

Reflexionsphase war der in B 31 dokumentierte Bilanzbogen II. Auch dieser Bogen wurde nach erfolgter Plakatpräsentation zunächst von allen SchülerInnen in einer individuellen Besinnungsphase ausgefüllt, ehe alsdann in den einzelnen Gruppen (selbst-)kritisch Bilanz gezogen und auf einige Problempunkte näher eingegangen wurde.

In einer vierten Arbeitsetappe wurden abermals neue Zufallsgruppen gebildet, die diesmal den Auftrag erhielten, zur eigenen Schule – dem Trifelsgymnasium – eine Werbesendung von fünfminütiger Dauer zu produzieren. In dieser Werbesendung sollte es darum gehen, die Attraktionen der eigenen Schule gezielt zu sondieren und mittels Kassettenrekorder in möglichst ansprechender Weise vorzustellen. Dabei war der journalistischen Fantasie der Gruppenmitglieder grundsätzlich keine Grenze gesetzt. Zulässig waren Reportageteile und Kommentare genauso wie fiktive oder auch reale Interviews mit Vertretern der Schule. Jeder Gruppe stand dazu ein kleines batteriegetriebenes Kassettengerät zur Verfügung. Ansonsten war es den Gruppen selbst überlassen, sich einen geeigneten Sendefahrplan zu machen und sich gruppenintern darauf zu verständigen, welche Informationen/Attraktionen in welcher Weise auf Kassette gebannt werden sollten. Für die Produktion ihrer Werbesendungen standen den Gruppen 60 Minuten zur Verfügung. Die Aufnahmen selbst wurden in freistehenden Unterrichtsräumen sowie in anderen ruhigen Zonen des Schulgebäudes gemacht (unter anderem im Keller). Natürlich verliefen auch diese Produktionsprozesse nicht reibungslos; das kam in der abschließenden Reflexionsphase sehr deutlich heraus. Grundlage dieser Reflexionsphase war der in B 31 dokumentierte Bilanzbogen III. Auch dieser wurde zunächst von allen SchülerInnen in einer individuellen Besinnungsphase ausgefüllt, ehe die Gruppenmitglieder ihre persönlichen Erfahrungen und Wahrnehmungen austauschten und diskutierten. So gesehen hatten die SchülerInnen zum dritten Mal Gelegenheit, nicht nur eine komplexere Gruppenarbeit zu analysieren und zu besprechen, sondern auch einen weiteren Feedbackbogen kennen zu lernen und konkret damit zu arbeiten.

Als abschließende Hausaufgabe erhielten die SchülerInnen den Auftrag, ausgewählte Konfliktsituationen, wie sie in Gruppen immer wieder auftreten (können), versuchsweise zu analysieren sowie Überlegungen anzustellen, wie dem jeweiligen Konflikt/Problem begegnet werden könnte. Dazu wurden ihnen die in B 39 dokumentierten Arbeitsblätter mit insgesamt 14 Konfliktsituationen ausgeteilt, die es zu Hause zu bearbeiten galt. Beendet wurde der Unterrichtsvormittag mit einem kurzen Stimmungsbild zum Tage, bei dem die SchülerInnen im Stuhlkreis saßen und sich zum durchgeführten Trainingsprogramm äußern konnten. Auch diesmal war das Echo durchweg positiv.

5. Vierter Tag:
Verhaltensregeln erarbeiten

Zu Beginn des vierten Trainingstages wurden die zu Hause thematisierten Konfliktfälle aufgegriffen und vertiefend besprochen. Dazu wurden mehrere Zufallsgruppen mit je vier bis fünf Mitgliedern gebildet und die einzelnen Problemfälle abwechselnd kommentiert. Entsprechend den Vorgaben in B 39 wurde das jeweilige Störverhalten zunächst auf seine möglichen Hintergründe bzw. Auslöser hin abgeklopft; dann wurden nähere Vorschläge unterbreitet, wie dem betreffenden Störverhalten am Besten zu begegnen sei. Nachdem das jeweils zuständige Gruppenmitglied sein zu Hause vorbereitetes Statement vorgetragen hatte, fügten die übrigen Gruppenmitglieder ihre ergänzenden/abweichenden Kommentare an. Abgeschlossen wurde diese Fallbesprechungsrunde in der Weise, dass abwechselnd je ein Gruppensprecher ausgelost wurde, der im Plenum zu einem der vorgegebenen Störmanöver Stellung zu beziehen hatte. Gezielte Anmerkungen der Lehrperson rundeten das Bild ab.

In einer zweiten Arbeitsetappe erhielten die SchülerInnen Gelegenheit, wichtige Verhaltensregeln für die Gruppenarbeit zu eruieren und zu visualisieren. Diese Regelerarbeitung erfolgte nach dem Schneeballverfahren. Das heißt, zunächst musste jede Schülerin und jeder Schüler fünf für wichtig gehaltene Regeln auf ein Schmierblatt schreiben. Anschließend wurden Paare gebildet, die sich auf je sieben bedeutsame Verhaltensregeln zu verständigen hatten. Diese „7 goldenen Regeln" waren in ein vorgegebenes Formblatt einzutragen (vgl. B 43). In einem dritten Schritt schließlich wurden mehrere Zufallsgruppen mit je fünf bis sechs SchülerInnen gebildet, die die Aufgabe erhielten, aus den vorliegenden Regelvorschlägen konsensfähige Regelkataloge mit je 10 zentralen Verhaltensregeln abzuleiten und möglichst anschaulich und übersichtlich zu visualisieren. Für diese Visualisierung standen jeder Gruppe ein großes weißes Plakat im Format 90 cm x 110 cm, eine Schachtel mit Wachsmalstiften sowie vier verschiedenfarbige dicke Filzstifte zur Verfügung. Wie die erstellten Regelkataloge am Ende aussahen, lässt sich beispielhaft aus dem Foto auf Seite 250 dieses Buches ersehen.

In einer dritten Arbeitsetappe ging es ebenfalls um das Erarbeiten von Gruppenarbeitsregeln. Diesmal richtete sich das Augenmerk jedoch nicht auf die Verhaltensnormen, sondern auf das Erstellen eines Gruppenarbeitsfahrplans mit grundlegenden Ablaufregeln. Auf der Basis des in B 44 dokumentierten Arbeitsblattes erhielten die SchülerInnen die Aufgabe, aus den vorgegebenen Puzzle-Bausteinen einen in sich stringenten Gruppenarbeitsfahrplan zusammenzustellen und dabei die zwölf angeführten Arbeitsschritte sinnfällig zu integrieren. Die Kontrolle und Objektivierung der so erstellten „Fahrpläne" erfolgte im Rahmen der anschließenden Präsentation im Plenum. Diese Präsentation sah so aus, dass die einzelnen Gruppen ihre Ablaufraster auf Folien übertrugen und vor der Klasse vorstellten. Abweichungen wurden besprochen; einzelne Arbeitsschritte wurden näher erläutert. Der gemeinsam verabschiedete Gruppenarbeitsfahrplan wurde schließlich von einer Freiwilligengruppe bis zum nächsten Tag auf einem großen Plakat anschaulich visualisiert und alsdann im Klassenraum ausgehängt.

Die vierte Arbeitsetappe diente der Vertiefung der erarbeiteten Verhaltens- und Organisationsregeln. Dazu wurde auf das Arbeitsblatt in B 28 zurückgegriffen, das eine Gruppenarbeit mit erheblichen Mängeln vorstellt. Die Aufgabe der SchülerInnen war es, das skizzierte Arbeits- und Interaktionsverhalten der Gruppenmitglieder eingedenk der erarbeiteten Regeln gezielt zu problematisieren sowie Erfolg versprechende Tipps zu entwickeln, wie die beschriebene Gruppenarbeit besser und konstruktiver gestaltet werden könnte. Die so ermittelten Verbesserungsvorschläge wurden anschließend von ausgelosten Gruppensprechern im Plenum präsentiert und bei Bedarf von Schüler- wie von Lehrerseite kommentiert.

Die fünfte Arbeitsetappe konzentrierte sich alsdann auf die Eingrenzung wichtiger Präsentationsregeln, denn auch in dieser Hinsicht brauchen die SchülerInnen bewährte Handlungsanweisungen. Als Quelle dieser Präsentationsregeln diente das in B 45 dokumentierte Arbeitsblatt „eine tolle Präsentation". Die SchülerInnen hatten zum einen die Aufgabe, den vorliegenden Lückentext zu komplettieren und auf diesem Wege die Präsentationsbeschreibung aufmerksam zu studieren. Zum anderen mussten sie aus der besagten Präsentationsschilderung „sieben goldene Regeln für die gute Präsentation" ableiten (vgl. B 45). Diese Regelsondierung und -formulierung lief in mehreren Zufallsgruppen ab, die mittels Abzählen gebildet wurden. Die erarbeiteten Präsentationsregeln wurden auf Folien geschrieben und am Ende im Plenum präsentiert. Wie die von den Gruppen formulierten Präsentationsregeln letztlich aussahen, zeigt exemplarisch der Regelkatalog in Abbildung 18. Auf der Basis der vorgestellten Regelkataloge gestaltete schließlich eine Freiwilligengruppe in häuslicher Nacharbeit ein großes Plakat mit den wichtigsten Präsentationsregeln zur Vorlage am Anfang des nächsten Trainingstages.

Die offizielle Hausaufgabe der SchülerInnen sah so aus, dass sie unter Beachtung aller bis dato gewonnener Erkenntnisse und Regeln eine Stellenanzeige für ein gutes Gruppenmitglied zu entwerfen hatten. Dazu erhielten die SchülerInnen den in B 54 dokumentierten Vordruck, in den sie ihre persönlichen

Regeln für die gute Präsentation

- Frei und deutlich sprechen und dabei die Zuhörer freundlich anschauen;

- die Darlegungen gut veranschaulichen in Form von Plakaten, Folien usw.;

- darauf achten, dass jedes Gruppenmitglied in den Vortrag mit einbezogen wird;

- den Vortrag so kurz wie möglich halten, aber trotzdem interessant gestalten;

- eventuell Arbeitsblätter und Kreuzworträtsel für die Zuhörer anfertigen;

- während des Vortrags Zeit für Pausen lassen, in denen Fragen gestellt und Probleme gelöst werden können;

- am Anfang der Präsentation kurz den groben Ablauf erläutern und die Leitfragen an die Tafel schreiben.

Abbildung 18 (eines der Gruppenergebnisse)

Überlegungen und Wünsche eintragen konnten, um dann zu Beginn des nächsten Trainingstages in unterschiedlichen Gruppen eine offizielle Stellenanzeige zu verabschieden und zu formulieren. Abgeschlossen wurde der vierte Trainingstag mit einem Stimmungsbarometer, auf dem die SchülerInnen mittels Klebepunkten deutlich machen konnten, wie sehr ihnen der Tagungsablauf gefallen hatte. Die Rückmeldungen lagen durchweg im positiven Bereich.

6. Fünfter Tag:
Vereinbarte Regeln festigen

Zu Beginn des fünften Trainingstages wurden zunächst die zu Hause vorbereiteten Regelplakate präsentiert und im Klassenraum ausgehängt. Alsdann wurde die Hausaufgabe aufgegriffen und die ins Auge gefasste Stellenanzeige für ein neues Gruppenmitglied erstellt. Dazu wurden mehrere Zufallsgruppen gebildet und die zu Hause vorbereiteten Formulierungen vorgelesen, besprochen und in eine gemeinsame Stellenanzeige der jeweiligen Gruppe überführt. Dabei mussten die Gruppenmitglieder argumentieren und sich in vielschichtiger Weise darüber verständigen, wodurch sich ein gutes Gruppenmitglied auszeichnet und welche Einstellungen und Verhaltensweisen dieses zeigen sollte. Wie die am Ende verabschiedeten Stellenanzeigen aussahen, lässt sich beispielhaft aus der Version im nachfolgenden Kasten ersehen. Die erstellten Stellenanzeigen wurden anschließend im Plenum vorgelesen und nötigenfalls von Schüler- und/oder von Lehrerseite kommentiert.

In einer zweiten Arbeitsetappe erhielten die SchülerInnen die Aufgabe, die in B 46 ausgewiesenen Sonderfunktionen (Regelbeobachter, Zeitnehmer etc.), die im Rahmen der Gruppenarbeit zu übernehmen sind, näher zu präzisieren und zu diskutieren. Dabei trugen sie in Partnerarbeit zunächst all das zusammen, was ihnen zu den fünf angeführten Sonderfunktionen einfiel. Sodann wurden die betreffenden Aufgabenbeschreibungen stichwortartig auf den vorliegenden Arbeitsblättern festgehalten (vgl. B 46). Im nächsten Schritt wurden aus den bestehenden Tandems mehrere Vierer- und Sechsergruppen gebildet, denen je eine der vorgegebenen Sonderfunktionen zugelost wurde, die sie möglichst detailliert zu beschreiben hatten. Die so erstellten Funktionsbeschreibungen wurden auf Folien übertragen und anschließend im Plenum präsentiert und bei Bedarf besprochen. Zur Vertiefung war darüber hinaus die Bearbeitung des Arbeitsblattes „Wer ist zuständig?" aus B 52 vorgesehen. Dieser Klärungsschritt musste jedoch aus Zeitmangel gestrichen werden. Zum Abschluss dieser Arbeitsetappe erklärte sich eine Freiwilligengruppe bereit, in häuslicher Nacharbeit ein anschauliches Plakat (z.B. ein fünfblättriges Kleeblatt) mit kurzen Angaben zu den fünf Sonderfunktionen zu gestalten und Anfang der nächsten Unterrichtswoche mitzubringen.

Stellenangebot
Neues Gruppenmitglied gesucht!

Das sind wir ...

Wir sind eine gut funktionierende Gruppe aus der Klasse 10b des TGA. Wir sind 4 Jungen und ein Mädchen im Alter von 16–17 Jahren. Wir arbeiten gut zusammen und helfen uns gegenseitig. Mit der Gruppenarbeit haben wir schon viele positive Erfahrungen gesammelt.

Wir erwarten ...

ein kontaktfreudiges und nettes Gruppenmitglied, das motiviert mitarbeitet, kompromissbereit sein sollte und auch nicht davor zurückschreckt, Verantwortung zu übernehmen. Unser neues Gruppenmitglied sollte trotz seines Verantwortungsgefühls nicht zu dominant sein und schon Erfahrungen mit Gruppenarbeit und deren Präsentation gesammelt haben. Wir erwarten Schlüsselqualifikationen wie Fairness, Hilfsbereitschaft, Kreativität und Toleranz.

Wir bieten ...

Spaß bei der Arbeit. Denn wir sind ein lockeres Team, in dem sich jeder verwirklichen kann. Gut durchgeführte Gruppenarbeiten mit tollen Ergebnissen gehören bei uns genauso zur Tagesordnung wie das Pflegen sozialer Kontakte bei gelegentlichen privaten Treffen. In unserer Gruppe herrscht ein gutes Arbeitsklima. Wir werden uns bemühen, unser neues Gruppenmitglied bestmöglich zu integrieren.

Abbildung 19 (eine der erstellten Stellenanzeigen)

In einer dritten Arbeitsetappe erhielten die SchülerInnen in mehreren Arbeitsgruppen eine relativ komplexe Aufgabe mit der Maßgabe, die bisher erarbeiteten Erkenntnisse und Regelwerke möglichst konsequent anzuwenden. Im Mittelpunkt dieser Gruppenaufgabe stand der in B 53 dokumentierte Leittext zum Thema „Gruppenarbeit im Betrieb". Auf der Basis dieses Leittextes hatten die Gruppen die Aufgabe, sich zunächst einmal detailliert zu informieren und zu besprechen, um dann eine kooperative Präsentation unter Beteiligung aller Gruppenmitglieder vorzubereiten, die die Licht- und Schattenseiten der innerbetrieblichen Gruppenarbeit vor Augen führt. Die detaillierte Ausgestaltung der Präsentation war den einzelnen Gruppen überlassen. Als mögliche Präsentationsformen standen u. a. Talkshow, Plakatgestaltung, Tonreportage und foliengestützte Präsentation zur Auswahl. Auch andere Varianten waren zulässig. Die betreffenden Arbeitsmittel (Kassettengeräte etc.) standen den Gruppen zur Verfügung. Feste Vorgabe war lediglich, dass an der vorgesehenen Präsentation alle Gruppenmitglieder mitzuwirken hatten (kooperative Präsentation) und je Präsentation ca. fünf Minuten zur Verfügung standen. Die Zeitvorgabe für die Vorbereitung der Präsentation – einschließlich Lesephase – betrug

90 Minuten. Während dieses Zeitraums konnten die Gruppenmitglieder in getrennten Räumlichkeiten arbeiten und üben. Nach Ablauf dieser Frist begann sodann die Präsentationsphase im Plenum. Die Reihenfolge, in der die Gruppen ihre Darbietungen vorstellten, wurde per Los ermittelt. Präsentiert wurde von den besagten Schülergruppen zweimal mittels Plakat, eine Gruppe wählte die Form der Talkshow und eine Gruppe griff auf Folien zurück. Abgeschlossen wurde diese Arbeitssequenz mit einer gruppeninternen Bilanz- und Reflexionsrunde unter Verwendung des Bilanzbogens II aus B 31. In einem anschließenden Blitzlicht konnten sich die Gruppenmitglieder kurz zu ihrem Arbeitsprozess und zu ihren Positiv- bzw. Negativbefunden äußern.

Abgeschlossen wurde der fünfte und letzte Trainingstag mit einer Wochenbilanz in Gestalt des Brainwritings (vgl. B 2). Dazu wurden zwei größere Gruppen gebildet, denen je ein großes Plakat im Format 150 cm × 250 cm als Grundfläche zum Notieren persönlicher Rückmeldungen zur Verfügung stand. Die beiden Plakate lagen an den entgegengesetzten Enden des Klassenraums auf dem Fußboden aus. In der Mitte dieser Plakate stand der Impuls: „Diese Woche war für mich ... Und für dich?". Die SchülerInnen hatten dicke Filzstifte zur Hand und notierten in einem stummen Schreibgespräch all das, was ihnen zur Trainingswoche einfiel. Sie schrieben und malten, nahmen Verknüpfungen vor und kommentierten durch Ausrufe-, Frage- und sonstige Zeichen. Anschließend hatten die Mitglieder der beiden Großgruppen Gelegenheit, sich kurz zu besprechen und die wichtigsten Befunde herauszuarbeiten. Abgeschlossen wurde die Wochenbilanz mit einer offenen Feedbackrunde im Plenum. Der Tenor der Schülerrückmeldungen war ausgesprochen positiv. Angeregt wurde lediglich, bei einer nächsten Trainingswoche vielleicht die eine oder andere Arbeits- bzw. Übungsphase etwas kürzer zu fassen oder auch mal ganz wegzulassen, um am Ende noch Raum für eine weitere größere themenzentrierte Gruppenarbeit zur Regelanwendung zu haben. Einigkeit bestand unter den SchülerInnen der 10b darin, dass sich die Atmosphäre und die Zusammenarbeit in der Klasse während der Woche sehr zum Positiven verändert hätten. Die Spielregeln guter Gruppenarbeit seien klar geworden; vielen SchülerInnen sei zum ersten Mal so richtig bewusst geworden, wie wichtig Gruppenarbeit sei und wie lasch und fehlerhaft sie im Schulalltag meist angegangen werde. Festgestellt wurde fener: einige „Einzelkämpfer" in der Klasse hätten sich teilweise schon ganz schön bemüht, den Regeln guter Teamarbeit gerecht zu werden.

Zum Ausklang der Trainingswoche gab es ein gemeinsames Pizzaessen, das von der Klasse in bester Teammanier vereinbart und vorbereitet worden war. Diese bemerkenswerte Gemeinschaftsaktion zeigt, dass es auch in der heutigen Zeit noch möglich ist, über den Unterricht hinaus im Klassenverband zusammenzubleiben und ein wenig zu feiern und miteinander zu reden, wenn nur der Zusammenhalt in der Klasse stimmt. Die skizzierte Teamentwicklung ist ein Weg, um diesen Zusammenhalt zu fördern.

IV. Abschließende Hinweise zur Forcierung des Gruppenunterrichts

Wie die Ausführungen in den bisherigen Kapiteln zeigen, ist Teamfähigkeit eine Qualifikation, die ebenso kleinschrittig wie konsequent eingeübt werden muss. Weder mit Appellen noch mit gelegentlichen Gruppenarbeitsphasen im Fachunterricht ist den SchülerInnen die nötige Teamroutine und -kompetenz zu vermitteln. Teamfähigkeit verlangt systematische Teamentwicklung. Zwar gibt es an jeder Schule einige Lehrkräfte, die immer mal wieder Gruppenarbeit ansetzen und auch mit wohl gemeinten Ratschlägen nicht sparen, der Schritt zur konsequenten Teamentwicklung wird jedoch kaum einmal getan. Vieles spricht dafür, dass diese Zurückhaltung zum einen mit dem fehlenden „Know-how" auf Lehrerseite zu tun hat, zum anderen aber auch und nicht zuletzt damit, dass sich viele Lehrkräfte zu sehr als Einzelkämpfer versuchen. Teamentwicklung im Unterricht verlangt eine konzertierte Aktion mehrer Lehrkräfte, die mit möglichst hohem Stundendeputat möglichst konsequent Teamwork in ihrer jeweiligen Klasse anbahnen und einüben.

1. Ohne Lehrerkooperation läuft wenig!

Wenn Gruppenarbeit konstruktiv und effektiv verlaufen soll, dann müssen die SchülerInnen vielseitig geübt und mit den nötigen Regelungskompetenzen ausgestattet sein. Sie müssen die grundlegenden Spielregeln konstruktiver Gruppenarbeit nicht nur kennen, sondern auch beherrschen und verinnerlichen. Sie müssen sensibel sein für die Probleme und Chancen des Gruppenunterrichts und die Bereitschaft und Fähigkeit entwickeln, sich regelkonform zu verhalten. Das alles aber braucht Zeit und verlangt ein ebenso konsequentes wie systematisches Üben im Unterricht. Die traditionell geprägten FachlehrerInnen mit ihrer Einzelkämpfermentalität können diese Übungs- und Klärungsarbeit in aller Regel nicht gewährleisten. Zu sehr sind sie erfahrungsgemäß auf ihren Stoff fixiert, und zu gering ist im Normalfall ihre zeitliche Präsenz in den zu trainierenden Klassen. Sieht man vom Grundschul- und Hauptschulbereich einmal ab, so erteilen die FachlehrerInnen im Regelfall nur wenige Stunden Unterricht in einer Klasse; und diese wenigen Stunden liegen meist noch ziemlich isoliert über die Woche verteilt. Unter diesen Umständen haben sie naturgemäß wenig Chancen, eine Klasse nachhaltig zu prägen und deren Teamkompetenz differenziert zu entwickeln. Im Gegenteil, die Gefahr ist groß, dass die auf Teamarbeit setzenden Lehrkräfte als „Exoten" eingestuft werden, die den SchülerInnen unnötig viel Arbeit und Verantwortung aufbürden. Zumindest müssen diejenigen, die sich als „Einzelkämpfer" verstehen und Teamarbeit im Alleingang zu kultivieren versuchen, mit diesem Vorwurf rechnen.

Wenn Teamentwicklung im Klassenraum gelingen soll, dann müssen nach aller Erfahrung mehrere Lehrkräfte einer Klasse an einem Strang ziehen und möglichst systematisch darauf hinarbeiten, die Teamkompetenz ihrer SchülerInnen zu fördern. So gesehen, setzt Teamentwicklung im Klassenraum notwendigerweise Teamarbeit unter LehrerInnen voraus, und zwar sowohl auf der Klassenebene als auch auf der Fachebene. Auf beiden Ebenen müssen Unterrichtsmaterialien erstellt, Übungsarrangements entwickelt und Übungsprogramme zusammengestellt und realisiert werden. Dies lässt sich in Teams natürlich sehr viel leichter und besser erledigen als in Alleinarbeit am häuslichen Schreibtisch. Teamarbeit wirkt nicht nur inspirierend und motivierend, sondern sie beschert bei richtigem Vorgehen auch Zeit- und Arbeitsersparnis. Und was vielleicht noch wichtiger ist: Sie schafft die Grundlage dafür, dass die betreffenden Lehrerteams ihre Teamentwicklungsaktivitäten in ihren Klassen sehr viel nachdrücklicher und Erfolg versprechender starten können, als wenn sie sich alleine abmühen würden. Das gilt insbesondere für die „Klassenteams", also für diejenigen Lehrkräfte, die sich in ihrer Klasse in besonderer Weise der Teamentwicklung annehmen.

Was diese Klassenteams betrifft, so hat es sich in der Praxis bewährt, pro Klasse drei möglichst „gewichtige" Lehrkräfte zu haben, die zusammengenommen pro Woche 15 Stunden plus x in der jeweiligen Klasse unterrichten und sich grundsätzlich darin einig sind, dass sie der Teamarbeit und Teamentwicklung besonderes Augenmerk schenken wollen. Diese 3er-Teams haben erfahrungsgemäß eine gute Chance, ihre Klasse(n) in puncto Teamarbeit entscheidend zu prägen und voranzubringen. Weitere Lehrkräfte, die sich diesem Teamentwicklungsprozess anschließen möchten, sind natürlich willkommen und können sich jederzeit mit flankierenden Maßnahmen einklinken. Nur hat es sich in der Praxis als notwendig erwiesen, eine Kernmannschaft zu haben, für die Teamentwicklung auf Klassenebene ein erklärtes Programm ist. Erst dadurch ließ sich die nötige Stetigkeit und Konsequenz im angestrebten Teamentwicklungsprozess erreichen.

Die besagten 3er-Teams sind zuständig sowohl für das so genannte „Sockeltraining" als auch für die anschließende Teampflege im Fachunterricht. So gesehen sind sie die Gewährsträger der Teamentwicklung in den betreffenden Klassen. Die Teammitglieder unterstützen, kontrollieren und inspirieren sich wechselseitig und tragen auf diese Weise dazu bei, dass der Teamentwicklungsgedanke wach gehalten und mit der nötigen Konsequenz umgesetzt wird. Denn dass die Gefahr eines Rückfalls in die gewohnten Bahnen des stoff- und lehrerzentrierten Unterrichts groß ist, ist unstrittig und wird im Schulalltag immer wieder bestätigt. Von daher empfiehlt es sich, die an Teamarbeit und Teamentwicklung im Klassenraum interessierten Lehrkräfte zu wirksamen „Seilschaften" zusammenzuführen und in ausgewählten Klassen ihre prägende Teamentwicklungsarbeit leisten zu lassen. Das mehrt die Erfolgsaussichten und stärkt die unerlässliche Routine und Ideenvielfalt, auf die eine wirksame Teamentwicklung im Klassenraum angewiesen ist.

Die tabellarische Übersicht in Abbildung 20 auf Seite 271 verdeutlicht die Bedeutung und die Modalitäten der anvisierten Lehrerkooperation auf Klassenebene nochmals in differenzierterer Form. Dreh- und Angelpunkt dieser Kooperation ist die Bildung der bereits erwähnten 3er-Teams. Im Grund- und Hauptschulbereich wird die angestrebte Wochenstundenzahl von 15 Stunden plus x pro Klasse in der Regel zwar auch mit weniger Lehrkräften erreicht, jedoch empfiehlt sich wegen der Motivations- und Unterstützungswirkung der Teamarbeit auch hier die Bildung von Lehrerteams mit dem Ziel, die Teamentwicklung im Klassenraum konzertiert vorzubereiten und anzugehen. Grundsätzlich ist anzuraten, dass sich die betreffenden Lehrerteams rechtzeitig vor Schuljahresende zusammenfinden und die anvisierten Klassenstufen/Klassen für ihre Trainingsarbeit benennen, damit die Schulleitung diesen Optionen bei der Lehrereinsatzplanung für das neue Schuljahr gebührend Rechnung tragen kann. Wichtig ist die frühzeitige Konstituierung der angeführten Lehrerteams auch deshalb, weil die anstehende Teamentwicklungsarbeit im neuen Schuljahr gründlich vorbereitet sein will. Das gilt für die Vorbereitung und organisatorische Planung des Sockeltrainings genauso wie für die Vorbereitung eines korrespondierenden Elternabends zur Vorstellung und praktischen Konkretisierung des vorgesehenen Teamentwicklungsprogramms.

2. Teamklausurtage und produktive Konferenzen

Für die angesprochene Vorbereitungsarbeit genügt es erfahrungsgemäß nicht, den Teammitgliedern zusätzliche nachmittägliche Konferenzen oder sonstige private Treffen „aufzubürden", sondern nötig sind auch und vor allem separate Teamklausurtage und sonstige produktive Konferenzen, die im Sinne selbstorganisierter Fortbildung während der Unterrichtszeit Gelegenheit bieten, das intendierte Teamtraining intensiv vorzubereiten und abzustimmen. Wird nämlich von vornherein auf Mehrarbeit zur Vorbereitung der Teamtrainings gesetzt, ohne dass den interessierten Lehrkräften auch gewisse Anreize und Entlastungsangebote unterbreitet werden, reduziert sich die Zahl der zur Teamentwicklung bereiten Lehrkräfte erfahrungsgemäß von vornherein auf relativ wenige besonders engagierte Innovatoren. Das aber würde eine in die Breite gehende Teamentwicklungsarbeit sehr erschweren, da einfach zu wenig 3er-Teams zur Verfügung stünden. Von daher empfiehlt es sich, die besagte Vorbereitungsarbeit durch spezielle Teamklausurtage und sonstige Konferenzen/Studientage während der Unterrichtszeit so attraktiv zu machen, dass möglichst viele potenzielle Interessenten ihre Schwellenängste überwinden und zum Mitmachen veranlasst werden können. Denn je mehr 3er-Teams sich bilden, desto mehr Klassen können bedient und in das anvisierte Teamentwicklungsprogramm einbezogen werden.

Realistischerweise muss jedoch davon ausgegangen werden, dass sich in einer Schule mittlerer Größenordnung in der Startphase selten mehr als vier bis sechs 3er-Teams finden, die das skizzierte Teamentwicklungsprogramm zu ihrer Sache machen. Wo diese Teams mit ihrer konzertierten Trainingsarbeit ansetzen, das muss sorgfältig überlegt und abgestimmt werden. Ganz sicher ist es wichtig und sinnvoll, mit der Teamentwicklung bereits in der Grundschule zu beginnen. Für den Bereich der weiterführenden Schulen empfiehlt es sich, das Teamtraining in der Orientierungsstufe besonders zu betonen und möglichst alle fünften Klassen mit aufgeschlossenen 3er-Teams zu besetzen, die sowohl das erwähnte Sockeltraining über drei bis fünf Tage als auch die fachbezogene Teampflege gewährleisten. Darüber hinaus können interessierte Lehrerteams natürlich auch in der Mittel- und Oberstufe tätig werden, um die Teamentwicklung in ausgewählten Klassen zu forcieren und vertiefende Sockeltrainings

Lehrerkooperation auf Klassenebene

Teambildung	Aufgaben der 3er-Teams	Vorbereitungsmaßnahmen	„Teampflege"
■ angestrebt werden 3er-Teams mit hohem Stundendeputat in der jeweiligen Klasse (15 Stunden plus x pro Woche);	■ die besagten 3er-Teams sind u.a. zuständig für die Vorbereitung und Durchführung der so genannten „Sockeltrainings" (vgl. die Trainingswoche in Kapitel III);	■ Den Teammitgliedern werden ein bis zweitägige Lehrerklausurzeit zur Vorbereitung der Trainingsmaßnahmen zugestanden (Sockeltraining etc.);	■ Die Mitglieder des jeweiligen Lehrerteams erhalten von Zeit zu Zeit Gelegenheit zu gemeinsamer Fortbildung in Sachen Teamentwicklung;
■ die betreffenden Lehrkräfte müssen an konsequenter Teamentwicklung und -pflege im Klassenraum interessiert sein;	■ derartige Sockeltrainings können in unterschiedlichen Jahrgangsstufen stattfinden (z.B. in der 5. Klasse, der 7. Klasse, der 9. Klasse und der 11. Klasse);	■ darüber hinaus empfiehlt sich die Vorbereitung eines spezifischen Elternabends zum Thema „Teamentwicklung im Klassenraum";	■ die Vorbereitung und Durchführung des Sockeltrainings wird als Teamwork organisiert. Im Team werden Materialien erstellt und organisatorische Absprachen getroffen;
■ sie finden sich nach Interesse und Neigung zu Teams zusammen und melden ihre Einsatzwünsche bis zu einem bestimmten Stichtag an die Schulleitung, und zwar rechtzeitig vor Beginn des nächsten Schuljahres (z.B. bis Mitte/Ende Mai);	■ die betreffenden Intensivkurse dauern in der Regel zwischen drei und fünf Tagen; zusätzlich können einzelne Übungstage zur gezielten Behebung bestimmter Teamdefizite angesetzt werden;	■ die betreffenden Lehrerteams werden für ihre Vorbereitungsarbeiten in der Regel vom Unterricht freigestellt (selbst organisierte Fortbildung!);	■ Teamwork ist allerdings nicht nur während des Sockeltrainings angezeigt, sondern kann/sollte auch verstärkt unter Fachlehrern praktiziert werden, die sich der Teamentwicklung im Klassenraum verpflichtet fühlen;
■ die Schulleitung setzt die Teams mit Priorität und möglichst hoher Stundenzahl in den gewünschten Klassen/Jahrgangsstufen ein;	■ neben diesen Intensivkursen haben die 3er-Teams auch die regelmäßige „Teampflege" im Fachunterricht zu gewährleisten;	■ um den Unterrichtsausfall zu minimieren, sollten die Teams möglichst zu unterschiedlichen Zeiten in Klausur gehen (am besten gegen Ende des Schuljahres);	■ sinnvoll sind deshalb gezielte „produktive Konferenzen" der Teamtrainer auf Fachebene; bewährt hat sich ferner die Reservierung einer Teamstunde (gemeinsame Freistunde bzw. Springstunde, an irgendeinem Schulvormittag, damit sich die Teammitglieder bei Bedarf flexibel treffen und verständigen können.
■ wie viele Klassen letztlich durch derartige Lehrerteams betreut werden, hängt davon ab, wie viele Lehrkräfte sich für eine konsequente Teamentwicklung erwärmen können.	■ zu diesem Zweck planen sie möglichst oft regelgebundene Gruppenarbeiten im Fachunterricht ein, die der Festigung des Regelwerks und des Teamverhaltens dienen.	■ die besagten Teamklausursitzungen können selbstverständlich auch im Rahmen eines Studientages des Gesamtkollegiums angesetzt werden. Auch die ganztägigen Fachkonferenzen können im Rahmen von Studientagen stattfinden.	

Abbildung 20

durchzuführen. Intensivkurse haben nämlich nicht nur in der Orientierungsstufe ihren Platz, sondern können sehr wohl auch in den höheren Klassen angezeigt sein und fruchtbare Lerneffekte bewirken. Dieses Plädoyer für regelmäßige Wiederholungs- und Vertiefungsphasen gilt nicht minder für die angesprochene punktuelle Teampflege im Fachunterricht. Denn nachhaltige Teamkompetenz lässt sich letztlich nur dann erreichen, wenn die vereinbarten teamspezifischen Regeln und Verhaltensnormen immer wieder konsequent aufgefrischt und gefestigt werden.

Diese Teampflege im Fachunterricht bedarf ebenfalls der gründlichen Vorbereitung und Abstimmung unter den an der Teamentwicklung interessierten FachlehrerInnen. Bewährt haben sich diesbezüglich „produktive Fachkonferenzen" mit dem Ziel, zu den je anstehenden Themen des jeweiligen Faches geeignete Materialien und Lernarrangements zu entwickeln, die den SchülerInnen Gelegenheit zur konstruktiven Teamarbeit geben. Da die üblichen eineinhalb- bis zweistündigen Fachkonferenzen am Nachmittag in aller Regel wenig geeignet sind, wirklich produktive Vorbereitungsarbeit in Gang zu setzen, ist auch hier ein Umdenken angesagt. Am besten, die betreffenden Fachlehrer-Teams haben von Zeit zu Zeit einmal intensiv Gelegenheit, zu einem Thema ihrer Wahl differenziert zu überlegen und zu planen, wie sie die Teamfähigkeit ihrer SchülerInnen gezielt fordern und fördern können und welche themenzentrierten Materialien und Lernarrangements sich diesbezüglich eignen. Wie die bisherigen Erfahrungen zeigen, sind ganztägige Fachkonferenzen dieser Art eine hervorragende Möglichkeit, die Kreativität und Kooperationsfähigkeit der an Teamentwicklung interessierten Lehrkräfte zu fördern.

Fazit also: Teamentwicklung im Klassenraum verlangt nicht nur Teamarbeit auf Schülerseite, sondern auch und zugleich Teamarbeit auf Lehrerseite sowie eine möglichst konsequente „Pflege" dieser Lehrerteams im Rahmen von Teamklausurtagen, teamzentrierter Lehrerfortbildung und/oder ganztägigen produktiven Fachkonferenzen zur Vorbereitung themenzentrierten Gruppenunterrichts. Nur wenn es gelingt, die auf Gruppenunterricht setzenden Lehrkräfte zu tatkräftigen Teams „zusammenzuschweißen", werden es diese auch schaffen, die Teamentwicklung im Klassenraum wirksam und überzeugend vorzubereiten und voranzubringen. Als „Einzelkämpfer" haben sie wenig Chancen, diesem Anspruch gerecht zu werden. Von daher ist es sowohl an den Schulen als auch in der Lehrerbildung höchste Zeit, dass der Teamarbeit der LehrerInnen verstärkt Raum gegeben und für einschlägige Reflexionen und Trainings gesorgt wird.

3. Teamorientierte Lehreraus- und -fortbildung

Teamarbeit ist in der Lehreraus- und -fortbildung nach wie vor ein eher untergeordnetes Thema. Zwar fehlt es nicht an grundsätzlichen Hinweisen und Erklärungen zur Bedeutung der Teamarbeit; auch erhalten die Lehrkräfte/ StudentInnen immer mal wieder Gelegenheit, an Gruppentischen zusammenzusitzen und irgendwelche Aufgaben zu erledigen. Jedoch haben diese Gruppenarbeiten in aller Regel wenig mit der hier anvisierten Teamarbeit und Teamentwicklung zu tun. Von daher ist es nur zu verständlich, dass es den meisten Lehrkräften sowohl an persönlicher Teamfähigkeit als auch an praktischen Methoden zur Förderung der Teamentwicklung im Unterricht mangelt. Wenn diesem Dilemma wirksam begegnet werden soll, dann bedarf es dringend profilierter Seminare und Fortbildungsveranstaltungen, die den (angehenden) Lehrkräften Gelegenheit geben, sich in puncto Teamarbeit und Teamentwicklung konsequent zu erproben und zu vergewissern sowie im praktischen Vollzug Methoden und Materialien kennen zu lernen, die eine gedeihliche Teamentwicklung im Klassenraum begünstigen. Derartige „Lerninseln" können und müssen in der Lehrerausbildung wie in der Lehrerfortbildung sehr viel offensiver als bisher angeboten und genutzt werden.

Wie derartige Trainingsseminare aussehen können, zeigen die Abbildungen 21 und 22 für den Bereich der Lehrerfortbildung. Das in Abbildung 21 skizzierte Programm verdeutlicht den Ablauf einer zweieinhalbtägigen Fortbildungsveranstaltung zum Thema „Teamentwicklung im Klassenraum", wie sie der Verfasser am Erziehungswissenschaftlichen Fort- und Weiterbildungsinstitut (EFWI) in Landau/Pfalz regelmäßig durchführt. Kennzeichnend für diese Tagung ist das ausgeprägte „learning by doing", d. h., die teilnehmenden Lehrkräfte durchlaufen einen möglichen Teamentwicklungsprozess und spielen dabei ausgewählte Übungen durch, wie sie sich im Unterricht bewährt haben. Durch dieses „learning by doing" wird zweierlei erreicht: Zum einen erleben und reflektieren die beteiligten Lehrkräfte ihr eigenes Teamverhalten und werden auf diesem Wege sensibler für die Probleme und Chancen der alltäglichen Gruppenarbeit. Zum anderen lernen sie im praktischen Tun eine Reihe erprobter Unterrichtsarrangements und -materialien kennen, die sich in der konkreten Trainingsarbeit mit SchülerInnen bewährt haben. Durch diese zweigleisige Ver-

Team- Entwicklung		im Klassenraum

Programm

1. Tag

10.30–12.30 Uhr:
- Begrüßung/Erläuterung des Programms/einführendes Referat zum Tagungsthema
- Gruppenarbeit: Assoziationen und Gespräche zur alltäglichen Gruppenarbeit (mit Vorstellungsrunde)

15.00 - 18.00 Uhr:
- 1. Trainingsetappe: Für Gruppenarbeit motivieren (praktische Übungen und Anregungen)

2. Tag

9.00–12.30 Uhr:
- 2. Trainingsetappe: Gruppenarbeit reflektieren und problematisieren (praktische Übungen und Anregungen)

15.00–18.00 Uhr:
- 3. Trainingsetappe: Spielregeln für Gruppenarbeit entwickeln und einüben (praktische Übungen und Anregungen)

3. Tag

9.00–12.30 Uhr:
- Fortsetzungen der letzten Trainingsetappe (praktische Übungen und Anregungen)
- Strategieplanung: Überlegungen zur schulischen Umsetzung des Trainingsprogramms (Arbeitsgruppen)
- Tagungsbilanz

Abbildung 21 (Programm einer mehrtägigen Lehrerfortbildungstagung)

gewisserung und Kompetenzerweiterung wächst nicht nur die Motivation der Lehrkräfte, sondern auch ihre praktische Bereitschaft und Fähigkeit, die anvisierte Teamentwicklung im Klassenraum versuchsweise anzugehen. Ohne das angesprochene „learning by doing" wäre das viel weniger der Fall. Denn der Schritt von der abstrakten Präsentation und Reflexion irgendwelcher Gruppenarbeitsregeln und -beispiele zum konkreten Tun im Unterricht ist eben doch sehr viel größer als der Schritt von der eigenen Trainingserfahrung hin zur Umsetzung gleicher oder ähnlicher Übungen mit SchülerInnen. Die ausgeprägte Resonanz, die die Trainingsangebote des Verfassers unter Lehrerinnen und Lehrern verschiedenster (Bundes-)Länder finden, ist ein deutliches Indiz für die Wichtigkeit und Dringlichkeit des angedeuteten „learning by doing". Von daher ist der Lehrerbildung dringend anzuraten, die hier in Rede stehende Teamentwicklung nicht nur grundsätzlich zu betonen und zu fordern, sondern sie in möglichst ausgeprägter Weise auch erfahrbar zu machen, damit sich aufseiten der interessierten Lehrkräfte die nötigen Routinen und Überzeugungen bilden können.

Dieser Grundgedanke liegt auch dem in Abbildung 22 skizzierten Studientag zugrunde, den der Verfasser für ganze Kollegien oder interessierte Teilkollegien anbietet, die der Teamentwicklung im Klassenraum mehr Nachdruck verleihen möchten. Zwar ist bei diesem Programm der Übungsteil sehr viel kürzer gefasst als bei der in Abbildung 21 umrissenen mehrtägigen Fortbildungsveranstaltung; jedoch fehlen auch hier die praktischen Übungen und Experimente nicht, damit zumindest im Ansatz veranschaulicht wird, wie das Teamtraining im Unterricht verlaufen kann. Wie die Erfahrung zeigt, sind es gerade diese unterrichtsbezogenen Übungsarrangements, die auf Lehrerseite beträchtliche Aha-Erlebnisse auslösen und Mut zum praktischen Experimentieren in Sachen Teamentwicklung machen. Gleichwohl muss zu diesem „Schub" während der Fortbildung in aller Regel noch die erwähnte kooperative Umsetzungsarbeit hinzukommen, soll die ganze Fortbildungsmaßnahme nicht ein „Strohfeuer" bleiben.

Die skizzierten Trainingsmaßnahmen haben freilich nicht nur in der (schulinternen) Lehrerfortbildung ihren Platz, sondern auch und besonders in der zweiten Phase der Lehrerausbildung, also in den Studienseminaren. Bislang wird dem Thema „Teamentwicklung" in den Studienseminaren allerdings nur unzureichende Aufmerksamkeit entgegengebracht. Das gilt sowohl für die Teamarbeit der Referendarinnen und Referendare als auch für die Teamentwicklung im Klassenraum. Hier ist Neuorientierung dringend geboten. Nötig sind richtiggehende „Trainingscamps", die den LehramtsanwärterInnen gleichermaßen praktische Zusammenarbeit wie unterrichtsbezogene Teamtrainings abverlangen. Dreh- und Angelpunkt dieser Teamtrainings ist das variantenreiche Durchspielen erprobter und bewährter Teamentwicklungs-Arrangements, wie sie im vorliegenden Buch in größerer Vielzahl dokumentiert werden.

Studientag
Teamentwicklung im Klassenraum

Programm

8.00–12.00 Uhr

■ Impulsreferat: Warum Teamentwicklung im Klassenraum wichtig ist
(mit Aussprache)

■ Erfahrungsaustausch in Zufallsgruppen : Problemanzeigen zur alltäglichen
Gruppenarbeit (mit Lösungsüberlegungen)

■ Pro und kontra Gruppenarbeit: Praktische Übungen und Reflexionen
(Thesendiskussion, Gruppenpuzzle, Simulationsspiel)

12.00 - 13.00 Mittagessen

13.00 - 17.00 Uhr

■ Gruppenarbeitsregeln eruieren und visualisieren (Plakate gestalten, Fallstudien bearbeiten)

■ Impulsreferat: Praktische Tipps zur Teamarbeit und Teamentwicklung

■ Strategieplanung: Wie soll/kann die Teamentwicklung im Unterricht konkret
angegangen werden?

■ Tagungsbilanz/Blitzlicht zur Weiterarbeit an der eigenen Schule

Abbildung 22 (Programm eines schulinternen Studientages)

Die Vorbereitung und Moderation dieser Trainingscamps sollte nach Möglichkeit von Fachleiterteams übernommen werden, damit auch auf der Ebene der
Lehrerausbilder die Teamarbeit forciert wird. Auf diese Weise wird Teamentwicklung zum durchgängigen Prinzip: Fachleiterteams organisieren und moderieren Teamtrainings mit ihren Referendarinnen und Referendaren, damit diese wiederum analoge Teamentwicklungsmaßnahmen in ihren Klassen starten.
Erste Versuche in dieser Richtung laufen z. B. am Studienseminar für Realschu-
len in Trier. Dort gehören einwöchige Trainingscamps mittlerweile genauso zum
offiziellen Ausbildungsprogramm wie kooperative Unterrichtsplanung, ganztägige produktive Fachbereichskonferenzen sowie ein- bis zweitägige Allgemeine
Seminare mit Trainingscharakter. Zwar geht es dabei nicht allein um Teamentwicklung, sondern um Methodentraining im weitesten Sinne des Wortes, doch
ist das Thema „Teamentwicklung" ein integraler Bestandteil dieser Kompakt-
veranstaltungen. „Lerninseln" dieser Art sind fraglos der richtige Weg, um die
Innovationsbereitschaft und -kompetenz der LehramtsanwärterInnen nachhaltig zu fördern.

Dass derartige „Lerninseln" auch in der ersten Phase der Lehrerausbildung, also an den Universitäten, dringend gebraucht werden, ist evident. Zumindest in den gängigen Seminaren wäre dieses durchaus auch möglich, da sich die Studentenzahlen dort in aller Regel in erträglichem Rahmen halten und gezielte Teamentwicklungsmaßnahmen zulassen. Hinzu kommt, dass sich fachwissenschaftliches/fachdidaktisches und teamspezifisches Lernen in hohem Maße verbinden lassen. Nur ist auch hier der Haken, dass die meisten HochschullehrerInnen weder bereit noch in der Lage sind, konsequente Teamentwicklungsarbeit in ihren Seminaren zu betreiben, geschweige denn praxiserprobte Materialien und Lernarrangements einzuführen bzw. erfahrbar zu machen, die zur kleinschrittigen Teamentwicklung im Klassenraum befähigen. Aber was nicht ist, kann ja noch werden!? Wünschenswert wäre eine stärkere Methoden- und Teamorientierung der universitären Ausbildung auf jeden Fall.

4. Zu den Rahmenbedingungen des Teamtrainings

Eine erfolgreiche Teamentwicklung im Klassenraum verlangt nicht nur gut vorbereitete, teamfähige Lehrkräfte, sondern auch und nicht zuletzt kooperationsfördernde Rahmenbedingungen, die es Lehrern wie Schülern möglichst leicht machen, sich konsequent auf Teamarbeit und Teamentwicklung einzulassen. Der gängige 45-Minuten-Takt in unseren Schulen ist sicherlich alles andere als förderlich für einen erfolgreichen Gruppenunterricht. In 45 Minuten ist es in aller Regel weder sinnvoll noch möglich, eine intensivere Gruppenarbeit durchzuführen und differenzierter auszuwerten. Von daher spricht vieles für Doppelstunden und längere Zeittakte, wenn Teamarbeit und Teamentwicklung im Unterricht stärker betont und kultiviert werden sollen. Diese Erweiterung des Zeittaktes ist insbesondere für das besagte „Sockeltraining" wichtig, das nach Möglichkeit mehrtägige Blockphasen umfassen sollte mit teamorientierten Übungs- und Klärungsprozessen von morgens bis mittags. Dafür bedarf es ähnlich wie bei Klassenfahrten oder Projektwochen einer geeigneten Sonderorganisation mit Vertretungsplänen und veränderter Raumnutzung, da die betreffenden Klassen in festen Räumlichkeiten nur von wenigen KernlehrerInnen (3er-Teams) möglichst ganztätig unterrichtet werden.

Natürlich tangieren Trainingsmaßnahmen dieser Art nicht nur die Stundenpläne, sondern auch die Lehrpläne. Denn wenn Teamentwicklung als zentrale Grundlage des Offenen Unterrichts einigermaßen konsequent betrieben werden soll, dann müssen zumindest phasenweise Abstriche beim Stoffpensum gemacht werden. Das verlangt zum einen eine couragierte Stoffverteilungsplanung der auf Teamentwicklung setzenden Lehrkräfte. Das verlangt zum anderen aber auch, dass im Rahmen der laufenden Lehrplanrevision entschieden darauf geachtet werden muss, dass das Lernfeld Teamentwicklung in den Lehrplänen explizit angesprochen und bei den Zeit- und Stoffvorgaben angemessen berücksichtigt wird. Die laufenden Versuche, das Methodenlernen als Pflichtaufgabe in die Lehrpläne hineinzuschreiben und entsprechende Zeitkontingente zur Verfügung zu stellen, sind zweifellos ein Schritt in die richtige Richtung.

Eine weitere Voraussetzung für eine erfolgreiche Teamentwicklung im Klassenraum ist die gezielte und frühzeitige Information und Einbindung der Eltern, damit sich diese mit den Zielen und Modalitäten der intendierten Teamentwicklung vertraut machen und das nötige Verständnis dafür entwickeln können, dass zu diesem Zweck auch mal der normale Fachunterricht ausfallen bzw. umgewidmet werden muss. Zugleich sollte aber auch darauf hingewiesen werden, dass diese „Investition" längerfristig sowohl der Teamfähigkeit und Selbstständigkeit der Kinder als auch der Effizienz ihres fachlichen Lernens zugute kommen wird. Was die Gestaltung der entsprechenden Elternabende betrifft, so hat es sich in einigen Fällen sehr bewährt, nicht nur zu informieren und zu diskutieren, sondern auch und zugleich die eine oder andere praktische Übung in Sachen Teamentwicklung vorzustellen und mit den Eltern auch mal durchzuspielen, damit sich diese in konkreter Weise vergewissern und auftretende Fragen zur Sprache bringen können. Dieses „learning by doing" sorgt auch auf Elternabenden für eine erfreuliche Resonanz und Klärungsarbeit.

Teamentwicklung im Klassenraum verlangt des Weiteren geeignete räumliche Gegebenheiten, damit die SchülerInnen flexibel zusammenarbeiten und ihre Teamprodukte wirksam präsentieren und ausstellen können. Dieses kooperationsfördernde Setting beginnt bei der Sitzordnung. Sind die Tische und Stühle in der typischen Frontalsitzordnung angeordnet, so ist das Umstellen für Gruppenzwecke in aller Regel viel zu aufwendig und umständlich, um von indifferenten oder gar skeptischen Lehrkräften in Angriff genommen zu werden. Von daher fängt das Gros der Lehrkräfte erst gar nicht damit an, die Sitzordnung umzuorganisieren. Dieses Festhalten an der Frontalsitzordnung wird dadurch noch verstärkt, dass das Bemühen um eine veränderte Sitzordnung im eigenen Kollegium zumeist auf erhebliche Vorbehalte oder gar Widerstände stößt. Unter diesen Vorzeichen wird Gruppenarbeit schnell zur Last, der man am besten dadurch ausweicht, dass man alles beim Alten lässt. Wie diesem Dilemma begegnet werden kann, ist in Abschnitt 3.3 des ersten Kapitels ausgeführt worden. Die dort vorgestellte und vorgeschlagene „Winkelsitzordnung" ist erfahrungsgemäß ein probates Mittel, um Frontalsitzordnung und Gruppensitzordnung sinnvoll miteinander zu verknüpfen und fließende Übergänge zu ermöglichen, die die Möbelrückerei im Klassenraum auf ein Minimum reduzieren (vgl. Abbildung 7 auf Seite 52). Nach den bisherigen Erfahrungen ist es in den meisten Kollegien ohne größere Probleme möglich, die skizzierte Kompromiss-Sitzordnung mit Mehrheit zu verabschieden und zumindest in ausgewählten Laborklassen versuchsweise einzuführen.

Zu den kooperationsfördernden räumlichen Gegebenheiten gehören selbstverständlich auch die Dokumentationsmöglichkeiten im Klassenraum, d. h. die Räume bzw. Wandflächen, die den Schülergruppen zur Präsentation ihrer Arbeitsergebnisse zur Verfügung stehen. Denn Gruppenarbeit, wie sie hier verstanden wird, ist in aller Regel produktiver Unterricht und daher mit der Erstellung und Präsentation themenzentrierter Lernprodukte verbunden (Bilder, Plakate, Collagen etc.). Als Präsentations- bzw. Ausstellungsflächen müssen freilich nicht unbedingt Pinnwände oder speziell beschichtete oder gar mit Metallplatten unterlegte Außenwände zur Verfügung stehen. Es genügt, wenn größere Freiflächen mit fester Tapete/Beschichtung genutzt werden können, an die sich die jeweiligen Lernprodukte ohne Folgeschäden mit Tesacrepp anheften lassen. Derartige „Wechselausstellungen" im Klassenraum begünstigen sowohl die Motivation der SchülerInnen als auch die geistige Intensität, mit der sie die erstellten Lernprodukte zur Kenntnis nehmen und fachlich durchdringen.

Eine weitere Rahmengegebenheit, die hier Erwähnung finden soll, betrifft die Arbeitsmittel und Verbrauchsmaterialien, die in der Schule vorhanden sein müssen, damit die SchülerInnen in ihren Gruppen selbstständig und produktiv arbeiten können. Das beginnt bei Scheren, Filzstiften, Wachsmalstiften, Klebestiften und sonstigen „Werkzeugen" und reicht über Plakate, Folien und Visualisierungskärtchen bis hin zu gängigen Nachschlagewerken und sonstigen Informationsmedien. Am besten, die Schule stellt zur Beschaffung dieser Arbeitsmittel einen gewissen Etat bereit, der unter Umständen noch durch spezifische Umlagen (z.B. Kopiengeld), durch Sponsorengelder oder durch Einkünfte im Zusammenhang mit Schulfesten mitfinanziert/aufgestockt werden kann.

Selbstverständlich wäre das Projekt „Teamentwicklung" letztlich ein nur halbherziges Unterfangen, wenn nicht auch die Leistungsbeurteilung darauf reagieren würde. Teamfähigkeit ist erklärtermaßen ein Ziel an sich und muss deshalb bei der Bewertung der Schülerleistung auch gebührend Berücksichtigung finden, sofern die intendierte Teamentwicklungsarbeit konsequent geleistet wird. Wie das Beurteilungsprozedere im Schulalltag aussehen kann, lässt sich aus den Ausführungen in Abschnitt 3.9 auf Seite 65ff. dieses Buches ersehen. Das dort abgebildete Bewertungsraster (vgl. Abbildung 13) sieht vor, dass die SchülerInnen auf der Basis der vereinbarten Team-Kriterien zu Vorbeurteilern bzw. zu Mitbeurteilern werden. Auf diese Weise reflektieren sie nicht nur die Kriterien guter Teamarbeit immer wieder aufs Neue, sondern sie erleichtern mit ihrer Selbst- und Fremdbewertung auch die Bewertungsarbeit ihrer Lehrkräfte. So gesehen ist das skizzierte Bewertungsprozedere eine nicht unwesentliche Voraussetzung dafür, dass die anvisierte Teamarbeit und Teamentwicklung couragierter als bisher angegangen wird.

5. Teamentwicklung als Teil des Schulprogramms

Die in den letzten Jahren vielerorts in Gang gekommene Diskussion über Schulentwicklung und Schulprogramme verlangt, dass konkrete Innovationsvorhaben definiert werden, die einer Schule ihren unverwechselbaren Stempel aufdrücken und möglichst markante und zukunftsträchtige Schulprofile entstehen lassen (vgl. Bildungskommission NRW 1995, S. 146 ff.). Die Kultivierung neuer Lernformen ist ein solches Innovationsvorhaben, dem gerade heute größte Bedeutung zukommt. Und die Forcierung der Teamentwicklung im Klassenraum ist Teil dieses pädagogischen Schulentwicklungsprogramms (vgl. Klippert 1997 a und 1997 b).

Einen Überblick über das dabei anvisierte „Neue Haus des Lernens" gibt Abbildung 2 auf Seite 21 dieses Buches. Zu den Grundelementen dieser unterrichtszentrierten Schulentwicklungsarbeit gehört einmal der Ausbau des eigenverantwortlichen Arbeitens und Lernens der SchülerInnen in möglichst allen Fächern, zum anderen das konsequente Einüben elementarer Arbeits-, Kommunikations- und Kooperationstechniken im Unterricht, damit die betreffenden SchülerInnen überhaupt in die Lage versetzt werden, eigenverantwortlich in Teams komplexere Aufgaben zu erledigen. Methodenkompetenz, Kommunikationskompetenz und Teamkompetenz sind von daher zentrale Voraussetzungen für die Öffnung des Unterrichts und die Forcierung des eigenverantwortlichen Arbeitens. Ohne die hier in Rede stehende Teamentwicklung im Klassenraum ist diese neue Lehr-/Lernkultur schwerlich zu realisieren, da selbst organisiertes Lernen in aller Regel Partner- und Gruppenarbeit verlangt, damit die schwächeren SchülerInnen besser mitkommen und Unterstützung erfahren.

Eine Schule, die Teamentwicklung in ihr pädagogisches Schulentwicklungsprogramm aufnimmt und dieses den Eltern gegenüber auch offensiv zur Geltung bringt, hat durchaus gute Chancen, ihr Renommee zu steigern und zusätzliche Anmeldungen zu bekommen. Denn immer mehr Eltern wird in den letzten Jahren klar, dass ihren Kindern mit bloßer Paukerei und passablen Noten allein nicht mehr hinreichend gedient ist, sondern deren Lebens- und Berufserfolg zunehmend von ihrer Teamfähigkeit, ihrer Kommunikationsfähigkeit und ihrer Methodenbeherrschung abhängig ist. Diese neuen Gegebenheiten und Herausforderungen machen es für zahlreiche Eltern attraktiv, eine Schule zu wählen, die u. a. Teamentwicklung im Programm hat und damit ihren Kindern die Gelegenheit eröffnet, entsprechende „Schlüsselqualifikationen" sukzessive zu erlernen und zu festigen.

Teamentwicklung als Teil des Schulprogramms betrifft allerdings nicht nur die Teamentwicklung auf Schülerseite, sondern auch und zugleich das praktische Teamtraining der Lehrkräfte. Denn wenn das in diesem Kapitel skizzierte Teamwork der Lehrkräfte tatsächlich Einzug hält, dann ist das gewiss ein Markenzeichen einer jeden Schule und darüber hinaus ganz sicher auch ein bemerkenswertes Element eines zukunftsweisenden Schulprogramms.

Literaturverzeichnis

Aschaffenburg, H. u.a.: Gruppenarbeit: themenzentriert. Entwicklungsgeschichte, Kritik und Methodenreflexion. Mainz 1987.

Bel-Born, B. u.a.: Erleichterung des Lernens von Schülern durch Kleingruppenarbeit in Erdkunde. In: Psychologie in Erziehung und Unterricht. 1976, S. 131ff.

Belz, H. u.a.: Auf dem Weg zur arbeitsfähigen Gruppe. Kooperationskonzept von Helga Belz – Prozeßberichte aus TZI-Gruppen. Mainz 1988.

Bildungskommission NRW: Zukunft der Bildung – Schule der Zukunft. Denkschrift. Neuwied u.a. 1995.

Bödiker, M. u.a.: Gruppenarbeit in der Schule. Einige empirische Befunde der letzten Jahre. In: Psychologie in Erziehung und Unterricht. 1975, S. 172ff.

Brocher, T.: Gruppendynamik und Erwachsenenbildung. Braunschweig 1967.

Cohn, R.: Von der Psychoanalyse zur themenzentrierten Interaktion. Stuttgart 1975.

Dietrich, G.: Bildungswirkungen des Gruppenunterrichts. München 1969.

DIFF: Pädagogisch-psychologische Grundlagen für das Lernen in Gruppen. Studienbrief. Hrsg. vom Deutschen Institut für Fernstudien. Tübingen 1985.

Griesel, H.; Postel, H.: Mathematik heute. Ausgabe D fürs Gymnasium. 8. Klasse. Hannover 1988.

Gutte, R.: Gruppenarbeit. Theorie und Praxis des sozialen Lernens. Frankfurt/Main 1976.

Hage, K. u.a.: Das Methoden-Repertoire von Lehrern. Eine Untersuchung zum Schulalltag der Sekundarstufe I. Opladen 1985.

Hecker, U.: Praxismappe Freiarbeit. Band 1. Mülheim 1989.

Heursen, G.: Soziales Lernen. In: Enzyklopädie Erziehungswissenschaft. Bd. 8. Stuttgart 1983, S. 500ff.

Hofstätter, P.: Gruppendynamik. Reinbek 1957.

IHK: Was erwartet die Wirtschaft von den Schulabgängern? Hrsg. von den Industrie- und Handelskammern in Nordrhein-Westfalen. o.J.

Klafki, W.: Lernen in Gruppen: Ein Prinzip demokratischer und humaner Bildung an allen Schulen. In: Pädagogik 1/1992, S. 6ff.

Klein, H.: Wandel der Arbeitswelt – Wandel der Qualifikationen. Hrsg. von der Bundesarbeitsgemeinschaft Schule Wirtschaft. Köln 1995.

Klippert, H.: Schule entwickeln – Unterricht neu gestalten. Plädoyer für ein konzertiertes Innovationsmanagement. In: Pädagogik 2/1997, S. 12ff. (1997a).

– Pädagogische Schulentwicklung. Ein integriertes Qualifizierungs- und Innovationsprogramm. In: Pädagogische Führung 2/1997, S. 81ff. (1997b).

– Handlungsorientierte Politische Bildung. Ein Ansatz zur Förderung demokratischer Handlungskompetenz. In: Politische Bildung in der Bundesrepublik. Opladen 1996, S. 277ff. (1996b).

– Planspiele. Spielvorlagen zum sozialen, politischen und methodischen Lernen in Gruppen. 10 komplette Planspiele. Weinheim und Basel 1996.

– Kommunikationstraining. Übungsbausteine für den Unterricht. Weinheim und Basel 1995 (3. Auflage 1996).

– Methodentraining: Übungsbausteine für den Unterricht. Weinheim und Basel 1994 (6. Auflage 1997).

– Berufswahl-Unterricht. Handlungsorientierte Methoden und Arbeitshilfen für Lehrer und Berufsberater. Zweite Auflage. Weinheim und Basel 1991.

Knapp, A.: Über den Lernerfolg im Kleingruppenunterricht und seine bedingenden Faktoren. Bern 1975.

Lamparter, D.: Schöne neue Fabrik. In: Die Zeit vom 14. April 1995, S. 25f.

Lewin, K.: Die Lösung sozialer Konflikte. Ausgewählte Abhandlungen über Gruppendynamik. Bad Nauheim 1953.

Meyer, E.: Gruppenunterricht. Grundlegung und Beispiel. 7. Auflage. Oberursel/Ts. 1975.

– Handbuch Gruppenpädagogik – Gruppendynamik. Heidelberg 1977.

Meyer, H.: UnterrichtsMethoden II. Praxisband. 8. Auflage. Frankfurt a. M. 1997.

Prior, H.: Soziales Lernen. Düsseldorf 1979.

Richter, H.: Lernziel Solidarität. Reinbek 1974.

Rosenkranz, H.: Von der Familie zur Gruppe zum Team. Familien- und gruppendynamische Modelle zur Teamentwicklung. Paderborn 1990.

Rotering-Steinberg, S.: Gruppenpuzzle und Gruppenrallye. Beispiele für kooperative Arbeitsformen. In: Pädagogik 1/1992, S. 27ff.

Schulz, W.: Selbständigkeit – Selbstbestimmung – Selbstverantwortung. Lernziele und Lehrziele in Schulen der Demokratie. In: Pädagogik 6/1990, S. 34ff.

Sustek, H.: Teamfähigkeit. Zur Realisierung einer Schlüsselqualifikation im Unterricht. In: Realschule und moderne Arbeitswelt. Hrsg. von H. Keim und H. Wollenweber. Köln 1992, S. 415ff.

Walker, J.: Gewaltfreier Umgang mit Konflikten in der Sekundarstufe I. Spiele und Übungen. Frankfurt/Main 1995.

Witzenbacher, K.: Handlungsorientiertes Lernen in der Hauptschule. Anregungen und Beispiele für einen hauptschulgemäßen Unterricht. Ansbach 1985.

Abbildungsnachweise

S. 42: Aus: STERN 47/1995, S. 188; befragt wurden Personalverantwortliche aus rund 250 großen Firmen

S. 83, 88: Dirk Tonn, Göttingen

S. 85 o.: Maria Otte, Werder-Theenhausen

S. 85 u.: Michael Seifert, Hannover

S. 107: Deutscher Sparkassenverlag Stuttgart 1988

S. 121, 135 u.r., 190, 200, 236, 237: Aus: Ulrich Hecker (Hrsg.), Praxismappe Freiarbeit Bd. 1, Verlag an der Ruhr, Mülheim

S. 128: Volker Längsfeld, Freie Arbeit Offener Unterricht, Verlag an der Ruhr, Mülheim

S. 133 o.l.: Th. Knieper, Cartoon-Caricature-Contor, München

S. 133 u.l.: Stauber, Cartoon-Caricature-Contor, München

S. 133 u.r.: Heidemann, Cartoon-Caricature-Contor, München

S. 135 o.r., o.l.: Aus: Sebastian Leitner, So lernt man lernen. Verlag Herder, Freiburg. 23. Aufl. 1997

S. 135 u.l.: Erik Liebermann, Cartoon-Caricature-Contor, München

S. 139 bis 142: Aus: WAS IST WAS, Wunderwelt der Bienen und Ameisen, © 1987 Tessloff Verlag, Hamburg

S. 162: Aus: Künne/Kwiran, Impulse. Fotos zur Motivation und Differenzierung, © 1983 Steinweg Verlag, Braunschweig

S. 210: © 1996 Atelier Röhrig, Hamburg

S. 223 bis 225: Aus: Griese/Postel, Mathematik heute – Ausgabe D, Gymnasium 8. Klasse, Schroedel Verlag GmbH, Hannover, 1988

S. 230 bis 233: Aus: Unser Geld. Ein Heft für die Schule. Ausgabe 1994/95. Hrsg. von der Arbeitsgemeinschaft zur Förderung der wirtschaftlichen und sozialen Bildung e.V.

S. 234: Roland Bühs, Bremen

S. 238, 239: Aus: Joachim Bohn, arbeiten + lernen, Heft 13/1994, Friedrich Verlag, Seelze

S. 104, 118, 120, 154, 156, 172, 178, 180, 189, 194, 228: Heinz Kähne, Boppard